"认知—情感—利益"：两岸青年交流模式的发展与演变

艾明江[*]

（中共厦门市委党校）

一、问题的提出

在两岸民间交流中，青年交流①属于重要的组成部分，加强两岸青年交流已经成为当前两岸交流的中心工作。习近平总书记指出："我们愿意让台湾同胞分享大陆发展机遇，愿意为台湾青年提供施展才华、实现抱负的舞台，让两岸关系和平发展为他们的成长、成才、成功注入新动力、拓展新空间。"[1]近年来，为了推动两岸青年交流，两岸实现了读书求学的双向互动，大陆方面还陆续开展了一系列大规模的对台青年交流活动，在政府和社会的大力推动下，这些活动使得当前两岸青年交流进入到了一个前所未有的发展阶段。

多项研究表明，两岸青年群体在重要议题分布上均有着显著的认知差异与认知共识，认知共识主要体现在相同的历史文化渊源，而认知差异则主要源于各自的群体记忆（苏振芳，2011[2]；张羽，王贞威，刘

* 艾明江，男，中共厦门市委党校统战理论教研部，副教授，政治学博士，主要从事政治学理论、两岸关系研究。

① 国内外对青年群体的界定各有不同，本文采取世界卫生组织的界定，即14—44岁的人为青年，按照这一界定，两岸青年的分布范围较广，年龄、职业、阶层都呈现多元化分布，本文考察对象主要以两岸青年学生为主，即中学生与大学生。

乐，2015[3]；张羽，张遂新，2016[4]）。两岸青年交流活动，的确有助于改善与提升双方对彼此的印象，也能加深双方的情感友谊，尤其是陆生大规模赴台读书，更是极大地促进了两个群体之间的接触与融合（罗俊艳，王金国，2013[5]；艾明江，2014[6]），但一旦深入到复杂的政治态度以及政治立场，双方在交流中都基本保持原有的态度倾向（曾于蓁，2008[7]；王嘉州，2011[8]）。要推动两岸青年交流发展，诸如构建共同体（吴陈舒，2016）[9]，运用交互式冲突解决思维（石勇，2014）[10]，以及从政治社会化入手，建构培育两岸青年"共同认知"，实现两岸青年交流的可持续发展（唐桦，2012[11]；唐桦，2013[12]）。

从2008年以后，大陆方面大力推动各种文化交流活动，邀请台湾青年参加两岸青年共同组成的体验式交流。但是，两岸青年在交流中依然暴露了诸多问题，例如一些两岸青年通过交流，不仅没有降低原有的认知偏见，反而有所强化。一些两岸青年在亲身接触对方后，负面认知评价反而取代了原来正面的认知评价。2014年，台湾地区爆发"太阳花学运"，相当数量的台湾青年人对大陆持充满负面的观感和评价，这也引起了两岸社会的关注与担忧，为什么两岸青年交流一直在加速度推进，大陆对台青年工作也取得了显著的成就，但依然还是会出现以"反中"为口号的台湾学生运动？为什么两岸服贸协议本身对台湾有利，但还是受到不少台湾青年的反对？两岸青年事关两岸关系发展的未来，如何提升和加强两岸青年交流与沟通的成效，将成为推动两岸关系长期稳定发展的根本。因此，重新审视和梳理以往的两岸青年交流，有着极为重要的现实性和紧迫性。

对于当前两岸青年交流，本文探讨的问题主要集中在两个方面：两岸青年交流的发展演变逻辑？两岸青年交流发展的方向与前瞻？两岸青年交流属于人际交流或群体交流，通常来看，在人际交流或群体交流中，认知、语言、文化背景、情感、行为等因素都发挥着十分重要的作用。[13]西方学者米歇尔等人提出了"认知—情感"系统理论，该理论认为，人的行为是个人与情境交互作用的产物，但情境并不直接影响行为。情境首先影响个人因素，即认知与情感因素，再通过个人因素影响个体行为，个人因素在特定情境背景下的交互作用，就构成了个体行为和情感的独特模式。基于此，联系两岸青年交流的实际情况，本文将"认知—情感—利益"作为分析两岸青年交流的逻辑起点。① 在两岸青年交流中，认知、情感与利益因素始终影响着两岸青年交流的过程与成效，在不同的历史发展阶段中，也呈现出各自不同的发展面貌。当前，两岸关系发展迎来新时期，"认知—情感—利益"正逐步衍生出三位一体的发展模式，成为推动当前两岸青年交流的发展动力。

二、认知：推动两岸青年交流的起步

认知是指人对外界的认识活动，在人际交往中，个体与个体之间的交往正是通过相互认知而实现情感互动。人际认知主要包括对他人的仪态表情、心理状态、思想性格、态度倾向等方面的认知。在两岸民众交流中，认知主要就是在交流成员中呈现一种"是什么"的客观事实描述，② 主要体现在从宏观到微观层面的认知，诸如：双方对各自在经济、政治、社会、文化等现实层面的认知情况；双方对各自历史文化的记忆认知；双方对各自成员在心理、价值观等方面的内在认知等。这些认知包括了现实、历史以及心理，既有理性层面，也有感性层面，可以说，两岸青年的认知体系是一个充满感性与理性的多元混合体。

---

① 从交流实践来看，交流语言、文化背景等因素在两岸青年交流中并不构成基本的障碍，相反，认知、情感与利益显得越来越重要。

② 必须明确的是，认知作为一种知觉反应，依然会受主观情感、心理活动、价值观等因素的影响，绝对客观的认知并不存在。

准确地说，两岸青年交流就是从双方的认知领域开始起步。从1949年开始，两岸长期处于政治对峙的阶段，双方民众长期隔阂，对彼此的了解认知十分匮乏，两岸民众要交流往来，就必须首先从相互了解开始。1985年，首个台湾学生到大陆高校读书，台湾青年开始有了实际了解大陆的机会。1994年，大陆高校开始正式招收台湾学生，从此，大量的台湾学生不断前往大陆，两岸青年学生交流的机会得到了大幅度的增加，这也成为两岸青年交流的发展起点。与其他民众交流一样，[①]早期的两岸青年交流同样是以台湾方面单向输出为主的交流模式。从交流对象看，这个时期的两岸民众交流主要由台商、老兵等社会阶层构成，青年学生并不是早期阶段两岸民众交流的人员主体。自20世纪90年代以后，两岸从单向交流逐步发展到一定程度的双向交流，交流项目也从探亲扩展到经贸、学术、文化等各方面。1995年，大陆杰出青年访问团访问台湾，打破两岸青年交流中有来无往的局面，即台湾青年可以到祖国大陆来，而大陆青年却不可以到台湾去这样一个单向交流的局面，从而在真正意义上实现了双向交流。

两岸在经济、文化领域交流的不断发展，尤其是两岸经贸关系的深入发展，让更多的台湾青年认识到了解大陆的重要性，台湾学生到大陆高校求学、读书的数量日益增加，这成为两岸青年交流发展的重要方向。据统计，1985年到2000年，大陆高校招收的台湾本科学生还只是2895人，研究生864人。而从2001年到2004年，就一共招收了台湾本科生2875人，博士硕士研究生2766人，发展速度比以往有了很大的提升。截至2015年10月，在大陆高校就读的台湾学生总数已经达到了

---

① 1987年后，随着台湾地区解除"戒严"，台湾当局开始逐步开放民众前往大陆探亲、经商。

10536 人。30 年来，到大陆就读的台湾学生累计达到数万人。台湾学生到大陆求学读书扩大了台湾青年了解认知大陆的渠道和路径，[①] 通过在大陆高校的求学、生活，大多数在大陆高校读书的台湾青年都在很大程度上改变了原来对大陆在认知上存在的偏见、误解，对大陆的认知也更加趋于全面和客观。同时，这种以读书为主要任务的认知交流也带来了情感友谊的增长。这些台湾青年学生在完成学业以后，无论是继续留在大陆工作生活，还是回到台湾，他们都成为推动两岸关系发展的助推器。

以往，两岸青年交流基本都以台湾学生的单向输出为主，由于缺乏交流的平等互动，两岸青年群体之间的偏见、误解时有发生，这并不有利于两岸青年建立正确的认知观。一般而言，减少偏见的接触需要满足以下条件：群体成员必须有平等地位；有增进了解的机会；能发现驳斥刻板印象的证据；有共同的目标以及合作。[14] 从李登辉到陈水扁时期，台湾当局推动"台独"路线和"去中国化"政策，尤其是台湾教科书经历多次"去中国化"，这对台湾青年在两岸方面的认知造成了相当大的负面影响，相当多的台湾青年学生对大陆出现错误认知，这种认知体系对两岸青年交流造成了相当大的负面冲击，使得两岸青年很难在共有的认知体系下展开交流，而往往在了解接触之后，依然维持原来的"各说各话"，造成交流认知流于表面，并且缺乏相互的理解与尊重，在这样的交流语境下，双方很难构建出基本的认知共识。

2008 年，马英九上台执政，随着两岸和平发展框架的形成，两岸青年交流也迎来了新的发展与调整。台湾立法机构通过对相关规定的修改，开始有限制地开放大陆学生赴台湾大专院校就读及正式承认大陆学历，这也开启了大陆学生赴台湾高校读书的第一步。此后，大量大陆学

---

① 以往，台湾青年更多是通过教科书、媒体等渠道间接了解大陆，这必然会造成在认知上的片面性、甚至错误。

生通过求学、交换等形式前往台湾高校，据统计，仅在 2015 年，台湾高校就录取大陆学生 2024 人，此外，大陆学生还通过各种形式赴大陆进行短期交流，至今为止，累计共有 8 万多名大陆学生来过台湾。大陆青年赴台交流的剧增逐步改变了原有单向的交流模式，使得原来的交流结构更加趋于平衡，双方的平等互动性也日益增强。越来越多的大陆学生对台湾有了新的看法和认知，甚至在认知沟通的基础上，逐步衍生了情感认同。两岸青年在相互了解的基础上展开平等互动往来，大大提高了交流的成效，从而改变了传统交流的"非流动性状态"。

读书并不是两岸青年增加了解认知的唯一途径，随着现代交流媒介的增加，两岸青年也不再局限于实际的亲身接触，而是开始借助互联网技术，依靠一些社交媒体来维系日常的人际关系互动，例如以 Facebook（脸书）、微信、MSN、推特等代表的社交媒体就成为推动两岸青年进行虚拟化交流的重要工具。与传统的读书、参访相比，社交媒体更多是一种交流技术工具，它打破了两岸青年交流的物理隔离，一方面，它使得两岸青年交流往来变得日常化，更加高频率化，使得两岸青年的沟通变得更为正常；另外，通过信息的频繁接触保持共同分享，有利于两岸青年能即时性共享资讯信息，推动两岸青年构建共有的认知网络。与其他交流媒介不同，虚拟化的社交媒体构建的是一种熟人关系网络，这种关系网络更能加强两岸青年在认知领域的深层次互动，实践也表明，经常使用微信、脸书等社交媒体来与朋友保持互动的两岸青年，往往也能在交流话题上进行更理性、更深入的有效互动，[15]这种有效互动能极大提升两岸青年交流的深度，避免了一般交流中出现的浅尝辄止现象。

认知奠定了两岸青年交流的起步，也会一直伴随着两岸青年交流的始终。早期阶段，由于两岸长期隔阂，双方互不了解，两岸青年交流基本以"增进了解，扩大认知"为主，例如，两岸青年对双方各自的历史文化等情况都认知不足，这些都成为两岸青年在早期交流中亟须解决的问题。随着交流进入到中期阶段，两岸青年的接触沟通逐步增多，双方对各自的总体情况已经基本了解，不再是过去在认知层面简单的信息输入，而是要对接收的各种复杂信息进行加工反馈，这也导致双方在交流中出现了由认知带来的各种问题，诸如，随着交流的持续推进，两岸青年不仅会自我否定，自我修正，也会自我强化，这也导致两岸青年并没有通过交流而自动带来共有认知的构建，反而，各自呈现的认知观念会产生分歧甚至对立。这也充分表明，两岸青年交流并不是仅仅让双方全面、客观了解对方，而更应该在逐步了解的同时，构建两岸青年的共有认知体系，让两岸青年有越来越多的共同看法和认知观念，否则，两岸青年就只能在相互了解后，继续各说各话，这不利于两岸青年交流的深入发展。当然，伴随着两岸青年交流的推进，双方在原有认知体现与认知观念中的冲突甚至会有所加剧，这需要两岸青年在相互尊重、相互包容的语境中理性看待，并进行平等的沟通互动，[1] 谩骂、攻击抑或遮掩、退缩都不是推动两岸青年交流的正确做法。

三、情感：维系青年交流的纽带

在群体交流中，情感因素更多涉及成员在交流中的主观心理感受以及态度倾向。相比认知因素，情感更能从内部维持群体交流结构的稳定，在某种程度上，情感倾向也会影响交流中的认知看法。在两岸民间交流中，情感认同是认知升级后的发展结果，也是目前困扰两岸民众交流的主要问题。随着交流渠道的增加，两岸民众在认知领域的隔阂在日益减少，而随之出现的是，内心深处的情感认同成为新时期两岸民众交流的主要内容。在情感认同交流中，两岸青年是较为特殊的一个群体，

---

[1] 在 2015 年的"周子瑜事件"中，大陆网友以"帝吧"出征的形式在台湾各大社交媒体广泛出现，两岸青年网友展开"大论战"，这种"论战"在一定程度上有利于双方进入深层次的互动交流。

不同于老一代的两岸民众，两岸青年群体在情感认同上显得更为独立，也较少受历史文化的制约。文化交流就是在实现认知的基础上，进一步达成沟通心灵，强化认同的效果，以一种文化植入或文化再现的形式，来对两岸青年施加情感影响，从而达成心灵的"同频共振"。

早期的两岸青年交流主要是以"增进了解，扩大认知"为主，相比于情感交流，认知交流侧重于描述"是什么"，以呈现对方的客观事实为主。在两岸青年的相互了解过程中，双方的情感累积也是一个增量逐步扩大的过程。在两岸关系恢复正常化以后，越来越多的台湾学生来大陆读书、生活、工作，两岸青年交流开始以共同体的形式广泛出现，诸如在高校、在企业、在社区等，这种共同体对于拉近两岸青年的情感交流起到了极大的推动作用。从 20 世纪 90 年代开始，以中华文化为主题的青年交流也日益活跃，早期的文化交流主要以增进了解认知为主，即邀请台湾青年到大陆观光、参访，了解中华传统历史文化，认知大陆的现实发展，这种参访更多是一种基于认知层面的交流形式，即让台湾青年对祖国大陆的观感与认知发生转变，从而获得良好的认知印象。

从李登辉时期到陈水扁时期，由于台湾当局推动"台独"意识形态以及"去中国化"政策，尤其是长期受到台湾教科书、岛内政治化媒体的影响，一些台湾青年在认知、情感领域已经出现重大的变化。相当多的台湾青年不仅对中国历史文化缺乏认知、了解，更对"一个中国"缺乏情感认同，对"中国意识"予以排斥和抗拒。根据多次岛内民意调查显示，台湾青年在统"独"议题、国家认同等认知情感上呈现出与大陆青年不同的发展方向。尤其是 2014 年爆发的"太阳花学运"，在一些台湾青年中滋生了严重的"反中"情绪，他们错误认为大陆资金和人员会冲击台湾自身的经济社会发展，进而会损害到自身的群体利益，因此，提出"反对签订两岸服贸协议"。这也再次表明了，两岸青年在情感认同领域的沟通依然任重道远。

全国层级的两岸青年交流项目（截止到 2016 年 7 月）

编号	主办单位	活动名称	届数	备注
1	民革中央	台湾高校杰出青年赴大陆参访团	14	
		两岸青年创新创业论坛	7	
		中华擎天协会暑期青年华夏文化参访团	4	
2	九三学社	台湾台北市立第一女子高级中学赴京交流访问团	8	
		台湾大学生科技夏令营	1	
3	台盟中央	台南大中学生海西乡土文化研习营	8	
		两岸青年观点论坛	2014 年 10 月 26 日	由北京大学两岸青年学子共同发起。
		大江论坛——两岸关系和平发展精英论坛	2	
4	全国总工会	台湾工会青年夏令营	5	
		两岸工会子弟夏令营	1（2011）	两岸万名青年大型交流活动的组成部分。
5	共青团中央	海峡青年论坛	13	
		两岸青年联欢节	10	
		两岸校园歌手邀请赛	11	
		海峡两岸青少年新媒体文创论坛	2	
		两岸青年中秋联欢活动	12	
		两岸青年精英交流研讨会	10	
		两岸青年社团负责人圆桌会议	7	
		两岸万名青年大型交流活动	1（2011）	国台办、共青团中央、全国台联、教育部等17家单位共同主办。
		"民族之光"海峡两岸少年儿童民族文化交流活动	5（2014）	
		两岸青年文学会议	3	

续表

编号	主办单位	活动名称	届数	备注
6	中国科学技术交流协会	台湾中学生高校科学营活动	2	
		玉山计划		每年送台生赴大陆进行不带薪的企业实习，以及两个月的文化交流。
		海峡两岸大学生辩论赛	14	
		两岸青年学子科技交流团	6	
		海峡两岸青年科学家学术活动月		
		海峡两岸科技管理与政策博士生论坛	3	
7	全国台联	海峡两岸青少年新媒体文创论坛	2	
		台胞青年夏令营	30	自1984年算起，千人夏令营至2015年举办了12届。
		台胞青年冬令营	21	
		两岸大专院校新媒体青年交流周	1 (2012)	
8	中华职业教育社	台湾大学生研习营	7	
9	中国法学会	台湾法政专业学生夏令营	10	
10	中国宋庆龄基金会	两岸历史文化研习营	5	
		两岸人类学研习营	3	
		"月圆两岸明"——两岸大学生昆曲社团联谊曲会	1 (2012)	试验性的。
		"追寻历史足迹"系列活动	1 (2011)	纪念辛亥革命一百周年。
11	中国记协	海峡两岸大学生新闻营	21	
12	中国和平统一促进会	两岸青少年音乐舞蹈交流展演	6	
13	红十字会	海峡两岸红十字青少年夏令营	22	从1993年开始。
14	中国教育国际交流协会	两岸青年领袖研习营	6	
15	全国台湾研究会	两岸青年学者论坛	8	

2008 年以来，两岸关系迎来和平发展的机遇期，两岸青年交流也呈现"大发展、大跨越"的新格局，在继续扩大两岸学生分别赴两地高校读书的同时，大陆方面为了进一步强化"两岸青年一家亲"，中央和各省市先后大规模启动了文化寻根、文化研习、青年论坛等各种丰富的青年交流项目，这种大规模的青年交流项目带来了交流人数的急剧增加，扩大了两岸青年交流的现有存量规模，但还是存在进一步发展的空间。据统计，两岸青年参与实际交流的人数依然有限，每 100 个台湾青年里，平均只有 10 至 15 个曾经有机会去大陆或者接触大陆青年，[16] 这也显示出，两岸青年交流在规模上要继续实现量的飞跃。经过多年的交流，两岸青年交流已经逐步摆脱初期的"粗放型"交流模式，即以了解历史现状为主，转向侧重情感心灵层面的"精致型"交流，更加注重心灵层面的理解，包容与共识。2016 年 3 月，全国政协主席俞正声正式提出了开展面向台湾青少年的"体验式交流"。所谓"体验式交流"就是在双方已有基本认知的基础上，通过实地探访、亲密接触等形式实现心与心的交流，最终实现相互理解、相互包容到构建共识。

相比以往的交流模式，"体验式交流"更加追求在情感上的交流成效，从而更好地实现交流的一致性目标。从实际来看，两岸青年在沟通话语、流行文化、现代价值等领域都具有很好的契合性，这也为两岸青年的情感交流奠定了基础。以往的交流活动缺少心灵情感层面的沟通，只是注重简单的信息供给，没有考虑到信息是否能被参与者有效吸收。从人际关系的角度看，要实现情感认同的增加，必须在人际互动中，通过不断的话语、思想沟通，并采取一致性行动，最终衍生共同的情感。"体验式交流"就是通过这种亲身参与接触的互动机会，让两岸青年在共同行动中，通过话语与行为，从而获得较好的、积极的情感体验。①

---

① 互动体验也可能带来负面的、消极的因素，因此，"体验式交流"应该追求和维护正面、积极的交流体验。

"体验式交流"通过心灵、情感的碰撞，实现双方从"你"和"我"向"我们"的靠近。通过近年来实施的"体验式交流"来看，两岸青年不仅可以成为好朋友，甚至能变成恋人、夫妻，构建出更加深刻的情感纽带。例如在第十七届京台青年交流周活动中，以"我和我的朋友创客北京体验营"为主题，就围绕京台两地青年的创新、创业、就业和实习等内容展开交流，由于注重加强两岸青年的"体验式交流"，这种活动越来越受到两岸青年的欢迎和肯定。

每种文化都会形成一种凝聚性结构，它起到的是连接和联系的作用。[17]情感是维系两岸青年交流的基本动力。作为两岸青年交流的重要内容，情感交流也在改变着两岸青年的认知体系。通过情感的沟通与交流，一些台湾青年不再带有刻板印象或充满偏见的感情去审视大陆，而更多充满了理解和包容，① 一些大陆青年对台湾的认知也开始能予以换位思考。实践证明，两岸青年要突破认知领域中的分歧是单纯靠认知交流无法实现的，而需要情感交流的介入。例如人际关系在较好的情感基础上，往往能产生充满理解、包容与积极的认知看法。随着两岸青年交流逐步进入到深层次阶段，情感认同必然是双方需要共同面对的问题，青年人没有历史包袱，而具有更多的认知基础，这些为双方的情感沟通奠定了基础。接触要有足够的频率和持续的时间，并且是密切接触，只有这样，有意义的群际关系才能发展起来。[18]当前，两岸青年处于相似的经济社会文化环境，更拥有便捷的交流媒介，一旦双方在频繁的人际互动中，通过思考、辩论、行动等，逐步衍生出共同的集体记忆，使两岸青年的群体身份更加具有"我们"的属性，而不是"他者"、"旁观者"，这样的情感基础自然会凸显出两岸青年的一致性与共识性。

---

① 没有以情感为基础的相互理解与包容，两岸青年就可能陷入越交流，认知分歧也会越多的"二律背反"，即认知看法并不会随着交流频率的增加而趋同。

四、利益：增强青年交流的联结

利益属于群体交流的行为层面。在群体交流的行为活动中，利益是维系和推动群体交流活动的基本动力。在长期的两岸民间交流中，以台商群体为主的交流模式成为推动和维系两岸经贸关系的基础，这种交流模式通过两岸产生的经济活动，借助于资本与利益的联结，使得台商群体与大陆产生紧密的关系纽带。可以说，这种基于利益层面的两岸交流已经成为新时期推动两岸和平发展的重要动力。

长期以来，在两岸青年交流中，认知和情感层面的交流始终是两岸青年交流中的核心，从历年来两岸青年交流政策以及相关活动来看，推动两岸青年相互了解以及加强两岸青年的历史文化认同等工作一直是两岸青年交流的重要主题。两岸青年的交流沟通从认知阶段开始起步，并不断强化情感认同的构建，这种交流模式在长期的两岸青年沟通中发挥了重要作用。但随着两岸青年交流的持续深入推进，一些新问题也不断出现，在马英九执政的八年中，由于台湾经济发展低迷，民众利益获得感相对不足，相当多的台湾青年对前途发展感到迷惘，一些青年将这些问题归咎于两岸关系和大陆因素，由此在2014年的"太阳花学运"中，出现了以"反中"为口号的抗议浪潮。尽管"太阳花学运"并不能表明台湾青年对两岸政策的集体不满，但是在一定程度上却表明，台湾的青年学生对从两岸和平发展中所分享的发展红利并不感到十分满意。

如果仔细分析近年来台湾青年爆发的"反中"情绪，其实与台湾青年当前所面临的经济社会环境有着密切关系，这都成为台湾学生运动爆发的关键。尤其是台湾青年从经济发展中未能获得预期效应，甚至认为两岸经贸发展只让台湾的大企业和寡头获利，中小企业以及普通民众反而会受到损害。一旦受到台湾某些政治团体的操作，很容易让大陆成为台湾青年"批判"乃至"攻击"的对象。为了解决这一重大问题，进一步增强两岸青年的互动黏性。两岸青年交流开始从利益层面着手，推动两岸青年共同创业、共同发展。2015 年在上海举行的第十届两岸经贸文化论坛上，就提出要扩大两岸青年交流，为两岸青年学生就学、实习、创业、就业等方面创造条件。同时，在举行的"习朱会"上，习近平总书记明确提出，"要充分考虑两岸双方社会的心理感受，努力扩大两岸民众的受益面和获得感，尤其要为两岸基层民众、中小企业、农渔民合作发展、青年创业就业提供更多机会，让两岸同胞参与越多受益越多"。他还特别指出，"青年是民族的未来，也是两岸的未来。我们要更多关注两岸青年成长，为他们提供更多机会和舞台，让他们多交流多交心，成为共同打拼的好朋友、好伙伴"。可以说，为两岸青年一代搭建沟通交流的新平台，创造共同合作、共同发展的新机制，已经成为两岸面临的一项十分紧要的任务。

为了响应这些新政策、新方针，大陆方面很快做出了具体部署，国台办积极围绕打造两岸青年创业基地，推动两岸青年交流平台的建立，截至 2016 年 8 月，中共中央台办、国务院台办共授牌设立 41 个海峡两岸青年创业基地和 12 个海峡两岸青年就业创业示范点。此外，各地各部门也积极出台政策，搭建平台，完善服务，优化环境，为台湾青年来大陆实习就业创业创造条件、提供便利，分享大陆改革开放成果和发展机遇。例如，上海市台协与台湾和上海院校合作，为在台湾和上海读书的台湾年轻人提供实习、就业机会；天津市、江西省等地在两岸经贸活动中增加了两岸青年交流活动。这也表明，两岸青年交流在两岸民间交流中的比重逐步上升。通过这些新的交流平台，台湾青年可以在大陆获得宝贵的经济社会资源，携手大陆青年，以创业的形式起步，不断共同发展，最终扎根大陆，不仅在经济层面获得巨大的利益，更重要的是，对于两岸青年而言，这些交流平台还提供了让双方相互了解，相互产生情感的机会，让两岸青年在追求一致性的目标中实现人生价值、构建情感认同。

如果说认知和情感是联结两岸青年的重要纽带，而利益则正在成为两岸青年交流的新增长点。从一个共同体的紧密程度来看，利益联结是构建共同体组织不可或缺的重要组成部分。多年来的两岸关系已经证实，以经贸为基础的利益联结是两岸和平发展的重要基石和推动力。当前，两岸青年在认知、情感领域的广度和深度在日益扩展，利益联结必然会进一步增强两岸青年的粘合力，它以事实表明，在两岸交流中，不仅以台商为主的大企业可以获得和平发展的红利，台湾青年同样可以享受和平发展的红利，这也能从理性层面扭转以往一些台湾青年对两岸交流存在的误解。当然，重要的是，通过这种经济利益的连接和共享，让两岸青年在创业就业中构建起真正意义的经济社会共同体，"交往行为的主体总是在生活世界的视野内达成共识"。[19]在现实社会的人际关系互动中，两岸青年更能在一致性行动中，实现从相互理解、相互包容到构建共识。

以利益联结为主的交流模式丰富了两岸民众交流的内容，体现了两岸青年交流模式发展重心的调整，即从原来的认知与情感并进，改为认知、情感与利益的"三位一体"。在这种"三位一体"的交流结构中，情感交流主要基于感性与心灵层面，认知交流则包括了感性与理性双重因素，利益交流更主要强调经济理性因素，即往往用理性选择来做出决策。受这种理性选择的驱动，两岸青年已经逐步意识到，共同发展能构建出双方利益的最大化，追求共同利益是两岸青年面临的最优化选择，因此，合作、包容与共识也必然会成为两岸青年的理性选择，这就从理性层面弥补了感性、心理层面常常带来的非理性行为，从而更加有利于两岸青年打造一个统一的共同体。可以说，通过这种双方利益的联结与构建，在经济社会共同体的基础上，通过认知，情感、利益的相互嵌入、相互渗透，构建出基于"认知共识—情感共识—利益共识"的两岸青年共同体。

结　语

从认知、情感到利益全面展现了两岸青年交流发展的基本轨迹，这种三位一体的发展逻辑符合两岸关系的基本规律，也催生了不同的政策举措，"行为的主要决定因素来自交互作用的动力学，而不是单向来自无意识心理功能的动力流。"[20]两岸青年交流也从实践逻辑上证明了，两岸青年只有围绕认知、情感与利益三个层面实现混合式多元交流，而不是发展单一化的交流模式，如此，才能实现两岸青年在认知、情感与利益三个层面的螺旋式整合，最终朝统一的两岸共同体迈进。

参考文献

[1] http：//news. xinhuanet. com/fortune/2015 – 03/05/c _ 127545348. htm，新华网，2015 – 3 – 5.

[2] 苏振芳：《两岸青年文化认同与两岸和平发展》，《福建师范大学学报》，2011，（6）。

[3] 张羽、王贞威、刘乐：《两岸青年学生对社会文化集群认知研究》，《厦门大学学报》，2015，（2）。

[4] 张羽、张遂新：《两岸青年学生对台湾光复前重要文史议题的集群认知研究》，《台湾研究》，2016，（1）。

[5] 罗俊艳、王金国：《大陆交换生在台湾的生活与学习问题》，《台湾教育评论月刊》，2013，2（1）。

[6] 艾明江：《大陆青年学生在台湾的社会交往现状分析——基于大陆"交换生"群体的实证调查》，《台湾研究集刊》，2014，2。

[7] 曾于蓁：《革命不只请客吃饭：中共对台青年交流的政治影响》，《台湾政治大学硕士论文》，2008 年。

［8］王嘉州：《来台陆生的政治态度与台湾主权接受程度》，《台湾政治学刊》，2011，15（2）。

［9］吴陈舒：《"共同体"视角下两岸青年的"经验融合"探析》，《重庆社会主义学院学报》，2016，（5）。

［10］石勇：《交互式冲突解决方法及其在两岸青年交流中的实践与启示》，《青年探索》，2014，（5）。

［11］唐桦：《两岸青年交流的现状与路径建构——以政治社会化为视角》，《福建师范大学学报》，2013，（3）。

［12］唐桦：《两岸青年持续合作的动力与机制》，《台湾研究集刊》，2012，（6）。

［13］A. 班杜拉：《思想和行动的社会基础——社会认知论》，林颖等译，上海：华东师范大学出版社，2001。杨中芳：《中国人的人际关系、情感与信任——一个人际交往的观点》，台北：远流出版事业股份有限公司，2001。

［14］加齐瓦. 孔达：《社会认知——洞悉人心的科学》，周治金等译，北京：人民邮电出版社，2013：279。

［15］艾明江：《两岸青年交流中的理论与实践思考》，《当代青年研究》，2012，2。

［16］许雪毅：《两岸青年交流进入80后世代》，《瞭望周刊》，2010－7－26。

［17］〔德〕扬·阿斯曼：《文化记忆：早期高级文化中的文字、回忆和政治身份》，金寿福等译，北京：北京大学出版社，2012：6。

［18］〔英〕理查德. 克里斯普、里安农. 特纳：《社会心理学精要》，赵德雷等译，北京：北京大学出版社，2008：181。

［19］〔德〕尤尔根. 哈贝马斯：《交往行为理论：行为合理性与社会合理化》，曹卫东译，上海：上海人民出版社，2004：69。

［20］A. 班杜拉：《思想和行动的社会基础——社会认知论》，林颖等译，上海：华东师范大学出版社，2001：3。

涉台文物与两岸关系刍议[*]

吴巍巍^{**}

（海峡两岸文化发展协同创新中心、福建师范大学闽台区域研究中心）

一湾海峡割不断两岸的血脉相连，众多文物串起同胞的祖辈亲缘。涉台文物是两岸历史文化迁变过程的重要载体与见证。通过长期的理论研讨以及众多实践探索，涉台文物无论是在概念界定，还是到实物的发掘均取得较大的进步。^① 作为与台湾一衣带水的福建省，散落在各地并被发掘、考证和认定的诸多涉台文物，不仅反映闽台间的政治经济和社会文化的交流交往，同时也体现了海峡两岸同胞间隔山隔水却割不断的亲缘。文物是厚重的物质史书，涉台文物则为两岸悠久紧密的关系留下

　* 本文系教育部人文社科重点研究基地项目"福建涉台文物保护与研究"（12JJD810013）、教育部重点研究基地重大项目《新形势下推进两岸历史文化认同融合研究》（16JJDGAT002）阶段性成果。

　** 吴巍巍，男，福建顺昌人，历史学博士，现任两岸协创中心福建师范大学闽台区域研究中心副研究员；研究旨趣：闽台历史与文化。

　① 在 2007 年的海西文化遗产保护论坛上，将"涉台文物"定义为："能够直接反映台湾与祖国大陆地理、经济、民族、文化等关系，印证台湾自古是中国不可分割的一部分，具有历史、科学、艺术价值的文物。"此后经过多年的理论探讨与实践的探索，文物界对涉台文物的界定基本有了统一的认识："涉台文物是历史上反映大陆和台湾之间政治、经济、文化等方面交流交往，以及体现两岸同胞同宗同源的亲缘关系，并具有历史、艺术、科学价值的古建筑、古遗址、古墓葬、石刻和纪念性建筑等不可移动的文物。"文物界以文物学的理论来界定涉台文物，并且告诉人们，涉台文物主要集中在不可移动文物方面，而实际上涉台文物并不局限于不可移动方面，诸如记载两岸血脉之亲的谱牒，还有一些重要的涉台文献，均可以视为涉台文物，但它们却为可移动文物。——参见福建省文化厅编：《"海西"文化遗产两岸历史记忆——海峡西岸文化遗产保护论坛（2007）论文集》，第 15 页；张郁：《立法保护两岸共同的文化财富——访福建省人大常委会教科文卫工委主任王豫生》，《人民政坛》，2009 年第 5 期，第 31 页。

深厚的物质印记，同时也传递着两岸人民的历史记忆、情感、经验以及智慧。作为两岸文化认同的基础，合理开发利用保护这些文化遗产，并以适当的展示宣传，无疑有利于增进两岸同胞的相互了解和骨肉亲情。同时，作为两岸文化交流与合作的黏合剂，涉台文物在抵消"台独"势力对台湾青年的文化"去中国化"的影响上有着十分重要的"润滑剂"作用，必将能够成为有助于两岸关系和平永续发展的助推器。本文将从呼唤两岸民众之共同历史记忆上所起的重要作用，凝聚两岸民众心灵相同的纽带关系，作为造福两岸民众生活福祉的遗产以及沟通两岸深入交流互动的桥梁等方面阐述涉台文物在两岸关系中的扮演的重要的角色，并在当前复杂的两岸关系中以文化为切入点奏响两岸美好未来的篇章。

一、呼唤两岸民众共同的历史记忆

任何涉台文物必然都是时代的产物，并且深深地烙上了时代的印记。它们包含着当时两岸社会的诸多内容，而且能从不同的侧面反映当时的两地社会政治、经济、军事、科学技术、文化艺术、宗教信仰、风俗习惯等不同层面的社会现象。同时，正因涉台文物所具有的时代性特点（即历史性），使之能帮助两岸民众以更为具体和更加形象的方式来认识历史，帮助两岸同胞去恢复历史的本来面貌并勾起双方共同的历史回忆。由于涉台文物类型多种多样，反映出的两岸间联系则同时呈现多样性。涉台文物提出之始便以闽台"五缘"关系为出发点，涉及地缘、血缘、文缘、商缘和法缘等两岸关系的方方面面，成为两岸间的亲缘历史的重要信息载体。其中血缘类涉台文物，又称为家族类涉台文物，维系着两岸同根同源的情感联系，呼唤着两岸民众间共同的历史记忆。

血缘类涉台文物以涉台家族渊源为主要特征，主要包括宗祠家庙、祖宅旧居、祖先墓葬等文物，是涉台文物数量最多且分布最广的文物类型。这些文物直接反映了台湾人口的基本渊源和构成，以实证方式证实台湾人口和家族与大陆间的祖籍关系和血缘渊源。此种涉台文物是对台湾居民与大陆居民同是中国人这一无可辩驳之事实最基本且广泛的物证。①

追根溯源，缅怀先祖，慎终追远是中国良好的文化传统。相当多台湾民众的祖先就来自大陆的福建地区，在龙海、泉州、同安等地的宗庙宗祠、故居祖厝、族谱、神主牌、祖墓等同根同种的血缘文物，勾起两岸同姓人对共同祖先的缅怀与崇敬。不管是族谱神主牌、宗祠家庙还是故居祖厝，这些遗迹既是每一个家族兴旺繁荣的历史描本，也是历史遗留的产物，两岸同属一家的明证。随着历史的发展，时间赋予其历史性也越来越丰富，这些遗存从简单的带有衣食住行等生活功能的用具不断地发展到具有纪念性甚至教育作用的文物。

族谱作为宗族社会最为重要的文字记录，在两岸血缘联系的接续中起到重要作用。在泉州的同姓族人始终注意保持与台湾同胞的联系。始自清代，泉州宗族在修订族谱时均会将迁台族人记录其中，而近年来来自泉州的宗亲更是通过各种信息资讯手段或者结合闽台两岸族谱展览的方式，积极地寻找和联络在台湾的胞族。台湾族人也积极地参与泉州宗族活动。泉州温陵路的洪氏大宗祠的建成有着台湾宗亲的功劳，在1868 年的《劝捐洪氏大宗祠序及题捐芳名碑刻》中就有记录到不仅包括"台澎兵备道兼理学政钦加按察使司衔毓琛捐银叁佰圆"，更有台湾的洪氏族人捐款，"台湾里街捐银肆拾贰圆……台新荣顺公馆庄……各捐银拾壹圆……"②。如今台湾同胞回到宗族所在地，积极参与宗族事

---

① 北京清华城市规划设计研究院、文化遗产保护研究所：《福建省涉台文物保护总体规划》，2012 年，第 7 页。
② 郑振满、〔美〕丁荷生编：《福建宗教碑铭汇编泉州府分册》（上），福州：福建人民出版社，2008 年，第 402—403 页。

物活动，包括参加祭祖活动、修族谱、修宗祠等等。

又如坐落在漳州马崎村的连氏宗祠又称"岐山宗祠"，它是台湾已故著名爱国历史学家连横、台湾资政连震东、中国国民党荣誉主席连战先生家族赴台前的祖祠，供奉上祖南宋宝文阁学士、广东经略安抚使连南夫公，马崎始祖连佛保公及夫人等祖先牌位。连氏宗祠的历史内涵不仅在于它是历史的作品，更在于其本身蕴含着历史沉淀，即一定历史时期的故事。宗祠里面的供奉的每一位先人都曾留下无数瞬间供后人述说与凭吊。祖祠和村庄中的某个角落，来自对岸的同胞和祖辈世居于此的血亲正共同挖掘其中隐藏的故事。在屡次寻根谒祖之机，两岸同胞都在努力拼接属于"厝内人"的共同历史记忆。正是如此，今天更具深刻意义的乃是，宗祠家庙本身是历史同时也在不断地制造历史，让人们知道过去的面貌，而这个面貌又影响到两岸现实情况的面貌。

位于泉州鲤城区的开元寺黄守恭祠也是宗祠类文物的典型代表。现在的紫云黄氏后裔，无论是在台湾还是泉州，基本每年都会到开元寺黄守恭祠进行祭拜活动。来自台湾的黄氏子弟从南到北分布在淡水、基隆、台北、桃园、高雄等地，他们或组团或个别地前来谒祖进香，表达对先祖的哀思和敬意。

即使在日据时代，台湾同胞也不忘回到祖籍地，举行各类祭拜进香活动，而涉台文物则成为台胞们追根溯源的重要场所。日据时期有台湾嘉义县东石港先天宫19人谒祖进香。为此，台湾信众黄传心作《泉州城进香》一诗，"一帆婀娜挂朝暾，遥指温陵胜迹存。五马沿江朝石井，二陈对峙护金门。参神游庆香同爇，匡国无才事莫论。富美宫前人似海，铃旗争拜汉忠魂。"① 诗句"铃旗争拜汉忠魂"可以感受到台胞

---

① 《台湾嘉义县东石港先天宫志（摘录）》，转引自泉州富美宫董事会、泉州市区道教文化研究会合编：《泉郡富美宫志（简版）》，第50页。

借着祭拜萧太傅来抒发自己思念祖国、忠于祖国的心绪。即使在"台独"势力最为猖獗的时候，台湾回乡谒祖进香的势头也从未减弱。

从族谱到宗祠，数不尽的文物道不完的亲情，对血缘的追寻打开了两岸民众的记忆匣子，追根溯源怀念先祖，祖辈的功绩成为后人们共同的财富和回忆。涉台文物，尤其是血缘类文物，在两岸本是同根生的情怀中，呼唤两岸民众的共同历史记忆。

二、凝聚两岸民众心灵相通的纽带

两岸关系由于台湾政局的变动而处于不断变化过程中。涉台文物作为不可移动的历史遗存，成为两岸民众在忽冷忽热的政治情势困迫下，持续维持心灵沟通的纽带。文缘（神缘）在心灵层面上对两岸民众的影响较甚。文缘类涉台文物"主要包括反映台湾民风民俗、宗教和信仰、文化名人和历史文化时间、文教历史等相关史迹；是全面反映台湾社会历史文化的产生根源及渊源关系，反映台湾社会与祖国大陆，特别是福建沿海文化相同、语言相同、民俗相同、信仰系统的实物例证。"同时，也是"涉台文物中影响最广，最体现文化特色的物质依存"。[1]

宗教在信教群众的心灵重塑中起着相当重要的作用，宗教类涉台文物则成为两岸民众沟通的重要纽带。作为凝聚双方共识的重要凭借，两岸民间有着相当一致的信仰体系和形态。涉台文物在促成两地交往和加深两岸民众情感的同时，无形中也成为构建交流平台的场所。无论是闽台两地血缘宗亲的谒祖活动，还是台湾信众进香活动过程，其行为本身就是对台湾与祖国大陆间的"枝"与"根"关系的承认。台胞亲自参加各种拜谒仪式，无形中加深了他们对两地渊源认识，尤其对于一些台

---

[1] 清华城市规划设计研究所、文化遗产保护研究所：《福建省涉台文物保护总体规划》，2012年，第7页。

湾的年轻人来说，有助于他们重新审视和看待两岸历史，也更为有效地使他们在心灵层面深入地沟通。以泉州为例，开元寺和承天寺为台湾输送了大量佛教僧侣，主持台湾宫庙，推动台湾宗教文化发展。关帝信仰、妈祖信仰和王爷信仰等的泉州民间宗教信仰传播更多是通过"分香""分灵"和"漂流"的形式传到台湾，并成为台湾民间信仰的重要组成部分。①

台湾同胞的信仰之源在祖国大陆的宫观寺庙。余光中的那首《乡愁》，就他个人而言，乡愁情结是对故乡土地一草一木、一山一水的怀念；是对母亲、对亲人的无限思念之情。具体伸展开来，则是对整个中华民族文化渊源的一种依恋，对中华民族历史文化的一种向往，对英雄的崇拜以及敬仰。这种发自内心的感情，会在无形中作用于台湾同胞的精神世界，促使广大同胞来祖国大陆进行经济文化等方面的交流。以民间宗教信仰为例，闽台民间信仰同根同源。台湾乡亲十之八九均祖籍福建，渡海赴台之时也带去了妈祖、保生大帝、关帝、陈靖姑等祖籍地民间信仰。从1983年起，就陆续有台湾民众绕道第三地回闽谒祖拜庙，而随着两岸交往日趋便利，台湾民众赴福建谒祖进香的热情更是日益高涨。

以漳州龙海为例，该地是台湾同胞重要的祖籍地之一，自20世纪90年代以来，台湾地区信众组团不断前来谒祖朝圣，并呈现逐年增多的态势，其中以龙海市白礁慈济宫为最。据不完全统计，2006年至2007年6月，龙海白礁慈济宫接待台湾地区和东南亚国家前来进香的团队达88个、人数超2.6万人次。2008年首届"海峡两岸保生大帝文化节"在白礁慈济宫举行，"台湾保生大帝信仰总会理事长廖武治先生，率台湾各地保生大帝信众代表二百六十多人，与大陆各地信众代表

---

① 参见陈丹妮：《泉州市鲤城区涉台文物研究》，福建师范大学硕士学位论文，2013年。

两千多人，一起参加了隆重的祭典仪式，共同缅怀一代名医吴夲真人。"白礁慈济祖宫如今已然成为两岸交流往来的重要维系，成为许多台胞共同向往的圣地。300多年来，每年农历三月十五日慈济祖宫都要举办丰富多彩的吴真人诞辰祭典活动。台湾同胞经常到白礁村参加"保生大帝"诞辰庙会。据白礁慈济祖宫理事说："每年，白礁慈济祖宫都要迎来四十多个台湾的进香朝圣团。平时前来朝圣的信众最多时一天就有两三万！"① 同时白礁慈济宫还多次组团前往台湾、金门、新加坡等地参加保生大帝联谊会活动，举办两岸民俗文化交流大会。另外，聘请台湾财团法人廖琼枝歌仔戏文教基金会到白礁艺术交流。值得一提的是，王金平等人在大陆的祖祠"王氏家庙"也得到龙海市政府的政策扶持，获得拨款得以修缮，吸引了更多台胞前来寻根谒祖，成为维系两岸民众来往和心灵交流的重要文物。

另外，泉州地区的涉台宗教文物则包含更多的民间信仰类型，包括有天后宫（妈祖信仰）、泉州开元寺和承天寺（佛教）、富美宫、崇福寺、通淮关岳庙（关公信仰）、鲤城奉圣宫、百源铜佛寺、鲤中上帝宫和鲤中元妙观（道教信仰）等多处。区内涉台宫庙涉及宗教信仰众多，除佛教、道教之外，更有妈祖、保生大帝、田公元帅、王爷信仰等民间信仰。在过去，面对无法保证安全的移民之旅，民众们只能祈求神明的保护，为此他们一般会随身带上从灵验的寺庙中"请"来的神像和香火。到达后，民众都会将供奉所带神像香火供起，还有部分信众建起草庐庙宇共同供奉。故此泉州的宫庙与赴台后兴起的台湾宫庙形成了祖庙和分庙的关系。从1895年起以后的100多年间，两地之间的宫庙联系并没有受政治因素影响而被阻断。随着20世纪80年代中后期两岸关系的解冻，两地宗教往来呈现爆炸式的增长。日益增多的台湾进香团活

---

① 林乃红：《福建龙海涉台文物研究》，福建师范大学硕士学位论文，2011年。

动、两地宫庙之间的互动往来等等，泉台两地间宗教活动再度活跃。涉台宫庙构筑了两岸宗教互动的平台。还有不少涉台宫庙并未记录在名录中。受铺境制度影响，泉州市区内遍布大大小小体量不一的寺庙宫观①。"铺境"各自建庙供奉神明，每铺祭祀的神明叫铺主，境所供奉的为境主。铺境内的宫庙往往规模较小，但这些铺境内的庙宇依旧成为台湾同胞前往进香的地方。直至今日，它们尚在两岸宗教交往中发挥一定作用。

另外，受福建民间信仰的"分灵"制度影响，"福建民间诸神信仰在台湾的开基庙及各地的分灵庙建立以后，即与福建的祖庙产生'血统'上的承袭关系。同时为了保持和增强这种特殊的联系，各分庙每隔一定的时期都得上祖庙乞火，参加祖庙的祭典，以此证明自己是祖庙的'直系后裔'。这种宗教活动俗称为'进香'。"② 而且这种宗教活动不会因为政治动荡而停止或者消失。尊崇王爷信仰的台湾同胞始终保持着到祖庙泉州富美宫进香的活动③。根据分庙记录和相关史料的逐步发现，相关1949年前的进香记录还在持续增加。虽然1949年后有两岸对峙时期双方交流的暂时中断，不过随着两岸关系回暖，1988年后由台湾宫庙所组织到泉州富美宫的进香活动呈现出几何式增长。

综上，无论是龙海的慈济宫还是泉州的妈祖庙，或迎来送往众多的大型宫观，或是隐居街头巷尾的铺境小庙，这种以民间信仰为纽带，以涉台文物为载体所搭起的平台，成为促进两岸民间交往和文化交流的助推器。在作为纽带维系两岸民众心灵交通的同时，也加强和促进两岸的

---

① 根据《晋江县志·卷21·铺递志》可得泉州府城应有38铺，但是在《鲤城区志·卷一·第二节清代行政区划》中仅有36铺94境。未记录其中的有东隅的外驿路铺和西隅的外泉山铺，查阅中未获知两铺下辖多少境。故而判定境数为94以上。

② 林国平著：《闽台民间信仰源流》，福州：福建人民出版社，2003年，第252页。

③ 摘自《台湾嘉义县东石港先天宫志（摘录）》，转引自自泉州富美宫董事会、泉州市区民间信仰研究会合编：《泉郡富美宫志（简版）》，第49页。

文缘深化互动。

三、造福两岸民众生活福祉的遗产

涉台文物不仅具有精神上的纽带价值，作为两岸交流的重要见证，其更是能够带来直接主观的效益。尤其是体现在双方在已有商缘的基础上，进一步开拓双方合作的空间，通过商业往来、旅游、教育等方式，成为造福两岸民众，促进当地经济发展的重要遗产。明清时期，大量闽南人赴台，频繁了两地物资交流。尽管有海禁政策的影响，但是民生的需要一直推动贸易活动。从沿海各地所遗留下来的渡口遗址、石碑等物件可以查看出当时贸易的兴盛。这些文物见证了历史上造福两岸民众生活的交流活动，也启示需要持续推动两岸的经贸往来，造福今天的两岸人民。

两岸文化同宗同源，一些在大陆业已消失的传统，在台湾可能得以完整保留，而同时台湾所缺失的或者说不完整的地方，在大陆却得以补充。随着大量泉籍移民迁台后，泉州地区的民间文化风俗也随之而传到了台湾得到保存。当鲤城区内部分传统民俗惯例因受战乱和文化大革命影响而消磨殆尽时，通过参考借鉴文献和台湾民俗中，部分泉州民俗得以恢复；有些民俗习惯是台湾过去所没有的，如今台湾从泉州市鲤城区学习。最为显著的案例就是在台胞的推动下，泉州天后宫借助文献等资料逐渐恢复了已经失传的祭典仪式，另外从澎湖天后宫请回签诗。从2007年开始，澎湖县每年都在泉州天后宫举办"乞龟"民俗活动，有助于恢复泉州地区已经消失的民俗[1]。与此相对，台胞也从泉州涉台宫庙更深刻地认识了源自泉州地区的民俗文化，比如2012年10月间，台

---

① 范正义：《泉州天后宫对推动两岸交流的促进作用》，《莆田学院学报》，2010年第1期。

湾台南土门正统鹿耳门圣母庙为更好举办百年大庆和王船祭典活动，其主委专程到泉州富美宫进行咨询。以泉州市鲤城区涉台文物为媒介，泉台两地非物质文化遗产得以交流和补充。①

从教育层面来看，以泉州府文庙与台湾之间的历史渊源来看，两者所代表的是两岸关于中国传统儒家文化延续相承。历史上，曾经在泉州和台湾两地为官的官员们积极促进台湾文化发展。以台南孔子庙为例，草创于明郑时期，1685 年由台湾首任知府蒋毓英等人改建孔庙为台湾府学。其规制与泉州府文庙相似，同为"左学右庙"。清代泉州学子也为台湾儒家教育做出巨大贡献。泉台府县儒学师资交往密切。

从建筑技艺上来看，在两岸的文化互动交流中，涉台文物所体现的是两岸一脉相承的文化内涵及底蕴，造福的则是两岸人民。以泉州府文庙为例，其为闽南系孔庙的典范之作。泉州府文庙成为金门同胞学习的建筑范例。2008 年 6 月 7 日，金门县长李炷烽率带领的金门县"政府访问团"，在泉州市相关部门的陪同下到泉州府文庙考察，询问泉州府文庙的历史沿革、建筑规制、工艺及保护方面的情况，为金门孔庙的建设提供参考。李炷烽曾表示金门孔庙拟借鉴泉州、安溪、永春等地孔庙的规制，并聘请泉州地区相关专家参与建设闽南式孔庙②。2005 年，台湾黄氏宗亲联合总会黄永雄会长也曾提到台湾黄氏宗祠的建制结构模仿泉州开元寺的黄守恭祠，因此两地祠堂结构相似。③

同时，涉台文物为非物质文化遗产的保护和传播提供了宝贵的场所。以泉州鲤城涉台文物为交流平台，泉台两地非物质文化遗产之间得以交流、互补和发展，其中以交流为主。台胞们常常回到祖籍地谒祖进

---

① 陈丹妮：《泉州市鲤城区涉台文物研究》，福建师范大学硕士学位论文，2013 年。
② "金门县长李炷烽考察泉州府文庙并题词"，《泉州府文庙》，2008 年 10 月 30 日，第 12 期：第三版。
③ "台湾 260 位黄氏宗亲泉州寻根谒祖族人热烈欢迎"：http://news.sina.com.cn/o/2005-07-27/13486542663s.shtml，2013 年 1 月 13 日。

香，尤其在一些大型进香活动中，经常还附带踩街活动或演戏酬神的民间民俗活动。大量进香团的出现也促进了泉州地区的宗教市场的繁荣。大型进香团活动中附带的踩街活动中的大部分民间艺术演员来自于泉州当地，或者是台胞向神明敬奉传统戏剧等等，这些活动在一定程度上拓宽泉州民间信仰影响范围，无疑增加了两地各种民俗和民间艺术表演和宣传的空间。在"第二届海峡两岸关帝文化节"的大型踩街活动中，泉台两地民众联合上演精彩节目，包括有泉州拍胸舞、火鼎公婆，台湾的阵头则有官将首家钟馗、女子八家将、电音三太子等等。这些缤纷的非物质文化活动，彰显两岸人民共有的文化底蕴。这使得珍贵的民间表演艺术有了更多的展示空间，为民众所认识，增强民间传统艺术的生命力，使它们得以延续下去；另一方面，也使得两岸间诸非物质文化遗产得以交流并相互学习。

同时，涉台文物发挥着促进当地社会经济的作用。除了政府所提供的官方沟通交流平台和闽台两地的民间商会组织之外，两岸的氏族宗亲组织也成为两岸商贸投资的重要渠道。而其中涉台文物场所也在其中起到了不可忽视的作用。不少台胞到涉台文物场所进行谒祖进香活动，这成为台胞认识泉州商业环境和发展变化的重要机会。例如，在回乡谒祖进香的过程中，两岸紫云黄氏宗亲也在血缘亲族间的联系中相互团结，共谋发展。两岸间黄氏宗亲的联系和合作，深入到两岸商业领域，如泉台两地黄氏宗亲曾经就引入台湾旅游农业树葡萄产业进行深入探讨。随着血缘宗族组织机构的形成，两岸黄氏宗亲的交往也常规化、有序化。黄守恭祠对维系和促进两岸黄氏宗亲血缘联系的作用巨大，同时也展现了涉台文物在加深两岸人民情感、促进两岸合作方面的影响力。

再有，由于对岸大规模的人员到来，他们的车辆安排、入住安排为当地运输业、餐饮业、酒店行业提供了庞大消费市场。旅行团到达后，往往由旅社包下大批车辆负责人员接送和食宿安排。以两次泉州关帝文化节为例，前后有 3000 多名台胞前往泉州，这需要大量的车辆负责他们的全程出行。① 另外，也有部分进香团选择从泉州入闽，或者从泉州回台，推动泉台两地的交通业发展。

此外还有台湾冻顶乌龙茶的发祥地——天心永乐禅寺至今还保留着两岸经济往来的行业史迹，留下了两岸共同繁荣发展的佳话。天心永乐禅寺地处武夷山天心岩景区内，始建于唐贞元年间，是武夷山最大的寺院。天心永乐禅寺香火鼎盛，20 世纪 90 年代起，就有台湾佛教人士纷纷前来朝圣，佛缘联结着两岸僧侣情感。然而据史料记载，这座千年古刹早在清末年间就参与并见证了闽台两地茶叶贸易的交流，它曾是台湾冻顶乌龙茶的发祥地，台湾乌龙茶最早就是从这里开始生根发芽。武夷山天心永乐禅寺开启了台湾乌龙茶贸易的序幕，成为两岸商缘相通的历史见证。为了加强两岸禅茶文化的进一步交流，武夷山天心永乐禅寺已精心组织了五届国际禅茶文化节，吸引着两岸佛教、茶叶爱好者的广泛参与，受到海内外媒体的高度重视，成为两岸商缘相同的历史见证。如今看来，当年林凤池从天心永乐禅寺带回的茶苗不仅仅是台湾茶叶的根，更是民族的根。正如 1984 年，台湾知名人士谢东闵在与邱创焕畅谈台湾的茶叶发展史时所说："台湾闻名的冻顶乌龙茶及文山包种茶，都是从大陆跨海移植台湾的。一部台湾茶叶史，就是台湾与大陆血肉相连的见证。"

因此，无论是从历史的角度还是从现实的意义上讲，涉台文物及其关联事业对两岸民众和两岸社会而言，均是造福乡里增进福祉的重要遗产。

四、沟通两岸深入交流互动的桥梁

福建省文物局原局长郑国珍在《海峡西岸的福建文化遗产与涉台

---

① 尽管无法获得具体数据，但是一般大型旅行巴士最多的乘客量也只有 40—50 余座，可见当时所需车辆数。

文物资源》一文中提到，"海峡东岸的台湾文化与海峡西岸的福建之闽南文化、客家文化、妈祖文化等有着一脉相承的关系，皆是中华民族文化意识和文化遗产的重要组成部分。"①

文物是在一定历史条件下产生的遗迹遗物，有其自身发展的历史过程，它蕴含着人类历史及时代的诸多信息，凝聚着中华民族的深层文化基因。涉台文物包含着当时闽台社会的方方面面，从不同侧面反映当时两地的政治、经济、军事、科学技术、文化艺术、宗教信仰、风俗习惯等，记载着闽台社会自古以来交流交往的历史记忆，保留和传递着一个民族的情感、经验和智慧，是台湾文化根源的历史印证和现实参照。正因为涉台文物具有这样重要的历史价值，它能帮助海峡两岸的同胞更加客观而形象地去认识历史，还原历史的本来面貌，从而发挥两岸深入交流互动的桥梁作用。

以武夷山为例，伴随来自福建的清代台湾各级教职人员，集儒学精髓的"闽学"深深地影响到台湾。在武夷山至今尚存海峡两岸人民都尊崇的理学家朱熹系列故址建筑，曾出任彰化县教谕并出版《台湾见闻录》的武夷山人董天工的故居和碑墓，如今台湾许多地方也随处可见朱熹纪念祠堂，在彰化一些地方也保存着"董天工祠"。这些体现着闽台社会共同文化根基的遗迹，无不深刻反映着闽台两地这种文缘相连的紧密关系。武夷山迄今还保留着反映两岸同胞共同抗日御侮和护守宝岛台湾的台湾抗日志士殉难处、台湾抗日义勇队少年团驻地、台湾抗日义勇队武夷山故居等。② 这些法缘相依的文物，以无可辩驳的事实明确表明了台湾法理上是中国神圣不可侵犯的领土。保护好海峡两岸人民共

---

① 郑国珍：《海峡西岸的福建文化遗产与涉台文物资源》，福建省文化厅编《"海西"文化遗产两岸历史记忆——海峡西岸文化遗产保护论坛（2007）论文集》，福州：福建省地图出版社，2008年，第37页。
② 李凌云：《武夷山市涉台文物初探》，福建师范大学硕士学位论文，2012年。

同文化的根，也是保护好两岸和平发展的美好前途。

涉台文物提供了更为宽广的政治交流渠道。历史上，泉州文庙曾作为清廷和明郑政权交涉的场所，这是建立在两岸传统文化认识一致的前提上的。涉台文物作为承载两岸同宗同源的客体事物，在一定程度上维系了两地往来活动，扩大两岸政界人士的交往空间。

台湾地区的政治文化与传统文化、宗教民俗等等密不可分的关系，使得涉台文物成为两岸政治人士沟通的平台，扩大了两岸政治互动交往的空间。一直以来，台湾重视并延续着中国传统文化，尤其是中国儒家文化和血缘宗族文化，则使得台湾不能忽视与祖国大陆的渊源关系。从泉台两地孔庙交流活动上看，2006 年 10 月，为泉州府文庙赠台南孔庙"开笔石"一事，台南市政府文化局长许耿修先生到泉州回谢；2009 年，台湾知名人士廖正豪率"台湾人士认识大陆司法环境研习参访团"参观泉州府文庙等涉台文物。①

同时，台湾的宗教与政治之间的密切关系，促成了泉台两地间政治交往活动的可能性。在台湾地区的政治民主化过程中，台湾的宗教发挥了不可忽视的作用。在台湾各个政党机构和政界人士也非常重视争取台湾宗教势力的支持，很大程度上促使台湾的政界人士到祖国大陆来，与有关部门和民间机构进行接触。尤其是在泉台两地之间大型进香团等宗教活动中，台湾政界人士往往也会参入其中。2007 年 7 月，澎湖天后宫组织的 400 多名信众前往泉州天后宫进香。期间，时任福建省台办主任邓本元及泉州市有关领导接见了此次进香团中的重要人士，其中包括台湾地区"无党籍联盟主席"、澎湖籍"立委"林炳坤，澎湖县议长刘陈昭玲，澎湖县议会副议长蓝俊逸，马公市市长苏昆雄及马公市民代会

---

① 何振良：《略论孔庙与闽台文化交流》，泉州府文庙文物保护管理处：《儒风同仰——首届闽台孔庙保护学术研讨会文集》，北京：方志出版社，2010 年，第 199~200 页。

主席蔡光明等台湾政界人士。双方就与两地间的海客货运直航和民间交流合作等问题进行会谈。① 福建省台办对此评价为"此次民俗交流活动是一次充分利用各种渠道做好台湾政界人士工作的难得机会，也是推动深化福建与澎湖交流合作的难得机会"②。2010 年 4 月，金门县长李沃士、议长王再生，以及议员 10 多人前往泉州天后宫进香。在田野调查中获知，在 20 多年来，来富美宫的台湾进香团中经常有政界人士，如 2001 年时任台湾"行政院院长"萧万长先生等等。此外，在两岸宗教活动事宜中也经常有政界人士的身影。在 2012 年 12 月 25 日，台湾彰化义安宫管理委员会的姚志宪和彰化县议员阮厚爵访问泉州富美宫，而彰化义安宫曾经从泉州富美宫请回一座"王爷"。据富美宫委员会张爱群总干事介绍，他们不仅经常接待台湾的宫庙成员，更有台湾政界人士，而省里和市政府相关领导干部也会经常介入这些事宜。而文中所提到的这些活动，是在以鲤城涉台文物为平台，在当今两岸宗教活动过程中所推进的两岸政治范畴内的沟通交流的一部分。

由此可见，涉台文物一方面发挥着反"台独"的政治功用，另一方面为两岸的政治往来提供了一个不同于传统政治的互动平台，成为两岸政界人士相互接触、互相沟通的新渠道，是正规政治渠道所无法替代的潜在通道，在促进祖国统一方面起到不可替代的作用。涉台文物以其广度和群众性，也成为半官方之外的群众性的沟通桥梁。

五、开启两岸美好未来的一扇窗口

涉台文物的挖掘与保护，不仅是对历史的尊重，也是对未来的交

---

① 《纪念泉澎妈祖直航会香 5 周年活动侧记》，http：//www.fjstb.gov.cn/html/20070831/838636.html，2012 年 12 月 28 日。

② 《纪念泉澎妈祖直航会香 5 周年活动侧记》，http：//www.fjstb.gov.cn/html/20070831/838636.html，2012 年 12 月 28 日。

代。两岸的关系发展，离不开学术界和文化界从各方面提供助力，台湾的政客们企图用"去中国化"来抛弃5000年源远流长的文化，是一种愚昧的做法。文化作为连接的纽带，已经存在了几千年，这是任何人无法割断的。在台湾，同样的过春节、一起拜妈祖，甚至用闽南话作为自己本土方言。从这一层次上讲，体现两岸民众共同信仰、习俗、文化传承和经济往来的文物，如能见证两岸共同宗教信仰和交往的妈祖庙、关帝庙、保生大帝庙宇等，都深刻地打下了两岸文化渊源的烙印，近年来台湾屡屡不断赶赴祖国大陆寻根谒祖、朝圣观光、凭吊先贤，可见中华传统文化在台湾人民心中是根深蒂固的。两岸的和平统一是中华儿女共同的期盼，中华民族要在未来屹立于世界民族之林，离不开国家的统一和兴盛。充分发挥涉台文物促进国家和平统一中国的作用，以开启两岸美好未来。

涉台文物是对20世纪末21世纪初的台湾政界中"台独"势力的有力驳杀。从李登辉、吕秀莲到陈水扁等台湾政界人物，再到刚刚上台的蔡英文，先后爆出"台独"言论，并且通过各种行政手段，在台湾各个领域推行"去中国化"运动，企图抹杀台湾与祖国大陆之间历史和文化渊源，离间两岸人民血溶于水的亲缘关系。而涉台文物的存在恰好是对这些"台独"分子叵测举动的最为有力的回击，涉台文物从地、血、文、商、法五缘层面，证明台湾自古是中国不可分割的一部分。尤其法缘文物的存在，更是从史学、法理层面证明中国自古便拥有了对台湾的主权这一历史事实。

"最早到大陆采访的台湾《自立晚报》记者李永得、徐璐这么写道：'当我们抵达厦门后，看到与台湾乡村一模一样的四合院建筑，以及几乎相同的闽南话，才真切地感受到了这条源远流长的脐带。'"① 现

———————————

① 陈志铭：《文物见证台湾海峡两岸诸缘》，《文博》，2008年第3期。

在台湾的众多文物古迹中，可以说无一不与大陆相关联，如台南市被定为"一级古迹"的赤崁城（郑成功登陆台湾后最先攻下的城堡）、安平古堡（郑成功从此驱逐荷兰殖民者）、孔庙（郑经继位后，辅政的参军大臣、同安人陈永华倡建）、大天后宫（祀妈祖）等。因此在考察涉台文物的同时，可以将海峡东岸的台湾文物古迹联系起来，对比两岸文物古迹中的共同元素，包括其所具有的知识、科学技术等方面，就能进一步发现海峡两岸的历史情缘。

两岸美好未来篇章的开启，离不开两岸人民共同的努力，离不开两岸负责任之领导人智慧的应对，离不开中华儿女奋起图强的拼搏，也离不开从法理到法缘的深入研究。涉台文物的持续开发和保护，合理的利用与宣传，将会为两岸未来美好的前景打开一扇重要的窗口。

六、结语

涉台文物是两岸历史文化变迁的重要载体与见证，与台湾一水之隔的福建省各地散落着千余处涉台文物。从这些涉台文物的存在形态、种类上看，主要有古建筑、古遗址、古墓葬、古碑刻、纪念性建筑等不可移动文物；也有记载家族迁移和传承历史的谱牒、古籍、书信、字画、档案文献、工艺品、传统器具等可移动文物。从涉台文物的内涵来看，可分为地缘文物、血缘文物、文缘文物、商缘文物、法缘文物等。涉台文物的最大价值在于历史赋予它的加强两岸同胞互相了解和沟通的使命，它有力地佐证了台湾自古以来就是中国领土的历史事实。闽台两地隔海相望，两岸人民交往密切，建立了无法割舍的骨肉亲情，留下了大量反映两岸"地缘相近、血缘相亲、文缘相连、商缘相同、法缘相系"的涉台文物资源，承载着两岸人民血浓于水的骨肉深情，是海峡两岸文化遗产的重要组成部分，也是联结民族情感的纽带、增进民族团结和维护国家统一及社会稳定的重要文化基础。随着两岸关系步入和平发展的稳定阶段，闽台两地的交流交往逐渐呈现常态化的良性互动，涉台文物资源的保护和利用工作也越来越受到世人的重视。利用涉台文物资源深化两岸文化交流，加强海峡两岸同胞的互相了解和信任，密切两地同根同源、不可分割的骨肉同胞关系，这是历史的必然，是不可阻挡的发展趋势。

通过系统梳理和考察，笔者认为，涉台文物是一本厚重的"物质的史书"。涉台文物保留和传递着两岸人民的历史记忆、情感、经验和智慧，它们是两岸文化认同的基础。涉台文物是台湾同胞寻根谒祖、朝圣观光和凭吊先贤的重要载体，也是维系两岸民众情感的重要纽带。涉台文物从"五缘"文化关系上有力地佐证了台湾自古就是中国的领土，地处海峡两岸的福建和台湾文化都是中华文化的重要组成部分。福建涉台文物数量众多、内涵丰富、地位重要，积极开展涉台文物保护，深入发掘、展示和宣传涉台文物丰富内涵，有利于增进两岸同胞的相互了解和骨肉深情，加强两岸文化交流与合作，凝聚两岸民众心灵契合的精神力量。要之，保护好涉台文物对于深化闽台交流、促进两岸同胞交往十分重要；对于维护海峡两岸关系和平发展与增强两岸民众心灵契合，具有特殊的、不可替代的价值和意义。

台湾青年学生赴大陆大学求学之探析

罗鼎钧[*]

（清华大学公共管理学院）

一、两岸高等教育交流之历程

自 1949 年以来，台海隔阂两岸分离近 40 年，双方都不能直接进行人员的往返，一直到了 1987 年 7 月份台湾解严、同年 11 月份蒋经国开放老兵探亲后，两岸关系才逐渐好转。同时在 1991 年台湾成立"行政院大陆委员会"和由官方授权民间身份的"财团法人海峡交流基金会"，同年"动员戡乱临时条例"也正式废除并且通过"国家统一纲领"。1992 年制定"台湾人民与大陆人民关系条例"（简称"两岸人民关系条例"），从此台湾方面开始有了有关两岸交往的规定出台。同时，自 1979 年叶剑英的《告台湾同胞书》以来，针对台湾文化教育交流，出台了一系列的法规细则，诸如《关于对台湾进行教育交流的若干规定》《中华人民共和国中外合作办学条例》和其《实施办法》《关于普通高等学校招收和培养香港特别行政区、澳门地区及台湾省学生的暂行规定》等，对于台湾文化教育交流政策也逐步具体化。特别是 1999 年出台的《中华人民共和国台湾同胞投资保护相关规定实施细则》第十七条规定，台湾同胞投资者个人的子女和台湾同胞投资企业中的台湾同胞职工的子女，可以按照国家有关规定进入大陆的小学、中学和高等学

---

* 罗鼎钧，台湾台北人，清华大学公共管理学院与台湾研究院博士研究生。

校接受教育。这也说明台湾学生在大陆求学更显方便弹性。①

两岸文教的交流在过去近 30 年间，基本上都是先行者，文教交流优先、经贸交流次之，最后一个层面政治则是在彼此看法观点上都属于高度敏感的议题，因此两岸民间交流在过去 30 年间，不管是在政治热络时期或缓和时期，两岸文教交流的数量仍非常的多。

其实在两岸分离 60 多年里，两岸的文教交流停滞不前。依照台湾学者周祝瑛等分析《两岸大学生交流之回顾 1992—2012》一文中归纳，自 1949 年两岸隔海分离以来，台湾学生赴大陆求学的状态可以分为以下几个时期：②

（一）欣欣向荣优惠有加期（1950—1957）：此时期在参与"新中国伟大建设"的号召下，数以万计的境外学生（指华侨学生），进入大陆各大专院校念书。

（二）打压断绝到持续嘉惠期（1957—1966）：此时期由于掀起"反右派运动"浪潮，华侨学生纷纷被打成"右派"或"海外特务"，回大陆读书的趋势遂一时中断。

（三）停滞潜伏到呼应互动期（1967—1979）：1996 年"文化大革命"之后，华侨学生赴大陆留学状况一直停滞不前。直到 1979 年，大陆开放暨南大学的 13 个专业，透过大陆高考，招收港、澳、台的学生，进入高校本科就读。

（四）恢复生机到明确承认期（1980—1989）：此时期台湾学生到大陆求学的人数仍然是寥寥无几。1980 年，暨南大学及福建华侨大学陆续恢复对港、澳、台及其他华侨学生招生，实行提前单独命题、考试和录取。

---

① 周祝瑛、杨景尧：《教育愿景 2020》，台北：学富出版社，2012 年，第 51—81 页。
② 周祝瑛、刘豫敏、胡祝惠：《两岸大学生交流之回顾 1992—2012》，《教育资料与研究》，2013 年第 110 期，第 111—149 页。

（五）突破成长到尚待观察期（1990 年迄今）：1990 年是中国大陆招收台湾学生人数急速成长的一年。由于台湾方面的媒体逐渐开放，且大幅报道台生赴大陆求学的情况，以致出现台生人数大幅成长的情形。

从前述台湾学生赴大陆求学的历史观察到，自从 1985 年开始大陆高等院校开始招收台湾学生，随着两岸经济、文化领域交流的不断发展，到大陆求学的台湾学生数量不断增加。时任教育部港澳台办常务副主任丁雨秋 2005 年曾经介绍，1985 年到 2000 年大陆高校招收的台湾本科学生为 2895 人，研究生 864 人；2001 年到 2004 年这四年间招收了台湾本科生 2875 人，博士硕士研究生 2766 人；2004 年台湾学生到大陆求学的人数创历史新高，达到了 1777 人。据从国台办了解到，根据教育部最新统计，截至 2012 年 1 月，到大陆就读的台湾学生累计已经达 3 万多人，在校生为 7000 多人，去年大陆各高校招收台湾学生 2000 多人。[①] 迄今最新的数据显示，截至目前，总共有超过 10500 名台湾学生在大陆各地求学。由此可见，在近几年当中台湾赴大陆求学比例大幅的提升。赴大陆求学研究明显也成为一种趋势。

二、大陆招收台湾学生之政策

自 1980 年以来，大陆开始面向台湾招收台湾学生赴大陆求学，但到哪一年开始有人赴大陆求学坊间仍众说纷纭，有些人说是 1985 年甚至更早或许都已无从考证，但就对于大陆招收台湾学生赴大陆求学之政策，可以说从 1949 年至今脉络一目了然（参见表 1），在每个阶段都有不同的特点变化。

---

① 中国新闻社，《这些年，台湾学生在大陆追逐梦想》，http：//www.chinanews.com/tw/z/twxs/。

表1　大陆招收非大陆学生之政策演变

阶段	招生政策	学费政策	管教政策	法源根据
1949—1979	对港澳生根据特点、适当照顾。	国家负担高等教育费用，公费待遇。	设广州暨大、泉州侨大吸收港澳生。	1950年《高等学校暂行规程》
1980—1984	台湾学生视同港澳生，比照录取。	台湾学生待遇比照港澳生。	台湾学生也可进广州暨大、泉州侨大。	1980年《关于华侨青年回国和港澳台青年回内地报考大学问题的通知》
1985—1989	对港澳生单独命题、降低录取标准	录取分如大陆生者公费，扩招低分者自费。	先开放北大六校，后增至58校招台生	1987年《普通高校招生暂行条例》
1990—2004	对港澳、台湾生甄招，降低录取标准	逐年调高大学生及研究生学费，台生约三倍于大陆生学费。	开放北大、复旦等300所，各重点大学都招台生。	1990年《普通高等学校联合招收华侨、港澳台地区学生简章》
2005—2010	持续优待台生录取标准	台湾学生待遇比照大陆本地生。	便利台生就业、出入境。	内地高校招收台湾地区学生收费标准
2010年至今	开放凭学测申请大陆高校	台湾学生待遇比照大陆本地学生。	同前面	普通高校依据台湾地区学测成绩招收台湾毕业生通知

数据源：整理转载自刘胜骥的《大陆以低学费招徕台湾学生留学之新政策》，《展望与探索》，2005年9月第3卷第9期，第9—15页。

（一）港澳台侨统一招生

这是目前大陆招收台湾学生赴大陆就读大学本科最多的方式，全名称为《中华人民共和国普通高等学校联合招收华侨、港澳地区及台湾省学生简章》，依照2016年最新的简章介绍，大陆已经有297所（第一批本科157所和第二批本科140所）面相港澳台侨招生，这也是许多台湾学生赴大陆读本科途径之一，同时也是最多高校采取的模式，简称"港澳台联招"，必须透过统一的考试然后选填志愿分发。① 另外，广东

① 《2016年中华人民共和国普通高等学校联合招收华侨、港澳地区及台湾省学生简章》，内地（祖国大陆）高校面向港澳台招生信息网，http：//www.gatzs.com.cn/gatzs/pz/hongkong/201601/20160119/1517284802.html。

暨南大学和福建华侨大学也有所谓面向"港澳台侨联合招生"。

（二）台湾学测申请

台湾高中生免试申请大陆高校之规定，主要依照大陆 2010 年出台的《普通高校依据台湾地区"学测"成绩招收台湾高中毕业生的通知》规定:[①]

1. 在台湾参加"学测"考试，成绩达顶标级、前标级的台湾高中毕业生可直接向大陆高校申请就读。经大陆高校面试合格后即可录取。

2. 在大陆举办的台商子弟（女）学校，其高中毕业生均要回台湾参加"学测"考试，鉴于办学条件不同，上述学校高中毕业生"学测"成绩达均标级的，亦可直接向大陆高校申请就读，经大陆高校面试合格后即可录取。

（三）其他入学渠道：高校单独招生和预科生

首先依照大陆 1999 年出台的《关于普通高等学校招收和培养香港特别行政区，澳门地区及台湾省学生的暂行规定》，除了"港澳台联招"和透过台湾学测申请外，现今仍旧有部分高校可以进行单独招生，进行单独招生的多为艺术体育类学校，如北京电影学院等。清华大学和北京大学等高校也都单独进行研究生的招生，其他诸如福建的高校和中医药相关之院校，也都依据该规定进行单独的招生。

另外在暨南大学和华侨大学的联合招生简章中提到"预科生"，这个预科制度就等同于大学的先修班。原本是为了少数民族而设立，现今部分学校也为"港澳台学生"设立预科班，以提前让学生适应大陆的求学环境，通常预科班修业完后成绩合格可直升本科。[②]

---

① 《教育部：普通高校依据台湾地区"学测"成绩招收台湾高中毕业生的通知》，内地（祖国大陆）高校面向港澳台招生信息网，http://www.gatzs.com.cn/gatzs/pz/zyxx/201105/20110512/203688081.html。

② 《2016 年暨南大学招收华侨、华人及其他外籍学生招生简章》，暨南大学本科、预科招生信息网，http://zsb.jnu.edu.cn/zsb-ly/dy/2016hqhrzsjz2.html。

三、台湾学生赴陆求学现状分析

由于现今在大陆之台生群体非常的多元，本文中主要以本科、硕士班和博士班之台湾学生作为调查的对象，现今大陆台生群体因为来大陆求学目的和背景之不同，其组成充满了"异质性"，依照由台湾大学社会系蓝佩嘉和吴伊凡所做对于在陆台生论文之分析，[①] 依照其对于赴大陆求学的台湾学生之目的与动机，分为三大类七类型，三大类型主要分有"学位导向型""工作导向型"和"家庭引导的迁移型"，三大类型更加细分的话，可以再分为七类型，请参阅表2。

表2　大陆台生之类型

大陆台生之类型		
学位导向型的学生迁移	工作导向型的学生迁移	家庭引导型的学生迁移
窄门加宽型	在地耕耘型	聚落台商子女型
偶遇好奇型	跨区流动型	专业移民子女型
	两岸通商型	

资料来源：蓝佩嘉、吴伊凡：《在"祖国"与"外国"之间：旅中台生的认同与画界》，《台湾社会学》，2011年12月，第22期，页15。

依照上述几个类型方法再加上自2010年以来《台声》杂志对于大陆各个台湾学生的深度访问可以发现，这三大类搭配七大类型基本上也都可以说是不谋而合的。

（一）学位导向型

学位导向型的学生，以医学类学生为多，因为台湾进入医学院就读的学生都是台湾最顶尖的学子，为了圆自己读医学和中医学的医师梦，许多学生赴大陆学医。其次是在台湾高考或考研无法达到预期的目标，

---

① 蓝佩嘉、吴伊凡：《在"祖国"与"外国"之间：旅中台生的认同与画界》，《台湾社会学》，2011年12月，第22期，第1—57页。蓝佩嘉、吴伊凡：《去中国留学：旅中台生制度框架与迁移轨迹》，《台湾社会学刊》，2012年9月，第50期，第1—56页。

经过自己评估无法考到台湾最优秀的大学或研究所的学生，因此来到大陆求学一圆自己的梦想。最后是本有留学之计划，但考虑语言文化和各种成本，最终决定来到同文同种的大陆进行求学深造。

就读于天津中医药大学针灸专业的袁萍谈到"选择在天津中医药大学学习针灸推拿专业，该算是无心插柳柳成荫"。袁萍告诉我们，当初原本是想报考中医专业，可是两方面的原因，让她改变了初衷。一是她考上天津中医药大学那年，恰巧赶上学校的中医专业学制改为七年，是否能把握好那么长时间的学习生活，袁萍那时还真有些拿不准；二是出于对将来就业问题的现实考虑。① 另外在该访问中谈到对未来的规划（由于现实当中台湾不承认大陆的医学学历），袁萍希望未来回到台湾后，再学一个美容师执照，那时就可以把美容和针灸推拿结合在一起。如果能够考到一个比较高的讲师执照，就可以当一个讲师了。② 由此可以得知其实非常多的台湾学子在大陆读完医科后，由于无法回到台湾考医师执照，但为了梦想，不管继续留在大陆还是台湾都有不同的路径作为选择。

另外，再从另一篇华侨大学简瑞辰同学的访问中观察到，"高中将毕业时候，简瑞辰妈妈告诉他，如果在台湾考不上理想的大学，就到大陆读书。高考结束，在没能考上台湾岛内最理想大学的情况下，为了避免到大陆上大学，简瑞辰选择了'拖'字诀，方式是去服兵役。一年的兵役时间倒是过去得很快，但是兵役结束，当年大陆高校的报名时间也就错过了，于是简瑞辰找了份工作，边做边等来年大陆高校招生

---

① 程朔、杜敏、王靖儿：《学习针灸推拿属无心插柳》，《台声》，2014 年第 7 期，第 98—99 页。
② 程朔、杜敏、王靖儿：《学习针灸推拿属无心插柳》，《台声》，2014 年第 7 期，第 98—99 页。

……"① 从简同学在接受访问中观察到，由于自己在台湾没有考中理想的大学，最后向母亲妥协后来到大陆开始大学生涯，并且希进至福建华侨大学就读学习。

最后在学位导向型里也有提到为降低留学（出境）机会成本，来到大陆求学是一个不错的选择。清华大学公共管理学院博士生蔡志鸿原本在台湾的台北大学读取硕士后，在美国南加大留学时认识了许多大陆留学生，发现当初对大陆的不理解进而与大陆朋友交往。他主修非政府组织研究，他认为世界华人都达成物质与心理双富裕，作为关注华人公民社会、社会公益方面议题的学者，必须接触有 13 亿华人的大陆地区！因为尤其关注两岸社会治理方面的交流合作，甚至建议开设一个特区作为两岸开展社会治理合作的试点平台，蔡志鸿更觉得必须亲身到大陆开展调研。因此在回到台湾工作后一年决定至清华大学继续深造就读博士，立志成为大学教授。②

（二）工作导向型

工作导向型赴大陆求学生，主要是看到大陆广大的市场和潜力无穷的挑战机会。因为大陆近几年来经济成长突飞猛进，世界有目共睹，其经济实力举世瞩目，反观台湾进入 2000 年以后经济停滞不前，年轻人起薪直落，因此作为同文同种的中国人，也因为台湾紧邻大陆，也就吸引着非常多的台湾青年西进赴大陆工作，为了及早融入和累积自己在大陆工作资本，所以就有大批的学生选择前往大陆先求学再寻求就业的机会。若再从工作导向型细分，可以再分出"在地耕耘型""跨区流动型"和"两岸通商型"。

① 程朔、蒋碧辉：《华侨大学国际经济与贸易专业 2014 级台生简瑞辰曾抵触来大陆读书现计画在福建创业》，《台声》，2016 年 15 期，第 88—89 页。
② 程朔、吴海妮：《清华大学社会科学博士生蔡志鸿英俊男生很早立志做教授》，《台声》，2016 年第 4 期，第 76—77 页。

　　首先从工作导向型里的"在地耕耘型"说起，在大陆求学时就积极寻找各种实习和就业机会，主要就是为了留在大陆工作。文化大学毕业生大四前曾在中国人民大学进行交换的台湾学生的韦文心提到，大学刚毕业的他马上在北京就有个自己喜欢的工作机会。"我现在的工作是做搜狗输入法注音版的词库，它最近就要上线了哦。"文心告诉我们，搜狗台湾注音输入法研发推广过程中，研究组曾经在台湾找人咨询，他们在人民大学找交换生，文心刚好成为受访者之一。在接触中，项目主管对文心的阳光气质印象深刻，询问了文心有没有兴趣参与到项目中，刚好文心对参与这个项目也是很感兴趣的，于是双方一拍即合。回台湾拿到大学毕业证书后，文心就回到北京加入了搜狗团队。① 由此可以观察到，台湾同学在大陆求学从事实习后，其目标就是留在大陆就业的人。

　　其次是"跨区流动型"，大部分学生是在大陆求学后，进军大陆广大的市场进而进军全球，通常这个群体的学生都会利用求学期间观察整个大陆市场环境，进而在大陆创业。毕业于清华大学电子系、北京大学光华管理学院，现就读于北京大学国际关系学院博士班的蔡秉宪就是一个很好的例子。他在北京成立一家"桌游店"，并在多个城市设有体验店，吸引客户了解、接受桌面游戏，并且在线上、线下销售桌游产品。"'三国杀''实话冒险'都是比较初级、普遍的桌面游戏啦，其实桌面游戏产品线非常丰富，很有开发游戏者智力、充实游戏者知识库的作用，我们这个公司现在是境内销售正版桌游产品规模最大的，这个公司已经经营快 8 年了，每年的营业额都是两到三倍的速度在成长。"同时其也在上海、南昌、西安和深圳等地设有体验店。②

---

① 程朔、徐梦婷：《现在"搜狗"工作的台湾交换生韦文心行万里路是种生活态度》，《台声》，2016 年第 13 期，第 82—83 页。

② 程朔、余泛：《北京大学国际关系学院博士生、台生蔡秉宪学业创业都有成两岸交流做推手》，《台声》，2016 年第 9 期，第 80—81 页。

第三种在工作导向里的"两岸通商型"，该群体台湾学生主要具有专业技能，如熟悉法律、会计财务等等方面之专业知识，同时又熟悉两岸制度的差异优势和市场趋势，加上台湾人的身份，最终成为大陆台商们信任的好伙伴。迄今仍有非常多的台湾学生在大陆求学完后进入台资企业，成为台资企业的好帮手，就笔者了解到现今如台资的富邦华一银行、北京君太百货等各家台资企业，都有台湾学生毕业后进去就业，基本上可以胜任各种工作任务。

（三）家庭引导型

家庭引导型的台湾学生，基本上可以分为两种群体，首先是"聚落台商子女型"，主要是台商和台干的子女，从小学甚至更小就在大陆求学，其中也不少直接就读本地学校一直到大学硕士博士，这类型的台湾学生从小就可能设定要接班家族企业甚至常居大陆。另一类则是"专业移民型"，主要是出于家庭因素父母有计划性的移居至大陆，从小也听从父母亲的计划一起移居大陆求学。

就读于南开大学的马英凯和马英杰兄弟，从小出生于云南，先后在云南、台湾和北京上过学，所以在大陆求学很快就适应。南开大学的张佳颖是为了与在大陆打拼十年的台商父亲更近一些才选择来大陆求学。[①] 另外就读于北京语言大学的傅笔耘，爸爸从事游戏产业，在大陆有分支机构派驻，为了减少聚少离多的状况，举家迁至北京，傅爸爸则在青岛工作，因为全家都在大陆所以家人也常聚起来，每年除了春节外基本上都在大陆。[②] 由上可以观察到，作为台商子女的第二代和举家迁移至大陆的台湾学生，在台湾学生群体里也是非常的多，同时其从小在大陆成长的经历比起成年后再赴大陆求学的台湾青年学子更加不同。

---

① 程朔、郭晶晶：《双胞胎兄弟双约负笈南开》，《台声》，2014 年第 3 期，第 94—95 页。
② 程朔、马佳伟：《听台湾大男孩聊上学和当兵的那些事》，《台声》，2014 年第 2 期，第 90—91 页。

四、结论与建议

首先由本文的分析脉络可以观察到，台湾学生赴大陆求学已经成为一种趋势，虽然台湾方面已经承认以"985和211工程"为主体的大学学历，但迄今对于医学学历仍旧没有承认，就目前在大陆就学的万余名台生里，大部分来到大陆求学是看好大陆的市场和因家庭因素而来，因此毕业后大部分台生首选的就业地仍旧是大陆，特别是沿海的大城市。

其次从招生政策和台生类型可以看出，由于入学模式的多元和不同，台湾学生来到大陆不只是背景上的差异，每个人的目的和初衷也都不一样，因此台湾学生来到大陆后对于大陆有非常多元的看法和观点。加上大陆近两年来不断加强"三中一青"的工作和大陆所处的"大众创业，万众创新"时期，台湾青年在大陆求学遇到一个最好的机遇期，同时大陆各地设立了非常多的"两岸青创园区"，各地对于台湾青年求职就业上也有非常大力度的政策扶持，台湾学生在大陆求学不只着眼校园，也着眼于大陆对台湾青年的政策。

最后也是本论文观察到的一问题和核心，尽管两岸文教交流和台湾学生赴大陆求学在现今不管两岸关系怎么变都已经是个热门的显学，但是对于这群学子在大学里乃至大学毕业后的追踪仍有待各相关单位持续关注，因此大陆应建立"台湾大学生在大陆求学评估机制和追踪"资料库，就台湾学生在大陆求学期间与大陆同学交流变化和毕业后留在大陆或返回台湾就业做长期追踪分析，并就每当有两岸重大事件时对其态度的变化进行分析，建议两岸学界乃至大陆有关单位可以建立有关"国际教育学会"里的《门户开放报告》，定期汇整有关赴大陆求学之大学生和赴大陆交换之台湾学生的基本资料、统计资料和相关研究，进而对大陆台生进行有效的长期追踪和调研，形成大陆招生台湾学生和对台湾青年制定政策时一大参考之资料。

民间智库在两岸文化交流领域中可发挥之角色初探

张玉汉[*]

张玉汉[*]

一、前言

随着 2016 年台湾民进党重新执政，因为是否承认"九二共识"及对两岸过往交流的用词在认知或用语上的差异，两岸发展进入冷和平时代。两岸关系由热趋冷，许多的交流议题也逐渐受到限制。而随着蔡英文提出"承诺不变、善意不变、不在压力下屈服、不走对抗老路"的新"四不"后，许多大陆学者也提出看不到民进党的善意等评论，更可见两岸关系往急冻的方向发展。

过往两岸交流从经济或政治的面向来看，因为接触的范围广、研究的纵度深，对两岸的发展较能找到规律，但在现今政治、经济、社会等两岸交流不顺畅的情况下，两岸高度争议将会带来更多的不理解跟不谅解，未来要让两岸找到共同的交流议题只能寄托在文化艺术上。

文化议题成为两岸在政治、经济、社会交流后的重要议题，特别在"太阳花学运"后更显重要。因为"太阳花学运"起端的两岸服务贸易协定虽为经济议题，但细究内容却为文化议题，此文化议题不仅导致了国民党统治正当性受损，民意支持度降低，同时也促成了台湾意识发展

---

* 张玉汉，台湾艺术大学艺术管理与文化政策研究所博士候选人。台湾文化政策研究学会秘书长、台北国际艺术村经理。台北海洋技术学院兼任讲师。

与认同改变的发展。在台湾文化议题也开始冲击台湾治理的方式，更拓及空间、意识形态等面向的解构，再进一步来看，两岸关系的发展也将面临不同的挑战，至少在大陆所关心的"文化台独"上，必然需要面对挑战。因此，在两岸交流急冻的发展下，本文希望能探讨较少人关心的民间智库在当今两岸文化交流中可发挥之角色跟功用，是否能在两岸关系急冻的状况下为两岸找到沟通互动的可能。

智库是由专家学者所组成的跨学科的政策研究和咨询机构，是以公共政策为研究对象，广泛涉及社会、经济、科技、军事、外交、政治等面向，借由专家学者对于相关议题的了解跟研究，提供理论基础、分析跟建议方案。一般而言会将智库视为有别于政府机关第一轨外，第二轨或第三轨的交流管道，用来搁置争议，讨论议题的管道。

两岸交流在20世纪90年代，官方尚未建立互信及交流机制，两岸智库即扮演相当重要的角色。因为在两岸关系陷入紧绷之际，透过智库的交流有助于双方化解敌意，增进互相了解。虽然民间智库所做的交流仍属于民间交流的范畴，但由于智库交流受智库成员为知识分子背景的影响，拥有一定程度的政治资本跟社会资本，因此比一般民间交流更具有一定程度的政治效能跟政治影响力，故在官方交流、第一轨交流不顺时，智库的交流确实扮演起重要的角色。

二、智库的功能与重要性

智库最早出现于第二次世界大战时期的美国，用以指称当时军事人员与文职专家聚集在一起研究战争计划及其他军事战略的安全环境，后来到美国总统杜鲁门时期正式使用"智库"一词，智库的角色跟作用也逐渐明确。目前"智库"的翻译多样，有思想工厂、思想库、智囊等，但总的来说"智库"是现代咨询机构的代称，而作为有效的咨询服务机构，智库是储备和提供思想、决策方案的仓库，主要在提供决策科学化的服务。而对于世界的大国来说，因为原有的决策体系已经无法因应更趋复杂的社会环境，因此也就演化出智库咨询的机制，也就是直接透过向外咨询获取决策建议的方式。（郑永年，2016：5）

王辉耀、苗绿在《大国智库》乙书中认为智库必须要具有"从事政策研究""以影响政府的政策选择为目标""非营利""独立性"等条件。而陈启能则认为"智库不能只提出一种方案，一种设想，不是去捉摸政府的意图而去投其所好，更不是为政府政策背书或提出论证。智库必须要走在决策之前，并提供各种方案和设想，供决策者选择"。

现代的智库定义广泛，通常泛指"进行未来规划性研究，并为政府提供决策参考的其他许多非政府研究机构"。智库是一个国家在经济、政治和军事外的第四种力量。广义来说是由专家组成，多学科，为决策者在处理社会、经济、科技、军事、外交等各方面问题提出建议，提供最佳理论、策略、方法等的公共研究机构。而在美国智库的定义则是以政策研究为核心，以直接或间接服务于政府为目的、非营利的独立研究机构。（李玲娟，2008）

智库根据自身的专业分工，通过对公共问题进行前瞻性和系统化的研究，产生新的政策思想和主张，提出政策规划和建议，汇集人才，并通过各种方式影响政府决策和发挥作用。各国的智库活动主要集中在"进行前瞻性课题研究并争夺话语权""为政府决策层输送人才影响想国家政策""利用研究成果宣传政策主张""通过各类会议和公共关联活动推广主张"。这些活动使智库扮演越来越重要的角色，并且在社会变化较大的时期，特别是民间智库大量兴起和发展的时期，智库对社会的稳定发展扮演着不可或缺的角色。（陈剑，2011）并且智库同时也扮演了重要的"知识再生产的组织角色"，让原本较偏"形而上"的理论知识可以透过组织化的方式落实到现实世界中，也就是让公共知识分子能使用论述跟科学研究分析，透过"知识能量"来改变这个世界。

智库在政府或企业进行决策或政策制定的过程中发挥相当重要的作用，因为透过智库可以凝聚社会共识，建立理性表达意见的沟通渠道。因此，一个具有影响力的智库一定是一个人才汇集的场所，人才对智库非常重要，特别是要能汇集不同研究领域的优秀人才，智库如此发挥影响力。根据孙哲（2004）对智库人员的角色分析，认为智库的研究人员扮演五类角色，分别是"提供政策建议的角色""担当讯息管道与谈判参与的角色""透过学术声望和人脉影响政策的角色""政策宣传与传播的角色"及"政策指导、审议和评判者的角色"。由此可见，智库是由各类专家、学者或退休官员组成，他们有不同的经历和学术背景，并且在专业领域跟各自的网络社会中也具有双重身份，因为这些专家学者在各自的社会网络中也扮演一定的角色。而这些专家学者作为各自社会网络中的成员，也可以借此了解问题、了解民情民意、对政策进行反馈、沟通跟交流民众意见。

总之，各国智库所实现智库影响力的方式是多样性的，但各国智库所集中的任务大都在"透过政策研究与论述来影响社会发展跟政策制定，并且智库要提升自己的公信力和社会影响力，借此影响社会舆论、增加政策游说的成功度，必要时也必须肩负起倡议的工作，对社会宣传研究成果、普及知识"。本研究认为在各类智库当中，民间智库虽然资源及财力较不足，但对于社会所能发挥的影响力更较政府智库、半政府智库重要，主要是因为民间智库远离权力中心，接近社会，了解社会现实，比官方智库更能提供有效解决社会需求的方案。相较体制内的智库，民间智库更具有较高度的自主性和自制性，可以独立的以自己的专业来完成政策研究，并以最少的资源来进行倡议，影响政府决策和社会舆论，（郑永年，2016：52）同时在具有争议的议题上，也可以找到妥协的方案。

三、两岸智库发展现状与角色

在开始介绍几个笔者所接触的台湾民间文化智库前，先简单摘述大陆智库的发展现状与角色。

在中国决策过程逐步走向开放性与分权化的过程中，智库的专业性和其发展与国家体制改革的方向一致，智库在中国政策的决策过程中提供"决策民主化和科学化"的意见更趋重要，所起的作用也越来越强大。（郑永年，2016：71）

中国智库的发展，从 2013 年以来，习近平多次对中国大陆智库建设做出重要批示，指出智库是国家软实力的重要组成部分，要高度重视、积极探索中国特色新型智库的组织形式和管理方式等。这些重要论述，表明智库建设是推进国家治理体系和治理能力现代化的重要内容，也为建设中国特色新型智库指明了根本方向、提出了总体要求。而到了 2015 年 10 月 27 日，中央全面深化改革领导小组第六次会议审议了《关于加强中国特色新型智库建设的意见》。在这次会后，习近平强调，我们治国理政，必须善于集中各方面智慧、凝聚最广泛力量。重点建设一批具有较大影响和国际影响力的高端智库，重视专业化智库建设。这既为中国智库的发展提出了挑战，也为各类智库发挥作用提供了广阔的空间。改革发展任务越是艰巨繁重，越需要强大的智力支持。要从推动科学决策、民主决策，推进国家治理体系和治理能力现代化、增强国家软实力的战略高度建设中国智库。

中国的智库根据统计分类有党政军智库、社会科学院智库、高校智库及民间智库等四类，并在 2013 年时已经超过 426 家，为世界第二。但大陆的这些智库，大多具有官方或半官方的背景，民间智库组织很少。大陆的官方智库规模庞大，并且可以高度参与到政府的政策制定过程当中。但也往往因为大陆的智库具有官方背景，许多的观点就容易受到干扰，相对的也容易失去研究的客观性、独立性、创新性跟公正性。（李桢，2012）民间智库组织虽少，但所研究的议题更加广泛多元。

　　总之，近年来中国对新型智库的建设主张是对当前过于封闭，过度重视官僚系统利益的决策体制的回应，通过发展智库尤其是民间智库这一新的社会组织，撬动中国知识生产和决策体制的改革。智库建设更重要的是要打破国家对信息的垄断和官僚部门间的信息壁垒，使智库能对真实的政策过程有更深度地介入，通过开放更多的政策表达渠道实现政策观点的竞争。（郑永年，2016）

　　而在台湾，随着社会的多元跟复杂，智库也日渐增多，提供许多政策建言，进行幕僚工作，许多台湾政治人物也相继成立智库，借此发挥影响力、培养人才、厚植能力。台湾的智库大概可分为政党型智库、半官方型智库、学术型智库、民间型智库等。台湾官方智库、半官方智库在近几年的发展也都肩负一定的任务。而学术型智库跟民间智库透过学者自行网络联结也能发挥一定程度的作用。在官方与智库间的互动方面，台湾过往行政部门也会编列预算委托智库研究，通常会以委办型和标案型两种方式委托，委办型研究规模通常较小，经费预算也较小，且时程较短，而标案型通常经费较多，时间不定，且需要依据官方采购规定进行竞争。官方机构大概透过这些方式来提供智库资源，并借此获得有用的政策建议或进行咨询。民间智库也是采用此模式与执政机关互动，但民间智库除了承接官方委托案外，较多的是在有限的资源内进行自己有兴趣的议题跟活动。

　　而根据"台湾文化政策研究学会"接受"国艺会"委托研究案（2015）的成果报告，可发现台湾智库针对文化交流议题的努力则大约可包含文化政策、视觉艺术、表演艺术、文学创作、影视媒体等范畴。对这些领域进行研究的智库将会提供实时且具体的艺文政策分析与政策建议等。台湾有关文化艺术的智库中做两岸文化交流的有广艺文化基金会、沈春池文教基金会等，另外当然也包含各式协会、学会等；而在专业领域方面有关视觉艺术的智库有台湾视觉艺术协会、台湾女性艺术协会、竹围艺术村、帝门艺术教育基金会、台北艺术产经研究室等；而专做文化政策的智库有沈春池文教基金会、白鹭鸶文教基金会、"国艺会"、古都保存再生文教基金会、龙应台文化基金会、文化研究学会、文化法学会、台湾文化政策研究学会等；而对文学创作类的智库则有台湾笔会、台湾文学发展基金会、台湾人文学设、台湾比较文学学会、台湾英美文学学会、洪建全教育文化基金会、台湾海翁"台语"文化教育协会等；而在影视媒体类的智库则有台北市影片商业同业公会、台北市女性影像学会、台北市纪录片从业人员职业工会、台湾南方影像学会、独立媒体工作者协会及台湾微电影协会等单位；表演艺术类则有表演艺术联盟、台北爱乐、现代音乐协会、原舞者文化艺术基金会、兰阳舞蹈团、台湾国际民俗舞蹈协会、国际舞台美术家剧场建筑师暨剧场技术师组织、台湾技术剧场协会、中华民淑艺术基金会等。上述这些基金会也大概肩负着台湾"艺文情搜与产出""艺文相关研究""艺文政策提案与倡议""扶植与补助"跟"艺文推广与教育"等功能。

笔者认为 2011 年是台湾文化类民间智库发展上的重大转折点，由于台湾媒体的发达与政治氛围的改变，使得许多民间智库得以借由媒体向全民提出诉求、跟官方提出政策批判。特别是文化类别的民间智库也公开大力的质疑执政机关文化施政失焦、文化资源分配不公等议题，突显出智库对于台湾文化事务及官方文化政策施政的意见和态度。因此许多的民间文化智库集结并组成虚拟的"文化元年基金会"，对梦想家舞台剧的经费提出质疑、要求台湾地区领导人候选人公开表达文化政策等，表现出艺文界人士积极表达对公共政策的意见，也试图去改变或影响公共政策的制定，且其介入的方式有愈趋严厉、激烈发展的倾向。同时也可看到在士林王家拆迁案、师大康青龙商圈争议、太鲁阁剧场、美丽湾开发案、台北大巨蛋兴建案及台中台湾塔兴建案等事件中，许多民间智库也介入其中，表达对执政部门在相关事件处理方式上的抗议。

在 2011 年后，这些民间智库趋向关心以下议题：

1. 从社区总体营造的再进化（寻根），到现在的文化权（保障），包含少数民族的文化权，文化基本法，文化基本法的目的，文化例外、文化影响评估的诉求。

2. "国史馆"的解构，不只有政治的"国史"，还要有艺术、地理、族群、语言等"国史"。甚至民间也成立台湾艺术史研究学会等。文化资产保护重现旧时生活模式等。

3. 重视由下而上的治理模式，公民会议、公民咖啡馆、参与式预算等开始被推广等。

而上述关怀的趋势，与笔者协助创设的"台湾文化政策研究学会"与"台湾艺术史学会"背景相似。也是笔者见证民间文化智库的崛起与官方对于民间文化智库崛起所感受到的压力与态度。

"台湾文化政策研究学会"为 2015 年 5 月 16 日成立的民间智库，其设立主要是希望能汇聚台湾在"文化政策、艺术管理、文化资产、表演艺术、视觉艺术、艺术批评、社区营造、文创产业、艺术市场、文化经济、影视媒体、流行音乐文化与国际文化交流"等跨艺术文化领域的研究、实践与创作工作者，为其提供一个自由、开放的知识平台，以及一个促进学术界、非营利文化第三部门、文化企业、产业和公部门之间协力、沟通、对话与理性辩证的台湾文化公共领域。其设立宗旨为："推动文化政策研究、增加学术交流、办理相关议题倡议、发行专业出版品。"而自我规划的任务有："1. 从事文化政策与治理等相关议题之研究工作。2. 推动国内外学术交流与强化台湾国际学术地位。3. 出版文化政策相关期刊、论文集、出版品等。4. 定期办理政策论坛，进行文化政策与治理之监督、评量与具体建议。5. 文化政策与治理相关议题倡议及游说。6. 增进文化政策与治理教学职能与技巧。7. 办理公私部门相关研究案、规划案或咨询服务。"

"台湾艺术史学会"为 2016 年 3 月 25 日美术节时成立的民间智库，是台湾战后第一个以台湾艺术史为名的民间团体，甚具历史意义。其设立主因是认为台湾长久以来，台湾各领域艺术史的研究缺乏一个固定的社群机构提供定期聚会、交流与讨论，而研究者们的发表往往必须依赖各类研讨会，或寄附在其他学门机制底下寻找对谈与呼应的声音，遑论认同或主体的确立。因此为了找寻台湾艺术史的主体，进而成立该智库。"台湾艺术史学会"的成立宗旨是："提升台湾艺术史之价值与认同、建立台湾艺术史研究之平台与网络、推动台湾艺术史研究风气、促成台湾艺术史研究之在地化与国际化等。"而自我规划的任务有："1. 从事台湾艺术史相关议题之调查、研究及教育推广等工作。2. 促进艺术史研究者与艺术家之交流。3. 出版台湾艺术史研究相关通讯、期刊、论文集、出版品等。4. 定期办理艺术史相关论坛与聚会。5. 办理台湾艺术史相关之国际交流。6. 建立台湾艺术史研究者与公私立机构等之合作机制，办理相关研究案、规划案或咨询、委托服务等。7. 其他相关研究活动与政策之参与。"

上述系由笔者协助成立的两个学会智库皆，亦是近一两年内台湾新成立的文化类民间智库，两个智库各自汇集多方能量、拥有大量人才，所做相关研究建议也逐渐受到官方机构重视，官方机构及民间机构也陆续委托研究案与咨询，智库本身也举办了许多民间倡议活动，如候选人政策辩论、预算审查等。因此，在此基础上，笔者看到民间智库的活跃性、能动性跟未来性。所以笔者认为民间文化智库未来在两岸交流上应可扮演更重要的角色，并持续推动前沿的研究工作，在两岸冷冻时期，扮演第三轨交流的重要角色。

四、两岸文化交流领域可发挥之功能

民间智库的活跃对社会发展带来更大的多元性与影响冲击。而不论是任何层级的智库交流，因多是知识分子间的交流，故可谈论的议题、素材、内容、尺度皆可放宽，并且在知识分子的沟通中立场、史观可有不同，但知识分子仍会去探求"事实的本质存在，在事实中求共识，甚至提出建议"。以日本的智库来看，日本智库的特点是在充分认识地区特性的同时，能以更加宽阔的视野客观地分析问题，并站在创造性的立场提供解决问题的方案；另智库除了自身的发展特色外，同时也加强彼此间的协调、交流、合作等项目的合作，为智库间提供了互相交流的平台，也加强了智库所做的调查研究报告的严谨性，同时也提供了决策上的参考（董顺擘，2016），因此智库间的彼此交流是可给予期待的。

在两岸文化交流的面向，民间智库可扮演的角色应该更加重要。因为两岸文化交流的本来就应该是十分民间的、社会的、软性的交流事项，是非传统安全层次的交流事项，而"文化"的本质跟作用是为突显出"差异"，所重视的是"理解而尊重"，而非"融合而单一"，因此两岸目前虽为同文同种，但经过1949年至今的两岸分离，其文化内涵、价值态度、史观已非相同，因此透过民间智库间的互动跟多方交流，来建构新的或称共同的"知识体系"则是可以期待的发展方向。

如早期两岸在推动服务贸易协定或规划推动签署两岸文化合作协议时，便因为两岸中间的实际存在差异，导致许多冲突，两岸也因此产生嫌隙跟误解。这样的冲突在欧洲也发生过，欧洲整合之父莫内（Jean Monnet）曾说："如果欧洲共同体能重新开始，吾将由文化着手"，因为数十年来欧洲透过政治、经济的手段推动欧洲整合，虽然有进展，但也引发了种种社会问题跟认同危机，因此我们不认为经济或政治面的整合就是真正的欧盟整合，进一步是希望从文化的层面来思考欧洲的政

治、经济与社会整合，希望从人民最切身的生活面、思想面、价值面等
文化领域，来建构欧盟会员国人民间的彼此认识、认知和共识，希望借
由欧盟的文化理念跟具体行动措施来促进欧洲文化整合发展，对文化内
涵进行转变，以增加统合之力道。所以当时双方如果透过民间智库先行
沟通，并参考到欧盟整合的做法，也许可让两岸交流进到另一个层次。

而早先提到虽然两岸一直声称同源同种并共同继承中华民族的文
化，但基于文化是流动性的概念，所以事实上经过 60 多年不同内外在
环境和发展策略方向之影响，大陆与台湾的文化底蕴已经有某种程度的
不同，例如台湾地区近来就有主张认为中华文化为底蕴吸收了葡萄牙、
西班牙、荷兰、日本、美国等文化，1949 年迁徙到台湾的各省融合，
孕育出了一个具有"台湾本土特色"的中华文化。因此面对两岸这种
高度涉及文化认同与价值的议题，容易引发某种程度之政治意涵的联
想，在台湾内部将引起高度争议，并且也会因为台湾内部的争议而无法
做出具有的相关的对策及回应，而面对大陆的倡议，长久发展后将破坏
两岸近期所建构之和平互信基础。因此这就需要两岸民间智库来协助找
到平衡点。

两岸目前互信不足，且智库间的实质合作较少，财务自主能力上也
较不足，因此目前仍需进行的是透过智库去建构共同的"知识体系"，
属两岸可共同沟通的知识语言。并且两岸的文化交流应该是十分民间
的、社会的、软性的交流事项，是非传统安全层次的交流事项，因此本
文认为两岸透过民间智库应可先进行以下议题的倡议：

1. 倡议文化是鼓励差异跟了解而非造成同质跟一致。
2. 以经济为导向的文化交流助益有限。
3. 两岸共同推动世界文化遗产及非物质文化遗产之保护。
4. 鼓励内容有关的交流（宗教、影星、电影、电视剧、音乐等内
容）先行。

5. 重新评估大量表演团体展演交流之政策。

6. 强化文化人员交流互访，了解彼此文化政策。

7. 两岸智库共同研究课题，如文化关键词、文化趋势或文化价值等研究。

8. 两岸智库互派研究员等。

而在两岸民间智库的交流，特别在文化的面向，笔者认为"四城文化交流会议"的模式是非常值得推荐的方式。"四城文化交流会议"是由香港、上海、深圳跟台北艺文界于 1997 筹组，是相当重要的民间智库合作与交流。该论坛以"城市"出发，每届推选年度性的重要主题并轮替主办会议，借此讨论如何将"文化"赋予时代新意，并使之产生更大的能量，近以推动公共环境与公民社会的发展，"四城文化交流会议"到了 2017 年即将满 20 年，这 20 年中的四城各自的民间智库交流搭建起一个跨地域、以城市联结为基础的平台，从文化角度出发，反思当代城市文化现象及文化政策相关议题，对参与此论坛的四个城市在文化发展建设上发挥了重要的作用。这样的一个"四城文化交流会议"10 多年中探讨"艺术节和城市文化的发展""艺术教育、评论与艺术节""创意工业、艺术与教育""入世后的城市文化产业""设计城市品牌""城市记忆""公民社会与文化权利""创意城市与博物馆""城市文化的公共性"，甚至在 2016 年也配合大数据、互联网＋等热门议题，探讨了"移动互联时代的城市文化发展"。总结来讲透过这样一个智库所串联的会议作为交流平台，既有维系四城文化圈的作用，也承担推动城市文化发展的宏远目标，借由这样一个沟通平台也吸纳多元的观点，汇集文化智慧，可发挥一个跨地域文化智库的功能。

陈先才认为两岸智库交流为两岸关系和平发展搭起有用的平台，智库的交流为两岸学术互动建构平台、为两岸政策制定提供意见、发挥政策解读功能及传递两岸和解的讯息。持续地透过两岸智库交流将可找到

破解两岸交流难题的方式、促进两岸各自机构整合进行，并且民间智库
具有机动性、自主性等特性，更是两岸面临僵局时可努力的突破口。

五、结论

不论从国共对峙到现在的 60 多年发展或者从 1987 年开放探亲到现
在的快 30 多年，两岸关系的发展一直在变，一个是"两岸关系"永远
在大变；另一个是"一中概念"的微变。第一个变动是一个动态性的
变化，会因不同因素产生变。但目前看到对于"一中概念"的微变，
处于一直在变动的两岸社会，是需要更强大的论述，否则是无法支撑对
"一中"的微变。

因为假若 1992 年是两岸关系最好的一年，生长在那代的年轻人，
今年大概 25 岁；1995 是两岸最紧张对立的一年，今年大概 22 岁。这
些年轻人不了解所谓的两岸紧张为何？会认为两岸的紧张是历史故事、
是国民党编造出来的幽灵徘徊台湾上空。他们自小形成的对大陆的认知
是自然建构的，有陆配、陆生、有大陆新闻，因此你跟他谈两岸会紧
张，他无法理解。"一中"的微变是否能一直支撑两岸关系的发展？看
起来是否定的。大陆对于"一中"是一贯的输出，具有一致性；但在
台湾则是进入多元解构，讲的是自身贴切的生活经验，连世界地图的观
看都具有变化。并且在两岸关系的交流上，也可观察到过往的两岸青年
论坛所谈的多为两岸交流、防止"台独"，但最近一次却已经演变成
"华独""独台"，实际上已经产生一定程度的变化。

中国大陆面临的挑战是在文化体制改革或文化产业发展后，仍在建
构"中国"想象推动，仍在建构一致性的想象。而台湾正面临解构后，
要重塑的过程。而在面对史观的多元、网络科技发达的世代，两岸交流
不可避免的需要正面面对这样的挑战。笔者从政治学研究转到文化研
究，本身也是一个解构的过程，也就是习惯性地进行解构，习惯性地把

边陲转为中心。两岸过往在前人努力下，还有较多元讨论如"联邦""邦联""统合""台湾国际空间"等。但发展到现在已经越来越狭窄。因此两岸关系未来并不乐观的往"政治一中"前进，甚或"文化一中"都有困难，因此笔者最后呼吁跟建议，透过民间智库可以进行这些概念的前沿讨论：

1. 两岸需要公共知识分子说实话、搭建公共领域
2. 降低错误信息或代理人效应
3. 减少具有目的性的交往
4. 交流形式不需再大拜拜

总之，智库的成立通常会要求其保有跨学科性、独立自主、前瞻性跟政策取向，也就是智库需要能做出具体的分析建议、提供决策参考。一般来看智库会面临资金来源、人才任用、社会结构（社会氛围是否发展到能接受智库建议）及政府机构态度等（政府部门看待智库研究成果报告的态度）等因素的限制而影响发展。而具有政策研究和政治影响力的智库出现是政府体制发展与多元社会发展的趋势，透过智库的运作能对政府决策和国家社会发展产生积极影响。而民间智库的发展因其属性更可发挥较大的作用。专家从来不是决策者的附属，专家存在的价值是为政府提供理性决策的外部意见，尽可能帮助政府对复杂决策问题做出正确判断。特别在政府减少对知识分子的思想和意识形态方面的控制、公共领域的形成、信息不对称降低、新媒体兴起等环境下，智库可以扮演非常重要的角色（朱旭峰，2012：179），因此本文认为，智库在两岸关系遇到停滞时其实扮演相当重要的角色，特别是近几年新兴的民间智库。

参考文献

[1] 陈剑：《积极发挥智库作用，推动政府决策科学化》，《中央社会主义学院

学报》，2011 年 170 期，第 77—81 页。

　　[2] 陈启能：《美国的思想库和美国社会》，北京：社会科学文献出版社，1987 年。

　　[3] 陈先才：《台湾地区智库研究》，北京：九州出版社，2015 年。

　　[4] 李玲娟：《美国智库的研究及对中国民间智库的启示》，《辽宁行政学院学报》，2008 年第 10 卷第 6 期，第 27—28 页。

　　[5] 李桢：《智库对我国政府公共决策的影响力研究——以社科院系统为例》，《情报资料工作》，2012 第 6 期：第 97—100 页。

　　[6] 孙哲：《中国外交思想库：参与决策的角色分析》，《复旦学报》，2004 年第 4 期，第 98—104 页。

　　[7] 王辉耀、苗绿：《大国智库》，北京：人民出版社，2014 年。

　　[8] 郑永年：《内部多元主义与中国新型智库建议》，北京：东方出版社，2016 年。

　　[9] 朱旭峰：《政策变迁中的专家参与》，北京：中国人民大学出版社，2012 年。

　　[10]《掌第三轨亚太基金会，许信良：台湾不希望两岸中断交流》，《联合报》，2016/08/11。

　　[11]《陆让利独厚蓝，扩及台商社团，认同"九二共识"才能受惠，偏绿智库全封杀》，《旺报》，2016/09/20。

　　[12] 董顺擘：《智库观察：互助团体在日本智库发展中的作用》，《中国评论新闻》，2016/09/08。

　　13. http：//hk. crntt. com/doc/1043/6/7/7/104367765. html? coluid＝7&kindid＝0&docid＝104367765。2016/10/10。

重塑台湾青年文化认同的路径探讨

郝 晨 韦 强

（中国华艺广播公司政策研究中心）

青年是建构未来两岸关系的重要参与者。台湾青年的文化认同和价值取向，攸关国家民族认同和两岸关系和平发展。受两岸分离历史、现实政治环境和社会语境影响，两岸文化存在一定隔阂，特别是台湾青年的中华文化认同存在一些问题。2016 年 "5·20" 蔡英文上台后，始终不承认 "九二共识"，坚持区隔台湾文化与中华文化，台湾青年的文化认同感进一步异化。面对蔡英文执政后的两岸关系现状，加强两岸青年文化交流，共同反制 "文化台独"，重塑台湾青年文化认同，建立两岸关系和平发展的价值纽带，显得更为重要和紧迫。

一、台湾青年文化认同问题日益突出

所谓 "文化认同"，是指人们分享共有的文化模式（信仰、价值观、规范、习俗等），彼此在文化上具有共同的心理情感和意识[①]。台湾文化与大陆文化同根同源，是中华文化的重要组成部分。然而近年来，"台独" 分裂势力肆意割裂台湾同大陆的历史、文化和种族的血缘联系，使台湾民众尤其是台湾青年中华文化认同感逐渐缺失。

（一）本土文化意识上升

尽管台湾经历了 1895 至 1945 年的日本殖民时代以及 1949 年之后

---

① 刘克曼，卢梭："以文化认同促进台湾民众的民族认同和国家认同"，《广东省社会主义学院学报》，2014 年第 4 期，第 72 页。

的两岸对峙，但其在中华文化的认同上并未出现根本性动摇，包括台青年在内的台湾主流社会普遍认同中华文化体系，认为自己属于大中华文化圈的一员。但随着"台湾人认同"的不断上升和"中国人认同"的不断下降，多数台青年在承认两岸文化同源性的同时，愈来愈看重本土文化。2015年3月台湾师范大学一份"政府文化施政满意度调查"显示，高达38.1%民众支持文化施政要以台湾本土优先，较2014年的30.5%提高7.6%[①]；且愈是年轻群体，上述倾向就愈明显。同时，在"去中国化"教育影响下，有的青年片面看待两岸文化联系，认为两岸文化拥有共同的根，但经过不同历史洗礼，两岸文化的魂早已不同；台湾文化源于中国大陆，但受他国影响很深，所以"台湾文化算是中华文化的变种"。还有的甚至否定中华文化地位，认为"台湾文化不是中华文化的亚文化，中华文化仅仅是台湾文化的一部分"。

（二）价值取向趋向多元化

一方面，历史上的移民从大陆带来的宗教、民间信仰、宗教礼俗、生活习惯等传统文化，已经深入台湾民众生活，成为台湾文化最重要的根基。岛内民众至今仍保有与大陆相同的姓氏、宗祠、族谱，在血缘、宗教信仰上与大陆有着密不可分的关联。可以说，共同的历史传统和风俗民情，形塑出台青年对中华传统文化的归属感。但另一方面，台青年的文化认同正面临着传统文化与现代文化、中方文化和西方文化、本土文化和外来文化等多元文化价值的挑战，逐渐呈现出"多面性""开放性"特征。[②] 特别是日本殖民文化和西方文化对台青年文化认同建构的影响愈发明显。部分台青年更认同日本文化和西方价值观，抵制和漠视

---

① 游升俯：《本土文化意识抬头 文化信心创新低》，https：//anntw.com/articles/20150514 - q8GE，上网时间：2016年10月8日。

② 参见张宝蓉：《台湾青年文化认同的建构与困境——基于学校教育的视角》，《台湾研究》，2015年第4期，第20页。

传统文化的精神魅力，甚至对传统文化的存留产生怀疑、丧失信心。据日本共同社报道，"日本交流协会"委托在台进行的 2015 年舆论调查显示，"最喜欢的国家"中，56% 的民众选择日本，比排在第二的中国大陆（6%）高出 50%，同时比 2009 年度创纪录的结果 52% 还高出 4个百分点，其中，20—30 岁族群。更有 60% 以上"最喜欢日本"。此外，关于"对台湾影响力最大的国家"的调查结果显示，美国、日本仅次于中国大陆（50%），分别达 31% 和 11%。①

（三）对两岸文化交流戒备心增强

两岸文化源出一脉，交流互动本质上并无障碍，且文化交流没有政治互动那么敏感，也没有经济交流那么重利，主题较为中性，台青年对两岸文化交流大多持欢迎态度。但也有部分青年认为，大陆文化始终与政治挂钩、为政治服务，以精英为主、由上向下，台湾文化是以草根为主、自下向上；大陆文化与台湾文化交流，是以"上端对下端，精英对草根、僵硬对活泼"，对台湾极为不利。此外，对于熟悉了多元化声音的台湾青年世代而言，他们认为陆媒的所谓"官媒"色彩浓重，涉台话语时常招致"统战"和"打压"质疑。蔡英文上台执政后，拒不承认"九二共识"，两岸关系停滞，两岸交流受阻。特别是在"文化台独"思潮影响下，"反中""反共"情绪累积，各种形式的"台独"话语不断繁殖，对两岸青年文化交流构成不良社会氛围，让台青年对继续扩大两岸文化交流心存恐惧。

二、台湾青年文化认同危机主要源于"文化台独"和外部挑战

（一）历史分离造成两岸文化认识差异

由于历史原因，两岸走过了不同的发展道路，发展出不同的社会制

---

① 《日本共同社称"台湾人最喜欢的国家是日本"》，《台湾周刊》，2016 年第 30 期，第18 页。

度和生活方式，两岸文化交流也一度中断长达近 40 年，两岸文化走上了不同的发展道路，形成了虽源出一脉但带有各自鲜明个性的中华文化亚文化。在政治对立的负面影响下，文化隔阂逐渐显现。1945 年国民党到台湾后造成的"族群认同"问题，使得"台湾文化"和"中华文化"间的关系变得复杂起来，也造成了当前台湾部分青年尤其是南部青年对"台湾文化"和"中华文化"认识上的区隔。

（二）"文化台独"造就新的文化隔阂

李登辉、陈水扁在台疯狂推行 20 年"文化台独"路线，肆意割裂两岸的历史文化联系，任意虚构台湾文化的独立性，大搞"文化台独"，摧毁台青年对中华文化的感情，制造台青年文化认同危机。马英九上台后，虽对"文化台独""去中国化"进行了一定程度遏制，但在两岸文化交流问题上始终畏手畏尾，未能有效消除"台独史观"影响。蔡英文上台后几个月便采取撤销新修课纲、任命政治立场偏"独"的"文化部长""教育部长"、宣扬"台独史观"、国际场合署名"台湾总统"等一系列举动，企图篡改历史文化、割裂文化联结，扭曲认同观念。在"新南向政策"旗帜下，蔡英文图谋进一步加强与东南亚、南亚地区文化教育合作，以淡化、削弱两岸文化教育交流，体现出某种"远中"或"去中"考虑。最新调查显示，2016 新学年台湾高校招收陆生人数 3035 人，较去年的 3238 人减少 203 人，降幅近 7%。[①]

（三）殖民文化强化台青年"哈日"心态

台湾历经多个列强殖民，特别是日本殖民统治期间，强制推行"皇民化运动"，大搞奴化教育和文化侵略，禁止台湾人讲汉语、写汉字、穿汉服，在淡化台湾民众祖国观念的同时，也强化了其本土意识和地方主义，在岛内逐渐滋生了封闭型区域性的思想体系，由此带来对中

---

① 马祺：《赴台陆生人数骤减引发岛内关注》，《台湾周刊》，2016 年第 28 期，第 13 页。

华文化的离心倾向。尽管日本对台军事殖民早已结束，但对台文化殖民从未间断。日本长期对台文化渗透，催生了台湾社会"哈日"风潮，强化了台湾青年"哈日"心态。台青年群体中充斥着对日本漫画、电视剧、流行音乐和各类明星的热爱，一些年轻人以购买日本流行服饰、生活用品，讲日本流行俚语，让自己的言谈举止更像日本人为荣。近年来台湾赴日留学生人数持续稳定增长，日本稳居台湾海外留学目的国前列。每年到日本度假打工青年人数达 5000 人，日本成为台青年度假打工第二受欢迎的目的国，仅次于澳大利亚之后。① 2016 年 1—8 月，台湾赴日旅客达 298.8 万人次，较去年同期增长 17%。②

（四）西方文化冲击台青年文化认同

20 世纪 50 年代以来，经过社会转型和外来文化的不断冲击，西方各种思想观念、价值观念、文学艺术大量移植到台湾，中华传统文化受到西方文化强烈冲击。随着台湾逐渐步入西方社会的发展道路，台湾经济被纳入国际分工体系，加上台美之间特殊的紧密关系，导致以美国为代表的西方文化对台湾的影响加深。部分知识分子也主张"横向移植"来清除传统文化之弊，西方文化侵蚀愈发明显，中华文化绝对主导地位受到严峻挑战，台青年文化认同受到较大冲击。

三、以交流促重塑，文化认同非一朝一夕之功

台青年由于其成长环境、教育背景以及生活阅历均与大陆青年存在较大差异，要重塑台青年中华文化认同，就要建立其能够接受的交流交往方式路径。

---

① 参见《青年度假打工 澳日最红逾 19 万人次申办》，https：//news.housefun.com.tw/news/article/705070139597.html，上网时间：2016 年 10 月 8 日。

② 《观光局主动出击台日互访人次突破 6 百万有望》，http：//news.pchome.com.tw/travel/nownews/20161009/index－47597480089706207015.html，上网时间：2016 年 10 月 8 日。

（一）青年文化交流路径

青年作为两岸文化交流的生力军，代表着两岸文化交流的未来，在两岸文化交流中，应继续扩大青年参与的广度和深度，在交流和碰撞中增进台青年文化认同。比如，定期组织两岸青年开展共同祭祖、文化寻根、文艺采风、文创展演等体验式交流活动，营造两岸一脉相承的文化氛围和共同的国家民族意识，强化中华传统文化在台青年心目中的地位。在继续做好团体互访、夏令营、冬令营等形式交流的基础上，积极开展主题辩论会、读书分享会、科研论证会等活动，不断创新和丰富与台高校青年学生交流的模式。积极推动两岸高校学生社团、青年专业社团"结对子"，组织两岸学生参与推广中华优秀传统文化、支教、环保、助残等公益事业和大型活动的志愿者服务，拉近双方情感距离，培养共同价值认同。在交流内容上，则要多关注台青年的想法和需求，关照台青年的兴趣爱好，如中华文化、流行时尚、风土人情等，使其在潜移默化中接受熏陶。

（二）中华文化教育路径

抓好传统文化教育是中华文化传承永续的根本之道，尤其是在青年群体一味追求现代的、西方的价值观念，出现"文化迷失"的现象下，更不能忽视中华传统文化的教育。需要通过中华文化教育增强传承民族优秀文化的自觉性，利用民族文化魅力凝聚两岸共识。对台湾青年教师，可以通过联合开展教学科研、共同考察历史文化遗迹等文教交流，激发其传承中华文明的文化自觉。对大陆台生，可以根据两岸高校青年学生的思维方式、知识结构、兴趣爱好相近等特点，有意识地就两岸高校青年学生共同关心的一些文化热门话题展开交流；整合高校和科研机构对台研究力量，适当邀请台青年学生参与闽南文化、客家文化、妈祖文化、宗教信仰等课题研究，在研究中强化学生对两岸共同家园、两岸血脉相连的命运共同体意识。对台湾中小学生，可以建立两岸中华文教学网站，设置"中华经典启蒙""中华经典导读""中华文化传承""中华文化评析"等内容，对台湾青少年进行"面对面"的直接教育熏陶。

（三）新媒体传播路径

两岸青年文化交流要善用新媒体平台，以多样的网络工具、丰富的表现形式和友好的用户体验承载两岸相关的集体记忆和优秀的文化内容，增强大陆优秀文化的传播度和亲和力。在网络工具上，充分利用Facebook、Twitter、PTT等台青年聚集的论坛和社交媒体进行文化传播，充分挖掘和形成一批对台湾社会有影响力和公信力的新媒体账号，搭建两岸青年文化交流的场域，促进两岸青年文化价值观的交流交融。在表现形式上，针对台青年多用手机、好下音乐、喜看视频等媒介使用习惯，将社交平台、视频网站、音乐网站与具有文化特点和亲和力的文章、图像结合起来，将互联网、自媒体、微电影等新兴事物与明星、综艺节目等娱乐元素结合起来，利用长微博、配文图片、微视频等新媒体形式宣扬中华灿烂文化。此外，应使用内容简明、形式活泼、清新干净的风格吸引网民，提升浏览阅读的用户体验，激发台湾民众深入了解中华文化的兴趣。

（四）大陆台生关怀路径

近年来，受经济发展和个人利益驱动，越来越多台湾青年想到大陆发展。2015年数据统计显示，大陆在校台生约1万多人，在大陆就业的台青年将近3万人。对此，应积极关怀台青年在大陆求学就业情况，创造两岸青年共同成长的平台和环境，帮助台青年在共同记忆中找回"同属中国人认同"。比如，在求学问题上，可以联合公安、民政等部门出台措施，着力解决大陆台生户籍问题，允许长期在陆生活、就业的台生办理临时居民身份证。针对群体的特殊性，以及文化背景、语言、生活习惯等方面的不同，在教学方法、课程设置等方面实行分类指导，因人施教，使他们尽快适应新的学习环境。进一步扩大台生奖学金（包括政府奖学金、学术团体奖学金、高校奖学金等）发放范围和发放量，适度提高台生奖学金额度。在就业问题上，对有意愿西进就业的台湾青年，应一视同仁，有条件的省市可逐步构建针对台青年的创业扶持基地和服务中心，通过设立创业导师团，开展创业技能培训等，积极为台青年就业创业提供辅导服务，为两岸青年"创客"从事业到情感深度融合提供机会和条件。同时，积极构建官方台生服务网络平台，就求学、就业、创业等事宜，为台生提供权威信息、解答实际问题。在课外活动上，安排两岸学生混合居住，提高台生参与社会活动的热情，使其在与陆生共同的成长学习环境中，形塑共同生活观念，累积共同生活经验。

两岸青年心理认知塑造和
重构的路径分析

郭振家

（中国劳动关系学院公共管理系）

两岸青年交流，简而言之，是指两岸青年在较为宽松的气氛中坦诚交换对于历史、现实、国际等共同关心的问题的想法。两岸青年交流意义十分重大，一方面是因为这是中国和平统一难以跨越的必由之路，另一方面这也是两岸构建和平、稳定两岸关系的关键。当前，随着交通和网络技术的便捷，两岸青年交流从物理技术层次应该不是什么难事了。但两岸青年交流并不能"凭空发生"，这需要两岸之间良好氛围的营造以及其他领域（经贸、文化等领域）交流的同步进行。

我们应当庆幸的是，2008—2016 年，马英九主政下的台湾在"九二共识"基础上大力推动了两岸各层次的交流，两岸关系回暖态势明显。在这一大背景下，两岸青年之间的交流也不断热络起来。但必须指出的是，两岸青年交流必然要经历一个"陌生—观察—分歧—融合"的过程，每一个阶段不可省略，前一个阶段又为下一个阶段提供了认知的基础。

一、马英九时期两岸交流频繁[①]

中国国民党发源于中国大陆，秉承了"一个中国"的理念，认同

---

① 2016 年 1 月 16 日，代表民进党的蔡英文在台湾选举中获胜，由于其对于"九二共识"拒不承认，因此，未来两岸之间的各项交流将面临各种不确定性。正因为如此，我们回顾过去八年马英九时期两岸在"九二共识"基础上的积极交流，对于两岸的和平与稳定才有着更加重要的意义。

两岸人民都属中华民族和炎黄子孙，积极推动和平方式解决台海分歧，积极推动两岸交流。早在 2005 年 4 月，胡锦涛与连战的"两岸和平发展共同愿景"中，就提到中国共产党和中国国民党共同体认到，"促进两岸同胞的交流与往来，共同发扬中华文化，有助于消弭隔阂，增进互信，累积共识。"①

2008 年 3 月，中国国民党籍候选人马英九、萧万长获胜，得票 765.87 万张，得票率为 58.45%，大胜民进党籍候选人谢长廷、苏贞昌，从而为推动两岸关系的和平发展奠定了政治基础。马英九时期的两岸关系可谓一帆风顺，主要可以从如下三个方面来观察：

一是两岸均坚持了一个中国原则，两党交流频繁。"九二共识"的达成实际上是两岸互相释放了善意，两岸基本上达成了事实上的"外交休兵"，避免了在国际舞台上的资源"内耗"；而大陆也在涉台的一些国际组织例如 WHO、ICAO 等，释放了积极善意，拓展了台湾适度的"国际空间"。此外，国共互信最好的体现是"国共论坛"（"两岸经贸文化论坛"）的坚持举办。依据 2005 年"胡连会"《两岸和平发展共同愿景》，从 2006 年起至今（除了 2014 年因为国民党地方选举败选停办一次之外），每年均举办"两岸经贸文化论坛"，这个论坛实际上为两岸多层次的交流提供了良好的渠道。

二是两岸均有意推动相互经贸往来。因此，1979 年以来大陆一直倡议的"三通"（通邮、通商、通航）终于在 2008 年 12 月实现，尤其是两岸之间实现了直接、双向、全面空中通航。此外，为呼应 2005 年"胡连会"的《海峡两岸和平发展共同愿景》，2010 年 6 月，海峡两岸关系协会会长陈云林和财团法人海峡交流基金会董事长江丙坤分别在

---

① 《中国共产党总书记胡锦涛与中国国民党主席连战会谈新闻公报》，2005 年 4 月 29 日，华夏网。http：//www.huaxia.com/zt/pl/08-048/1204745.html。

《海峡两岸经济合作框架协议》和《海峡两岸知识产权保护合作协议》上签字，ECFA 进入实施阶段。到马英九卸任之前，两岸"两会"先后签署了 23 项协议，增进了两岸民众的利益福祉，促进了各领域的交流合作。

第三，是两岸有目的地推进了多层次的人员交流。鉴于两岸之间存在着政治制度、意识形态、社会理念等方面的分歧，加强交流才可能消弭分歧，因此，两岸相继推动了学界、教育界、旅游界、医学界、司法界的交流与合作。尤其是 2011 年开始推动的"陆生来台"政策，促进了两岸的教育交流和青年交流，影响非常深远。此外，从 2011 年 6 月 28 日试点大陆居民赴台个人游以来，两岸已经分四个批次开放了北京等 36 个城市赴台个人游，陆客来台极大地呼应了两岸民间相互了解的意愿，也促进了台湾的经济振兴。

二、青年在交流中分歧和隔阂显现出来

青年是未来的主人，青年的"两岸观"对于两岸未来的和平与稳定有着至关重要的意义。然而，两岸之间青年的交流却随着两岸交流的展开呈现井喷。20 世纪 80 年代至今，两岸青年交流大体上可以分为三个阶段。第一个阶段是蒋经国后期，1987 年开放了台胞返乡探亲，一些"外省第二代"青年也开始来大陆观光，了解到了真实发展中的大陆。在这个时期，由于两岸之间悬殊的经济差距，台湾民众对于大陆是有着强烈的"优越感"；第二个阶段是在李登辉后期到陈水扁时期，两岸交流呈现出了所谓的"政冷经热"，尽管这个时期上海、东莞、福建等地台商已经大批聚集，但是祖国大陆其他更广阔的地区仍然对于台商而言有着相当的"未知性"。两岸青年交流更多是台湾青年来大陆进行游历，而大陆青年奔赴"台资企业"打工，认识台商的治理模式和管理经验；第三个阶段是马英九时期至今，由于两岸政治互信的建立和经

贸往来的频繁，更由于祖国大陆的经济崛起，两岸青年逐渐以较为平等的姿态进行交流。①

在第三个阶段，不光是两岸之间高校、企业、社会团体等有意积极促成青年交流，一些固定的、每年举行的学术交流活动更有助于两岸青年互相了解。比较著名的有大陆一方的全国台湾研究会从 2009 年起举办"两岸青年学者论坛"（以马英九上台为契机），至 2016 年已经举办第八届。该论坛邀请了来自两岸的青年学者，举办地点在大陆的不同著名城市，会议过程既有严肃活泼的交流探讨，又可以欣赏大陆风景和了解社会民情，整个交流过程拉近了两岸青年内心的距离。台湾一方则有政治大学国际关系研究中心举办的"两岸菁英交流夏令营活动"，从 2006 年起迄今已经举办了十一届（以"胡连会"为契机）。该活动主要是在台北展开为期一月的青年交流之旅。陈德升执行长对此寄语是"使两岸年轻世代结成志同道合的朋友"，他期许"这个兼具学术方法训练、市场实务体验和社会永续关怀的平台，能够为深化两岸青年交流与合作，提供更多服务和机会，也盼望这个学术网络和市场纽带，能够为两岸平发展互惠共荣，创造历史新机遇"。②

按说以上第三个阶段，不光是经济地位上，两岸青年在文化教育层次、话语权、信息来源等方面享有了更多的平等性，甚至娱乐消遣也有了诸多的共同之处，交流的频繁应该迅速化解两岸之间的分歧。然而，正因为有了交流，青年之间心理认知的巨大差异才渐渐地"浮出水面"。两岸青年对于对方的看法的"固化"实际上也是有章可循的，大

① 在促进两岸交流中，尤为知名的著作有廖信忠的三部曲，分别是《我们台湾这些年1》（2009 年）、《我们台湾这些年2》（2014 年）、《台湾这些年所知道的祖国》（2014 年），这三本著作比较中肯和全面，对推动两岸青年交流意义重大。尤其是第一本被称之为"一个台湾青年写给 13 亿大陆同胞的一封家书"，编年的方式介绍台湾这些年的"不容易"，引起大陆青年的极大理解和共鸣。

② 陈德升寄语来自"两岸菁英交流夏令营"2016 年宣传海报。

陆青年看待台湾往往会提到民主化进程、本土化进程、"小确幸"现象，似乎台湾青年的责任和担当在下降；而台湾青年看待大陆青年则是从经济腾飞、民族主义崛起、对台湾网络上攻击较多，双方这样的观点"固化"实际受媒体影响甚大，尤其是台湾媒体对于大陆负面形象的看法严重影响了台湾青年的大陆印象。此外，笔者从以下四个方面对两岸争议问题进行了归纳。

（一）历史中国和未来中国之争

两岸分离的现实造成了文化和教育的某种疏离。大陆和台湾泛蓝阵营均认为自己代表了历史中国和文化中国，并认为自身发展方向是未来中国的发展方向。两岸对对方的指责也并非毫无缘由，大陆在发展文化中的泛意识形态化和台湾在文化发展中的多样化（日本、美国文化在台地区大行其道），双方均指责对方不能代表真正的"中华传统文化"。两岸青年在交流的过程中，均摆出了己方发展道路的巨大成绩，并预言己方发展代表了未来中国的发展道路。

（二）中华主体性和"台湾主体性"之争

随着中国大陆的崛起，中国大陆希望在两岸交流中凸显中华主体性的呼声越来越高，当然在网上青年群体之间的表现是激昂的民族主义的复兴。大陆的这一点，其实也与遭受列强欺侮的历史有很强的相关性，因此，中华强大和复兴需要实现统一，而统一则意味着雪耻；而台湾方面，尤其是泛绿的民众逐渐倾向于加强"台湾主体性"，"去中国化"大行其道，"小确幸"也日渐浓烈，台湾青年对于中国"统一"不太热衷，甚至有一些恐惧，认为"统一"带来的对现状的改变会损害眼下的利益。"维持现状"以及"齐大非偶"① 的心态与对"台湾主体性"

---

① 这个词来自某位台湾学者的使用，实际上是指大陆崛起以后影响力提升，而台湾青年却存在着"与我无关""不需要与我统一"的消极心态。

的认同互为因果。

（三）发展正确道路之争

这种争论本质上已经超过了两岸之争，背后代表的是"中国模式"和西方发展道路之争。前者是指中国大陆的治理方式十分有效，中央政府的有效治理加上高度完善的市场经济，是改革开放近40年来的"制胜法宝"，并仍将在以后的深化改革中发挥重要作用；后者是指台湾岛内的治理方式，"五权宪法"的背后是西方的"三权分立"的制衡理念和"自由、民主"意识形态。普通台湾民众认同民主治理体系，并认为这是台湾社会的巨大进步。当然必须指出的是，大陆和台湾的发展规模有着巨大的差异，是否适合推销己方的发展道路，是一个值得质疑的问题。

（四）统一和"独立"之争

尽管两岸青年的交流已经展开，但是青年之间的统"独"之争已经越来越不容忽视。在台湾年纪偏大民众的统"独"之争，实际上是对"蓝绿"的选择。2014年的"太阳花学运"凸显青年群体的"主体认同"。这场学运表面上是以"反服贸"的名义进行，即台湾青年不愿意大陆经济过多、快速波及台湾，认为会伤害到台湾经济，其实质是台湾部分青年不愿意两岸经济贸易联系不断加深，当然，也不愿意台湾经济过多依赖大陆。统"独"之争的另一个重要表现就在于"周子瑜事件"的不断发酵居然导致了50万左右的台湾年轻人（包含部分"首投族"）连夜回乡投票。青年群体之间所谓的"天然独"或者"天然台"的现象需要学界予以关注。

需要特别指出的是，以上的四个方面的争论并不是相互孤立的，而是存在着某种联系。譬如，坚持台湾的"主体性"与追求"台独"，存在着某种联系。再如，两岸的道路之争实际上是两岸青年对于未来发展的信心之争。

三、两岸青年心理认知塑造的社会历史背景

两岸青年心理认知的不同，实际上反映了两岸青年不同的生活经历、教育理念和安全本位意识。当然，如果仅仅从这三个视角分析，那么差异是正常的和合理的。然而，塑造两岸青年心理认知的是更加广阔的两岸发展道路、媒体舆论环境和国际定位。

两岸发展道路存在着巨大的不同。大陆在改革开放前后发展道路迥异，改革前，基本上是封闭的、传统的发展模式，期间还经历了史无前例的"文化大革命"，物极必反，中共中央和中国人民开始反思，中国必须改变积贫积弱的面貌，大陆最终走向了改革开放的道路。迄今，中国在和平稳定的发展环境中，成为世界 GDP 第二大的经济体。而台湾方面，在两蒋时期，基本上是处于专制、高压、威权的统治之下。在蒋经国的末期台湾开始"民主化"，同时经济上不断实现腾飞，台湾人民也不断积极探索政治治理经验。然而，在李登辉和陈水扁时期，从民主化到"本土化"，甚至不断推动了"台独化"，台湾岛内蓝绿对抗不断，族群撕裂也愈发严重。所以说，两岸不同的发展道路，对于两岸青年的思维的形成产生巨大的影响。大陆青年了解国家富强的重要性，而台湾青年可能更加珍惜民主生活的重要性。

两岸的媒体舆论环境也有着相当的不同。大陆基本上是采取了正统的教育理念，对宝岛台湾的报道，从"甲午战败割让台湾"，到"二战胜利台湾回归"，基本上是"统一势在必行、统一事关中华民族伟大复兴"的舆论氛围，青年群体对这一看法继承并逐渐发展为"我辈继续推动统一"的内心理念；而台湾自从所谓"民主化"以来，多种声音并存。除了拥护"统一"的深蓝之外，还有拥护"维持现状"的本土派，还有拥护"同心圆"理论的台湾史逻辑存在，更甚至有拥护"钓鱼岛属于日本"的极度"亲日派"存在。宽松的舆论氛围使得台湾已

经没有中华主体性思维，当然舆论环境的宽松使得任何一种声音都有可能遭到其他声音的抨击和围攻。

两岸不同的定位最终决定了某种程度的"冲突"。随着经济的崛起和中华民族伟大复兴梦的提出，中华人民共和国实际上定位一直是"世界强国"，即便不是超越美国，也是要与美国一样发挥世界重要作用。这一点与中共的"两个一百年"的目标相契合，即"中国共产党成立一百年时全面建成小康社会，在中华人民共和国成立一百年时建成社会主义现代化国家"。台湾当局的所谓"国际定位"经历了一个不断迷茫的过程，从1971年被"赶出联合国"到1979年中美建交，台湾越来越失去了国际上的"代表中国"的"正统地位"，取而代之的是台湾岛内弥漫的一种"国际孤儿"的声音。尽管冷战结束后美国一度希望台湾发挥关键棋子的作用，但台湾已经不再追求所谓的"正统中国"的梦想，而是希望在国际上提升国际参与、发出自己的声音。当然，任何以"国际参与"的借口推动实质"台独"的活动均值得我们警惕。

四、两岸青年心理认知重构的途径

正是由于两岸在社会和历史方面的巨大差异，因此，我们需要认识到，两岸青年心理认知的差异有其一定的合理性，我们希望实现的两岸青年认知的重构也有其必然的艰巨性。如下四个方面的路径需要长期坚持方能够取得理想的效果，若中途偏废，就有可能造成巨大的信任危机，两岸交流就会面临"推倒重来"的窘境。

第一，两岸青年需要进一步深化交流。交流的中断只能增加猜忌，不能带来任何正面的帮助。两岸青年交流中有分歧甚至冲突是正常现象，不应该"因噎废食"。要想弥合差距或者差异，深化交流是不可或缺的重要一步。偏听偏信，容易加深误会。坦诚交流和愿意推动交流的心态，可以渐渐地消融分歧。甚至我们需要认识到，交流的形式也很重要，只有定期的、常态化的交流，才有可能不断消融双方不信任的"坚冰"。

第二，两岸青年需要共同谱写中华民族历史。说到底，两岸都是中国人，两岸的发展都是中国发展的一部分。长远来看，两岸迟早要走向共同发展。当下，两岸之间的经济差距和社会差距在不断缩小，意识形态方面的差距也在进行弥合。两岸青年既需要对过往的历史有共同的反思，又应该有担当准备共同谱写现在和未来的中华民族历史。在台湾，即便是绿色青年，对于中华民族的认同还是没有改变的，但是如果大陆只是强调其意识形态的一面的话，往往会将其推向"台独"阵营。大陆应当用包容的心态看待非极端"台独"者。

第三，逐渐构建共同的社会价值观。中国大陆过去积贫积弱，因此经济发展是重中之重。随着经济水平的提升、社会文化层次也不断上升，中国大陆现在倡导的社会主义核心价值观，也包含"自由、民主"等内涵，与台湾的价值观并不存在本质的冲突。两岸青年可以多层次交流协商，就共同的价值观进行探讨。当然，交流的过程中，针对一些概念（理念）必然会展开辩驳，但这同样也会对双方的社会民情有更加深刻的了解。

第四，创造未来的命运共同体。两岸之间的交往需要有"命运共同体"思维，合则两利，败则两伤，谁也离不开谁，谁也不能抛弃谁。两岸应该从中华民族复兴的视角，看待中国的崛起。大陆应该积极看到，台湾在近年来大陆改革开放中一直发挥着积极的作用，而两岸统一是中华崛起的最好证明。台湾方面也应该积极看待大陆崛起，摒弃唱衰大陆的思维。在大陆的国际棋盘中，"一带一路"是一盘大棋，台湾可以"借势得利"，追求"台独"点起战火绝非台湾之福，抛弃幻想支持"统一"并在"统一"中获利才是正途。总之，两岸都应当着眼长远，和衷共济，来共同推动中华民族的伟大复兴。

以自由行推进两岸文化交流的可行性研究

——以青年人为例

潘　颖

（广州大学公共管理学院）

一、研究背景

近年来，伴随着"三通"等便利的政策，两岸间的交流日趋频繁。越来越多的青年人选择交换生、参加夏令营或背包自由行等方式到海峡对岸观光游览并进行民间交流。据有关数据显示，两岸的观光人数正逐年上涨。其中，2015 年访台陆客突破 400 万，创造历史新高。观光旅游不仅可以使游客在游览的过程中感受到旅游目的地的景色之美，也能使游客在游览的过程中亲身体验当地的风土人情，促进客源地与目的地之间的社会交流。目前，在两岸自由行日趋频繁的形势下，能否通过自由行推进两岸文化交流？为了解这一情况，笔者随机采访了 20 名青年背包客（其中大陆青年和台湾青年各十人），了解其选择自由行的动机以及旅游行为，并从中分析自由行对文化交流的影响。

二、自由行推进两岸文化交流的优势分析

从调研的情况来看，两岸青年均肯定了自由行对推进两岸文化交流的作用。与参团游相比，自由行能更深入地接触到当地人，更好地了解他们的生活习性，更真实地感受到他们的内心想法。

（一）从出游动机的视角

1. 共同的文化底蕴和民族情感

自古以来，海峡两岸的居民都是炎黄子孙的后代，传承着同样的华夏文明。习总书记所倡导的"两岸一家亲"更是说明了海峡两岸血浓于水的关系。对于大陆的青年来说，"到宝岛看看"不仅是简单的观光旅游，更多的是对海峡对岸的好奇与情感驱使。而对于台湾的青年而言，常听长辈们提及大陆，也使得他们对大陆充满了好奇。除少数少数民族外，大多数台湾人的亲友圈里都有大陆人的身影，而在与身边的亲朋好友的日常交往中也了解了不少关于大陆的事情，希望眼见为实，能来大陆亲身看看。

2. 日常交流中的相互吸引

随着文化传媒的不断推进，互联网、电视剧、报纸和杂志等媒体的推广使得两岸青年对海峡对岸的情况了解增多。受访的大陆青年表示，阿里山、日月潭等出现在小学语文课本中的景点使得其对台湾有一种特殊的情怀。"尽管现在已经记不太清课本内容了，但出于对台湾风景的向往，还是想来看一看。"同时，有部分女青年表示，随着近年台湾偶像剧的热播，从影视作品中看到了台湾的风景，也"希望来看看偶像们走过的路"。

与大陆青年相似，台湾的青年也是通过大众传媒了解大陆，并希望来实地看看。尽管台湾媒体常爆出一些"惊人"的新闻，如"大陆人吃不起茶叶蛋"之类，但有不少台湾青年仍希望亲自来大陆看看。"过来看看国民党的'老巢'长什么样"，"其实大陆现在发展得很好啊，像北上广之类的一线城市也是很赞的"。

3. 工作、学习的"附加值"

如今，随着经济的快速发展，不少居民到海峡对岸进行工作和学习。在调研中，一位从台湾"跳槽"过来的工程师表示，"中方企业给我的薪水比我在台湾领的高，而且工作轻松，我有很多的时间可以外出旅游。"借助丰厚的收入和稳定的假期，不少工作的年轻人在闲暇之时外出观光游览，亲身体验地方文化。而在出游方面，学生显得更为方便。来大陆学习的台湾学生可以跟自己的同学一同外出，由当地人带领探寻真正的地方文化，乐趣无穷。而前往台湾学习的陆生，也可以通过自助订票、询问台湾学生等方式进行自由行，真正深入地了解地方的民俗文化。

（二）从旅游行为的视角

1. 旅游资源丰富，具有极强的可观赏性

两岸旅游资源丰富，自然资源和人文资源均有极强的可观赏性和不可替代性。从自然资源来看，大陆的五岳、黄山等山峦之雄伟，令人向往；鄱阳湖、洞庭湖等湖泊，也因其特有的水产资源和人文情怀而闻名中外。尽管台湾的总面积仅 3.6 万平方千米，但其长达 1576 公里的海岸线为其带来了丰富的自然景观。北部的野柳、南部的垦丁风光迷人，台湾山脉中最高的玉峰也吸引了不少探险爱好者前往。而最为出名的阿里山和日月潭，更是吸引了无数游客。

从人文资源的角度来看，大陆青年可以前往台湾探寻特色文化，而台湾青年则可以前往大陆认识华夏文明。近年来，随着娱乐圈的不断发展，台湾的人气偶像和乐团为两岸青年所钟爱。不少大陆青年为了追星、看演唱会，纷纷前往台湾，寻找偶像的印记。此外，台湾的少数民族文化也吸引了不少大陆青年。尽管台湾的少数民族在一定程度上与大陆的少数民族类似，但其特有的山歌文化和民族特色，仍为大众所青睐。而大陆的王权文化，如长城、故宫、兵马俑等，也吸引了不少台湾青年前往参观了解。此外，想要了解在华人世界中广泛流传的唐诗宋词其背后的故事，必定要来大陆亲身体验才能知晓。

2. 资讯发达，可通过互联网实时查询

随着科技的进步，以往需要代理才能完成的出游工作，可以借助互联网上的第三方平台进行自己操作，"说走就走"成为可能。在车行、住宿等方面，青年人可以通过互联网直接联系店家，选择自己心仪的住宿方式。而在行程、景点讲解等方面，互联网上的游记、攻略成为青年人的"宝典"。像携程、马蜂窝等知名的 app 为游客出行提供了相对专业的行程规划，市面上繁多的旅行攻略也能为青年出行提供参考。同时，两岸大多数景点均配有专业的讲解员，若在游览时有需要可以随时询问，甚至是租借讲解器。在语言、文字相同的华人圈子里，两岸在信息沟通上并无太大的阻碍。

3. 产品多样，满足不同人群的各项需求

随着旅游市场的不断发展，市面上出现越来越多的旅游产品。从纯粹的参团游到两岸学生夏令营，从全包价旅行到单一的旅游服务均应有尽有。选择自由行的青年人可以结合自己的实际需要和资金预算进行规划。近年来，随着第三方运营商的增多，像微博"台湾自由行"等中介机构组织的包车、拼车等形式更有利于青年人在旅途上结识新的朋友，促进交流。此外，日益兴起的青旅、民宿等住宿形式，也使得游客可以直接入住在当地人所开设的旅店中，热情好客的店家和服务生也能在日常沟通中了解更多想获得的资讯。

三、自由行推进两岸文化交流存在的问题

在看到自由行推动两岸文化交流成效的同时，我们也不能忽视它的不足。总体而言，现存的问题主要来自于双方的文化差异和旅行途中的相关配套上。在多数青年人看来，两岸间的文化差异和相关配套的滞后并不会影响其外出旅游的动机，但对其旅游目的地的选择和逗留的时间将产生一些影响。

（一）从出游动机的视角

1. 两岸间存在文化差异，融合上有难度

虽然同为华夏文明，但由于近现代史中社会化进程有所不同，大陆与台湾在生活方式、语言等方面有所差异。众所周知，我国大陆于1956年开始推行简体字，而港澳台等地区仍使用繁体字。由于繁体字教育的缺失，致使很多大陆青年到了台湾产生"不识字"的尴尬场景。而由于台湾的教育中也未涉及简体字，所以很多台湾青年到了大陆也无法准确地了解其含义。其次，两岸的语言在发音上有所不同。如"法国""包括""和"等字眼的发音差异较大，有可能对沟通交流带来一定的阻碍。由于台湾的方言以闽南语为主，且上了年纪的老年人很少会讲普通话，当大陆青年前往台湾时，在沟通上存在不便。此外，两岸的一些词汇存在"一词多义"的现象，如"地豆"。在台湾，人们把花生称为"地豆"；而大陆，人们所指的"地豆"是马铃薯。

2. 两岸部分价值观相左，相互间难理解

近年来，随着"台独""去中国化"等思潮的泛滥，部分台湾青年对大陆产生了仇视的情绪。近年的"反服贸""太阳花"等学运发生无一不表现出台湾青年对大陆的敌意。大陆青年为表达自己对台湾青年的不满，选择放弃或减少前往台湾的计划。"台湾的政局不明朗，担心过去会受到伤害"。有部分大陆青年认为，"与其过去热脸贴着冷屁股，还不如老实在家待着"。

在与台湾青年调研的过程中，笔者尽量避免涉及政治问题。大多数台湾青年对台湾本土均有较强的认同感，但在"中国人"一词的态度上，很多人则表现得十分模糊。不少人在谈及立场时立刻转移话题。而不承认同是中国人的身份又使得大陆青年不想于台湾青年进行进一步的沟通交流。

（二）从旅游行为的视角

1. 服务水平参次不齐，服务意识有待提高

两岸社会分层现象都较为严重，不同阶层所能承受的服务也有所不同。总体而言，台湾服务业的水平要优于大陆。习惯在台享受优质服务的台湾青年，来到大陆旅游总有所不适应：少有热心人愿意为其指路，更别谈带路。部分著名景点更有"宰客"行为，令旅途十分不悦。在大陆中西部地区，由于地方习俗的差异，服务意识更是令人担忧。

2. 硬件配套不够完善，旅行体验不够理想

在大陆，由于青旅、民宿等私人旅馆缺乏必要的监管，有部分居住现象令人担忧。笔者曾在厦门的青旅进行实地调研：工厂商厦中三房一厅经过简单的布置，其中两间房各放两张上下床即可营业。台湾青年在这样的环境中居住，自然会对大陆的整体印象产生偏差。此外，大陆城市公共交通的覆盖度相对较低，也使得台湾青年在出行时可选择的交通工具较少。

四、对策建议

针对上述对自由行中优势及问题的分析，可以归纳出大多数青年仍对到对岸交流具有较大的热诚。为促进自由行推进两岸的民间文化交流，政府在现有的推动政策上，仍可增加政策宣传力度，改善旅游配套设施和提高从业人员素质，并开发更具有针对性的特色旅游产品。

（一）加强推广，增加文化交流的宣传力度

由政府牵头，加强相关推广，提高社会影响力，让更多的青年了解自由行并选择。从政府的角度来看，制定两岸友好政策，加快签证审批手续，有助于两岸的交流。从旅游业的角度来看，结合不同时节本土的地方特色进行必要市场营销，能扩大当地旅游业在外的宣传覆盖面，提高知名度，从而促进外界对其了解。此外，媒体、学界等也能成为推动

文化交流的有效渠道。将观光旅游、人文文化等信息通过大众媒体向外传播，能增加文化的吸引力。而学界通过研讨、访学等方式，能促进双方有效沟通、增进地方文化的向外传播。

（二）改善设施，提高从业人员的业务技能

社会各界群策群力，积极发挥自身力量，改善硬件设施，并组织相关培训，提高从业人员的基本素质和业务技能。就基础建设而言，各地政府应加大财政拨款力度，改善当地基础设施建设，提高客源地与目的地之间的通达度。就景区建设而言，景区运营方应注意提高景区自身的吸引力，挖掘景区内在的文化内涵，打造文化招牌。就配套设施而言，如餐饮、住宿、交通工具等，各级政府应加强监管力度，组织有针对性地专业培训，从思想和业务技能两方面提高从业人员的综合素质。

（三）注重创新，开发特色旅游产品

面对日益多样的社会需要，旅游业应就新兴的社会需求，有针对性地开发一些特色旅游产品。从调研的结果来看，旅游资源中的人文要素是两岸青年较为青睐的部分。为此，在开发特色旅游项目时，应着重考虑旅游产品中的文化要素。以传统的建筑为例，其构造的方式和其中的故事可能是两岸青年更感兴趣的部分。而自然风光中的人文情怀，如五岳、长江、黄河等，则更能渲染出我们的民族精神，以引发共鸣。

五、总结

根据调研所反馈的意见看来，两岸青年对自由行均具有较高的评价。自由行的独立性和可选择性使得选择自由行的青年能更深入、更详尽地接触到当地的风土人情。从自由行推进两岸文化交流的优势而言，文化同源、日常文化的吸引使得两岸青年产生文化交流的动机，而信息技术的飞速发展和两岸丰富的旅游及其配套资源使得自由行成为现实。但与此同时，两岸的文化交流仍存在文化差异和服务质量不理想等问

题，但这些问题都是可以解决的。在政府大力倡导赴台旅游的同时，社会各阶层也应积极响应，以"两岸一家亲"的民族情怀促进两岸的文化交流。现有的研究尚不够深入，接下来，应选择更专业的角度，对旅行中可能影响两岸文化交流的因素进行分析，以求更好地推进两岸文化交流。

参考文献

［1］刘法建、张捷、陈冬冬：《中国入境旅游流网络结构特征及动因研究》，《地理学报》，2010，65（8）：第1013—1024页。

［2］刘凌斌：《两岸大交流背景下台湾青年的"国家认同"研究》，《台湾研究》，2014（5）：第10—18页。

［3］陆林：《都市圈旅游发展研究进展》，《地理学报》，2013，68（4）：第532—546页。

［4］卢小丽、成宇行、王立伟：《国内外乡村旅游研究热点——近20年文献回顾》，《资源科学》，2014，36（1）：第200—205页。

［5］王仲：《两百年来台湾文化变迁概述——兼论两岸文化交流的对策》，《上海师范大学学报（哲学社会科学版）》，2012，41（3）：第130—136页。

［6］杨立宪：《台湾社会对中华文化的态度探析》，《北京联合大学学报（人文社会科学版）》，2011，09（4）：第75—80页。

论两岸青年文化

——台湾青年族群在网络论坛上之政党情感与分析

邵轩磊

（台师大东亚系助理教授）

一、台湾地区领导人选择与"周子瑜事件"

韩国演艺公司 JYP（JYP Entertainment Corporation）艺人周子瑜，在台湾选前之夜（2016 年 1 月 15 日）爆出道歉声明。因其身份（identity/nationality）碰触两岸关系议题，以及时间点发生在选举前日，与台湾地区领导人选举议题相关，引发各界热议。

"周子瑜事件"之始末为 2016 年 1 月 8 日，艺人黄安向北京举报台湾地区旅韩艺人、演艺团体"TWICE"成员周子瑜"在韩国电视节目手持台湾当局旗帜国旗"，属"台独"分子，呼吁抵制。部分大陆网民亦有爆料周子瑜多次"（说自己）来自台湾""举'国旗'出镜"的言行以表附议。数日后，周子瑜在大陆的演艺活动被全面停止。期间，其所属经纪公司 JYP 多次试图止血。1 月 13 日，JYP 官方微博发文公示"周子瑜未涉'台独'""未成年""言行无政治观点"，并暂停其中国大陆活动静待风波缓解，但同时该公司旗下艺人作品皆遭音乐网站下架。1 月 14 日，JYP 则再度声明"周子瑜本人坚决支持与尊重一个中国原则"，并将其官网中的出生地改为"中国台湾"，日、韩媒体开始报道此事。1 月 15 日晚，周子瑜正式公开"道歉视频"，JYP 的社长朴振英（J. Y. Park）也在官网公开道歉声明，引发不同阵营网友热议。尤其隔日（1月16）就是"大选"，在发布道歉影片后，直至凌晨皆有网友在论坛表示"临时返乡决心"。因此，此一后续事件，引发群众之政治效能感，颇为可期。本文以下将"此一道歉影片在论坛上以及后续的政治行为中之影响"，称"周子瑜事件"。国民党之选后检讨报告中，称其为"压垮选情之最后一根稻草"，影响约有50万选票。[1]

就"民党大胜、国党大败"这个选举结果而言，也多认为这个影片激发了更多的投票热情。笔者关注的是这个使用此一影片所造就青年情感指标，以及其中体现之政党情感取向，能否使用数量工具证实。同时在数据与网络论坛上是否得以观察具体呈现？

二、新媒体研究

如前所述，在事发后的数日间，普世皆对"周子瑜事件"之于台湾"大选"的"关键作用"体认甚多。时隔一个月后的观察，更可确认其重要性已溢出一般的新闻事件，渗透了"国族"、统"独"等区域和战因素，既可能成为总体史（histoire totale）中的长时段趋势（longue degree）远因，也是政治学与传播学中新媒体研究的可贵范例。

其意义主要体现在"新媒体可借由前日的爆量传播信息"，从而左右突发性短期事件，据媒体估计此一事件影响高达50万票。[2] 新媒体的巨大威力，是"周子瑜事件"之于台湾、华人社群的独特重要性。回顾历史，2003年香港《苹果日报》在台发行，引发台湾媒体生态巨变。

---

① "国民党6页败选检讨 周子瑜是最后一根稻草"，http：//www. appledaily. com. tw/re-altimenews/article/new/20160203/789572/。

② "民调：周子瑜事件催出大选50万票"，http：//news. ltn. com. tw/news/politics/break-ingnews/1579332。

紧接着 2008 年脸书（Facebook）进入台湾，2009 年智能型手机在台发售，网络的使用方法大幅改变，在人人皆有"现场报道"的物质条件下，传统媒体日益成为新媒体的"网络书签"。不旋踵，新媒体的人力、脑力优势已不可逆，引领着议题设定、"带风向"（go viral）的实践，传统媒体反成附庸。

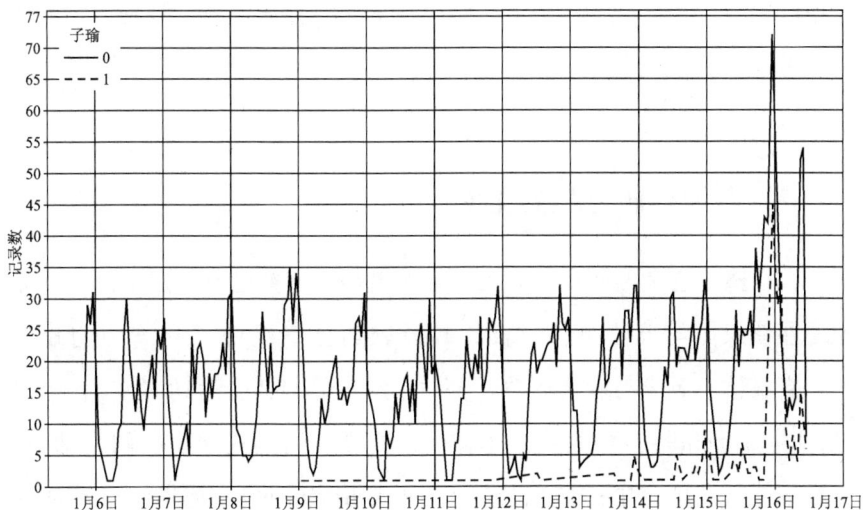

图一　网络论坛每小时文章数量

　　举例而言，以本文所研究的台湾最大的网络社群集散地为例，某政治讨论版在"周子瑜道歉影片后"，其文章数爆量增加：

　　本图采用每小时之计量，并延长计数至选前一周，可明显看出在影片推出后，关于"子瑜"的讨论巨量增加，显然超出一般规律，也是传统媒体无法企及的数量。这样庞大的信息量与突发事件，显然考验当晚参选人及其竞选团队的危机处理力量。在此一延长线上，信息的生产、纠正或曲解，进入以分秒为单位的境界。历经数年发展，大众习于速度与可信度的"正比"关系，高效率的"爆料""打脸""懒人包"变得比单向传播（状似宣传）更加"可信"。辅以大数据（big data）的技术进展，信息变得更难隐藏，当前执政党与其竞选团队便"深受其害"。随着其历次"失政"都被仔细探讨，每次竞选主张（军宅案、文宣案）都很快被网民"打脸、调侃"。作为"大选"的"最终事件"，新媒体的威力在"周子瑜事件"迎来一个顶峰。

此次，肇事影片上传后数小时内，就在台湾网络形成一股庞大共识，除了反映于一天内的投票行为，也经由社群网站的串联，成为动员投票的动力。事后证明，台湾传统媒体的叙事并无二致。数日后，大陆网友发动"帝吧出征 Facebook"行动，从另一角度再确证了新媒体的巨大威力。

三、新媒体研究相关文献

在台湾，有关新媒体与政治、社会现象的研究已有一定基础。比如说：在新媒体与政治事件方面，林泽民与苏彦斌的《台湾快闪政治——新媒体、政党与社会运动》探讨了新媒体与社会运动"快闪政治"（flash-mob politics）的关系。个体上，其参与者运用手机、网络动员，克服集体行动理论中的"白搭"（free-riderproblem），把集体行动从囚徒困境（Prisoner's Dilemma）变为协调赛局（Coordination Game）。总体上，新媒体工具的使用率与社运的动员率成正比，亦能够产生新政治力量，厥为一种"马上办政治"（politic sondemand）的兴起。

陈维茜的《新媒体时代下的社会运动实践——太阳花学运中 Facebook 使用者的社会运动参与》检视了 Facebook 使用者的社运参与。其发现 Facebook 具有议题引爆、快速传递、去中心化、整合信息以及互动沟通的特质，对社运、学运的推波助澜极具威力。汪子锡的《E 化民主的政策营销挑战分析：以"反服贸"学生运动新媒体运用为例》指出 Web 2.0 改变了传统政策营销模式，更能成为"反政策营销"的利器，而这也是 2014 年学运学生获得阶段性成功的原因。

最近，秦庭祥的分析《从"周子瑜道歉事件"来看网络社群的负面议题特性与处理策略》整理了网络社群的"负面议题特性"与"负面议题处理的处理策略",提出若干重点,包括:有图有真相,影片更具渲染力;社群是诉诸情感的组成;负面议题传递的当下,通常是不可逆的;负面议题是一种正常的能量释放。在处理策略上,则须以"信任感"为依归。

本文延续上列研究文献,主要着力于网络论坛之资料实证研究。青年网络论坛近年成为台湾政治与社会舆情之观测站,因其历史悠久,及其以文字为核心的独特性,特别容易影响社会(特别是青壮年社群,参与者多数为 40 岁以下)。因此,本文以管窥豹,以自动化方式,搜集特定政治论坛相关版面,并以此作为资料基础,开展讨论。本文试图回答,"周子瑜事件对论坛造成影响力有多大?如何理解?"并以数据分析方式,提出分析。

四、"周子瑜事件"数据呈现

一、数据变化

1 月 15 日大约晚间 9 时,在"道歉影片"上架后,恰好是选前之夜各政党法定结束竞选,选民回家休息,各家媒体进入修整状态的空档。影片一出,在各大论坛、个人社群媒介(FB、twitter)等引起热议。全台选民皆等着看,各政党各候选人第一时间对此事件的评论;各政治人物本以为在选前之夜对选民做出各种理性感性结语,但评论"周子瑜事件"成为本次"大选"的最后一题,各党支持者与不支持者又再次用力检视各政治人物的回答。

本文以网络论坛政治相关版面为例,本文之资料范围为 1 月 11 日 0 时—1 月 16 日 10 时,共 4807 篇文件,32768 条情感意见。从 1 月 11 日起,开始有相关周子瑜评论与新闻,日约莫为个位数;但至 1 月 15 日晚间,"周子瑜事件"的热度明显升高,提及"子瑜"之内文(有关为深灰色长条；无关为浅灰色长条）几乎占去该论坛发表数的一半。其时间变化序列如下：

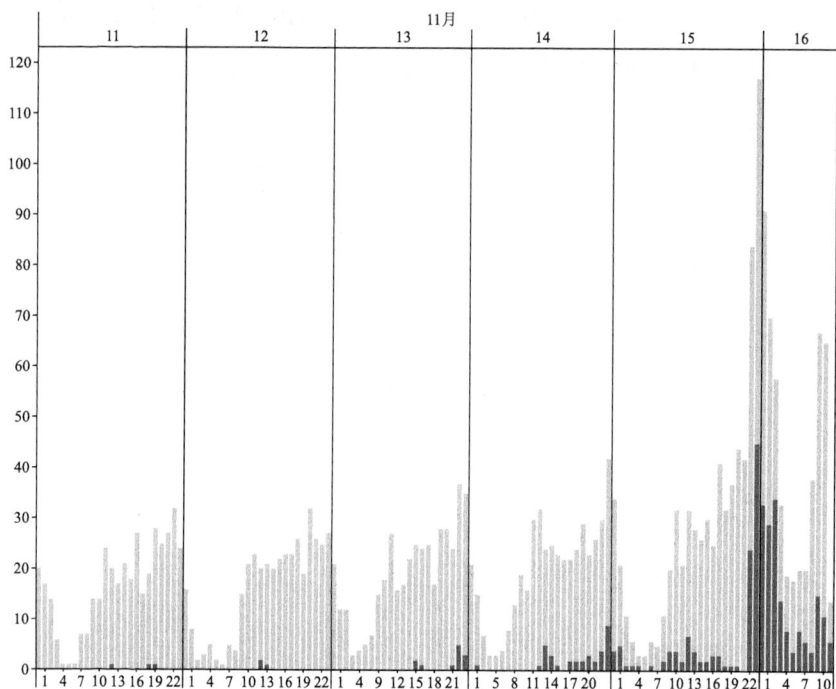

图二　发文数量变化表（横轴为时序纵轴为数量）

上图中，浅灰色长条为与"周子瑜事件"无关之文章数量，而深灰色长条为内文出现"子瑜"之文章，长条总高度为两者总和（总文章数）。与前数日相比，该论坛参与者的发文数量与几乎高了两至三倍，差异明显。或许受选举前夜之激动情绪影响，不过从文字内容来看，"子瑜"相关文章成为选战最后"关键"，超越各选举议题甚多，以及较诸之前数日的选举讨论，也有差异。更进一步就各文章评论放大来看（下图四），由15日深夜至16日凌晨，若计算各文章评论之内容数量总和（每篇文章文后评论数量，有关为深灰色长条；无关为浅灰色长条），更可发现"子瑜"带动了评论者数量上的变化，明显高于之前数日。甚至在投票日凌晨（1 月 16 日），有数小时的时间中，"子瑜"评论超过总数之一半。

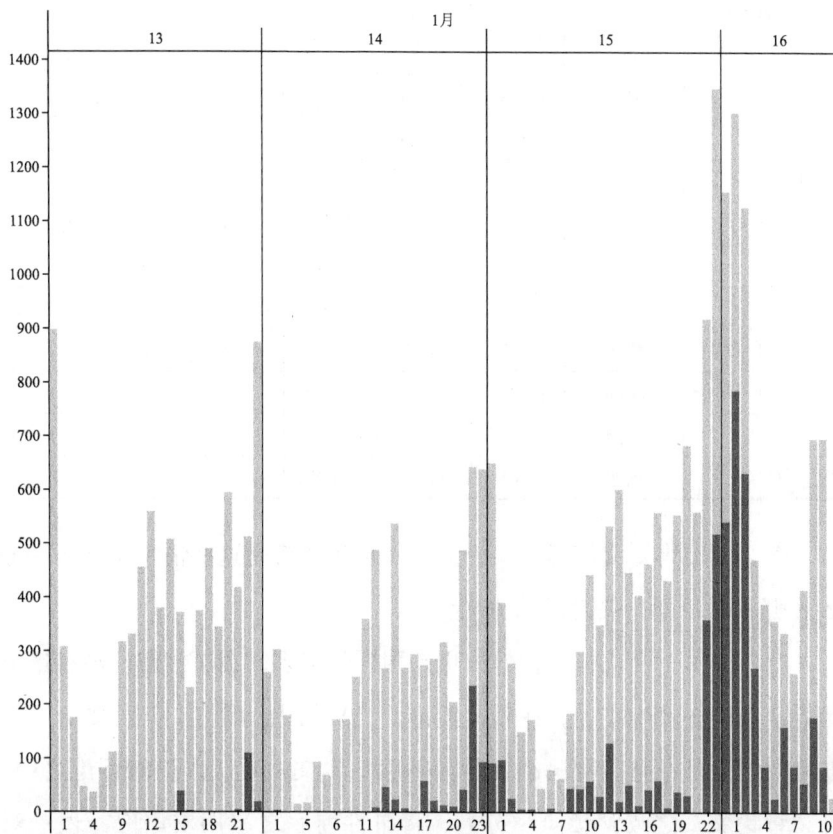

图三　有无"子瑜"文章评论数量对照图（横轴为时序纵轴为数量）

因此，从图四可以清楚看出，较诸其他候选人，"子瑜"成为选战前夕的风云人物，毋庸置疑。若就"子瑜"评论中的赞成与反对情感再做细部考察，则可以看到大部分都是赞成多于反对。因此在本次"周子瑜事件"中，可以说 PTT 论坛网友给予周子瑜较多的同情。进一步使用 T 检定可以看出若出现关键词的话，网友评价多表现出"反对"的情感。

表一　关键词 T 检定

t 检定						
是否出现关键词"子瑜"	N	平均值	标准偏差	标准误差	最小值	最大值
否	4459	7.0197	12.6151	0.1889	−36	162
是	346	4.1821	11.2461	0.6046	−41	90
Diff（1—2）		2.8377	12.5218	0.6988		

是否出现关键词	方法	平均值	95% CL 平均值		标准偏差	95% CL 标准偏差	
否		7.0197	6.6494	7.3901	12.6151	12.3586	12.8826
是		4.1821	2.9929	5.3712	11.2461	10.4659	12.1529
Diff（1—2）	集区	2.8377	1.4677	4.2076	12.5218	12.2763	12.7773
Diff（1—2）	Satterthwaite	2.8377	1.5925	4.0828			

方法	变异数	自由度	t 值	Pr > |t|
集区	均等	4803	4.06	<.0001

若吾人能得知其情感方向，那下一个问题就是这些情感朝向哪一方面（哪一个政党）带动政治方向？

就负面文章而言，从比例上也是国民党居多，在事件前已经有这个趋势，在事件发生之后，在整体舆论上无疑雪上加霜。"负面文章"的数量大，但是在整体网民的评价如何呢？本文发现，以论坛评论之中，将"评论文章之政党倾向"分列，将事件前后之"网友评价"做一对比，（纵轴为网友评价：正分为正面，负分为负面）。发现文章"赞成国民党"的，有被网友否定（给予负评）的趋势；而文章反对民进党的，也有被网友否定趋势。易言之，就是事件发生之后，国民党评价转坏，民进党评价转好，由图中显而易见。

五、网络青年论坛之情感分析

若以上述文献制作图像则可明显看出，下图左方为偏"绿"文章，右方为偏"蓝"文章，上方为含"周子瑜事件"要素（实验组），下

总政党走向趋势

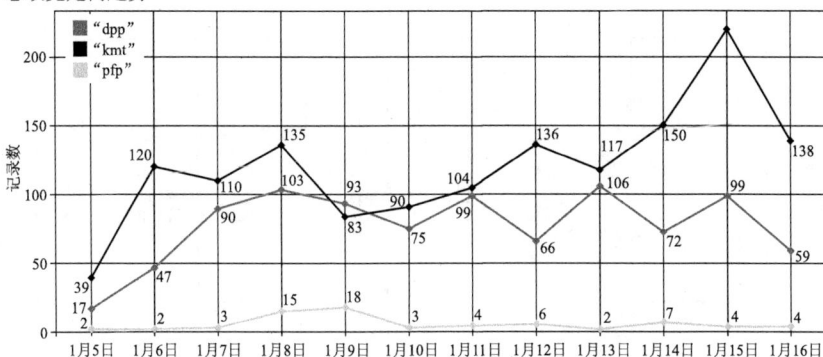

含"子瑜"负面文章趋势

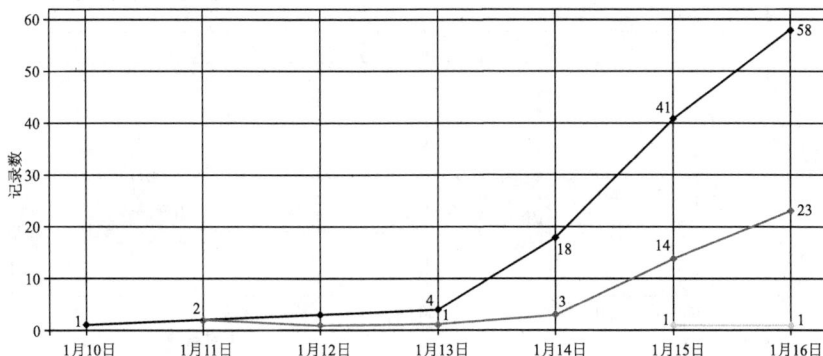

图四　负面评价与政党关系

方为"不含周子瑜事件"要素（对照组）。所有的文献皆依照文字本身
情感以及其他网民响应的赞成反对态度做二维量轴，以及趋势线。若趋
势线之斜率为正，则表示文字作者与其他响应人之情感为正相关，若趋
势线斜率为负则相反。

　　本图可以看出，以"子瑜要素"文章为主要观察对象，在其中对
国民党表现出越赞成的文献，就会得到其他网民越否定之结果；反之，
民进党相关之文献则是节节高升。与"对照组"看起来，其趋势线走
势有明显不同。

情感区分(含子瑜文章)

情感区分(不含子瑜文章)

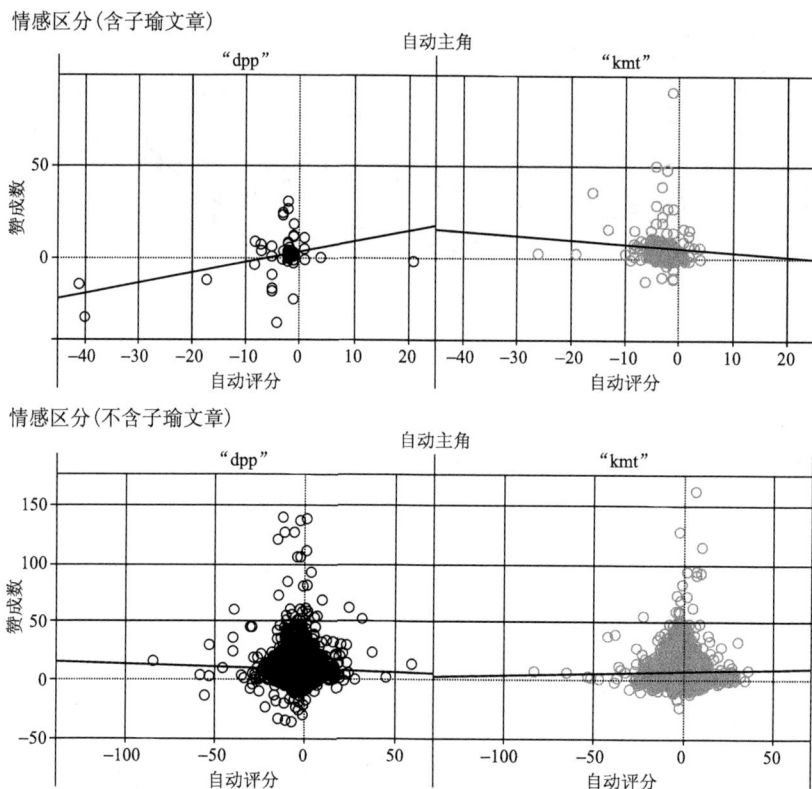

图五　不同要素下对个别政党观感之变迁

六、事件与结果诠释

立基于前述数据之上，要如何理解这次事件？首先在引起阅听人注意方面，具有美人效应（beauty effects）。已经有许多政治学研究指出，行为者之外表吸引力影响其说服力，也就是其动员能力。[1] 由于周子瑜

① Shawn W. Rosenberg, Shulamit Kahn, Thuy Tran and Minh‑Thu Le, "Creating a Political Image: Shaping Appearance and Manipulating the Vote", Political Behavior. Vol. 13, No. 4 (Dec., 1991), pp. 345 – 367. William Hart, Victor C. Ottati and Nathaniel D. Krumdick, "Physical Attractiveness and Candidate Evaluation: A Model of Correction", Political Psychology, Vol. 32, No. 2 (April 2011), pp. 181 –203.

为演艺界新人，多数人判断其言论之标准即为外表，而其毋庸置疑有吸引人之特质。这个理论可以用来解释因为看到此一影片而在论坛发表同情言论（甚至前往投票）的趋力。

其次在呈现形式上，选举前夜正逢休息之时，参加各种造势活动的群众也已回家，在网络上等待各种最新讯息，因此对新闻事件的关注度比平常高许多。尤其在本次选举一般评论偏"冷"之前提下，短短"道歉影片"成为重要焦点。影片长度约一分半，主旨清晰，观看容易，也使得影片创造了惊人的点阅次数。

七、新媒体与两岸关系

台湾自 2000 年媒体环境开放以来，媒体乱象逐年加剧，为人诟病。溯自泛蓝、泛绿概念成型，传统媒体也被各自"归类"，中立性、可信度受到普遍怀疑。[①] 及至 2012 年"反媒体垄断运动"的爆发，可谓大众对传统媒体不信任感的一个高潮，而其对于两岸关系，尤具冲击。这就是在大陆因素与"亲中""反中"的叙事下，任何有关大陆、两岸关系的信息，都容易引起阅听人警惕。

另一方面，以覆盖、影响程度最大的传统媒体"电视"为例，其收视率皆普遍偏低，实际影响人数与上网人口相较，更无可比性。即使是最受欢迎的电视剧，平均收视率也多在1%至2%之间，[②] 新闻节目则更低。[③] 随着 2014 年 11 月"大选"结果呈现"电视广告"效果显著不及"网络带风向"的现象，所谓的"网军"成为显学，而两岸政治人物、团体也更加重视新媒体，落后者勤于追赶，可知大势。综上，在敏

---

① 彭明晖：《媒体可信度排行榜》，http：//mhperng. blogspot. tw/2016/02/blog - post. html。

② http：//tw. dorama. info/drama/d _ rate. php? gk = 1。

③ 比如以民视新闻台 2016 年 1 月收视率为例，收视率仅有 0. 45 至 0. 53。参见 http：//tw. dorama. info/drama/d _ rate. php? gk =102&nt = 2&aa = 3&ord = 。

感的两岸关系上，传统媒体投入大而收益小，新媒体的威力则如前述，更在"周子瑜事件"中一览无遗。开展新媒体的两岸关系研究，极具迫切性。

在受众问题上，本来政治议题甚至是两岸关系，并不是台湾多数大众的生命经验，多数社会仅止于"陆客、陆生、旅游"之印象为主。易言之，较少接受对岸相关信息的一般大众，还是能有"自主隔绝"的空间与自由（比如说去第三地发展，如本事件中周子瑜的例子）。影片加上论坛效应，使得平常不愿意关心政治的个体，本次也在群众效应之下与各种媒体播放之下，看到这个影片。其后所造成之心理反应，不言而喻。

网络的匿名性使得参与者畅所欲言，往往成为极端主义的温床。目前两岸上网人口各占总人口的 80.3%（约 1883 万人）、① 近 50%（约6.32 亿人），② 网络论坛对舆情具有相当代表能力。此次事件显示，即使两岸官方在过去八年开展和解，但两岸民间社会并不接受。"帝吧事件"与"周子瑜事件"中可以看出，对立思潮在网络世界不断汇流，极端言论也逐渐崛起。新媒体用户（们）已经不若以往"网络宅男"的社会边缘人形象，而是实际影响两岸的政治经济状态的关键推力。从现今趋势看来，未来网络言论若更加激化，将使"台湾/中国"成为对立单选题，两岸问题将更加棘手。

本次大会主题为两岸教育文化，其中关注"两岸青年历史书写的共识与差异"，在"周子瑜事件"中，读者可试着与大陆网民对于此一事件（以及随后之绿营当选）的评论可以看出，两岸青年文化已有相

---

① "台湾上网人口达 1883 万人上网率 80.3%"，http：//www. chinatimes. com/realtime-news/20150827004663 - 260412。

② 林妍溱：《中国上网人口达 6.32 亿，手机首度超越 PC》，iThome，http：//www. ithome. com. tw/news/89545。

当差异。而在网络上，认同成为论述开放场域，是当前两岸关系不确定性最大的区域。综上所言，要观察两岸是否可能有"共同基础"，或如何达致"共同基础"，还是在认同论述塑造上必须努力。在进行论述塑造之前，必须了解既有状况。

本文从新媒体之方式研究台湾青年的政治情感。新媒体具有快速传播、情绪激化两个特点，对未来两岸关系亦有深远影响，对其进一步研究有其必要。本文试图以数据方式，具体描述了选前"周子瑜道歉影片"之影响，以及加上笔者对此一现象的诠释。笔者试图抛砖引玉，期待更多的关于新媒体的对话与讨论，欢迎指教。

台湾青年对两岸命运共同体认知
缺失的原因及其应对措施

周典恩

（安徽大学台湾研究中心）

2014 年 5 月 7 日，中共中央总书记习近平在北京人民大会堂会见亲民党主席宋楚瑜一行时指出，"两岸青少年身上寄托着两岸关系的未来。要多想些办法，多创造些条件，让他们多来往、多交流，感悟到两岸关系和平发展的潮流，感悟到中华民族伟大复兴的趋势，以后能够担当起开拓两岸关系前景、实现民族伟大复兴的重任"。诚如习总书记所言，青年是未来两岸关系的引领者，是推动两岸关系发展的生力军。然而，2008 年以来在两岸关系稳步发展，双方经贸和文化交流日益频繁的情势下，台湾青年对中国的认同不但没有增强，反而呈现逐步下降的趋势，他们对两岸命运共同体认知存在较为严重的缺失现象。造成此种状况，笔者认为主要有以下几方面的原因。

一、多数台湾青年在两岸经贸交流中并未切实获利，这严重影响了他们对两岸命运共同体的认同。2008 年以来，两岸关系"大交流、大合作、大发展"的局面逐渐形成，两岸政治关系有所改善，经贸合作不断深化，文教交流日趋热络，人员往来愈加频繁。可是，绝大多数台湾青年并未在两岸交流中感受到利益。相反，他们却产生了严重的"被剥夺感"。因为台湾青年觉得，台湾的企业大规模投资大陆，造成台湾本地就业机会减少，他们一职难求。两岸经贸交流被污名化为

"跨海峡政商联盟"的"权力与商业利益的交易",获利者是"国共合作模式下获得特殊利益的权贵政客"。台湾青年将就业难、薪资低的原因归咎于两岸的经贸交流,结果导致他们成为反对两岸交流的急先锋,"太阳花学运"便是明证。

二、台湾青年长期受"去中国化"教育的影响,对大陆历史文化知之甚少,难以形成两岸命运共同体的认知。李登辉和陈水扁当政期间,不仅在政治上明目张胆地推行各种"台独"措施,而且在思想文化上向青年人灌输"台独"理念,开展"去中国化"教育,这使得台湾青年对大陆的历史和文化缺乏基本认知。不仅如此,"台独"势力还在国家认同上搬弄是非,制造"台湾和中国两种国家认同"的尖锐对立,非此即彼。"台独"势力炮制出一套理论。宣称:"国民党等同于荷兰、日本等殖民者",都是"外来政权",一切"外来政权"都是"台湾人"的压迫者;国民党在"二二八事件"以及后来的白色恐怖中"杀害了许多台湾人",不让台湾人讲"母语",他们吃台湾米,喝台湾水却不爱台湾;"国民党和外省人来自中国",而"中国对台湾武力恐吓",要"并吞台湾",在国际上"打压台湾",是"台湾最大的敌人",国民党承认"一个中国"就是"中共同路人",是要"联共卖台";"台湾人"必须争取"出头天",推翻"外来统治","当家做主";"台湾人要选台湾人,要建立新国家",实现"台独"才能"当家做主",才能"走出去",得到"国际承认"。"台独"势力把台湾的政党竞争简化为"国民党=外省人=外来政权=不爱台=联共卖台=中国并吞台湾=台湾人受压迫=两岸统一;民进党=本省人=本土政党=爱台湾=捍卫台湾利益=反对中国并吞=台湾人出头天=公投自决"。在"去中国化"教育和岛内"逢中必反"的民粹主义氛围中成长起来的新一代台湾青年,不自觉地"视中国为外国",难以形成两岸命运共同体的认知。

三、台湾青年在大陆交流的效果欠佳，无助于大力提升其对两岸命运共同体的认知。自从两岸关系恢复正常化以来，两岸青年逐步通过学术交流、观光旅游、工作交流、文化寻根等多种形式开展了面对面的直接交流。从 2008 年至今，大陆通过海协会、台联、台盟、宋庆龄基金会以及各个高校，全面推动以台湾大学生为代表的青年群体赴大陆参访、交流、联谊，取得了相当大的进展。近年来，两岸青年交流的人数规模和互访频率都保持在较高水平。交流内容从文化到经济、从科技到社会，具体交流形式涵盖文化观光、学术参访、论坛交流等多个方面，并形成了全国台联台湾青年千人夏令营、"两岸青年论坛"等多个制度化的两岸青年交流平台。通过互动交流，两岸青年对彼此有了更加直观和真切的感受；来过大陆的台湾青年，一定程度上改变了他们过去对大陆片面和错误的认识，加深了其对中华文化、中华民族的认同感。与此同时我们也应该看到，尽管两岸青年交流工作取得了一定的成效，但也存在一些亟待改进和完善的地方。比如，能够参与两岸交流事宜的台湾青年毕竟是极少数，绝大多数的普通青年人是没有机会来大陆交流的；目前两岸青年交流的形式和频率虽然可观，但多是走马观花式的，效果欠佳。缺乏体验式交流使台湾青年对大陆的历史、人文、社会依然存在较强的陌生感，无助于大力提高其对两岸命运共同体的认知。

针对台湾青年对两岸命运共同体缺乏普遍认同的客观状况，笔者建议今后在两岸交流合作过程中，有关涉台管理部门和研究机构应着力从以下几方面做起，以增强台湾青年对两岸命运共同体的认知，实现两岸一家亲。

1. 坚持"九二共识"，坚决反对任何形式的"台独"。"台独"并非完全相同，其内部也存在多种派别和理论。有"急独""缓独""刚独""柔独""文化台独""历史台独"。有的"台独"还以"一中"作为掩护，以混淆视听。例如，有"宪法一中""文化一中""经济一中"，等等。这些理论不论它们怎么包装，其根本目的都是为了将台湾最终从祖国分裂出去，实现"台独"诉求。对此我们绝不能掉以轻心，以免误入他们的圈套。

2. 政策上多扶持来大陆创新创业的台湾青年。在两岸交流合作中，我们不仅要注重招揽那些资本雄厚的台资企业，而且要为台湾青年来大陆创业、就业提供便利，进行政策扶持，让他们切实分享到两岸交流的红利，感受到祖国的温暖和恩情。

3. 注重体验式交流。目前两岸青年的交流虽然次数频繁，但尚存在些不足之处，主要表现为：（1）模式单一、内容老套。（2）深度不够、参与感弱、互动性差。（3）参与人员、区域不平衡。（4）有些台湾青年存在防范所谓大陆"统战"的恐惧心理，参与交流的积极性和主动性受到影响。有鉴于此，我们在组织两岸青年交流互动活动时，名额分配多向台湾普通的弱势青年倾斜，并且想方设法让台湾青年深入参访地的生活之中，让他们感受大陆人民的真实生活和所需所想，感悟到两岸关系和平发展的潮流，感悟到中华民族伟大复兴的趋势，以切身体验来增强其对大陆的认同和理解。

4. 理解台湾青年的历史记忆和思想情感。台湾青年长期受"去中国化"教育的影响和"台独"思想的浸染，加之台湾媒体对大陆的妖魔化宣传，难免使得他们对大陆的负面印象居多，思想存在偏颇。尽管如此，我们也不能不分青红皂白，动辄给台湾青年扣上"狂热台独分子"的大帽子。我们要理解台湾青年对清廷不顾台湾人民的感受将台湾割让给日本、日本在台湾的"皇民化"运动、蒋介石政权败退台湾的白色恐怖、国民党长期的反共宣传等历史事件的惨痛记忆；我们要尊重台湾青年的本土观念和台湾意识。台湾青年热爱故土的情感并不等同于"台独"意识。如果我们动辄以高高在上的心态来指责台湾青年不合时宜的做法，而不是以兄弟般的情谊来感化他们，就极容易把他们真正推向对立面。

　　5. 两岸交流合作中要防止掮客从中渔利。目前在台湾存在一个掮客群体，他们游走于台湾和大陆之间，以牵线搭桥，推动两岸交流为幌子，谋取个人利益。他们通常以"文化寻根""投资参访""学术交流"等各种名目，组织包括台湾青年在内的大批台湾人来大陆交流。在此过程中，他们一方面收取台湾人的钱物；另一方面又以各种理由要求大陆的地方政府或其他涉台机构接待，从中获取暴利。掮客对两岸关系的和平发展造成很大的负面影响。因为台湾人觉得自己是花了钱来大陆交流，如果大陆的接待稍有不周，他们必然怨声载道；而大陆觉得自己虽然花了不少钱，但台湾人并不领情，很冤枉。如此一来，交流活动不但没有达到推动两岸关系和平发展，增强两岸人民互知互敬的效果，反而加深了彼此的误解和隔阂。

闽粤台客家文化与两岸客家青年关系

张正田[*]

一、前言

台湾虽为小岛，但绝非"铁板一块"，这系因台湾是个"高山岛"，即是以台湾小面积，却拥有高达两三百座海拔 3000 米以上高山，所以台湾岛内的地形切割程度极大，古时汉人自大陆移民进入各个平原、盆地、纵谷等较易农耕之处从事农业耕作后，也容易在台湾各个不同次区域演变出不同的次文化。是故针对两岸情感联系事项，该考虑台湾各区域文化差异的不同历史脉络，以台湾岛内"不同地区"与"不同族群"为两要件（factors），做交叉考虑后，针对不同地区与不同族群人士制定不同的策略方向为宜。又因台湾的历史与现实政治等原因，使"族群政治"与"族群关系"在台湾成为颇为热门也颇敏感话题，执行尺度上确实拿捏不易，所以，本文暂针对台湾客家地区的客家人的崇文重教精神，与对华夏中原的崇正精神，以及台湾不同区域的文化差异（主要以"族群认同"为主），对两岸青年的交流与情感联系，从历史文化角度做一考察。

二、客家人崇正中原华夏的风气

客家人崇尚中原正统华夏风气与重视晴耕雨读的"尚文"精神，

---

* 张正田，男，1971 年生，台湾苗栗县客家人，龙岩学院闽台客家研究院副研究员。

向为其重要的文化核心①。学者谓：

> 耕读传家是客家人的传统，也是客家文化的重要象征……正因
> 为有了这种优秀的文化特质，就有了客家地区人文鼎盛的奇观。客
> 家人崇文重教，并把这种理念贯彻在家族组织和日常生活中。②

而民国初期研究客家史的史学大师罗香林也曾谓：

> 客家人刻苦耐劳所以树立事功，容人覃物所以敬业乐群，耕读
> 传家所以稳定生计与处世立身，关系尤大。有生计，能立身，自然
> 就可久可大，所以客家人的社会，普遍可说都是耕读传家。③

由此也可见客家人耕读传家崇教尚文之风，与家族宗族社会的鼓励
不无关系。所以有专家认为：

> 客家地区教育的发达，与客家人的家族组织密切相关，换句话
> 说，传统时代基层社会组织的家族化，才是客家地区教育发达的
> 主因。④

也有学者从客家的民俗文化中探寻客家人崇文重教的原因，⑤故又
有说法称客家人的崇文重教情形如以下：

> 客家先民来自中华文明的发祥地，远祖多系仕宦之家、书香门
> 第，具有较高的文化素养，他们认为读书才能识理、明志，才能有
> 出息。穷则思变，贫困、艰苦的生活环境激发了客家人勤奋好学、
> 积极向上的品格。客家人历来就有"耕读传家、崇文重教"的优

---

① 客家族群其实是文武兼备的汉人民系，所以也有"尚武"的一面，这系缘因古代盗
匪众多，客家人为保乡卫土，也发展出自己特色的武术，是为"尚武"的另一面，但本处主
要是讲述其"尚文"一面的特质。

② 张佑周、陈弦章、徐维群编著：《客家文化概论》，北京：中国文联出版社，2005，
第 136 页。

③ 罗香林：《客家源流考》，北京：中国华侨出版社，1989，第 105 页。

④ 王东：《家族组织与明清时期的客家教育》，转引自张佑周、陈弦章、徐维群编著，
《客家文化概论》，第 137 页。

⑤ 钟晋兰：《客家民俗中的崇文重教观》，《福建论坛·人文社会科学版》，2012 年 8 月，
第 118—122 页。

良传统，十分重视文化教育，采取了很多措施激励子弟立志勤学，求取功名，造福桑梓，这是客家地区文化教育发达的原因。①

而台湾客家人自也不例外继承了这种风气，此已有不少学者分析过。② 这里可举清代台湾客家大庙宇：新竹义民庙的"花红银制度"奖励学子考取功名为例：

一议：所有新旧科秀才、廪、贡们，前来义（民）亭拈香者，给金花红，请永为定例，立议是实。

一当议：自同治拾年以后，十三庄内进文泮、武泮辨猪羊致祭者，赏花红银捌元；淡北之外庄致祭者，银肆元。

一：进文泮、武泮诣庙行祭并辨牲祭者，赏花红银肆元；淡北之外庄银壹元；淡南及南路进泮，概出贡者，着不准领。

一：恩、拔、副、岁、廪、附贡（等贡生），登匾者，赏花红银壹拾陆元；淡北之外庄银壹拾贰元。

一：文武举人，登匾者，赏花红银参拾贰元；淡北之外庄银壹拾陆元；淡南及南路银捌元。

一：文武进士及第，登匾者，赏花红银伍拾元；淡北之外庄银贰拾肆元；淡南及南路银壹拾陆元。

一：施主嫡派子孙进中者，赏花红银加拾叁庄内壹倍；同姓非嫡派者，与十三庄一体。

同治十年拾贰月，林、刘施主，暨十三庄内诸绅士同立。③

---

① 刘加洪：《客家人"耕读传家、崇文重教"的优良传统》，《教育评论》，2009年1月，第134—137页，第134页。
② 刘加洪：《客家优良传统在台湾的传承和发展》，《南昌大学学报（人文社会科学版）》，2011年11月，第98—103页。谢重光：《客家崇文重教风气的形成及其在台湾地区的承传》，《地方文化研究》，2013年5月，第20—27页。
③ （清）同治十年，《同治十年十二月林刘施主暨十三庄内诸绅士同立议约》，《褒忠亭义民庙祀典簿（一）》复印件，（清）林六吉（存），黄卓权（提供），未刊行。

由此间台湾客家庙宇对奖励台湾客家人考取功名奖赏"花红"规定之繁细，可见清代台湾客家人亦同大陆原乡客家人般十分崇文重教，相关规定因之严谨。

此外也有台湾的社会学者分析过今日的台湾客家人仍比台湾闽南人更重视文教与升学，[①] 这是台湾客家人将崇文重教传统改为现代教育后的转型。而台湾客家人相对于台湾闽南人更崇正中原风气与重视文教事业，如此台湾客家人是否会比台湾闽南人，一定程度地更认同华夏中原与中国呢？接下来陆续分析此。

三、台湾客家祖源地与现在台湾客家乡镇分布

要分析上述问题，首先可观察台湾客家乡镇空间分布，与选举时的投票倾向来分析。台湾客家人的祖原地若以总体上而言来估算，可依台湾日据时期（1895—1945）日本人做的人口调查资料，以及现在台湾客家人通行的客家腔调与大陆原乡腔调的对应，可知台湾客家乡镇分布，与祖源大多来自闽粤两省的哪些县市。关于日据时期的台湾客家人之大陆原乡资料与日据时期台湾客家乡镇分布，笔者曾有《从 1926 年台湾汉人籍贯调查资料看"台湾客家传统地域"》一文，文中与 2004 年台湾"行政院客家委员会"的客家人口调查资料做过一台湾客家乡镇地理分布的古今探讨。[②] 但其后该"客委会"在 2008 年底又做过一次台湾客家人口估计，[③] 一般认为这次比 2004 年的更具信度效度也更有

---

① 黄毅志、张维安：《台湾闽南与客家族群社会阶层背景之分析》，《台湾客家族群史产经篇》，南投：台湾省文献会出版，2000，第 305—338 页。

② 张正田：《从 1926 年台湾汉人籍贯调查资料看"台湾客家传统地域"》，《客家研究》（台湾），3：2，2009 年 12 月，第 165—210 页。台湾"行政院客家委员会"，《"全国"客家人口基础资料调查研究》，台北："行政院客家委员会"，2003 年 12 月。

③ 台湾"行政院客家委员会"：《97 年度"全国"客家人口基础资料调查研究》，台北："行政院"客家委员会，2008 年 12 月。

公信力，此处分析如下。

　　首先说台湾客家乡镇分布①与各乡镇通行客家腔调，这些腔调又于大陆原乡各地区息息相关，兹做如下表：

表一　台湾客家乡镇与其腔调分布表

分布区域	分布县市	乡镇名与客家 人口比例（%）②	乡镇人口 总数（万人）③	主要通行客家腔调④
北台湾	桃园市	中坜（47.3）⑤	35.92⑥	四县、海陆、又有饶平腔村落
		平镇（59.0）	20.31	四县
		龙潭（61.1）	11.29	四县
		杨梅（68.5）	14.32	海陆、四县、又有永定腔小村落
		观音（56.5）	5.99	海陆
		新屋（77.4）	4.99	海陆、又有永定腔小村落
	新竹县	竹北（47.7）	12.70	海陆
		竹东（78.9）	9.67	海陆
		新埔（85.3）	3.61	海陆
		关西（85.0）	3.26	四县、海陆
		湖口（72.2）	7.44	海陆、又有永定腔小村落
		新丰（65.2）	5.18	海陆
		芎林（82.0）	2.08	海陆、又有永定腔小村落
		横山（94.3）	1.46	海陆
		北埔（94.2）	1.03	海陆
		宝山（63.9）	1.38	海陆
		峨嵋（90.4）	0.61	海陆

　　① 以前引2008年的台湾客家人口调查资料，依此年"多从自我认定"超过该乡镇人口1/3为准。但山地少数民族乡即令客家人口超过1/3，本表仍视之为台湾少数民族乡，并不计入为台湾客家乡镇。

　　② 同前注。

　　③ 同前注。

　　④ 除笔者调查现状外，也参照1926年日本人调查资料再综和所得。

　　⑤ 本表客家乡镇的客家人比例若未超过45%，以斜体字表之，以示该乡镇的客家人也非居人口比例大宗。

　　⑥ 本表客家乡镇总人口若超过10万，则以粗体字表示其为人口大镇。

续表

分布区域	分布县市	乡镇名与客家人口比例（%）	乡镇人口总数（万人）	主要通行客家腔调
北台湾	新竹市	东区（34.3）	19.06	（闽南语）、海陆
	苗栗县	苗栗（87.3）	9.12	四县
		头份（78.5）	9.47	四县、海陆
		竹南（36.1）	7.54	（闽南语）、四县
		三湾（80.5）	0.75	四县、海陆
		南庄（78.8）	1.14	四县、海陆
		造桥（81.1）	1.38	四县
		头屋（90.3）	1.19	四县
		公馆（91.3）	3.46	四县
		西湖（69.5）	0.80	海陆、四县
		铜锣（93.1）	1.98	四县
		三义（75.8）	1.77	四县
		后龙（33.4）	4.05	（闽南语）、四县
		狮潭（68.0）	0.52	四县
		大湖（86.6）	1.62	四县
		卓兰（75.5）	1.85	四县、大埔，又有饶平腔村落
		苑里（37.7）	4.90	（闽南语）、四县
中台湾	台中市	东势（74.8）	1.76	大埔
		新社（51.5）	2.58	大埔
		石冈（72.2）	1.62	大埔
	南投县	国姓（54.0）	2.14	四县、海陆、大埔
南台湾	高雄市	美浓（81.8）	4.41	四县
		杉林（46.8）	1.14	四县
		六龟（34.1）	1.56	（闽南语）、四县
	屏东县	高树（48.2）	2.75	四县
		内埔（52.1）	5.94	四县
		长治（46.4）	3.10	四县
		麟洛（78.7）	1.17	四县
		竹田（72.4）	1.85	四县

续表

分布区域	分布县市	乡镇名与客家 人口比例（%）	乡镇人口 总数（万人）	主要通行客家腔调
南台湾	屏东县	万峦（44.7）	2.27	四县
		新埤（59.5）	1.10	四县
		佳冬（47.1）	2.18	四县
东台湾	花莲县	花莲（34.5）	10.99	闽客方言兼杂
		凤林（52.7）	1.24	四县、海陆
		吉安（36.9）	7.89	闽客方言兼杂
		瑞穗（37.7）	1.33	闽客方言兼杂
		玉里（38.0）	2.81	闽客方言兼杂
		富里（33.4）	1.20	闽客方言兼杂
	台东县	关山（51.7）	1.00	四县、海陆
		池上（46.5）	0.95	四县、海陆
		鹿野（35.1）	0.89	闽客方言兼杂

出处来源：台湾"行政院客家委员会"，2008 年《客家人口基础资料调查研究》，页附录一第 14—25 页。

而以上"四县""海陆"等台湾客家话腔调，与大陆客家原乡对应关系如下：

（一）四县腔：源自清代广东省嘉应州，今以广东梅州市蕉岭县腔为主。

（二）海陆腔：源自清代广东省惠州府海丰、陆丰两县，今广东省汕尾市之海丰、陆丰、陆河等县市。

（三）大埔腔：源自清代广东省潮州府大埔县，今该省梅州市大埔县。

（四）饶平腔：源自清代广东省潮州府饶平县，今该省潮州市饶平县。

（五）永定腔：源自清代福建省汀州府永定县，今福建省龙岩市永定区。

以上可看出，台湾客家乡镇的客家话腔调，都和大陆的县市有对应关系。此外，台湾还有少数的诏安腔、长乐腔客家话，也分别对应到福建省漳州市诏安县、广东省梅州市五华县。又，1949 年以后移民到台湾的"外省人"族群中，也有不少是客家人，他们来自闽粤赣桂湘等各省区的更多客家县市，腔调也更多种，以上这些都是可以联系两岸客家人情感很重要的观察方向。

四、台湾客家乡镇蓝绿选票分布：客家乡镇多偏蓝

台湾的蓝、绿倾向，前者偏向支持"一个中国"也就是统而不倾向赞成"独"；后者则倾向支持"独"，也对台湾"外省人"与 14 亿大陆人较为反感些，于是可由台湾客家乡镇投票结果的蓝绿倾向，看出各地台湾客家人的蓝绿倾向，其中可能还有不同地域的区别。

此处以 2012 年台湾地区领导人选举结果来分析之，至于为何要取此年？因为按政治学理论，通常实施"两大党制"的地方，往往都在"期中选举"时才看得出两大政党的"基本盘"，而每次"重新选举"时，会因在"政党钟摆效应"的影响下反而不容易看出"基本盘"。1996 年以后的历次台湾地区领导人选举，也只有 2004 与 2012 两年度可称为"期中选举"，但因 2004 年那次有陈水扁阵营疑似涉嫌假造"两颗子弹弊案"的变因，也不容易看得出台湾统"独"两大政党的"基本盘"，故只有 2012 年即中国国民党主席马英九争取连任，民进党想挑战马英九的那次，才可称得上看得出台湾两大政党"基本盘"的"期中选举"。

台湾"蓝绿基本盘"概是"北、东部蓝（宜兰县与东北角地区例外）；中央山脉台湾山地少数民族区深蓝；南部绿乃至深绿；中部不一定蓝绿"之局，若将其中台湾客家乡镇框出，又可以看出什么呢？以下以"斜体粗黄线"框出前述台湾客家乡镇如下图：

台湾客家人数最多的北台湾桃竹苗客家区，在 2012 年 "期中选举" 时果然还是 "北蓝南绿" 的惯例，且在苗栗县客家区，有好几个乡镇，还是开出深蓝程度的票。新竹县的客家重镇竹东镇也是深蓝。至于桃园市沿海两乡，虽开出浅绿程度，但两乡在桃园境内算是人口尚少之乡。至于苗栗县西南沿海的苑里镇虽也同样开出浅绿，可是此乡镇本就非传统客家乡镇而是台湾闽南人为主的乡镇，镇上通行的是台湾闽南语而非客家话，客家人仅占此镇的 37.7%，加之此镇临近中部台中市，难免染 "中部不一定蓝绿" 色彩。

至于台湾中部，也只有台中市的东势、新社、石岗与南投县国姓等四个客家乡镇，除了总人口本就不多的新社外，其他三乡镇，尤其中部客家人口大镇的东势，在 "中部不一定蓝绿" 氛围下，也是开出 "偏蓝盘"。

而南部高、屏两县市境内的 "六堆客家区" 各乡镇，在近廿年历次台湾地区领导人选举中，也都同临近的台湾闽南区一样，开出 "偏绿到深绿盘"，所以 2012 年这次，倒无太大意外的结果，算是台湾客家地区的例外现象。

东部客家乡镇，在东部大概都是 "蓝大于绿" 氛围下，开出 "偏蓝盘" 也不意外。

综合以上可看出，除了南部 "六堆客家" 外，在台湾客家乡镇，大致都是 "偏蓝甚至深蓝" 取向，甚至也可能影响邻近的非客家乡镇，使之呈现 "偏蓝" 的氛围。所以台湾客家，除了南部六堆外，"偏蓝倾向" 是明显的。尤其在北台湾桃竹苗客家区，这现象更明显，且这里也是台湾客家人口最多的地区，代表意义格外明显。又东部 "花东纵谷" 的客家、闽南、外省、少数民族等台湾四大族群混居的 "东部客家乡镇"，也向为 "蓝营票仓"，亦是值得交流的地方。

五、结论：两岸客家青年是加强两岸交流的着力点

综论以上，可见客家人虽向有崇尚中原华夏与耕读传家的尚文传统，这种传统在台湾，也使台湾客家人各世代较容易倾向认同华夏，而不倾向认同狭隘的"岛国主义"，但是这也有内部的区域区别，南部六堆客家人的"政党与国族认同"倾向，是为例外，反而很雷同于南部台湾闽南人，而后者在这廿年来也向是"绿营票仓"。所以若要加强对两岸客家青年的历史文化与情感相互联系，似首当以北部桃竹苗客家区与中部客家四乡镇以及花东纵谷客家人为主，其后乃至多方面协助这些地区的台湾客家青年在大陆就业创业，使之在今日台湾已不若约廿五年前经济景气情况下，能安身立命养家创业，这都是可以加深两岸情感交流与人际网络互动的重要工作之一。

参考文献

［1］（清）同治十年，《同治十年十二月林刘施主暨十三庄内诸绅士同立议约》，《褒忠亭义民庙祀典簿（一）》复印件，（清）林六吉（存），黄卓权（提供）。

［2］黄毅志、张维安：《台湾闽南与客家族群社会阶层背景之分析》，《台湾客家族群史产经篇》，南投：台湾省文献会，2000，第305—338页。

［3］刘加洪：《客家人"耕读传家、崇文重教"的优良传统》，《教育评论》，2009年1月，第134—137页。

［4］刘加洪：《客家优良传统在台湾的传承和发展》，《南昌大学学报（人文社会科学版)》，2011年11月，第98—103页。

［5］罗香林：《客家源流考》，北京：中国华侨出版社，1989。

［6］台湾"行政院客家委员会"：《"全国"客家人口基础资料调查研究》，台北："行政院客家委员会"，2003年12月。

［7］台湾"行政院客家委员会"：《97年度"全国"客家人口基础资料调查研究》，台北："行政院客家委员会"，2008年12月。

［8］谢重光：《客家崇文重教风气的形成及其在台湾地区的承传》，《地方文化研究》，2013 年 5 月，第 20—27 页。

［9］张佑周、陈弦章、徐维群编著：《客家文化概论》，北京：中国文联出版社，2005 年。

［10］张正田：《从 1926 年台湾汉人籍贯调查资料看"台湾客家传统地域"》，《客家研究》（台湾），3：2，2009 年 12 月，第 165—210 页。

［11］钟晋兰：《客家民俗中的崇文重教观》，《福建论坛·人文社会科学版》，2012 年 8 月，第 118—122 页。

涉台历史文物保护与维护两岸关系和平发展[*]

——基于刘铭传故居初步实践之调查

邓启明　周曼青　常博琛^{**}

（宁波大学浙江台湾研究院）

涉台历史文物是两岸关系发展变迁的重要见证，既是"两岸一家亲"的重要依据及关键推手，也是海峡两岸间具有共同人缘、地缘、血缘、法缘和文缘（简称"五缘"）的突出证据和重要象征。积极开展涉台历史文物的调查、开发与保护等方面研究和实践探索，对于推动我国文化事业建设和两岸关系和平发展，无疑具有重要理论和现实指导意义；尤其是新形势下，对于进一步加强和增进台湾地区广大青少年对祖国大陆，特别是中华文化和中华民族的认同，客观理解和还原历史真相，努力改善和促进两岸关系，增强中华民族的凝聚力和向心力，具有不可或缺的独特作用。本文拟从当前两岸关系发展变化现状和趋势出发，以安徽省首个"海峡两岸交流基地"刘铭传故居之实践探索为例，着重就当前大力开展涉台历史文物开发与保护的特殊重要性、迫切性及

---

　　* 基金项目：本文系浙江省哲社规划专项课题（台湾参与"21世纪海上丝绸之路"战略中的角色与政策取向研究）之阶段性成果，特此致谢！

　　** 邓启明，男，博士，宁波大学商学院教授、硕导，兼任浙江台湾研究院副院长、两岸关系和平发展协同创新中心教授（厦门大学），研究方向：海峡两岸文教交流与经贸合作、海洋资源开发与港城经济发展；周曼青、常博琛，均为宁波大学商学院国际贸易学硕士研究生，研究方向：海峡两岸文教交流与经贸合作、对外投资与国际经济合作。

其面临挑战和相应策略措施等，进行较全面分析研究和规划设计，以期巩固和促进两岸关系和平发展。

一、研究背景与问题的提出

已有研究和相关实践表明，历史文物是一个国家（或地区）的"金色名片"，既是中华文明源远流长和生生不息的实物见证，也是培育和增强社会主义核心价值观的重要源泉、促进经济社会发展的新动能。方伟等的研究认为，历史文物是人类历史发展过程中遗留下来的、在文化发展史上有价值的实体存在；历史文物资源是文化遗产的核心资源，也是形成文化软实力的重要依托和支撑。然而，长久以来，国内外包括民族民俗文化和民间艺术在内的系列珍贵历史文物，因遭受现代工业文明和城镇化等的巨大冲击和排挤，其传播传承与发展创新等遇到了许多新的问题和挑战，已被湮没在历史长河中（或者近乎毁灭）。然而全球非物质文化遗产保护机制（或制度）的逐步建立与实施完善，对于中华非物质文化遗产来说却是个难得的历史机遇，将使广泛存在的民间与民俗文化得以薪火相传。李荣启等较早研究指出，在国际历史文化遗产保护学术交流与合作广泛开展、国内历史文化遗产的保护意识不断增强的同时，随着工业化、城镇化的快速推进以及长期以来两岸关系发展的起伏不定，我国诸多历史文物仍不断遭受着时代的冲刷和破坏——涉台历史文物的开发与保护，就是在这样深刻的历史和经济、社会、政治背景下应运而生的，任重道远。此间，包括黄埔军校旧址、西安事变纪念馆、沈阳张氏帅府博物馆、浙江省奉化溪口"蒋氏故居"和安徽省首个"海峡两岸交流基地"刘铭传故居在内，一大批与海峡两岸有着千丝万缕联系的历史文化遗产，已成功吸引了两岸相关专家学者和广大民众的热切目光，其发展成为沟通和连接海峡两岸暨香港、澳门乃至全球华人的重要桥梁与纽带。

近年来，党和国家领导人及相关部门已深刻认识到了历史文物综合开发与保护对于两岸关系和经济社会发展的特殊重要性与迫切性，并采取了系列重要举措。习近平总书记就强调指出：从历史价值看，文物承载灿烂文明，传承历史文化，维系民族精神，是老祖宗留给我们的宝贵遗产，是加强社会主义精神文明建设的深厚滋养。李克强总理也强调指出：加强文物保护，是要让优秀传统文化融入当代社会，厚植道德沃土，用文明的力量助推发展进步。上述党和国家领导人的系列重要讲话，深刻阐明了历史文物开发与保护工作的重大意义和基本要求，为新时期历史文化事业的发展指明了前进方向、提供了根本遵循，也为我们加强和改进涉台历史文物工作提供了扎实的政策支撑。对此，林奶红等研究指出：历史变迁无法改变，让两岸民众体会到承载在涉台文物上的亲情与乡愁就更显珍贵。国家文物局局长单霁翔也明确指出：涉台历史文物是联系两岸同胞感情的重要纽带，是台湾作为中国神圣领土不可分割的重要组成部分的历史见证，具有重要的历史、艺术、科学价值。

显然，对包括海峡两岸广大人民和全世界华人华侨在内的各界同胞而言，历史文物是一条可以而且必须坚守的重要根脉。换句话说，涉台历史文物保留和传递着两岸人民共同的历史记忆、情感、经验和智慧，是两岸文化与民族和国家认同的重要基础及纽带。积极开展涉台历史文物的调查与保护，深入发掘、展示和宣传涉台文物的丰富内涵，将有利于增进两岸同胞的相互了解和骨肉深情，推进两岸文化交流与合作，促进祖国和平统一大业。这也是笔者拟以安徽省首个"海峡两岸交流基地"——刘铭传故居为例，进行较系统分析与研究设计的主要动因和重要依据之所在。与此同时，主要是由于：（1）刘铭传曾带领台湾军民进行"抗法保台战争"，战后台湾建省，并担任首任台湾巡抚，热情推行新政建设，被誉为"台湾近代化事业的奠基人"，得到两岸人民的共同认可、尊敬与纪念；（2）2016 年适逢刘铭传诞辰 180 周年，为了更好响应习近平总书记提出的"两岸一家亲""同心同圆中国梦"的伟大号召，安徽省已决定举办"纪念台湾巡抚刘铭传诞辰180周年两岸港澳台书画名家作品展"，以此共同缅怀先人，因而具有一定代表性、先进性和迫切性。

二、加强涉台历史文物开发和保护的重要性与迫切性

（一）重要性与现实意义

1. 有助于科学把握两岸关系发展变迁的历史，增强中华民族伟大复兴的信心与决心。涉台历史文物既是两岸关系历史发展变迁的重要见证与载体，也是具有重要开发利用价值的珍贵文化资源。其所蕴含的中华民族特有的精神价值、思维方式、想象力和文化意识等，不仅是维护我国文化身份和文化主权的基本依据，更是联结民族情感的重要纽带和维系祖国统一的扎实基础，必将有助于我们进一步推进两岸关系发展与交流合作。特别是作为台湾首位巡抚的刘铭传，在临危受命主政台湾七年期间，所探索和留下的治台功绩与近代化思想，无疑是两岸人民的共同财富。在两岸关系正处于"深水区"之际，更需要我们抓紧研究、汲取历史先贤的思想精髓，学习、领会他们爱国爱民族的崇高情怀和维护祖国统一的坚定信念，从而推动两岸关系不断发展，共同携手加快实现中华民族的伟大复兴。

2. 有助于增进两岸同胞的历史和文化认同感，增强两岸之间的民族凝聚力与向心力。涉台历史文物是文化遗产保护的重要组成部分，是两岸民众尤其是青少年进行爱国主义教育的令人信服的实物教材，可以使两岸人民通过直接感官去深刻体会无数先辈为了反抗外敌入侵而英勇斗争的光辉事迹，以及共同生活和发展创新的足迹。有着共同文化熏陶和"五缘"优势的两岸同胞，在这些见证历史向前迈进的文物交流与保护中，进行互访与合作，将对两岸交流与历史和文化认同起到很大的

促进作用；特别是岛内同胞来到大陆，将会真切地找到和感受到自己祖先发展变迁的足迹以及亲身生活的环境和精彩篇章。因此，加强和改进大陆现存的涉台历史文物的开发和保护，将有利于激发两岸同胞的共同使命及民族凝聚力与向心力，进而引起两岸同胞和全球华人华侨的共同关注；既加深两岸同胞间的固有感情与信任，对于促进两岸和平发展，推动实现祖国和平统一，也具有重大作用。当然，要真正做好涉台文物的开发与保护工作，需要从历史和未来更长远的角度，搭建和维护好海峡两岸相互联系的更深厚、更凝重、更稳固的文化交流平台。这项伟大工程的实施与成功实现，需要的是两岸同胞心灵相通的包容和强大凝聚力。

3. 有助于推动大陆"一带一路"和 21 世纪海洋强国战略建设，共享改革开放的成果。当前，党和国家提出和初步实施的"一带一路"战略，正为大陆经济社会发展带来空前的发展机遇，台湾想要融入这一潮流就必须加强两岸之间的交流与合作，发挥各自功能优势，获取叠加效应。如，台湾地区和安徽省政府和工商业界，就通过铭传亲缘，加强交流与合作；也可以有效把握住历史契机，并依托台湾地区"海洋粮仓"的天然优势，为未来海洋经济强国战略的达成创造有利条件。至于到底如何把"一带一路"和海洋强国大战略做踏实，这就需要我们学习和总结刘铭传超凡的国际视野、近代化意识和尽职尽力、殚精竭虑的民族敬业精神。但如果这些精神只是停留在故事里，却不能被我们当下深刻体会和学以致用，那么我们先人留下的宝贵遗产和思想必然将随着时代和社会的向前发展而湮没在历史的长河中，长此以往，我们两岸人民必然追悔莫及，进而产生狭隘封闭观念。

（二）面临挑战与迫切性

中国"十二五"、特别是中共十八大以来，我国文物事业取得了显著成绩，但也面临着历史文物保护责任尚未完全落实、不可移动文物消失加快、文物资源作用发挥不够等方面的问题。特别是房地产开发、旧城改造、土地整理和旅游拓展等活动，给历史文物保护工作带来的压力越来越大，文物拆毁、破坏事件时有发生，古建筑、古遗址等不可移动历史文物的保护难度加大。此外，涉台历史文物的开发与保护仍处于起步阶段，还突出存在以下亟须研究解决的问题。

1. 涉台历史文物种类多、分布广、区域性强，但保护意识弱，难度大。我国是历史文物大国，文物资源丰富，不仅类型繁多、总量庞大，而且不同年代、不同文物的保存状况和保护要求迥异，分布也不均衡，具有较明显的多样性、区域性、分散性与时代性。大陆涉台历史文物和文化遗产丰富多样，但大都分散在不同省区与地市之间，其分布与维护水平更不均衡，搜集与保护难度更大。不仅民间保护与维护意识有待增强和改进，而且政府专项经费紧凑、维护投入不够，同时突出存在着涉台历史文物专业人才稀缺和研究推广水平不够等方面问题与挑战，各项工作在实际执行方面存在很大漏洞。特别是历史文物得到保护性复建后，其配套设施维护与后续管理工作中存在"大门紧闭"或"商业气息浓厚"等极端现象，尤其是对文物的养护与宣传推广极其不科学，力度也不够。例如，冰冷的铁锁、斑驳的台阶和濒危的陋室，还有类似"闲人免进"招牌等，挡住了慕名而来的专家学者和青年们。地处浙江省杭州市西子湖畔的蒋经国旧居则变身为咖啡馆，事件引发了诸多热议与批评。更有甚者，位于四川成都的金牛坝，作为享誉世界的国画大师张大千在祖国大陆的最后居所，具有非常重要的纪念意义和丰富的人文内涵，而且该建筑是成都主城区仅存的最重要的名人故居，极具代表性，但故居已被随意改造为"金牛宾馆"、后又改造为"大千茶馆"，如今慕名而来的人们只知那一片、那一区是张大千的故居，但大师到底住的是哪一间房屋、居住情况等已无从考证。如今，故居内部已布满青苔、灰尘遮眼，后院小池早已干枯，房屋也荒废许久。从当下一些涉台文物的保护和发展所经历的遭遇看来，政府和群众亟须树立涉台文物保护和开发的意识。

2. 涉台历史文物开发与保护缺乏较合理规划，且乱象丛生损毁严重。上述分析表明，涉台历史文物的开发与保护是一项富有历史和现实意义的、繁重复杂的系统工程，需要系统规划和长期与大量的细致工作，更需要一批对两岸关系和历史文物事业有一颗坚定与热忱之心的专业人才和经营管理队伍，并以此作为其历史使命努力加以推动和扎实实施。否则，随着时间的推移和不合理开发与利用持续发生，那些仅存的涉台历史文物必将消失在我们这一代人或无知或贪婪的不当行为中，那些书写和印证历史篇章的人文气息也将荡然无存，子孙后代们将无从体会和感受先人们所做出的巨大贡献、所留下的宝贵精神财富。这里需要强调指出并希望引起共鸣的是一则让无数人为之震惊的、有关上海外滩百年老建筑被强行"刷脸"喷上灰色沙料的新闻——那些老建筑见证着中国开埠以来的近现代变迁史，是矗立在地面上的文物遗产。那里的每一栋老建筑，都承载着一个上海滩的传奇故事，那里留下了太多知名士的身影，钱学森、康有为、黄炎培、顾炳鑫等都曾在那里留下生活气息和历史足迹。然而，由于维修不力和拆迁破坏等因素，老洋房的数量已逐年递减，甚至被"刷脸"。类似的，武汉、福州、厦门等那些早期通商口岸所遗留下来的老建筑，也已经非常少了，甚至连中华传统文化也在慢慢遗失中。显然，缺少宣传动员和教育示范意义的冷冰冰的告示招牌和历史文物将徒有其表，而缺少了最核心与至关重要的"两岸一家亲"和"同心同圆中国梦"的人文与历史情怀，甚至无视或有意无意破坏涉台历史文物，只会导致未来海峡两岸之间情感连接与双向交流和合作更加困难重重。换句话说，两岸同胞都有义务共同开发和保护好包括历史建筑在内的涉台历史文物，科学规划并全力实施——既要让时间保留和见证其原有的魅力，更要赋予它这个时代的美与不可替代的重要价值，而不是仅有深厚的商业气息或历史沧桑。

3. 台湾地区"去中国化"加速，凸显保护的迫切性与特殊重要性。已有研究表明，特殊的自然与区域环境和独特的历史处境，使得台湾地区文化呈现出较明显的多元化特征，但真正影响和引导这块土地上大多数人们生产生活和价值信仰的，还是几千年来海峡两岸共同发展和拥有的中华文化——中华文化既是台湾地区历史和文化习俗的核心，也是两岸精神与魂魄的联结点。然而，近年来在"本土化"与"台独"意识的影响与催化下，社会上出现了一股"去中国化"的声浪与行动，甚至出现"台湾文化"与"中华文化"相对立的论点。对此，《中国日报》一针见血指出："去中国化"后，台湾多元文化也就失去了安身立命的根系。如果台湾地区割舍了"中华文化"这个联结，不仅当地文化的精神和价值荡然无存，两岸关系也将瓦解。对此，长期生活和任教于台湾南部嘉义大学的应用历史学系主任吴昆财一针见血地指出："以多元价值掩盖去中国化"，这是推动"台独"影响的重要手法。在一次由台湾《旺报》举办"两岸文化脐带不能断——正视台湾去中国化乱象"论坛上，台湾大学张亚中教授则明确指出：如果文化的联结断裂，两岸冲突、动荡的可能性只会更高。这在其近年所做的一些调查研究中已有所显现，例如：关于"清代巡抚刘铭传是本国人或是外国人"问题，有55%受访者选择"本国人"，另有38%受访者已将这个为台湾地区现代化做出很大贡献的历史名人视为"外国人"。这种对于台湾地区历史的歪曲和两岸关系发展的破坏，无疑是令人深感悲哀和痛惜的。张亚中进一步分析指出：为了台海两岸长久和平，两岸有识者应认真排除成见，通过合作举办各种类似向刘铭传先人致敬等纪念活动，以及涉台历史文物开发与保护等方面的专题研讨会，不断加强两岸青年交流往来、增进文化历史联结与情感升华、揭露民进党"假多元、实垄断"的教育政策等，以期正面面对"去中国化"乱象与危机。事实上，文化的基因非人为可以轻易改变，马英九透过《中华语文大辞典》下的语言——一个民族文化和文明最直接也是最大的载体，连接两岸文化基因，说明中华语言文化在海峡两岸共同生根、发芽、苗壮与发展创新，其脐带是不可能任人操纵的。但上述共识的达成和有意识传播推广，尤其是如何更好更快地加强和改进涉台历史文物的保护，需要的是两岸人民的共同努力与发展创新，也是两岸人民理应自觉坚守的基本原则，任重而道远。

三、加强涉台历史文物开发和保护的配套对策建议

（一）刘铭传故居综合开发与保护现状及存在问题分析

台湾省首任巡抚刘铭传，公元 1836 年出生于安徽省合肥西乡（今肥西县）大潜山麓，字省三，自号大潜山人，人称刘六麻子。故居又称刘老圩，位于肥西县铭传乡启明村境内，是现存的规模庞大的刘铭传唯一旧居，始建于清同治七年（1868 年）。1998 年被列为安徽省重点文物保护单位、2006 年成为全国重点文物保护单位、2009 年被确定为安徽省涉台文物、2012 年被国台办确定为海峡两岸交流基地，是联结两岸关系的重要纽带、具有突出的民族和历史文化价值。但若从总的看，与其他涉台历史文物开发与保护相似，刘铭传故居等方面的复建保护工程才刚刚起步，仍处于"边建设边规划"状态，建设进度远不能适应皖台交流合作的需要，突出面临一些需要两岸之间协同合作来面对和解决的问题。对此，安徽省台湾同胞联谊会副会长仲宏斌曾建议：要从体制机制、方案规划、财政扶持和宣传推介四个方面修缮与建设刘铭传故居。

1. 缺乏合理规划与统筹，未能有效地调动不同群体的保护意识和积极参与。广义的刘铭传故居，还包括刘铭传墓园、与刘铭传结下不解之缘的大潜山，以及绿树古堡——刘老圩（一种皖西特有的集居住和

防卫功能于一体的圩堡式建筑）。如何更好地制定和实施文物的保护与修复规划，以使这些历史文物能形象而生动地传达出先人刘铭传的伟绩和思想，需要的不仅仅是政府主导规划，还有两岸相关组织与专家学者的指导，并与当地民众的文化习俗和生产生活相衔接，努力带动当地群众参与和融入这项伟大的事业中来。但从总的看，当前地方政府并未很好地起到应有的主导作用，缺乏有效引导和调动民间组织和村民参与的意识与活力。二是没有很好地挖掘并合理开发和利用历史文物的经济与社会价值，而这正是有效激发和调动民间力量的关键之道和着力点，同时需要逐步引导和有识之士的积极参与和示范推广；三是海峡两岸相关专家学者缺乏必要的交流与合作，包括文献共享和共同研究学习，并集思广益让这些历史文物通过更有趣的面貌与载体呈现给当场居民和两岸青年，使两岸青年真切感受到文化创意的魅力和民族与文化自豪感。

2. 涉台文物与史料征集困难，政府工作部门的经验不足，专业人才比较匮乏。一方面，随着时光流转，与刘铭传有历史渊源的文献资料，特别是生长生活和工作休闲等方面实物的消逝速度加快，其抢救和征集工作十分紧迫与困难。尤其是刘铭传的活动范围与相关事迹先后出现在安徽及周边、上海—江苏和甘肃等地，还有福建省和台湾地区等，因此，相关历史文物的征集及其研究、开发与保护等方面，不仅是安徽省合肥市文物工作部门及其专业队伍的重要工作，而且是周边省市以及台湾相关机构（或对应组织）和人员的共同责任。另一方面，尽管刘铭传故居是安徽省首个"海峡两岸交流基地"，并且是全省仅存的较完整的涉台文物遗产，但安徽省和合肥市政府在这方面的工作并没有成功的先例与经验，不可避免地存在一些问题，并对相关文物造成一定程度的损失。实际上，不仅当地相关工作的起步较晚，而且没有树立品牌意识与政治敏感性，没能很好地将文物开发与保护同两岸关系发展等方面紧密地联系起来。又由于经验不足与部门利益等方面原因，不同省市之间涉台历史文物合作考察和共同征集的沟通与配合略显不足，这必然会导致珍贵文物更加分散、相关文献资料严重缺乏，以及后续开发与保护工作滞后（或重复建设）等方面困境。最后，当地涉台历史文物维护所亟须的具备资质的专业人士很少，虽然现在的维修工程有的并不是很大，但具体实施过程中由于缺乏专业人员的现场指导和具体方案，导致维修效果不尽人意的悲剧时有发生，亟须引起高度重视并妥善解决。

3. 区位条件与经济环境不佳，宣传推广有限且难以开展高规格的专门活动。除了上述问题与挑战，交通不便、信息闭塞、资源稀缺以及经济落后等方面问题，也使得刘铭传故居的综合开发和保护以及宣传推广工作面临很大阻碍。一是影响和制约了包括长三角和台湾地区在内的工商业界人士的投资意愿，更难吸引大型或知名品牌企业入驻，造成了当地投资热度和力度不够的窘境，无法扩大地区影响力和资金支撑效应。这也是现在虽然拥有着"海峡两岸交流基地"的这一重要地位与光环，却也无法很好发挥交流基地的潜价值和最大效益的重要原因。二是过度依靠传统宣传媒介，缺乏"互联网＋"下大数据时代数字化宣传推广的敏感度。不仅宣传推广的方式方法与力度不及时、不到位，使得刘铭传故居并没有得到相关专家学者和两岸青年的共同关注，而且相关管理部门缺乏文物展览的专业知识和先进科技手段，使得宝贵文物展出呈现静态呆板的单向性效果，难以增强游客的体验预期和良好效果。这也是随着现代化科技和新媒体时代的蓬勃发展，政府和相关机构一定要努力解决的关键核心问题之一。即：要真正树立与时俱进的学习态度与科技意识，敏感地认识到数字化宣传是当今历史文物保护的发展趋势与方向。此外，当地历史文物保护的专项经费严重不足，更难以承办高规格的文化交流与研讨活动。必须引起当地政府和有关部门的足够重视，同时努力参考浙、闽、粤等地的主要做法与先进经验，以减少不必要的试错成本。

（二）加强和改进涉台历史文物开发与保护的对策建议

加强和改进涉台历史文物综合开发与保护，不仅是当前更好保存和发挥文物中历史、艺术、科学价值的必然要求，而且对搭建海峡两岸间深厚、凝重、稳固的文化交流与合作平台，推动两岸关系和平发展具有重要现实意义。尤其是当前两岸关系发展进入"深水区"和台湾地区再次发生政党轮替及系列不当言行等严峻背景下，更应积极开展包括涉台历史文物在内的海峡两岸之间各方面交流与合作活动，特别是要通过科学合理还原历史文物的真实性和完整性，进而携手实践和探索出各种开发与保护政策和实现路径，不断加深和巩固两岸同胞固有情感和血脉联系。

1. 坚持文物保护基本原则，增强涉台历史文物开发与保护的活力。在继续坚持"不改变原状、最低限度干预、使用恰当的保护技术、防灾减灾"等文物保护基本原则的同时，新版《中国文物古迹保护准则》进一步强调了"真实性、完整性、保护文化传统"等保护原则，较好体现了中国文化遗产保护基本原则丰富而深刻的内涵。相关政府部门和机构在开展涉台历史文物开发与保护时，必须首先将这些基本原则放在首要地位，并以此为基础推动文物保护工作的有序进行。在此前提和框架下，我们可以努力将这些涉台历史文物转变为一个个公共服务场所与平台，而不能仅仅局限在"内部使用"或者"商业化开发"。为此，既要成立政府主导的公益基金，也要支持和鼓励私人与社会资本投资，主动引导民间资金合理参与科学开发与保护，为历史文物保护工作带来新鲜血液和市场活力。这主要是由涉台历史文物自身的特殊性及其巨大历史、社会与艺术价值所决定的——政府必须在这个过程中扮演一个处于主导地位的决定性的角色。特别是一些名人故居的改造与再利用的成本相当昂贵，其改造费用甚至比新建所需费用还要昂贵得多。二是因为这些老房子的租金也是相当高的，但如果仅仅是私人资本进入，必然要求通过高端消费迅速回收成本，这种模式势必导致古老建筑的历史文化气息难存乃至蒙受破坏。为此，政府可以鼓励私人或社会组织以适当方式进行补贴，也可以用上述专项基金进行适当补助，从而使业者可以获得较好的经济效益，并把他们吸引到充满创意和历史责任感的事业中来，不断增强和提升整个产业的市场竞争力与价值。此外，有着国家级"海峡两岸交流基地"这一重要平台的刘铭传故居，还要注意加强与海峡两岸相关专家学者和知名企业的交流合作和沟通工作，争取将有一定影响力和较高规格的海峡两岸系列交流活动落户于刘铭传故居，并努力向着专业化、常态化、品牌化方向培育与举办，使之发展成为交流基地的一大特色和亮点。

2. 完善国家与地方合作开发与保护机制，优化历史文物保护环境。如前所述，历史文物是不可再生的宝贵文化遗产，涉台历史文物是海峡两岸"一家亲"和"五缘"关系的一条条纽带与直接证据，牵连着海峡的对岸及两岸关系的发展变迁。又由于其自身的特殊性及其开发与保护的艰巨性，必须尽快建立健全国家和地方以及海峡两岸间的合作开发与保护机制，形成包括国家与地方、海峡两岸、地方之间及地方与台湾地区间多层次、多渠道交流与合作模式。如：台北故宫博物院同北京故宫博物院摸索出的两岸故宫合作机制及其具体合作模式——2009 年 2 月台北故宫博物院时任院长周功鑫访问了北京故宫，同年 3 月北京故宫的郑欣淼回访台北故宫，"一来一往"逐步搭起了两地故宫交流合作的桥梁。此间，台北故宫博物院通过向北京故宫博物院借东西，比如在 2016 年 2 月 1 日，台北故宫博物院得到北京故宫博物院、知名摄影家庄灵的帮助，借来 400 余幅历史影像及院藏相关史料旧照。观展者不仅可一睹慈禧、末代帝后溥仪和婉容等皇室人物照，还可深入了解紫禁城及文物播迁过程。据台北故宫博物院原院长冯明珠介绍，此展从推动到成事，前后有五六年时间。她特别感谢庄灵先生热情奔走，也感谢北京故宫博物院慷慨借出照片影像，观众才能看到百年前的紫禁城及文物播迁实况；其主要动机之一，就是为了要让台湾地区民众更加了解和深刻感受到大中华上下五千年丰富多彩的历史，持续增强两岸文化认同感和民族凝聚力。再以刘铭传故居为例，由于受到经费不足、文物分散及专业人才缺乏等因素制约，使得故居开发和保护工作一度严重滞后，甚至无法满足国家级"海峡两岸交流基地"所需配套设施等。一直到 2016 年 3 月，党和国家领导人给予重要批示和指导，故居文物工作小组不仅主动寻求上海、江苏、福建等周边省市的合作与帮助，努力学习这些先进地区的主要做法和成功经验，并且大胆创新相互合作的模式及其可行方式，初步建立起历史文物合作保护与共享机制；未来还将在进一步交流与合作中不断汲取成功经验和失败教训，合力挖掘和提升宝贵文物的历史、社会与文化价值；也可以加强同台湾地区铭传纪念馆等方面的交流与合作，包括纪念仪式、专场文艺演出、专题学术研讨会、海峡两岸（或两地）青年创新创业创优研讨会、两岸新闻媒体铭传故里行等形式，努力搭建"两岸一家亲"的新平台和重要纽带。

3. 借鉴闽台文物的保护方法与经验，创新历史文物保护方式方法。闽台两地人民交流合作源远流长，有着极为密切的"五缘优势"和丰硕的交流合作成果，通过实物遗存形式留下了众多涉台历史文物，近年来也逐步摸索出了一种文物保护新模式——以用代养、以用代保，即：通过合理开发利用文物，发挥其教化乡民、沟通亲情乡谊等公共服务职能。这种新的保护方法，带动了侨胞、台胞与本地群众直接或间接参与到历史文物的开发和保护中去，从而为涉台文物带来人气与人情味，有利于更好地发挥其历史与现实价值。如泉州市依托文物搭建的一个个群众性文化活动阵地；以文物为纽带，吸引侨胞、港澳台胞等宗亲，积极捐款捐物，进而成立奖助学金、救济金等，持续增强海内外宗亲的联系；定期举办祭祖大典，邀请侨胞、港澳台胞等宗亲回乡进香谒祖等。

这种保护模式显然是可持续的，那些涉台文物才可能获得更广泛的支持并发挥更大的社会作用。类似的，宝岛台湾的文物保护工作不仅理念先进，而且具有一整套相对健全的体制机制。一是坚持"保护第一，使用第二，赚钱第三"基本理念，包括筹措公益基金来保护和开发林语堂等名人的故居；二是随着时代发展不断融入科技力量，其中台北故宫更通过制作新媒体，以声、光、影、音互动技术的表现手法，重新诠释各项艺术品，无不让观众们眼前一亮，仿若身临其境。如：观众们可以来到根据《汉宫春晓图》打造的虚拟城市，只需要做个脸部扫描，就会发现自己正身着盛装，参加乾隆的"春晓庆典"。这些传统文化在现代科技面前变得栩栩如生，无疑增强了文物的体验效果，更加强了文化认同感，进而吸引广大民众参与到历史文物的保护中来。再如：岛内知名私立大学之一——铭传大学，就是为了更好地缅怀和纪念台湾地区首任巡抚刘铭传英勇抗敌及对台湾现代化所做的独特贡献而设立和命名的。即使是民进党全面执政的今天，其向美国购买的两艘军舰，也分别以爱国将领刘铭传与丘逢甲的名字进行命名（分别为"铭传舰"与"逢甲舰"）。岛内向先人刘铭传等致敬的这些方式，尤其是让历史文物活在现代及普通百姓的现实生活中的相关做法与经验，值得进一步研究借鉴，特别是要引起安徽省政府及其相关职能机构的高度重视，灵活学习及创新应用。既要根据当前闽台历史文物综合开发和保护经验来宣传和推动刘铭传故居开发与保护工作，还要结合自身特性和当前当地实际进行科学规划与设计实施。

4. 发扬文创理念和"两创"精神，促进两岸青年走向合作与共赢。李克强总理多次明确号召、倡导提出的"大众创业，万众创新"，是中国式"创客"发展模式，其主要特色和重要着力点在于政府引导和市场行为的有机结合，必将激发出全民族的活力与创造性，前景看好；特别是大陆文化创意产业的兴起与快速发展，更是顺应时代发展的潮流和趋势，也是岛内特色优势产业之一，可望成为未来两岸青年交流合作的重要领域与宽广舞台。尤其是海峡两岸广大青少年间不同理解与创意理念的交流和碰撞，必将给文化创意产业的培育与发展注入新鲜的力量和朝气；具体实践中，海峡两岸共同拥有的丰富历史文化遗产也将为此提供丰富素材与更多灵感。对此，习近平同志曾明确指出："两岸青少年身上寄托着两岸关系的未来。要多想办法，多创造些条件，让他们多来往、多交流，去感悟到两岸关系和平发展的潮流和感悟到中华民族伟大复兴的趋势，以后能够担任开拓两岸关系前景、实现民族伟大复兴的重任。"显然，两岸青少年可以通过主题和形式各异的夏令营、研习营及青少年论坛等方式，深入感受伟大祖国不同地域与民族风情、领略厚重的历史与文化底蕴，从而在华夏文明的同根性与包容性中增进对话、理解、互动与协作，增强合作发展的自觉性与社会责任感，携手规划和推进文物事业发展。如：通过举办"两岸历史文化夏令营——走进刘铭传肥西老乡"，来切实感受民族英雄的家乡文化和风土人情。两岸（或两地）同胞还可通过文化参访、游学考察、社区服务等形式体验，一起重温丝绸之路、体验丝路文化、感受丝路魅力，促进两岸青年的创作热情与行动力，共同促进中华文化的传播、传承与创新；两岸高校和相关部门还可进行联合办学、专题培训与举办研讨会等，吸引来自海峡两岸的诸多青少年一起学习、研讨与互相交流，等等。换句话说，未来涉台历史文物的开发与保护千万不能流于形式，以致失去这些历史文物存在和开发保护的初衷。

5. 将互联网应用到历史文物保护与开发中，增强宣传和辐射效应。2016 年 4 月全国网络安全和信息化工作座谈会上，习近平总书记明确提出："要推动我国网信事业发展，让互联网更好造福人民"。据统计，当前大陆互联网的普及率为 52%，互联网对各个行业的渗透持续增强，亦将成为历史文物保护与综合开发的新的动力源。特别是随着"互联网＋文化"浪潮的到来，传统文化的表现形式与传播路径等也在革新，新媒体等宣传与推广模式快速兴起。不仅可以提供配套的线上与线下服务，如在线咨询、在线教育、在线服务，也包括成立"网上两岸青少年刘铭传论坛"等平台，达到宣传和普及刘铭传故事及其思想的效果，进而不断拓展多元化服务，将传统媒体与新媒体有机融合发展；而且国家也已出台相关监管与配套措施，打击各种违法犯罪活动，来保证网络环境安全和文物开发与保护工作健康有序成长。为此，一是线下要做好硬件设施建设，努力将旅游、休闲、文化、教育、经济等功能区融为一体；二是线上除了要大力开展旅游咨询与预订等方面业务，还要努力将VR 技术融入到这些历史文化遗产开发与保护中，并借助当前最活跃的社交媒体，如：微博、微话题、微视频等微方式与数字化出版模式的结合，吸引和推动两岸更多民众亲自加入到历史文物的交流与保护中来，进一步扩大先人刘铭传的知名度、美誉度和群众参与度。虽然大陆有关方面已制作出一些有关刘铭传的大型纪录片，并在刘铭传故居和墓园拍摄了系列电视专题纪录片等，但是由于其组织与宣传推广工作不到位，这些作品并没有在两岸民间得到广泛关注和传播。据了解，目前刘铭传故居、刘铭传墓园已经得到初步开发和建设，2016 年 7 月刘铭传纪念馆和网上纪念馆建设也已正式启动。然而，如果要让两岸更多青少年和大批民众前往参观或学习交流，就必须更加重视和借助互联网的力量。换句话说，依托大数据智能化手段进行数字化保护和自媒体宣传与推广模式，将是未来历史文物保护与合理开发的趋势和可行路径，而且需要两岸民众之间心与心的交流和互动——只有两岸青少年和广大民众之间共同的历史文化交流与碰撞，才可能激荡出思想的火花，才可能有更多更好的文化创意与文化认同。

四、进一步分析和讨论

涉台历史文物是两岸人民的共同文化遗产，是千百年来两岸民众的文化创造与智慧结晶，也是具有重大社会、历史、艺术和科学价值的文化遗存；其合理开发和保护工作，不仅意义非凡，而且非常迫切、任重道远，但仍存在一些亟须海峡两岸有关方面共同研究和携手解决的难题与挑战。海西福建和长三角等主要涉台历史文物大省（或地区），已较早和较全面实施涉台历史文物的保护工作，成为涉台历史文物保护中的排头兵和先进示范区；安徽省也提出要加快涉台历史文物的保护与开发进程，并以刘铭传故居为抓手，依托"海峡两岸交流基地"这一平台建设的重要机遇和独特优势，促进皖台两地历史文化交流和产业合作的全面发展。我们有理由相信，在海峡两岸有关方面共同努力下，刘铭传故居等涉台历史文物，不仅会被更多大陆民众和台湾同胞所熟知与向往，也将成为展示和深化"两岸一家亲"的活教材与重要抓手。

另一方面，在海峡两岸人员往来日益密切，文化交流与经济合作的规模越来越大、相互依存度不断提高，但近期台湾当局"去中国化"思潮又暗流涌动的当下，加强和改进涉台历史文物保护与合理开发的主要动机及其着力点，在于新形势下能否及如何创造并促进两岸交流合作和两岸关系和平发展的新机遇、新平台与新纽带。然而，涉台历史文物的合理开发与保护及其宣传和带动工作，无疑是一个"润物细无声"的过程，只有两岸青少年和广大民众自觉参与和融入这场伟大实践与发展创新工作中来，将文物开发与保护作为一项光荣的历史使命和自觉行动，涉台历史文物才能真正展示和发挥出自身所隐藏的独特历史价值及时代所赋予的重要使命，也为响应和推动非物质文化遗产的保护与传承创新起到重要示范和带动效应。这就决定了见证两岸关系发展变迁的涉台文物开发与保护，必将成为未来两岸关系发展与改善的桥头堡。显然，作为一种价值与精神寄托，此举一方面保护了两岸共同的历史文化资源与财富，另一方面增强了两岸文化沟通与交流，增进了两岸同胞相互了解和骨肉亲情，确保两岸统一大业的完成。

一句话，涉台历史文物保护与综合开发，任重道远，已成为祖国大陆各地区文物事业乃至两岸关系和平发展的重要理论与现实课题，亟须进一步研究探索。

参考文献

[1]《国务院办公厅关于加强我国非物质文化遗产保护工作意见》，国办发（2015）18 号。

[2] 习近平：《努力走出一条符合国情的文物保护利用之路》，新华社，2016年 4 月 12 日。

[3] 童明康：《树立科学保护理念，完善保护理论体系》，《中国文物古迹保护准则》修订前言，2015 年 4 月 16 日。

[4] 刘舒凌、陈孟统：《台湾知识群体：去中国化史观将伤害两岸和平》，华龙网，2016 年 7 月 7 日。

[5] 刘深魁：《涉台文物也需要人情味》，《福建日报》，2014 年 2 月 16 日。

[6] 王建：《刘铭传故居海峡两岸交流基地建设现状、存在问题及思路措施》，《公共管理·管理视窗》，2012 年 1 月 30 日。

[7]《习近平对文物工作作出重要指示》，《中国文物科学研究》，2016 年第1 期。

[8] 陈旭东：《海峡两岸交流基地：刘铭传故居》，《两岸关系》，2013 年第4 期。

[9] 金元浦：《"互联网＋"和"双创"》，《中国培训》，2016 年第 12 期。

[10] 金元浦：《激活"文化＋"基因》，《科学导报》，2016 年第 20 期。

[11] 方伟、向回：《历史文物资源在文化强省建设和文化惠民工程中的价值》，《河北日报》，2012 年 4 月 48 日。

［12］《两岸故宫合办文物播迁展》，《香港文汇报》，2016 年 2 月 1 日。

［13］林奶红、谢必震：《福建龙海涉台文物研究》，福建：福建师范大学，2011 年。

［14］邓启明、常博琛、叶晔：《海峡两岸数字出版业合作发展研究》，《台湾研究》，2016 年第 4 期，第 63—71 页。

岛内政局变迁与两岸关系和平发展的路径思考

李文艺

（浙江大学城市学院讲师、博士）

2008 年至 2016 年民进党上台，两岸关系和平发展一系政策和实践在影响两岸关系和台海局势的同时，台湾岛内的政治生态发生诸多变化。最突出表现在政党政治"国退民进"，国家认同日趋疏离，文化论述难于整合，一部分人的价值取向与两岸关系和平发展的目标渐行渐远。分析岛内政治生态演变的原因，进一步把握其规律，把握演变的途径，对于持续推进两岸关系和平发展有至为重要的作用。

一、台湾政局变动下的两岸关系形势

2016 年民进党上台前的八年间，两岸关系曾出现可喜变化，台海局势保持了安定和平的局面，两岸经贸关系大幅度增长，两岸一体化进程加快，台湾社会经济发展状况总体稳定，顺应了求和平、求发展的基本民意，国民党马英九的两岸政策照理说是合乎人心的。蔡英文胜选和就任后，在两岸关系问题上仍然顽固坚持"两岸两国"的路线，拒绝承认两岸关系和平发展的政治基础，即"九二共识"的核心意涵——两岸同属一中。民进党当局在内政、"外交"上推行与两岸关系和平发展背道而驰的政策，在政治、经济、两岸、文化、对外等各方面利用和煽动民意。

政治上，蔡英文排斥蓝营势力。蔡英文积极为"太阳花学生运动"正名，在国际场合上称自己是"台湾（中华民国）总统"，① 且拒不承认"九二共识"，两岸关系谈判和协商的政治基础崩塌，为实现"脱中"目的，民进党代表提案废"中华民国"，蔡英文以"中华民国总统"身份竟表示"交付研议"，② 试图抛出"法理台独"和台湾"正常国家化"的议题。

经济上，蔡英文搞一套与大陆相切割的路线。辩称避免台湾经济过于依赖大陆，全力推行"新南向政策"，蔡意图说服台湾民众两岸经济互补性降低，竞争性增强，然而相互竞争的领域并不是不能有合作，且产业经济的发展是动态化的。③ 台湾越不参与有效竞争，就越难走出经济困境。为获得美日支持，民进党当局积极争取加入美国主导的 TPP，试图摆脱由大陆实际主导的 RCEP 区域合作体系。研究国际经济出身的蔡英文以政治目的割裂两岸经济联系的思维和做法，不论从长远，还是短期效应，都使得台湾经济举步维艰。

为配合突出"台湾主体性"的施政路线，蔡英文利用文化推行隐性"台独"工程和渐进式"台独"。民进党执政后，立即废除马英九时代的课纲修订，岛内的"独派"文化宣传以惊人的速度发展，各种主张"台湾主体性"的团体有恃无恐，已然在社会上树立了政治正确。蔡英文"谴责"公民记者洪素珠辱骂"荣民"显得虚伪矫情、不痛不痒，因为洪素珠正是民进党"文化台独"下的产物。④ 在"文化台独"政策的庇佑下，声称慰安妇是自愿、日本殖民有功等言论大肆出笼，

① 《签名惹争议，蔡：称台湾"总统"，应该不为过》，中时电子报，2016 年 7 月 1 日。http://www.chinatimes.com/cn/newspapers/20160701000382 - 260102。
② 《民进党代表提案废"中华民国"，蔡英文：交付研议》，《凤凰资讯》，2016 年 7 月 18 日。
③ 《唐永红析蔡经济政策》，中评网，2016 年 7 月 24 日。
④ 《洪素珠事件暴露出文化台独的可怕》，邱毅台湾微博，2016 年 6 月 11 日。

"文化台独"利用民粹煽动非理性的"仇中""恐中"情绪，甚至不排除将来"台独"原教旨恐怖主义的出现。

迫于岛内改善民生以及中间选民的诉求，蔡英文在两岸关系上尽可能操弄模糊战略。她在接受《华盛顿邮报》采访时以"台湾民意"为借口，实际上拒绝了"九二共识"的核心意涵。[①] 由于蔡拒不承认"九二共识"，两岸丧失谈判合作的政治基础，官方沟通机制停止，意味着两岸不可能签订任何的合作协议，两岸经济潜在的实力也难于发挥，两岸间的争端机制也无法建立，两岸人员往来、经济合作都遭遇阻碍，蔡英文为平息台湾社会的焦虑，提出两岸民间及各层面的沟通机制仍然有，而事实上，她并不专注于推动两岸关系的发展，在对待"陆客团火烧车"事故等方面表现得毫无诚意。

蔡英文之所以肆无忌惮的推行上述路线，实挟洋自重，认为虽然台湾无实力与大陆直接对抗，但是可以利用复杂的国际局势和东亚政治环境。美国在 2000 年过后，基于后冷战时期全球主义的战略思维重返亚太，主要是遏制和防堵中国。美国煽动日本、越南、菲律宾等国挑起东海、南海、黄海、台海争端，首先要防止两岸关系走得太近。而日本需要借美国的力量实现正常国家化，妄图重新称霸亚洲，日本视海洋为其立命基础，中国台湾地区亦是被海包围的地区，日本虽与台湾地区有海上利益冲突，但是更担心两岸走得过近，美国和日本都倾向于支持"反中、拒中"的民进党上台。

民进党蔡英文长袖善舞，并无推进两岸关系和平发展的决心。不过，台湾政治生态的根本是民意，民进党亦无法反民意而行、逆潮流而动。习近平总书记指出，民族振兴、人民幸福是两岸同胞的共同追求。

---

① 《蔡英文接受"华盛顿邮报"专访全文》，《联合早报》，2016 年 7 月 22 日。

在中华民族发展史上，两岸同胞从来都是命运相连、荣辱与共的。① 在"反独"的基础上"促统"，不能仅仅靠一党一派的力量，须建立广泛的民意支持。

回顾近 30 年的两岸关系历程，2008 年前，由于李登辉、陈水扁等分裂主义的破坏，两岸人员和物资往来受限，此时期两岸关系影响岛内政治生态不明显，大陆的对台政策通常只能较被动地呼应台湾政治生态的演变。而在 2008 年两岸大规模、全方位交流后，两岸关系和平发展局面开始深入人心，两岸关系广泛影响了台湾经济、民众心态、政党政策和外部环境。两岸关系和平发展旨在推进两岸关系的良性互动，须更有力制约"台独"理念的滋长，逐渐引导岛内政治生态朝有利于和平统一的方向发展。然而，以国共协商为基础的两岸关系和平发展实际效果似乎不如预期，国民党马英九当局的政策得不到台湾民众的认可，民进党通过煽动民粹情绪，重新上台执政，并且创造了"全面执政"，即在台湾当局领导人、"立法院"和地方首长都占优势的局面。民进党是供奉着"台独"旗帜的政党，蔡英文拒绝承认"九二共识"，还运用潜移默化的方式，改造台湾民众的"国家认同"，进一步割裂台湾同大陆的关系。因而，如果说岛内政局变迁与两岸关系和平发展的战略看似背道而驰，是战略层面政策方向的问题，还是具体的策略措施偏差？两岸关系和平发展的成效如何，对岛内政局的正反影响如何，是在总结两岸关系和平发展战略及推进两岸关系和平发展制度化建设中需着力研究的问题。

二、台湾岛内政治生态的走势

（一）台湾社会仍处于较高度的政治动员状态，意识形态对立突出

台湾"政治民主化"以来，民进党经由地方选举加速累积实力，

---

① 《"四个坚定不移"推进两岸和平发展》，《人民日报》（海外版），2015 年 3 月 5 日。

至 2000 年实现了第一次的政党轮替，2008 年马英九代表国民党上台执政，2014 年"九合一"选举以及 2016 年"大选"，民进党全面执政。当前形势下，拒绝承认"九二共识"的民进党不改革论述，很难行稳致远。陈水扁当政时都说过"台独"做不到，蔡英文若继续其模糊战略，台湾社会统"独"对立、阶级对立、族群对立就不会减轻，只会加重。势必制约民进党改善民生、重建社会秩序。两岸关系和平发展时期，两岸大规模交流，政治对立降低，台湾社会的蓝绿斗争尚且没有停息，如果民进党当局不专注经济，醉心于政治对立和意识形态斗争，以民粹的方式搞政治动员，将更有违所谓民主社会"自由公平""包容开放"的价值，民进党近期动用公权力以"转型正义"为由，对国民党大搞政治清算，可预见未来台湾的"民主政治"和经济前景将会同步沉沦。

（二）民进党重返执政后，权力结构不稳

蔡英文经过多年的潜心经营，以较高的民意当选，已经建立了自己的核心力量，在党内的地位目前看还算牢固。蔡英文上台后，多次提出着力于解决问题，却缺乏解决问题的能力和意愿。过往陈水扁时期还可将民进党执政不力的原因推给国民党，辩称国民党以"立法院"多数拆台执政党，如今全面执政的民进党，敷衍塞责则难以服众。蔡英文提出解决少数民族和劳资矛盾问题，推动司法和年金改革，致力于经济建设和产业创新，保证区域和平稳定。久旱盼甘露的台湾社会普遍期待效果，蔡英文如果只打雷不下雨，施政之路将举步维艰。两岸关系方面，蔡提"维持现状"，所谓尊重"宪政体制"，希望建立具有一致性、可预测性、可持续性的两岸关系。然而，如果不承认"九二共识"，两岸就丧失了和平发展的基础，蔡的两岸政策就会陷入自说自话。就党内言，民进党从来派系林立，随着蔡执政漏洞百出，政党支持率下滑，蔡英文在党内的地位也将面临威胁，民进党是一个变化快、层次多、

组织复杂的政治系统，蔡执政绩效不佳、党内权力分配不均势必激化党内斗争，刺激派系力量重新布局，民进党内部权力结构也处在变动之中。

（三）国民党总体实力下降，党内对现有两岸政策难于形成共识

首先，政治转型中的国民党内部矛盾复杂，结构加剧调整；国民党在地方选举和"大选"中以完败收场，党内一度悲观情绪浓重。国民党内部分歧在马英九时代不但没有化解，且裂缝加深，本土与外省以及新老世代间的矛盾表面化，几股势力围绕权力、资源和改革的方向争斗激烈，败选后斗争延续的态势表明，国民党仍未荡到谷底。其次，国民党本土化的趋势在加速度发展，整体绿化的倾向殊值关注。国民党惨败，民进党以及时代力量等"独"派势力跃升，党内不可避免滋生出"台湾社会国家认同集体转向"的错觉，国民党本土派借此反制党内"倾中"路线，表面上看是路线之争，实则是派系权力之争，其结果可能破坏国民党两岸政策的稳定和延续。再次，国民党政党文化已成为制约其进步的关键因素。国民党选后虽总结原因，确定方向，然而积重难返，国民党在政党政治中，有一些先天的缺陷，比如议题操作的能力弱，理念宣传虚无缥缈，派系运作恶质化等。在坚守理念与变革求新之间徘徊失据。国民党同台湾的时代氛围、结构变迁、民众期望等客观存在呈渐行渐远之势，如果仍不能放下身段，拉近与民众的距离，以更为开放、民主、踏实的方式改变固有形象，不排除最终走向泡沫化。但国民党如果能够把握潮流，做到有所为有所不为，抓住机遇，改革风气，重塑价值，找回创党精神，还有可能重整旗鼓。

（四）台湾青年一代国家认同扭曲，欠缺完整的历史观

青年人是民进党蔡英文上台的重要推动力量，蔡英文观察到国民党青年工作的漏洞，把握了青年人不受重视又期望有所作为的特点，争取青年人的支持。她亲自筹组"小英教育基金会"，建立起一支属于自己

的"青年军"。全球资本的集中，带来社会运动新一轮的高涨，青年人不仅代表了时代的精神，富有创造力，也是最想改变现状的人，天生具有革命性。蔡依托台湾青年人的成长背景，运用理念嫁接的方式，迎合青年人的愿望，将青年一代改变现状的要求与民进党"台独"理念捆绑，放大青年人的自由诉求和爱台湾的乡土意识，冠以所谓"天然独"的政治标签，构筑虚幻的"台湾国家认同"。这些举措已然普遍影响了台湾年轻世代的思维。由于青年世代两岸共同历史记忆淡薄，加之民进党的错误引导，青年国家认同的趋势越来越不乐观，与走向统一的目标渐行渐远。以近期的民调数据看，国族认同"自认是台湾人"的比率高达73%，承认是中国人的比率低至11%，另有10%认为既是"台湾人也是中国人"；各世代中，20—29岁的年轻族群自认是"台湾人"的达85%，主张"急独"的年轻人竟占到29%。认为"两岸同属一中"如果指的是"中华民国"，有60%的民众不接受，而如果指的是中华人民共和国，则高达81.6%的人不能接受。① 转变台湾民众的国家民族认同，已成时不我待之势。

（五）两岸生活方式和话语体系落差较大，民粹政治抬头

国民党迁台后，迫于内外压力，为延续巩固政权，自1950年始开放了县及以下层级的直接选举，台湾民众长期参与以"选举"活动为主要内容的地方自治，社会多元价值体系获得长足发展，台湾社会的个人自由民主和程序化的法治建设也历经打磨，复经历了两次政党轮替，西方民主机制运作较为深入人心，普通民众的尊严意识、人民至上思想比较坚固。虽然民主政治本质上是阶级性，有局限的，但是广大民众仍醉心于守护程序上和形式上的民主途径。民进党以"台湾民主的代言

---

① 《台媒民调，仅11%自认是中国人，20年来新低》，《凤凰资讯》，2016年3月14日。http：//news.ifeng.com/a/20160314/47848803_0.shtml。

人"自居，利用这一思想基础，将国民党、共产党"丑化"为自由民主价值的对立面，胡说什么国民党专制遗毒深重，以图彻底否定国民党对台湾的历史贡献，将中共与国民党比喻成同路人。蔡英文上台后，经济搞不上去，就用"转型正义"的招牌来打压国民党，以民主卫士的姿态，推出"不当党产处理条例"，以此为武器贬抑对手，掩盖自身低劣的行政能力。确实，大部分台民关心的是过好小日子，追求"小确幸"，希望自己的要求被尊重，习以为常的生活方式得以存续，在民进党的宣传影响下，不少台湾民众居然相信"两岸关系改善了，公民政治权益反而受损"的谎话。目前，民进党还在继续操作利用两岸话语体系、政治制度和生活方式的差异，撕裂两岸民众的价值融合。

三、新形势下两岸关系和平发展的意涵和路径思考

因应台湾政局变迁的形势，进一步把握两岸关系和平发展理论的发展历程和丰富内涵，以既有利于坚持原则，又坚定和平发展的信心。只有明确两岸关系和平发展的内涵才能有效把握两岸关系和平发展的方向，认识它的长期性、复杂性和曲折性，从而有效梳理在此过程中还存在哪些问题，如何使两岸关系和平发展战略做得更到位、更合理，如何更好地应对台湾政治生态变局。事实上，八年的两岸关系和平发展是岛内政治生态演变、大陆改革发展阶段、两岸关系自身发展需要共同促成的，它具有若干特征，产生了明显的现实效应。习近平总书记指出："两岸关系和平发展是一条维护两岸和平、促进共同发展、造福两岸同胞的正确道路，也是通向和平统一的光明大道，我们应该坚定不移走和平发展道路，坚定不移坚持共同政治基础，坚定不移为两岸同胞谋福祉，坚定不移携手实现民族复兴。"他同时还强调，"实现两岸关系和平发展，基础是坚持一个中国原则，目的是为两岸同胞谋福祉，途径是深化互利双赢的交流合作。13 多亿大陆同胞和 2300 万台湾同胞都是血

脉相连的命运共同体。"① 两岸关系和平发展理论尊重两岸关系发展的基本逻辑，是从历史经验得出的，是顺应当今国际局势和两岸关系形势的理论体系，既要坚持和平发展，又要坚决反对"台独"，既不是一味妥协求和平，也不可轻言战争，有着丰富的时代内涵和鲜明的特征。

（一）两岸关系和平发展的时代意涵

两岸关系和平发展是新形势下，依据新情况，运用新思路，为实现和平统一的战略选择。两岸关系和平发展不是为和平而和平，是服务国家发展大战略，与时俱进的结果。台湾问题是中国的国家核心利益问题，也是两岸中国人自己的事情，因而，轻言动武或者是放弃武力都不利于国家人民，努力争取和平统一是两岸关系和平发展的要旨。顺应时代要求，两岸关系和平发展的丰富意涵，集中体现在："九二共识"的基础，国共合作的成果，台湾发展的需要，统一理论的创新以及大国关系的调整。

1. 以"九二共识"为基础的两岸关系和平发展，是两岸关系发展的阶段性成果。"九二共识"的核心内涵是两岸同属"一中"，1993 年 4 月，两岸两会在新加坡成功举行了第一次"汪辜会谈"。之后，李登辉释放不利于两岸关系的言论，1995 年访美大谈"两个中国"，1998 年汪辜会晤虽举行，但由于台湾当局没有诚意，两岸政治定位等重要问题未能取得实质突破。1999 年，李登辉抛出"两国论"，两岸关系趋于紧张，2000 年民进党陈水扁上台后，两岸会谈和两岸经贸关系几近中断。与此同时，岛内形势也在发生深刻的变化，执政的民进党搞族群意识形态对立，岛内社会撕裂，经济提振乏力，两岸关系僵持，社会乱象丛生，为巩固地位，陈水扁挑衅两岸关系，沦为"麻烦制造者"。陈水扁的第二任期，更是变本加厉，扬言"入联""公投""制宪"，置两

---

① 《胡锦涛强调：牢牢把握两岸关系和平发展的主题》，中国网，2008 年 3 月 5 日。

岸关系于危险边缘，陈水扁的"台独"行径天怒人怨，其家族又不断爆出贪腐丑闻，民进党的公信力和政党形象荡到谷底。在此背景下，2005 年连战率团访问大陆，启动国共两党隔绝 60 年后的首次破冰之旅，发表了共同愿景，国共两党高层对话机制建立。2008 年国民党马英九上台执政后，台海双方仍秉持"九二共识"，两岸关系迅速升温，长时期延宕的两岸"三通"顺利实现，出现了大交流、大合作、大发展的局面。当局虽然坚持"中华民国是主权独立国家"，强调"互不否认治权，互不承认主权"，就"一中"的政治意涵主张各自表述，但是对于两岸 1992 年谈判达成的共识，对于两岸同属"一中"，对于两岸的政治关系是一个国家内部关系等问题没有分歧。双方虽然还需累积政治互信来推动政治商谈，但是由于具备共同的政治基础，两岸一体化进程加快。所以，习近平总书记总结，"我们始终把坚持'九二共识'作为同台湾当局和各政党开展交往的基础和条件，核心是认同大陆和台湾同属一个中国。只要做到这一点，台湾任何政党和团体同大陆交往都不会存在障碍。""如果两岸双方的共同政治基础遭到破坏，两岸互信将不复存在，两岸关系就会重新回到动荡不安的老路上去。"① 2005 年以来，国共两党协商共推的总体成果，是两岸关系和平发展局面的实现。

2. 两岸关系和平发展是和平统一理论创新和实现台湾发展的需要。1979 年，全国人大发表《告台湾同胞书》，明确了积极争取两岸和平统一的对台方略。大陆改革开放以经济建设为中心，努力实现社会主义现代化，逐步形成"一国两制"的基本国策，即在"一中框架"内台湾高度自治。而岛内，从 20 世纪 80 年代中期开始，政治生态亦发生深刻变化，民进党迅速发展壮大，政治民主化进程加快。2000 年，台湾政党轮替，奉行"台独"理念的民进党上台执政，两岸关系面临严峻挑

---

① 《"四个坚定不移"推进两岸和平发展》，《人民日报》（海外版），2015 年 3 月 5 日。

战，大陆工作重心的转移和岛内形势要求和平统一理论的与时俱进和创新发展。2000 年 8 月，时任副总理钱其琛提出对台"新三句"，即"世界上只有一个中国，大陆和台湾同属于一个中国，中国的主权和领土完整不容分割。"表明了大陆对台工作的首要原则是一个中国原则，不论台湾哪个党上台执政，只有反分裂、承认两岸一中，大陆才可能和他谈。在民进党执政，岛内政治乱象丛生，两岸关系迷雾重重的情况下，2005 年胡锦涛提出对台工作的四点意见：坚持原则绝不动摇；争取和平的努力绝不放弃；贯彻寄希望于台湾人民的方针绝不改变；反对"台独"活动绝不妥协。奠定两岸关系和平发展的政策基调。大陆对台政策"新三句""胡四点"表明当今世界的主题是和平与发展，大陆需要和平发展的良好环境，台湾更需要和平与发展，两岸中国人应在谋求中华民族共同利益的基础上，一心一意谋发展。在世界经济结构的调整和岛内产业升级转型的背景下，台湾的基础民意是求生存、求安定、求发展，台湾已然耽误不起。两岸关系的和平发展，厚植两岸交往的群众基础，增进相互了解，实现两岸民众的心灵沟通，促进两岸的一体化进程，从而增强两岸的向心力，最终争取两岸的和平统一。两岸关系和平发展是争取台湾民心，寄希望于台湾人民的理论提升。

3. 致力于两岸关系和平发展是大国关系调整的需要。中国改革开放取得巨大成就，在国际上的地位日益提高，中国正由一个负责任的地区大国，跻身国际政治经济舞台的中心位置，在国际事务中发挥着越来越重要的作用。中国实力的日益增长，引起了一些国家和地区的关注和紧张。特别是在"后冷战"时期大力推行全球战略的美国，认为快速成长的中国是巨大的潜在威胁。当前，中美之间的贸易出现了不均衡现象，美中双方的贸易和金融争夺日益明显。而从东亚地区局势看，更为棘手的是日本，日本历来将中国视为在亚洲的潜在对手，日本忌惮中国的强大已经表露无遗。尤其是，日本妄图改变二战以来的国际秩序，图谋修改和平宪法，实现所谓"正常国家化"，进而称霸亚洲。日本欲借美国之力达成目标，当前中美大国关系既有矛盾也有依赖，既有竞争也有合作。美国与中国同为二战的战胜国，如何维护二战后的国际秩序，必须慎重对待与日本的关系。事实上，中美日大国关系还牵涉日俄关系、日韩关系，中国周边安全错综复杂的大国关系使得两岸关系的国际因素突出，美国重返亚太，希望利用日本也希望利用台湾地区制衡大陆。台湾岛有着特殊重要的战略位置，台湾问题攸关中国的民族情感，是中国的核心利益，美日将两岸事务国际化、操弄台海局势是低成本高回报的。

总之，当前两岸关系对中国的国家战略有着特殊重要的意义。一是大陆坚持国家主权不能让，是一个中国的原则；二是台湾问题不是国际问题，是中国内战的延续，是国内的问题；三是台湾同胞与大陆两岸一家亲，要努力争取和平统一；四是台湾问题事关中国的周边安全和局势，牵一发而动全身。台海如果爆发战争，有可能不是局部的战争，而是大国较量的引爆点，也会伤及台湾民众，殃及无辜。

（二）变局下两岸关系和平发展的理论思考

两岸关系和平发展有着鲜明的时代特征和思想内涵，两岸关系和平发展理论突出特征是在谋求国家统一的过程中，两岸发展的道路应该是和平的。两岸关系和平发展目标是统一，基础是"一中"，目的是同胞福祉，途径是互利交流，任务是构建共同体。两岸关系和平发展需要由两岸社会共同参与，是谋求两岸最广大民众根本利益的优选方式。

1. 两岸关系和平发展指向和平统一。如果两岸关系发展不能最终实现两岸走向一体，不能共同谋求国家统一，发展两岸关系从根本上来说将失去意义。两岸关系和平发展政策的出台，就是为了在两岸暂时处于分治的情况下，通过共谋发展、交流合作，来累积信任、加强共识、减少分歧，最后通过两岸社会的集体智慧谋求国家最终统一。两岸不是你吃掉我、我吃掉你的问题，而是逐渐累积到你中有我、我中有你，达成统一的目标。两岸关系和平发展的目标是明确的，如果放弃了最终实现统一的目标，两岸关系和平发展就是一个经不起考验的、迷失方向的政策。

2. 两岸关系和平发展的基础是一个中国原则。两岸政治定位问题，是两岸关系的基础，两岸不是"国与国的关系"，也不是"特殊国与国关系"，而是一个国家内部悬而未决的事务，两岸关系历史逻辑是内战的延续，是国家内部暂时分离状态。不明确这个现状，两岸交流接触的前提将不复存在，两岸之间的任何交流就会变成"国家与国家之间的交往"，这是大陆坚决反对的。国民党承认"九二共识"，就是承认两岸同属"一中"，这也代表了当前以及很长时间以来大部分台湾民众理解的两岸现状。国民党执政时期的台湾当局认为"中华民国是主权独立国家"，"领土涵盖大陆地区"；大陆虽不承认"中华民国主权"，但坚持台湾地区是中国的一部分，即表明两岸关系是一个国家内部的"法统"之争。大陆的两岸现状表述是"世界上只有一个中国，大陆和台湾同属一个中国，中国的主权和完整不容分割。"即，对"中国"的具体法理含义可以采取求同存异的处理，但是对于一个中国原则应该是共识。"九二共识"的重要意义不在于1992年两岸谈过，而是在于对两岸政治定位的共识。这是两岸关系和平发展的共同政治基础，不可或缺。

3. 两岸关系和平发展之目的是民众福祉。和平与发展是当今世界的主题，也是民心之所向，两岸人民都如此。改革开放以来，大陆的各项事业获得了长足的发展，安定团结的局面是实现国富民强的基本保障。历史表明，中国安定团结的局面来之不易，应该倍加珍惜，如果台海发生战事，和平的局面必遭冲击，对台湾来说是灭顶之灾，大陆沿海经济发达的地区也会受到冲击破坏。两岸同胞亲情血浓于水，两岸同胞不但极不希望受战争破坏，而且向往通过两岸交往实现互惠共赢。正因为如此，两岸关系和平发展的提出不是向"台独"势力的妥协，而是顾及两岸最广大人民的根本利益。同样，两岸关系和平发展不能以纵容"台独"为代价，不能对"台独"分裂分子有丝毫妥协。只有赞同和支持两岸最终走向统一的，才能享受两岸关系和平发展的共荣和互惠。

4. 实现两岸关系和平发展的途径是互利交流。两岸关系和平发展不是静态的"和平"口号，需要在两岸相互交流之中获得发展，两岸同文同宗，在国际局势纷纭变幻的情况下，两岸民众、社会乃至官方之间都应在相互交流的过程中逐渐累积互信和共识。两岸长期隔绝，已经产生了不小的差异，包括生活方式、制度环境和文化价值观念各个层次，都需要磨合共建。这就更需要两岸扩大交流合作。合作是互利的，不应是单向的，应遵照规律，尊重两岸共同的历史和文化传承，更多的顾及台湾同胞的所思所想所感。只有在交流的过程中更多的体现维护台湾人民的福祉和利益，和平发展才有实效。

5. 两岸关系和平发展的任务是构建命运共同体。台湾自古以来是中国的一部分，但台湾与大陆长期分离，台湾人特殊的历史体验使得台湾意识放大成为"主体意识"，为"台独"意识提供了滋生的土壤。过去很长一段时间，退台的国民党当局认同"一个中国"，曾有意识的开展中华文化教育，那一代成长起来的台湾人还具备较浓的中华情怀。现代国家观念是通过民族认同凝结的，认同来源于文化建构，认同的差异导致分离主义，就会生长出非我族类的思想，构成"我群"与"他群"的区别。美日等国为了自身利益，利用中国台湾而并非真心提升中国台湾。但是美日的文化价值观却长时间向中国台湾社会渗透。从文化的角度思考，如何才能吸引台湾同胞拥护国家统一？也即是扭转中国台湾同胞由美日情结转向两岸情结？在实现中华复兴的道路上，中国的吸引力和文化的征服力如何体现？两岸如何能够多建立连接，能够通过怎样的方式激发出台湾同胞作为中国人的自豪感，使其向大陆，向大中国靠拢，是今后在发展两岸关系的过程中应该研究探索的问题。以文化、情感、价值观的重塑达致国家认同，需要一个相对较长的过程，两岸关系和平发展就是要在两岸的互利交流合作之中，努力实现两岸走向一体化，构建心灵契合的命运共同体，朝向自然的彼此接受对方发展，最终融为一体，实现统一的目标。形成两岸共同体意识、构建共同体是两岸关系和平发展的根本任务。

两岸民间信仰交流的深化与拓展

——以台湾妈祖联谊会为例 *

刘智豪

（中国社会科学院民族学与人类学研究所博士后）

一、前言

台湾的民间信仰大多数是在明末清初时，由福建和广东的移民带入的。这些移民在渡台时除须面临可能的天灾海难，以及在台屯垦时须适应潮湿闷热的气候外，尚须与台湾少数民族及台湾其他不同的族群竞争，因此宗教信仰就成为汉人移民最重要的精神寄托。随着台湾不同阶段的历史与社会发展，来自福建和广东的原乡神祇信仰、文化与习俗，在台湾多元族群的互动与政治因素的影响之下，为适应台湾各地不同的生活环境及风俗习惯，逐渐发展成现今台湾各地方的特色。但随着两岸政治体制都对宗教交流方针的政策进行了相关改善，从初期的点到后期的面及由初期的疏到后期的密，无疑是愈来愈全面，也愈来愈稠密。①尔后，由于两岸民间交流的不断深入，使得两岸宗教文化的交流也得以通过多种渠道来进行。

近年来，在大陆各地或海外的华人地区，很容易见到台湾民间宫庙

 * 感谢闽南师范大学闽南文化研究院施沛琳教授及与会诸位教授所提供的意见，也感谢厦门市两岸妈祖文化交流协会蔡马勇会长提供相关参考资料，本人于此致以诚挚谢意。

 ① 张家麟：《国家与宗教政策》，2008年，台北：兰台出版社，第31—32页。

组织的联谊会主导着两岸或海外的宗教信仰活动，通过多种渠道不断地扩大及交流领域不断地延伸至多元化及双向互动的交流平台，特别是在两岸宗教交流上发挥着极大的作用。例如台湾保生大帝信仰总会成立白礁慈济宫修建促进委员会，重修福建白礁慈济宫祖庙、协助青礁慈济宫举办了五届保生慈济文化及首届海峡两岸保生慈济文化节，中华道教关圣帝君弘道协会邀请山西祖庙关圣帝君圣驾进行全台绕境祈福与驻驾活动、与泉州通淮关岳庙联合举办关帝文化节，全国城隍庙联谊会邀请两岸各地城隍庙代表参与世界城隍庙联谊大会等活动。本文尝试从台湾妈祖联谊会进行更深入的探讨，以理解联谊会在两岸宗教文化交流中所扮演的角色，当前主要探讨台湾妈祖联谊会基本的发展情况、妈祖分灵与进香改变、提高青年参与两岸交流及学术文化交流等方面。

二、台湾妈祖联谊会的发展现状

妈祖信仰在宋、元、明、清四个朝代受到历代皇帝共 36 次敕封，以及历代各地大小官吏的无数次褒扬。由于妈祖不断地被官方予以隆重敕封，除了让妈祖的神格不断地获得提升外，另一方面也扩大了妈祖信仰对民间大众的影响力，[①] 使得妈祖从地方性神祇不断地演绎发展成为全国性的神祇之一。甚至随着中国海外贸易的发展和移民海外人数的增加，使得华人宗教信仰也随着移民传入当地社会，现今我们很容易在海外华人聚居地看到妈祖庙的存在。

现今全台大小的妈祖庙超过百多座，每一个乡镇皆有妈祖庙的踪迹。而妈祖信仰人数占全台总人口数的三分之二，亦成为台湾民间信仰

---

① 谢宗荣：《台湾的民俗信仰与文化资产》，2015 年，台北：博扬文化出版社，第 39—41 页。

的第三大信仰神祇。① 有鉴于此，2001 年大甲镇澜宫邀集全台主要的 17 座妈祖宫庙，共同筹组 "台湾妈祖联谊会"（Taiwan MAZU Fellowship）。2006 年，其正式向台湾 "内政部" 提出申请为 "台湾妈祖联谊会" 的宗教团体组织，成为台湾第一个合法立案的妈祖社团。现任会长由创会会长大甲镇澜宫郑铭坤副董事长担任，副会长设有四人，分别为新港奉天宫何达煌董事长、南方澳南天宫陈正男主任委员、桃园市慈护宫吴正宗主任委员及高雄市内门顺贤宫黄富义主任委员等人。② 内部的行政组织设有总干事 1 名、秘书长 1 名及秘书若干名，进行日常管理事务与各项服务工作。③ 现联谊会的会址设于台中市大甲区和平路 223 号的镇澜文化大楼内。目前，台湾妈祖联谊会共有 68 间的会员宫庙，在台湾的北部地区有 17 座，中部有 32 座，南部地区有 13 座，东部地区及离岛有三座。境外的会员宫庙有三座，分别为厦门市两岸妈祖文化交流协会、澳门天后宫及新加坡万天府。④

台湾妈祖联谊会自 2001 年成立后，积极推动妈祖信仰文化的发展，例如：2007 年举办 "全民寻妈祖" 活动，成功的行销各会员宫庙及带动周边观光产业。2008 年与台北历史博物馆共同举办 "台湾妈祖文化展"，从各会员宫庙妈祖宫庙的相关文物展示、大甲妈祖绕境进香纪实、2006 湄州谒祖进香纪录片，以及妈祖电影动画片，让民众对妈祖文化信仰有更进一步认识。此外，结合所属会员宫庙展开多项有关于文

---

① 根据台湾地区宗教调查，2005 年台湾民众信仰神祇排名依序为土地公、王爷、妈祖、观世音菩萨、释迦摩尼佛、玄天上帝、关帝、天上王母、中坛元帅等。"内政部"：《台闽地区寺庙、教会（堂）概况调查总报告书》，台北："内政部统计处"，2005 年，第 43 页。

② 台湾妈祖联谊会会员宫庙：http：//www.taiwanmazu.org/html/intro.asp。检视日期：2017 年 01 月 05 日。

③ 台湾妈祖文化学会编辑：《十年有成，耀我妈祖：台湾妈祖联谊会成立 10 周年纪念特辑》，台中县大甲镇：台湾妈祖联谊会，2010 年，第 234 页。

④ 台湾妈祖联谊会首页：http：//www.taiwanmazu.org/html/intro.asp。检视日期：2017 年 01 月 05 日。

化、教育、社会公益等方面的活动，如大甲镇澜宫的"妈祖育幼院"、南投慈善宫立案的"妈祖阴德会"及台中乐成宫的"妈祖长青会"等。[①] 另一方面，在两岸各类宗教文化交流活动中也一直积极推展，从台湾妈祖联谊会历年举办的活动和参与的资料所见，其重要的交流活动有 2001 年至 2002 年由所属的会员宫庙各捐资 8 万，大甲镇澜宫再加捐 20 万，合计 150 万人民币，作为莆田贤良港妈祖故居修复基金。2002 年 10 月，约 2000 余名台湾妈祖联谊会会员宫庙代表，以"宗教直航小三通"名义，从金门搭船直航到大陆参加妈祖故居落成典礼、贤良港妈祖祖祠，并和参与的各会员宫庙代表签字缔结为至亲庙。2006 年 9 月，召集全台 49 座妈祖庙代表及 5000 名信众，首次采"小三通"模式抵达厦门，展开两岸有史以来最大规模的湄州谒祖进香活动。另外，在 2009 年 5 月，也组织全台 40 家妈祖宫庙及 500 多名的信徒代表，由台中港直航至湄洲岛参与首届海峡论坛。

三、台湾妈祖联谊会在两岸关系中的作用

台湾妈祖联谊会在两岸关系中扮演了至关重要的角色，对两岸关系的发展起着不可忽视的作用。以下针对其重要性简述如下：

第一，跨出地域性的发展。台湾宗教中较为主流的宗教信仰为民间信仰。民间信仰起源于中国大陆福建、广东沿海移民的原乡，其崇奉的神明与仪式的传统大多来自于原乡。然而，其祭祀与信仰组织的发展却完整的形构了台湾汉人的地域社会。随着两岸交流的深化，以及与东南亚及其他海外华人地区的交流深化，民间信仰似乎扮演着前锋的角色，早早就突破了限令跨越海峡进行最初的接触。初始的交流只是单向的协

---

① 台湾妈祖文化学会编辑：《十年有成，耀我妈祖：台湾妈祖联谊会成立 10 周年纪念特辑》，台中县大甲镇：台湾妈祖联谊会，2010 年，第 16 页。

助修建祖庙和宗祠,随着两岸交流的深入发展,双向的宗教交流亦越来越密切,主要是台湾的宫庙开始跨出地域。由于台湾民间信仰本质上是地域性的祭典组织(territorial cults),或是地方性的祭典组织(local cults),许多寺庙基本上就是地方公庙,或者是区域性的祭典组织(regional cults),范围通常是跨乡镇的,也有跨县市的。[①] 由此可知,台湾大部分的庄头庙宇组织与祭祀人群较少会跨越自身的庄头,甚至在庆典仪式中的绕境活动,也大多是以巡视自己的庄头为主,此也象征着保护庄头的民众。不过,当前各宫庙积极透过联谊会来凝聚同祀的神祇宫庙,并整合各地宫庙。如此,除了增加宫庙之间的沟通桥梁外,在两岸宗教文化交流的活动中,也起着相当关键的作用。

第二,改变两岸早期单向交流方式。随着 20 世纪 90 年代后,台湾与大陆民众交往的日益密切,台湾民间宫庙为了搭建同祀神祇之间的沟通桥梁及促进深厚友谊,成立了联谊会组织,其活动围绕在祖庙的联系与回馈,及寺庙间的跨境进香与绕境联谊。台湾宫庙成立联谊会的举措突破了以往两岸民间宫庙一对一的交往模式,利用集群效应扩大了交流规模,让两岸民间宫庙在同一时间和同一地点可以进行更深层的交流与互动,在交往规模上也愈趋向多元。例如:早期台湾宗教团体在大陆祖庙的修复和建设中起了很大的助益,后期的交流方式则是向台湾"内政部"提出大陆宗教人士来台参观或访问的申请,让所属宗教团体的同祀宫庙或祖庙的代表到台湾进行一系列的参访与交流活动,甚至透过两岸企业家共同推动大陆祖庙金身神像到台湾巡游的活动。台湾宗教团体透过联谊会方式,推动宫庙之间常态化的沟通,改变两岸早期单向交流模式逐渐转为双向互动,成为两岸民间和信众交流的主要渠道。

---

① 林美容、刘智豪:《台湾宗教的跨境传播》,发表于"首届华人宗教国际学术研讨会",华侨大学厦门校区主办,2016 年 10 月 30 日。

　　第三，拓展两岸宗教文化深层次的交流。台湾的宫庙大多数都是直接或间接地从大陆分灵而来，对于同祀宫庙或祖庙之间的往来极为重视，但早期两岸民间宫庙的交流大多是以谒祖寻根的形态为主，对于宫庙之间的交流与合作并无太多关注。但是，近年来台湾各宫庙的联谊会在两岸交流过程中不断地被注入新的元素。其中，台湾妈祖联谊会深化了妈祖在两岸的"分灵"与"进香形态"。首先从妈祖分灵神像来看，目前在天津天后宫、山东台儿庄天后宫、泉州天后宫、湄州妈祖祖庙、上海天妃宫、厦门市两岸妈祖文化交流协会、广西桂林天后宫、福建永春陈坂宫、江苏泗阳的妈祖文化园、辽宁锦州天后宫、丹东市大孤山天后宫，以及美国和加拿大等地都有台湾妈祖联谊会所属会员宫庙分灵的妈祖神像。其中，厦门市两岸妈祖文化交流协会于 2014 年 9 月 24 日，首度回到母庙大甲镇澜宫谒祖进香，改变了两岸传统妈祖分灵的模式。① 而该协会蔡马勇会长于 2016 年 4 月，率百名大陆信众赴台参加台湾大甲镇澜宫一年一度的妈祖九天八夜的绕境活动，由此推动台湾与厦门两地更深层的民间妈祖文化交流。另一方面，随着两岸的妈祖文化不断地深入交流，天津天后宫也举办"2016 年首届海峡两岸妈祖省亲骑行活动"，让大甲镇澜宫、南方澳南天宫、台北圣济宫、西螺福兴宫、新港奉天宫分灵至天津天后宫的五尊妈祖进行首次回台省亲活动。② 而这五尊妈祖回台省亲是以"小三通"的模式进行，因此往返期间都须经过厦门，厦门市两岸妈祖文化交流协会便负责相关接待事宜。妈祖为两岸民众的共同信仰，在文化认同上有着共同的宗教文化传统，而台湾

　　① 台湾妈祖联谊会厦门分会成立于 2013 年 5 月，由郑铭坤会长和蔡马勇会长一同护送神像至厦门安座。蔡马勇会长为了推进两岸深层的宗教文化交流，于 2016 年 1 月 21 日，成立厦门市两岸妈祖文化交流协会，目前会员约有 300 名左右。厦门市两岸妈祖文化交流协会微信公众号，检视日期：2016 年 10 月 17 日。
　　② 中华妈祖网：http://news.chinamazu.cn/mzkx20160901/30560.html，检视日期：2016 年 09 月 05 日。

妈祖联谊会通过台湾妈祖的分灵至大陆，将台湾的宗教信仰文化与习俗传播至大陆各地，这便成为当地台商的信仰中心，当地台商甚至将妈祖文化带入企业，成为当地企业文化的一大特色，更显见两岸宗教文化的联结是无法割舍的。其次，由转变传统进香形态上来看，早期台湾民间宫庙谒祖进香主要以单一宫庙或个体为主，但近年来各联谊会组织会员赴祖庙进香多数为达千人以上的交流团体，可见联谊会组织不仅展现其集群效应，更成功地整合两岸宗教文化的资源。

　　第四，加强两岸青年在历史及文化上的认同。据台湾新和顺保和宫总干事杨宗祐指出，目前两岸宫庙皆须面临青年世代断层的问题，并忧心传统文化恐将难以传承下去。其中，在庙务运作及传统技艺的传承上，目前已呈现"M 型状态"，换言之，参与的人虽积极热情投入，却已有年龄断层的现象出现。① 而且在一般民众的刻板印象里，宗教信仰是给老一辈的人参与的，但笔者从台湾妈祖联谊会历年举办的活动中检视发现，2016 年 6 月所举办的"妈祖迺台湾"收集戳章活动，便吸引了许多年轻人走入台湾妈祖联谊会的会员宫庙，或是 2006 年举办的"全民寻妈祖""荣耀妈祖"网络征文比赛等活动，为传统的妈祖信仰文化添加了许多现代元素，让年轻世代更易接受传统的宗教文化信仰。另外，近年来，积极参与两岸各地妈祖节庆及各类交流活动的厦门市两岸妈祖文化交流协会，其干部为平均年龄 30 岁左右的年轻人，且会员都是以 16 岁至 30 岁的青年为主，打破以往社会认知中只有年长者才会投入宗教活动的刻板印象。② 笔者认为除了透过台湾妈祖联谊会丰富的活动吸引青年参与之外，更应该让更多的两岸青年在参与妈祖信仰文化

---

　　① 杨宗祐：《台湾宫庙实务经营情况分享》，发表于"2016 年第九届政治学与国际关系学术共同体年会分会场：一带一路下妈祖文化体系——实务规则与治理建设"。清华大学国际关系研究院主办，2016 年 07 月 18 日。

　　② 以上为厦门市两岸妈祖文化交流协会蔡马勇会长所提供的相关资料，2016 年 10 月 19 日。

活动的影响之下，强化两岸青年对于华人共同身份的认同感，不只以唤醒共同宗教信仰文化为目标，更应该重点激发两岸民众对于身为中华儿女的自豪感。如此，便能成为两岸青年的共同文化记忆。

第五，从事两岸学术活动与社会公益及慈善事业。台湾妈祖联谊会每年定期在妈祖绕境祈福活动期间举办境内外的"妈祖信仰学术研讨会"，提供妈祖信仰的学术理论与基础调查研究，从不同地区的视角来分析和解读妈祖信仰的多元文化，并进一步拓宽学界的研究视角，创新研究方法。虽然学术界对妈祖的研究甚多，但社会大众对于有妈祖深入了解的仍较少，为此，台湾妈祖联谊会不定期的举办妈祖论坛或座谈会，如"2016 年首届民间宗教论坛——万民看妈祖论坛"以深入浅出的方式，分享宫庙领袖、干部、信徒与一般社会民众对妈祖文化的基本认知。台湾妈祖联谊会对于两岸学术交流上也有很大的助益，2008 年 4 月举办的"2008 台湾妈祖文化论坛"中，发起两岸妈祖宫庙共同合作申报"妈祖文化"为联合国世界非物质文化遗产，获得中华妈祖文化交流协会、天津妈祖文化促进会等单位的支持。2009 年 9 月 30 日，联合国教科文组织保护非物质文化遗产政府间委员会第四次会议审议表决，决定将"妈祖信俗"列入《世界人类非物质文化遗产代表名录》，妈祖信俗成为两岸首个共同推动的信俗类世界遗产。2009 年 12 月，台湾妈祖联谊会与福建省地方志编纂委员会签署《妈祖文化志》编纂协议，并由厦门大学、福建师范大学及台湾有关方面的专家学者共同进行合编工作。

在社会公益事业与慈善事业上，2008 年四川汶川强震发生，台湾妈祖联谊会与中华妈祖文化交流协会、湄州祖庙董事会及莆田市红十字会等单位，携手捐建妈祖博爱小学。同时，台湾妈祖联谊会向所属会员宫庙及信众筹集善款共 112 万元人民币，又为四川地震灾区彭州濛阳镇捐资兴建一所妈祖幼儿园，2014 年也首次在厦门举办大型的两岸妈祖祈福赠米活动。① 由此可见，台湾妈祖联谊会亦透过大型进香活动，对促进两岸交流、文化观光及社会公益，增进两岸民众对于华人文化认同起到积极的作用。

四、结语

本研究发现，现今台湾同一神祇的宫庙所组织的联谊会，在两岸宗教文化交流上扮演了相当重要的角色，各宫庙积极透过联谊会模式推动两岸宫庙的资源整合与运用，体现了两岸社会大众在历史和文化上同文同种的认知，对深化两岸关系和平发展具有指标性意义。另一方面，由于妈祖信仰为两岸共同的信仰，虽然日后产生出变异或不同的信仰文化，但两岸民间信仰的神祇一脉相承的共同性仍不可否认。笔者于2016 年 5 月底曾参与台湾"中央研究院"林美容研究员及日本庆应大学三尾裕子教授对日本妈祖信仰展开调研，在访问鹿儿岛林家妈祖后裔中发现，已有 350 年移民历史的鹿儿岛林家后裔虽然为融入日本社会，汲取日本的文化和习俗，逐渐摆脱了纯移民的身份，而对其华人的身份认同日渐消逝，但在家族中妈祖信仰的强烈影响之下，却仍无法完全放弃其华人身份的认知。特别是林家第 14 代后裔曾在 1987 年组织 20 人返回湄洲妈祖祖庙参加"妈祖千年祭"的纪念活动，1999 年再次组织50 人前往湄洲妈祖祖庙参拜，透过两次返回大陆的妈祖谒祖朝拜，林家后裔也强化了自身对华人身份的认同感。② 虽然两岸的妈祖信仰在长期流传的过程中难免会产生差异，例如在神祇的分类、仪式、管理制度等方面有不同，但台湾民间信仰的神祇源头及根源仍在大陆，特别是在福建等地，这仍是不可忽视的。尤其是近年来台湾妈祖联谊会举行多次

---

① 台湾妈祖联谊会最新消息：http：//www. taiwanmazu. org/html/intro. asp。检视日期：2017 年 01 月 11 日。

② 以上为日本鹿儿岛林家后裔林真古刀先生所提供的相关资料。

大型谒祖活动，让台湾信众借此认同祖庙及中华文化。由此可见，当代的妈祖信仰在其传统信仰文化身份中又多了一项现代功能，亦成为推动两岸交流的重要桥梁之一。

另一方面，华人的民间宗教信仰有其自身地方性的组织形态、秩序和逻辑，并且制度化于百姓的日常生活之中，其中也包含在家庭、庙宇或社区活动之中，是底层民众最真实，也最具体的活动、仪式和信仰，所以民间信仰是最普遍、最真实、最基本的中国宗教文化的传统延续。① 两岸民众可以共同的宗教信仰为基础，推广中华传统文化复兴，对于带动两岸关系和平发展具有重要的意义。笔者认为如此的底层民众交流形式亦将成为一种崭新的两岸体验交流模式，并可期望该交流形式能快速深化两岸民众的相互认识及共同的身份认同。

---

① 张志刚：《民间信仰：最真实的中国宗教文化传统》，《中国民族报》，2014 年 4 月 23 日 06 版。

新形势下深化两岸民间文化交流的若干思考

刘凌斌[*]

（福建社会科学院现代台湾研究所）

民间文化（folk culture）是指由社会底层的劳动人民创造的、古往今来就存在于民间传统中的自发的民众通俗文化。中国的民间文化博大精深，内涵丰富，大致可以分为宗亲文化、民俗文化、民间文学、民间艺术、宗教文化与民间信仰等。两岸人民同属中华民族，两岸同胞同根同缘、血脉相连、语言相通、习俗相同，宗教信仰一脉相承，两岸文化关系源远流长，民间文化是维系两岸同胞民族感情和文化认同的重要精神纽带。改革开放30多年来，两岸民间文化交流在曲折中不断向前推进，取得了显著的成效。尤其是2008年以来，随着两岸关系步入和平发展新时期，两岸民间文化交流在领域、形式、规模、内涵等方面都取得重大突破，形成蓬勃发展的良好局面，但由于受到某些主客观因素的影响与制约，仍然存在不少亟待解决的问题。

2016年，坚持"台独"分离路线、拒不承认"九二共识"的民进党在台湾实现"完全执政"，导致两岸关系和平发展的政治基础遭到破坏，两岸关系发展陷入停滞不前的"冷和平"局面，也使得进一步深化与拓展两岸民间文化交流面临着严峻挑战。面对岛内政局的诡谲多变

---

* 刘凌斌，福建师范大学社会历史学院博士研究生，福建社会科学院现代台湾研究所副研究员。

和两岸关系的复杂局面，在当前两岸关系的新形势下，进一步深化两岸民间文化交流，不仅有利于增进两岸民众的亲情乡谊和民族感情，增进两岸同胞的思想沟通和情感交融，提升台湾同胞对中华民族、中华文化的认同，而且有利于遏制蔡英文当局的"柔性台独"与"文化台独"，维护台海和平稳定，为推动两岸关系"克难前行"创造有利条件。

一、两岸民间文化交流的发展历程

1949 年以后，由于众所周知的原因，两岸之间的交流与人员往来中断了近 30 年。直至 20 世纪 70 年代末 80 年代初，随着大陆实施改革开放并确立了"和平统一、一国两制"的对台政策，两岸关系逐步缓和，两岸民间文化交流才得以逐步恢复与发展。30 多年来，尽管两岸关系几经波折，但两岸民间文化交流却始终能突破政治因素的阻碍与干扰，在曲折中不断向前推进，经历了一个从无到有、从单向到双向、从间接到直接、从简单到多元的渐进发展过程，大致可以分为以下四个阶段：

（一）交流初步恢复阶段（1979—1986 年）

这一时期，两岸交流刚刚起步，虽然大陆陆续制定了一系列鼓励台胞回乡探亲、参访以及促进两岸经济文化交流的政策措施，但由于台湾仍处于"戒严"时期，台当局对于两岸民众往来仍予以严格限制，导致两岸民间文化交流基本上停留在民间自发、个案突破的起步与探索阶段，交流规模较小，交流形式也比较单一，以台湾民众回乡寻根探亲和台湾民间信仰与宗教信众赴大陆祖庙进香谒祖为主。期间，一些台胞绕道港澳或国外到福建和广东等祖籍地探亲访友、寻根谒祖，两岸宗亲文化交流由此拉开序幕。与此同时，岛内不少民间信仰的忠实信徒通过各种途径，千方百计到大陆祖庙进香朝拜。以在台湾拥有信众人数最多的第一大民间信仰——妈祖信仰为例，早在 20 世纪 80 年代初，每年都有许多台湾信徒通过各种渠道，直接或间接来到湄洲妈祖庙进香和恭请妈祖神像，形成了"官不通民通，民通以妈祖为先"的局面。1981 年 11 月 29 日，台北县淡水渔民许仁林一行 5 人驾驶"金鱼发"台轮，专程到湄洲岛妈祖庙进香谒拜，成为两岸隔绝 30 余年后，妈祖祖庙接待的首批台湾香客。① 另据不完全统计，从 1983 年湄洲祖庙寝殿修复至 1987 年底台湾当局开放民众赴大陆旅游探亲之前，到湄洲祖庙进香的台湾妈祖信徒就有 157 批 562 人，并从祖庙以"分灵"的形式请回妈祖神像 76 尊。②

（二）双向交流开启阶段（1987—2000 年）

1987 年台湾当局宣布"解严"和开放民众赴大陆探亲以后，台湾民众回乡寻根谒祖的人数与日俱增，台湾民间信仰信徒、佛教与道教宫庙的僧众道士踊跃前往大陆进香谒祖、参访交流，掀起了一波又一波两岸民间文化交流的热潮。20 世纪 80 年代末 90 年代初，随着台湾当局逐步放宽大陆专业人士与专家学者赴台交流、讲学的限制，越来越多的大陆民间文化团队、专家学者、表演艺人赴台交流、参访与演出；各种以民间文化为主题的学术研讨会在两岸相继举行，越来越多的两岸文化学者跨海从事田野调查、参加研讨会，就学术议题相互交流切磋；以往两岸交流的单向局面被打破，两岸民间文化正式步入双向交流的新阶段。这一时期，两岸民间文化交流无论在交流的广度，还是在交流的深度方面都有所突破，还出现了不少新的交流形式。例如，两岸宗亲联手搜集、整理、修撰或重印族谱，共同修建、重建或扩建宗祠家庙，联合举办同宗历史名人的纪念活动。两岸民间艺术家同台合作演出、相互拜师学艺。来自大陆祖庙的妈祖、关公、清水祖师、开漳圣王等神灵金身

---

① 福建省地方志编纂委员会编：《福建省志·闽台关系志》，福建人民出版社，2008 年版，第 391 页。
② 《福建省志·闽台关系志》，第 141 页。

赴台绕境巡游，受到数百万台湾信众的热烈欢迎与争相膜拜，在岛内引起轰动效应和广泛关注。其中，1995 年关公神像巡游台湾，开创了两岸分隔 40 多年来大陆神像首度跨海赴台巡香的先河；1997 年妈祖金身巡游台湾，被台湾媒体誉为"世纪之行"。大陆各地先后创办了东山关帝文化节、湄洲妈祖文化节等大型民间文化节庆活动，并吸引了成千上万的台湾文化界人士与基层民众参加等等。

（三）交流逐步拓展阶段（2001—2007 年）

2000 年民进党上台执政后，对于两岸文化交流采取消极的态度，但台湾民间人士对于推进两岸文化交流的热情不减，大陆也陆续出台一系列措施支持两岸文化交流。因此，在民进党执政八年间，两岸政治关系的僵持并未影响两岸民间文化交流的进一步拓展。这一时期，两岸民间文化交流尤其是宗亲文化交流、宗教文化交流、民间信仰交流和民间艺术交流呈现出多元交融发展的新格局，交流的规模与影响均有所提升。这一时期有一大批台湾政商名流陆续返回大陆祭祖，[①] 大陆还利用特别珍贵的族谱入岛展示宣传，通过举办两岸谱牒文化研讨会、两岸族谱对接展览、两岸客家高峰论坛、"世界（环球、全球）X 姓恳亲大会"等宗亲交流活动，推动两岸宗亲文化交流不断深化。与此同时，两岸民间信仰交流、宗教文化交流也迈上新的台阶，大型文化节庆、神像入岛巡游、学术研讨会等交流活动陆续举办，其中不乏亮点。福建祖庙的妈祖、保生大帝、开漳圣王等金身赴台湾、金门、马祖巡游，西安法门寺佛指舍利赴台湾供奉活动（2002 年）等在岛内引起广泛关注和强烈反响。在两岸民间艺术交流方面，随着两岸专家学者跨海参加民间艺术研讨会成为常态，两岸民间艺术团体互访与交流日益频繁，更多的

---

① 尤其是 2005 年"胡连会"成功举行、国共两党实现历史性和解之后，在野的泛蓝政要如连战、吴伯雄、江丙坤、萧万长、林丰正等纷纷回福建祖籍地祭祖，马英九、王金平等人则委托大陆宗亲寻找祖源，并委托他人代其返乡祭祖。

民间艺术成为两岸文化界研讨与交流的内容，涉及歌仔戏、南音、高甲戏、梨园戏、京剧、豫剧、传统音乐、民间舞蹈、民间绘画等等，研讨日益深入，学术理论与创作实践的交融更为密切。

（四）交流全面深化阶段（2008 年至今）

2008 年国民党重新上台执政，两岸关系步入和平发展的轨道，两岸民间文化交流借着两岸关系缓和的东风得以全面深化，不断取得新突破、新进展、新成效，呈现出前所未有的蓬勃发展局面，成为现阶段两岸交流互动的亮点。主要表现在以下几个方面：

一是交流形式日趋多元。两岸双方在延续信众进香、神像巡游、文艺演出、文化节庆、文化参访等传统交流形式的基础上，不断创新交流形式，推动两地民间文化交流朝多元化、深层次发展。有两岸民间信仰宫庙联合举办大型民间文化节庆活动。如：从 2010 年开始，两岸四座著名的保生大帝宫庙轮流举办海峡两岸保生慈济文化节。[①] 有两岸合作申报国家非物质文化遗产。如：2008 年，福建省古田县与台湾方面合作申报"陈靖姑信俗"为国家非物质文化遗产获得成功，开创了两岸联手申报国家非物质文化遗产的先河。有两岸民间艺术剧团共同创作演出剧目艺术精品。如：2008 年厦门歌仔戏剧团与台湾唐美云歌仔戏剧团联合创作的大型歌仔戏《蝴蝶之恋》，被喻为"两岸歌仔戏艺文结合的里程碑"；又如，两岸木偶戏艺人共同创作和演出反映妈祖生平事迹的木偶剧《海峡女神》。有两岸电视媒体合作拍摄以民间信仰为题材的神话电视剧。如：2009 年厦门广电集团与台湾民视合作拍摄以保生大帝信仰为题材的神话电视剧《神医大道公》，首开两岸主流媒体合作拍

---

① 经闽台方面的有效沟通，以及民间努力，为有效整合保生大帝信仰文化资源，从 2010 年开始，海峡两岸保生慈济文化节将先后由台北市保安宫、漳州白礁慈济宫、台南学甲慈济宫、厦门海沧青礁慈济宫轮流举办，每四年轮一次，力求不断扩大保生大帝慈济文化节的规模和影响，让更多人了解保生大帝的信仰与精神。2010 年 4 月，海峡两岸保生慈济文化节首次移师台湾，在由台北大龙峒保安宫承办，成为两岸民间文化交流的一大盛事。

摄电视剧的先河，堪称海峡两岸影视合作的"破冰之旅"。

二是交流领域不断拓宽。两岸还注重深入挖掘民间文化内涵，积极拓展交流领域。以民间信仰交流为例，与早些年相比，近年来两岸民间信仰交流不仅仅局限于妈祖、保生大帝、关公、开漳圣王、清水祖师、临水夫人等在岛内影响较大的神灵，广泽尊王、白马尊王、水部尚书、保仪尊王、田公元帅、齐天大圣、定光古佛、玉儿妈等两岸信众也纷纷加入交流的行列中，极大拓宽了两岸民间信仰交流的领域。再以民间艺术交流为例，近年来两岸民间艺人互访切磋，同台演出，合作排演剧目，走街串巷展演，相互拜师学艺等趋于常态化，交流内容也从以往以各种民间戏曲（尤其是歌仔戏、高甲戏、南音、木偶戏等福建地方戏）为主扩展到民间剪纸、民间杂技、传统武术、刺绣、指画、微雕、制印等中华民族民间艺术的方方面面，极大丰富了两岸民间艺术交流的内涵。

三是交流活动的举办层级、规模与影响不断提升。主要表现在交流活动的次数从少数到频繁并朝常态化发展；交流规模不断扩大，从零散自发到大型组团；参与人数大幅增加，从成百上千到成千上万。与此同时，交流活动的举办层级与影响力也不断提升。例如，2010 年，借着妈祖信俗申遗成功的契机，湄洲妈祖文化旅游节正式升格为国家级节庆活动。海峡论坛、关帝文化旅游节、两岸保生大帝文化节、两岸开漳圣王文化节、两岸民间艺术节、两岸歌仔戏艺术节、两岸木偶艺术节、两岸非物质文化遗产月等交流活动分别得到国台办、文化部等中央部门以及各地方政府的大力扶持，并被列入对台交流重点项目。每项活动举行之时都吸引了成千上万甚至数万名台湾各界人士尤其是基层民众的踊跃参与，在两岸交流方面也发挥着愈来愈正面积极的影响。

四是交流活动的品牌效应日益凸显。大陆各地广泛调动各方面力量，主动搭建平台，举办了一系列主题鲜明、形式多样、内容丰富、精彩纷呈的闽台文化交流活动，精心打造了一大批对台交流的品牌项目。湄洲妈祖文化旅游节、东山关帝文化旅游节、两岸保生大帝文化节、两岸民间艺术节、两岸汉字艺术节、两岸非物质文化遗产月、闽台对渡文化节、闽台佛教文化交流周、"福建文化宝岛行"，以及整合多项民间文化交流活动的海峡论坛①等大型文化交流活动，经过多年的成功运作与经营，在两岸的影响日趋扩大，品牌效应日益凸显，在两岸民众之中树立了良好的口碑，得到各方的认可与好评，成为两岸民间文化交流的知名品牌与重要平台。

五是入岛交流日趋热络，成效显著。大陆更加注重"走出去"，对于赴台举办民间文化交流活动更加积极，大陆许多优秀的文化团队和民间艺术家也纷纷应邀赴台交流、参访、演出，各地精心组织了一批民间文化艺术精品赴台湾岛内和澎湖、金门、马祖交流、表演与展览，许多优秀的文化团队和民间艺术家也纷纷应邀赴台交流，展演了来自大江南北的民间艺术形态，深受台湾民众好评。两岸汉字艺术节、两岸非物质文化遗产月、福建文化宝岛行、福建非物质文化精品展、上海戏曲季、四川成都大庙会、广西少数民族艺术节、台湾·浙江文化节等颇具地方文化特色的交流活动相继在台湾成功举办，受到台湾各界的关注与好评；"妈祖之光""客家之歌""土楼神韵""海峡梨园春"等大型综艺晚会陆续赴台演出并引起岛内民众强烈反响。2011年6月，分隔360年之久，分藏两岸60余年的元代著名画家黄公望旷世之作《富春山居图》"剩山图"与"无用师卷"在台北故宫合璧展出，实现了人文意义上的"山水合璧"，堪称轰动一时的两岸文化交流盛事。

---

① 如在历届海峡论坛中先后举办了海峡百姓论坛、海峡客家风情节、定光佛文化节、闽南文化节、妈祖文化交流周、齐天大圣文化节、陈靖姑文化节、郑成功文化节、开漳圣王文化节、两岸民间宫庙叙缘交流会、台湾特色庙会、海峡两岸武林大赛等等民间文化交流活动。

二、两岸民间文化交流存在的主要问题

尽管现阶段两岸民间文化交流形势良好，成效显著，但由于受到某些主客观因素的影响与制约，目前两岸民间文化交流仍然存在不少亟待解决的问题，主要表现在：

（一）缺乏统筹安排与长远规划，导致交流效果不彰。

多年来两岸文化交流始终未能走上制度化、机制化轨道，两岸对于民间文化交流也缺乏必要的统筹安排和长远规划，在各个交流项目之间缺少统一的规划、必要的协调与有机的整合，导致各地、各部门没有形成合力，在一定程度上削减了交流的效果。尤其是一些地方在举办两岸民间文化交流活动时，往往只注重短期效应，缺乏全盘考量和长远规划，项目规划缺少连续性和计划性，因此不但交流效果很不理想，更遑论形成规模化和品牌效应了。更有甚者，近年来各地争先恐后、竞相打造对台民间文化交流的品牌，甚至出现了对同一民间文化品牌明争暗斗、恶性竞争、相互拆台的局面，致使宝贵的民间文化资源未能得到有效整合，一定程度上削减了两岸民间文化交流的效果。

（二）交流存在不对称、不平衡、互动性不足的问题。

一方面，两岸民间文化交流总体上仍呈现出台湾"来得多"，大陆"去得少"的格局，两岸互动性不足、交流参访的规模不对等的现象仍然非常突出。相对于在大陆举行的各种交流活动尤其是大型文化节庆活动动辄就能邀请到成千上万的台湾民众参与，大陆赴台交流的人员在数量上则要少得多，一个民间文化参访团或表演团队通常只有数十至上百人左右，最多也就数百人。另一方面，两岸民间文化交流的不平衡还体现在台湾基层民众、中南部民众和青少年参与程度不够等方面。据统计，2300 万台湾同胞中来过大陆的不超过三分之一，职业上多以商界、政界、学界等社会精英为主，地域上则多以北部为主，真正到过大陆的

普通老百姓尤其是中南部基层民众仍然不多，又由于民间信仰和寻根谒祖的来访位居民间文化交流的前列，所以前来大陆交流的台湾民众以中老年人居多，两岸青少年群体之间的交流仍然偏少，这种不平衡的格局亟待改变。

（三）部分交流活动的功利主义色彩浓厚，创新不足。

近年来，在两岸民间文化交流活日趋热络之际，一些地方却出现了急功近利，为交流而交流的现象，导致一些文化交流活动彻底沦为政府装饰门面的"政绩工程"。一些地方政府为了政绩热衷举办大型的民间文化节庆活动，有的活动策划过于随意，既没有经过严密的科学论证，也没有获得广泛的民意支持，往往就是几个领导拍板决定的，带有一定的随意性和盲目性，再加上交流活动往往缺乏严格的经费预算与有效的监督管理，造成社会资源的极大浪费。有些两岸民间文化交流活动过分追求规模，重视参加交流的人数、团体数目多寡，追求"新闻效应"，而对交流主题、交流内容则重视不够，交流形式缺乏创新。部分民间文化交流项目千篇一律，交流内容较为单一，活动组织策划粗糙，未能因地制宜办出地方特色，致使两岸民众聚在一起，只是为参加活动而参加活动，缺乏深入交流，出现了重参观游览，轻交流互动等状况，交流效果自然大打折扣。

（四）交流以官方主导为主，忽视民间力量的参与。

由于大陆民间文化艺术的产业化、市场化程度不够，两岸民间文化交流合作以官方主导为主，缺乏市场机制的保障。大陆在推进两岸民间文化交流中主要倚重公权力的运用，绝大多数交流活动都是从大陆对台工作的大局出发，由政府部门或具有官方背景的社团举办，忽视了能深入并长久地影响台湾民众对大陆的感性认知和认同度的民间社会力量，使得部分活动可能因政策、人事或经费的变动而停办，缺乏可持续性。单纯由民间力量发起的两岸民间文化交流项目很少，这不但影响到大陆民间文化团队赴台交流的积极性以及台湾民间文化团体登陆演出的意愿，在一定程度上阻碍了两岸民间文化交流的深化。

（五）缺乏经费保障和政策支持，导致民间文化资源流失严重

尽管近年来大陆各地纷纷制定了保护民间文化的相关法规与政策，对民间文化资源的保护工作取得了一定成效，但在实践中由于缺乏必要的经费保障，以及政策执行不力等因素，导致一些珍贵的民间文化资源仍在不断流失，不少重要的文物古迹仍然遭到破坏与损毁。由于资金投入不足和缺乏政策支持，一些宝贵的民间文化遗产难以在现代社会得到有效的保护与传承，部分传统的民间艺术形式往往无法建立起适应市场经济的演出经营管理体制与运行机制，这既不利于后备人才的培养，也导致民间艺术的生产创新不足，面临着后继乏人的尴尬境地。一些优秀的民间艺术团体发展落后，人才流失，创作出的艺术精品少之又少，甚至难以维持生计，在市场化的浪潮中不断被边缘化甚至面临被淘汰的命运。

三、进一步深化两岸民间文化交流的策略思考

两岸民间文化交流既有历史的渊源，又有现实的需求，在当前两岸关系的新形势下，鉴于以往交流的成效与问题，两岸应共同努力，携手合作，破解交流瓶颈，创新交流机制，拓宽交流领域，提升交流层次，进一步加强对民间文化资源的保护与传承，不断深化民间文化与文化产业、旅游产业的合作力度，努力开拓两岸民间文化交流的新局面，为促进两岸关系和平发展做出贡献。

（一）破解交流瓶颈，完善交流机制

1. 加强组织协调和统筹规划。尽快建立诸如"两岸民间文化交流促进会"之类的组织协调机构，由国台办和文化、旅游、宗教等相关部门以及重要的两岸民间文化团体派出代表组成，主要负责统筹规划两

岸民间文化交流的相关事宜，如制订并实施深化两岸民间文化交流的长远规划，建立两岸文化管理部门、民间文化机构的对话与沟通平台，检讨交流中出现的问题并提出对策建言，处理交流中的各种突发事件等。

2. 建立高效、快捷的交流审批机制。对于敏感程度较低的两岸民间文化交流，两岸应尽快建立高效、快捷的行政审批机制，尽量创造各种条件，简化审批手续，减少审批流程，缩短审批期限，提高行政效率，努力开辟一条民众往来两岸的快速通道，为两岸民间文化交流提供良好的环境。

3. 创设资助民间文化交流的专项基金。两岸可考虑创建"两岸民间文化交流基金"或资助各类民间文化交流的专项基金，通过政府拨款、企业捐助、民间捐款等多种渠道来筹集经费，用于资助各类民间文化交流活动，资助两岸学者对民间文化的学术研究和田野调查，资助非物质文化遗产的保护工作，奖励为交流做出突出贡献的集体和个人等。由两岸文化业者共组基金会进行管理与运作，做到专款专用，账目公开。

4. 建立科学合理、公平公正、优胜劣汰的交流成效评估机制。为了提升两岸民间文化交流的成效，应建立激励机制与退场机制相结合的交流成效评估机制，使得交流具有可持续性。可由两岸各相关部门代表、民间文化交流的参与者以及专家学者组成评估小组，对各类两岸民间文化交流活动进行绩效评估。对一些成效显著的交流项目，给予适当的政策扶持或经费资助；对一些收效甚微的交流项目，应当勒令整改甚至果断叫停，以避免浪费过多的人力与财力。

5. 建立健全文化人才培养与交流机制。一方面，必须建立健全两岸民间文化人才培养机制，在两岸日益扩大的教育交流与合作中培养人才。鼓励两岸有条件的专业院校参与民间文化人才的培养工作，依托两岸近几年来日趋成熟的招生、交换生、联合培养等教育机制，大力培养文化研究、文化管理、文化经纪、文化传播和营销人才等。支持两岸年轻人向民间艺术家拜师学艺，培养一批传承民间文化的后备人才。另一方面，必须建立两岸的文化人才交流机制，鼓励两岸民间文化业者互相切磋，开展联合创作、合作研究、巡回演出等各种交流与合作，从民间文化交流中发现和培训人才，要通过加强两岸人才流动来促进两岸民间文化的传承与发展。

（二）拓宽交流领域，提升交流层次

1. 把握交流重点，扩大交流影响力。一方面，要把很少来过或没有来过大陆，对大陆知之甚少的台湾基层民众和中南部民众作为交流重点，使得文化交流走进基层，增进两岸普通民众的相互了解与彼此互信。另一方面，应多邀请受到"去中国化"教育影响的台湾青少年群体参与文化互动，通过深化两岸民间文化交流来增强台湾青少年对中华文化的认同。

2. 加快实施民间文化入岛战略。为了改变两岸民间文化交流"多来少往"的现状，大陆要积极创造条件，鼓励和支持民间文化团队更多地"走出去"，赴台进行民间艺术表演、宗亲文化、民俗文化交流、民间信仰的庆典展演与神像巡游，入岛举办非物质遗产巡展、历史名人的纪念活动等，向台湾社会宣扬民间文化。要充分利用电视、广播、网络等现代传媒手段向台湾民众宣传民间文化精品，进一步拓宽入岛宣传渠道，扩大覆盖面，增强影响力。

3. 提升现有重点交流项目的品牌效应。要继续办好已有的，具有一定规模和影响力的一批对台民间文化交流的重点项目，不断提升其品牌效应。应对海峡论坛、两岸民间艺术节、湄洲妈祖文化旅游节、东山关帝文化旅游节、两岸保生大帝文化节等综合性民间文化交流活动加强策划，精心设置活动内容，创新交流形式，提升交流品质，进一步增强上述品牌项目的亲和力、感召力、凝聚力。例如，在举行妈祖文化节和关帝文化节等民间信仰节庆活动之时举办文艺比赛（如以民间信仰为主题的摄影、书法、音乐比赛等）和相关的民俗文化、宗教文化纪念品、地方工艺品展销会等等，以吸引更多的岛内宫庙和信众尤其是年轻信众的参与。

4. 搭建两岸民间文化交流新平台。要结合地方特色，整合民间文化资源，将分散的、同质性的小型交流活动整合成为大型的两岸民间文化交流活动，扩大活动的规模和影响，以强化品牌效应，搭建闽台民间文化交流的新平台。要与时俱进，把握时代脉搏和文化热点，争取推出一些老少咸宜，群众喜闻乐道的民间文化交流活动，要力争推出一批两岸共同创办的民间文化交流精品项目，充分调动台湾民间文化社团与台湾民众的参与热情。可借鉴近几年在两岸掀起热潮的选秀节目的成功经验，推出一些以民间文化为内容的选秀节目，如举行"两岸民间曲艺大赛""两岸民间艺术达人秀"等，以吸引更多的台湾民众尤其是青少年参与。要继续挖掘节庆民俗的文化内涵，配合传统节日举办更大规模的两岸民俗文化交流活动，既可弘扬中华传统文化和节日习俗，又可密切两岸民众的同胞亲情。

5. 利用网络技术构建民间文化交流新载体。要充分利用现代网络技术这一当今社会重要的通信手段，构建两岸民间文化交流的新载体。可以开通专门介绍两岸民间文化的网站，以图文并茂的方式介绍民间文化起源和传承历史。开设以民间文化为主体的网络论坛、微信公众号、微博等互动平台，作为两岸民众尤其是青少年相互探讨、相互沟通交流的平台。开发以民间文化为题材的网络游戏（以历史人物、宗教文化和民间信仰的神灵或相关文化背景、历史故事作为主线），吸引两岸更多年轻人参与，寓教于乐，传承民间文化。

（三）加强对民间文化资源的挖掘、整理、保护和传承

1. 加强对民间文化的研究。要加大政策扶持与经费投入，鼓励两岸专家学者、文化界人士对民间文化进行研究，继续深入挖掘民间文化

的丰富内涵。尤其要加强对亟须抢救和保护的民间文化遗产的研究；加强应用性研究和对策性研究，及时为两岸民间文化交流中出现的问题提供对策建议。要继续支持各地举办各类研究民间文化的学会、研究会、研究所（中心），支持有条件的高校创建综合性或某一领域的民间文化研究机构，力争打造一批两岸知名、研究实力雄厚的民间文化研究机构。要继续办好各类以民间文化为主题的学术研讨会，广泛邀请两岸专家学者参与，促进两岸学术界的沟通与交流。

2. 加强对非物质文化遗产的保护。两岸共同拥有的民间文化中的民俗文化、民间信仰、表演艺术和传统手工艺等均属于非物质文化遗产的范畴。大陆可以借鉴台湾保护文化资产的经验，加大对非遗保护的政策扶持与资金投入，制定和完善非遗保护的法规，重视社会宣传与文教推广，积极探索非遗生产性保护的有效途径，建立完备的非遗保护机制。可设立保护非遗的专项基金，给予非遗传承人更多的人文关怀，积极创造条件为他们搭建展示平台，鼓励他们更多地培养徒弟，传授技艺，解决后继乏人的问题。两岸还可以携手合作，以客家文化、陈靖姑信俗文化为内容，尝试共同申请世界非物质文化遗产，打造具有世界影响力的中华民间文化品牌。

3. 修复、重建和保护涉台文物古迹。大陆各地各部门应采取更强有力的措施开展涉台文物古迹①的保护工作，由政府和民间集资对其中具有重要意义的涉台文物古迹如历史文化名人故居、台胞祖籍地的宗祠

---

① 涉台文物古迹是指历史上反映大陆和台湾之间政治、经济、文化等方面交流交往，以及体现两岸同胞同宗同源的亲缘关系，并具有历史、艺术、科学价值的古建筑、古遗址、古墓葬、石刻和纪念性建筑等不可移动的文物。涉台文物古迹在大陆东南沿海尤其是福建分布十分广泛，截至 2011 年 7 月底，福建全省共登记涉台文物 1515 处，占全国涉台文物总数的 80% 以上，主要包括家庙宗祠、始祖墓葬、石碑石刻、庙宇神宫、名人故居等，这是台胞寻根问祖的重要物化体，是认祖归宗不可缺少的物质遗产，应予发掘与妥善保护。参见蔡嘉源、陈萍：《台湾同胞寻根问祖之钥——论闽台宗亲文化交流》，《福建论坛·人文社会科学版》，2009 年第 6 期。

家庙、宗教和民间信仰宫庙等进行保护、修缮和扩建，有条件时还应根据历史文献资料对已经损毁的涉台文物古迹进行重建，尽可能还原其历史原貌。应逐步将修复后的涉台文物古迹开辟为旅游景点和两岸民间文化交流基地，加强对重要涉台文物古迹的宣传，树立全社会保护涉台文物古迹的意识，吸引更多的台胞来参观，在潜移默化中不断提升其民族意识和文化认同。

4. 建立两岸民间文化研究数据库。要加快民间文化研究成果的数据化、信息化建设，将民间文化的研究成果发布在相关网站上供两岸民众查阅。要在充分收集民间文化的原始资料和文献资料（如族谱、楹联、碑文、题刻、名匾、名画、古籍等）的基础上，将其整理、分类、扫描、建档，建立保存民间文化档案资料的分类数据库。例如，两岸档案机构可以着手合作，将各地搜集到的重要族谱分类、整理、扫描，建立两岸族谱数据库，为两岸同胞查询族源提供便利。

（四）加大两岸民间文化与文化产业、旅游产业的合作力度

1. 以民间文化为依托挖掘两岸影视、动漫、出版合作项目。加强两岸电视台、广播电台和影视制作公司等传媒机构的合作，联合制作一些反映民间文化的电视纪录片或新闻访谈节目，合作拍摄一批以历史文化名人、宗教文化和民间信仰、民俗文化为题材的电影、电视剧和动漫作品，尤其可考虑更多地联合推出一些台湾民众喜闻乐见的闽南语纪录片和闽南语影视、动漫作品，并争取在两岸主流媒体放映。两岸文史学界、出版社要以民间文化为主题，共组写作班底，撰写有关历史文化名人、民俗文化、宗教文化的专著，积极寻求合作交流、出版相关论著的合作契机。

2. 推动两岸民间艺术交流项目的商业合作。大陆要以政府为指导、企业为主体、市场化运作为手段，积极推动民间艺术的市场化经营与两岸民间艺术交流项目的商业合作，建立健全市场营销机制，将适合市场

运作的民间艺术表演项目（如歌仔戏、南音、高甲戏等民间戏曲，以及民间舞蹈、杂技等）推向市场。加强两岸在剧本创作、舞台表演、广告宣传、人才培养、市场营销等方面合作，实现优势互补，共同创作出传统文化底蕴和时代气息兼具的曲艺精品，共同推向两岸市场，尤其要重视入岛演出，使得民间文化释放出巨大的社会效益和经济效益。

3. 共同设计和研发以民间文化为内涵的文化创意产品。大陆应充分借鉴台湾文化创意产业的成功经验，加强与台湾业者的合作，共同设计和研发以民间文化为内涵的文创产品，共同推动文化产业的发展。一方面，可结合民间文化节庆活动，举办以宗亲文化、宗教文化、民俗文化和民间艺术为主题的两岸文创产品设计大赛和两岸民间文化纪念品精致包装大赛等，选择其中的优秀作品尤其是融入文创设计元素的民间艺术品、宗教纪念品等批量生产，以更好地推向市场，吸引游客。另一方面，两岸文化业者还可以合办文创产品研发中心和生产企业，研发、生产和销售以民间文化为内涵的文创产品，并设立专业化的文化创意产品流通集散地及创意产品终端销售专业市场，以创造更大的商机和经济效益。

4. 加大与旅游业的合作力度，共同推介文化旅游。两岸旅游主管部门和业者应加强合作，借助两岸交通日益便捷的便利条件，整合现有的民间文化观光资源，通过共同协调、规划与合作，推动旅游产业布局和前瞻规划，共同推出跨越海峡的以民间文化为主题的短途旅游或者深度旅游线路，打造一批以民间文化为主题的旅游品牌。两岸旅游业者可携手合作，大力培育和开发民俗文化体验、民间信仰寻根、民间艺术欣赏等多种类型的旅游产品，共同向海内外游客推介行销，尤其可以重点开发和推介"海丝文化之旅""闽南文化之旅""客家文化之旅""佛教寻根之旅""妈祖文化之旅""保生慈济文化之旅"等特色鲜明的主题旅游线路，以带动两岸民间文化资源的开发和旅游产业的发展，为两岸创造可观的旅游观光效益。

试论两岸文化交流障碍与跨越障碍的路径

钟学敏

（浙江大学城市学院台研中心教授）

马英九执政时期，两岸文化交流与融合已有很大发展，但台湾民众，尤其是台湾世代青年的"国家认同"依然混乱，"维持现状"心理逐渐固化，"和平分立"意识日渐凸显。民进党执政后，至今不承认两岸交流与交往的政治基础，致使两岸官方沟通机制全面停摆，因此加强两岸民间文化的交流与融合，尊重彼此的差异，克服彼此的偏见，就显得弥足珍贵。

一、当前两岸文化交流的障碍

文化是由各种元素组成的一个复杂体系。这个体系中的各部分在功能上互相依存，在结构上互相联结，共同发挥社会整合和社会导向的功能。然而特定的文化有时也成为社会变迁和人类自身发展的阻力。从本质上说，文化与民族不可分，文化是"民族的灵魂"，"孕育着民族的生命力、凝聚力和创造力"。目前，两岸文化交流主要面临三方面的障碍：

第一，岛内主流民意认同中华文化，但以正统自居，否认中华文化根在大陆。

尽管经历了 1895 至 1945 年的日据时代以及 1949 年以来的两岸对峙，但台湾对中华文化的认同并未出现根本性动摇，岛内民众普遍认可中华文化是台湾文化的根基和核心，台湾文化继承了中华文化的传统。

最新调查显示，岛内认同中华文化的民众达 87%。但部分民众认为，大陆经历"文化大革命"，"中华文化的精髓早被摧毁殆尽"，传统文化遗失现象相当严重①；只有台湾文化是唯一接续、传承、弘扬了中华文化，只有台湾才是"保留中华文化精髓的宝地"。② 马英九曾在多次公开讲话中表示要大力培养、展示、提升台湾的"软实力"，指出"文化是台湾的关键实力，台湾的教育水平、人民素质、公民社会、艺文创新，明显地领先华人世界，是台湾最大的资产"。③

第二，岛内普遍支持两岸文化交流，但"恐中、防中"意识较强，担心被大陆"文化统战"。

两岸文化源出一脉，交流互动本质上并无障碍，且文化交流没有政治互动那么敏感，也没有经济交流那么重利，主题较为中性，形式较为平和自然，因此，岛内民众对文化交流大多持欢迎态度，希望借助大陆广阔的文化市场壮大台湾文化产业。但岛内民众普遍认为，大陆文化"始终与政治挂钩、为政治服务，以精英为主，政府主导、由上向下"，台湾的文化则是以草根为主、自下向上，是一种自然情感表达；大陆文化与台湾文化深度融合，是以"上端对下端，精英对草根，拨款对筹款，计划对市场，僵硬对活泼"，如此多的矛盾与碰撞，对台湾极为不利，担心大陆会从中获利。④

台湾希望两岸文化交流是脱政治性的、"柏拉图"式的交流，希望

---

① 周天柱：《反思两岸文化交流》，《理论参考》，2012 年第 8 期，第 46 页。

② 《马英九要台湾做中华文化领航者：我非汉武帝》，环球网，2011 年 10 月 8 日，网址：http：//tai-wan. huanqiu. com/news/2011 - 10/2061559. html。

③ 周天柱：《中华文化、台湾文化与和平统一》，中评网，网址：http：//bj. crntt. com/crn - webapp/zpykpub/docDetail. jsp？docid = 34962。

④ 周天柱：《大陆专家：两岸文化协议不必走 ECFA 老路》，华夏经纬网，2014 年 7 月 21 日，网址：http：//www. huaxia. com/thpl/sdfx/3986858. html。

文化交流的溢出效应仅限于经济、社会领域，① 不会理性看待两岸文化交流对政治关系促进的正面意义。

第三，岛内完整保留中华文化传统，但受西方文化影响深，文化认同出现断裂现象。

20 世纪 60 年代末，台湾成立"中华文化复兴委员会"，发起"中华文化复兴运动"，连续出版诸子百家经典，带动了民众传承弘扬中华文化的热潮，客观上促进了中华传统文化在台湾的发展。时至今日，中华文化在岛内根深叶茂。但西方文化对岛内民众尤其是青年群体的影响力愈发明显。调查显示，岛内民众最亲近的国家是日本，最推崇以美国文化为代表的西方文化。例如，日本通俗文化在台湾地区变得十分普遍，许多台湾地区年轻人喜欢日本偶像明星、搜集日本流行资讯，成了"哈日族"。

二、跨越障碍的基本路径是尊重文化差异，克服偏见，彼此认同

两岸文化交流的障碍，使人们很难去欣赏对方的差异，对"一个中国"的认同也就失去了信心。所谓"维持现状"其实是对"一个中国"缺乏诚意的表现。两岸文化交流中，障碍越多走得越远，无论政治上还是社会上。冲突的升级将可能引发政治暴力，因此两岸双方都要花费较之现在更多的精力克服文化交流中的障碍，以促使台湾社会尤其是青年世代中国人认同的回归。

第一，台湾人，尤其是青年人要尊重大陆文化并认同大陆。

在日本占领的 50 年中，尽管台湾各种反抗运动和自治运动不断，

---

① 彭付芝：《基于两岸社会融合的两岸文化交流研究》，《两岸关系》，2012 年第 4 期，第 23 页。

但殖民统治还是极大地改变了台湾的文化。二战结束后，日本投降并将台湾归还中国，日本化进程中止，重新中国化进程开始。但是由于这个进程方式的霸道，导致了"台湾意识"和"独立运动"的重新出发。加上国民党的反共意识，致使不少台湾人加深了对"中国"的反感。因此，台湾人认为自己的文化确实与大陆不同，进而认为"自己不是中国人"，尽管他们的祖先来自中国，尽管他们使用着中国的语言并与大陆分享着中国的文化及大部分的中国历史。他们是中国文化的一部分，但他们的亚文化却不同，尤其是他们现在还拥有一个不同于大陆的政治制度。

台湾的这种意识或是民族主义给台湾民众带来了自尊，但也带来了对大陆的偏见和歧视，带来了"台独"的强烈信念。过去来自大陆的配偶要取得台湾身份证所要花费的时间多于来自世界其他地方的配偶所要花费的时间。甚至他们领到身份证后，仍然会被继续监控。前"行政院长"谢长廷甚至说外籍的配偶降低了台湾民众的总体素质（大部分嫁到台湾的女性来自大陆）。一些台湾人还遵照美国前国防部长 Donald Rumsfeld 的话说"大陆中国人还不能说是文明世界的一员"。台湾前"行政院"发言人卓荣泰曾说，"如果中国大陆不通过《反分裂国家法》，那它就还有进入文明世界的可能"。按照这种逻辑，现在既然通过了《反分裂国家法》，那么跟这些野蛮人还如何对话呢？

部分台湾人的这些偏见与歧视无疑助长了台湾内部的"台独"力量。这种歧视的意识和行为很容易转变为执政当局的政策和纲领，并将成为两岸谈判与协商的障碍。任何同大陆的联系都可以被看成是负面的事情。2005 年国民党正式和大陆接触，副主席江丙坤访问大陆，被扣上"叛国者"的帽子，国民党被称为共产党在台湾的"代理人"、"外来政党"等等。连战和宋楚瑜也被看作是在《联共制台》。台湾与大陆之间的任何和解，总是困难重重。2014 年一项惠及台湾的服贸协议，不仅在"立法院"得不到通过，反而引发一场波及全台湾的"太阳花学运"。2014 年 12 月，台湾地区地方公职人员选举，即"九合一"选举，认同"一个中国"的国民党惨败。2016 年台湾地区领导人选举，民进党候选人蔡英文顺利当选，实现台湾史上第三次政党执政轮替。不是因为民进党有多好，一定程度上是选民长期以来对大陆错误认知的结果，"拒中、恐中"。表面看，这些问题都是政治问题，其实质，则是文化的差异与冲突。

第二，大陆民众也要耐心理解台湾文化差异。

大陆文化相对于台湾文化，也是中国文化的一个亚文化。克服偏见和歧视对亚文化的信仰者和实践者来说也是一件不容易的事情。对于多数大陆人来说，台湾是中国近 150 多年羞辱史的最后一个标志，许多大陆人不明白，台湾人作为中国人为什么不愿和大陆统一，以洗刷这个被外国人欺负的最后一个耻辱。

从历史的角度看，台湾人基本上都是中国人，在文化上尤其如此。大陆人很难理解为什么那些"台独"分子不肯承认他们自己至少在文化上也是中国人。台湾人讲着相同的中国话；写着相同的汉字（台湾是繁体，大陆是简体）；民间有着共同的信仰，如儒教、佛教、道教；与福建人广东人一样信仰妈祖。

这里的偏见在于，大陆人没有认识到上述论据和相同点虽然为两岸统一提供了很好的理由，但这些理由并不是必然的或充分的。如果海峡两岸都同意的话，他们仍然可以创建两个国家。从理论上来说，解决台湾问题并不是只有一条路可走，希望两岸关系沿着某一方向发展是一回事，能不能朝着这一方向发展又是另一回事，这需要彼此真诚相待。

鉴于台湾的民主政治遭遇到各种各样问题，很多大陆民众也认为民主政治或许也并不是那么好。由于大陆民众对台湾社会认识的有限性与片面性，大陆人也就无法设身处地地感受台湾人过去 100 年的不同历史。多数人很难相信台湾可以拥有一个和他们所不同的民族主义。因此，大陆人对台湾人显示出了自己的傲慢与偏见。如在谈及与那些曾经支持"台独"的人士一起合作的新方针时，常听到一些人用"既往不咎，不计前嫌"的话语。这些话表现的是一种不宽容和傲慢，暗含着一种单一思路。

第三，端正两岸开展文化交流合作的心态，换位思考，相向而行。

在两岸携手深化文化交流的过程中，要秉持正确的态度与方法，站在全民族的高度，正视历史与现实，换位思考，以诚相待，理性务实，相互尊重，相互理解，相互体谅，相互包容，相互借鉴，取长补短，相向而行。具体而言应力行"五不"：一是不做伤害或有损于两岸政治互信、伤害或有损于两岸人民共同利益的事情；二是不搞两岸社会制度、意识形态、价值观念及生活方式的对抗；三是既不要操之过急、拔苗助长，也不要掩耳盗铃、自欺欺人；四是不妄自尊大、故步自封，盲目否定和排斥一切与己不同的文化形态；五是以实践作为检验真理的唯一标准，不在交流中将自己的想法强加于人。

确立两岸文化交流合作的阶段性目标，循序渐进加以推进。促进两岸文化交流的最终目的，是实现两岸关系和平发展的常态化，实现两岸和平统一。基于两岸关系的现状，两岸文化交流应区分初、中、高三阶段进行。初级阶段应着重促进两岸之间的相互了解与理解，缩小因长期隔阂和发展落差造成的认知差距，恢复同胞之间的亲情与互动。中级阶段应促进合作，培育信任，相互学习借鉴，寻找并拓展共同话语，缩小彼此在观念和认同上的差距，推动文化交流合作实现机制化、制度化运作，提升两岸文化交流合作的水平。高级阶段则应建立文化互信，实现不同的思想观念与生活方式和平共处，在更高层次上达到两岸文化的融合与再造，打造现代意义上的中华文明价值观，为人类社会的现代化树立新典范，做出新贡献。

　　总之，文化交流是增强文化凝聚力的最基本最有效的方式。要消除两岸交流障碍，就要在两岸文化交流活动中注重双向互动，拓宽各种渠道，开展更多双向文化交流活动，逐步建立恒久稳定的两岸文化交流合作机制，最终完成国家统一。

20世纪70年代中国留美学生群体"中国热"现象的定量分析

——以"保钓、统运"刊物为视角的考察

刘玉山

（龙岩学院教育科学学院）

20世纪70年代中国留美学生群体基本上都来自台湾地区和香港，为什么会出现这样的状况呢？因为当时中国大陆正在进行"文革"，教育事业受到一定的冲击，更因为世界两大阵营对立，中国大陆不可能派遣留学生前往美国。这与70年代末中国大陆实行改革开放以后的情形是大不一样的。20世纪70年代以台、港为主体的中国留美学生群体非常值得教育学、历史学学者进行跨界研究，本文先从统计学的角度选取与留学生日常行为相关的他们自己编印的刊物，来统计出他们的社会关注点，然后再逐一进行剖析，探讨其背后的深刻历史背景。目前学界还没有发现相关视角的研究，限于水平，不足之处，尚祈方家指教！

一、对20世纪70年代中国留美学生群体所关注对象的定量数据分析

研究中国留美学生群体有多种视角，笔者选取他们编印的12份刊物作为参照物，为什么这样选择？这样选择究竟有没有合理性？应该说留学生群体其本身就是一类特殊群体，他们身在异国他乡，为了攻读更高的学位而离开家乡来到语言、文化不同的国度，他们的人生经历肯定

比世居一地更具新的色彩。联系到 20 世纪 70 年代的中国留美学生群体，他们正巧赶上了"保钓"运动（下文会做更进一步阐述），为了宣传"保钓"，他们编印了各种各样的刊物，比如当时也是留美学生且参加了"保钓"运动的马英九认为："一九七一年'保卫钓鱼台'运动之后，海外政论杂志如雨后春笋，纷纷出刊，从左派到右派，从统一到'台独'，林林总总，不下五十份。"[1] 目前珍藏这些刊物最多的是两岸的清华大学图书馆，笔者经过亲临查阅，如果算上出刊一两期即寝的甚至会超过 50 份。虽然出刊最初的目的是宣传"保钓"，但实际上内容包罗万象（见下文统计表），涉及方方面面的丰富内容，当能够反映 70 年代留美学生群体的社会关注点。基于此，笔者选取了几个保钓刊物每一期所关注主题进行了统计学意义上的定量分析，见下表：

刊物一：《群报》（从 1971 年 8 月 16 日第 3 期到第 27 期社论，因 28 期以后没有社论，与一般信息量容载大的报纸无异）

排序	文章主题	篇数	合计	百分比（%）
1	钓鱼岛问题（含"保钓"）	4	4	23.5
2	中国统一	4	4	23.5
3	"台独"	3	3	17.6
4	台湾问题	2	2	11.8
4	留学生问题	2	2	11.8
5	亚洲局势	1	1	5.9
5	世界性问题	1	1	5.9

刊物二：《华府春秋》（从 1972 年 3 月第 3 期—1979 年 1 月第 8 期，中间有缺）

排序	文章主题	篇数	合计	百分比（%）
1	中国大陆	94	94	36.7
2	台湾问题	75	75	29.3

---

[1] 马英九：《留学生的十字架》，载于邵玉铭主编：《风云的年代——保钓运动及留学生涯之回忆》，联经出版事业公司，1990 年，第 98 页。

排序	文章主题	篇数	合计	百分比（%）
3	亚洲局势	29	29	11.3
4	中美关系	18	18	7
5	回国参观访问	15	15	5.9
6	钓鱼岛问题（含"保钓"）	8	8	3.1
7	南海问题	6	6	2.3
8	世界性问题	5	5	2.0
9	"台独"	4	4	1.6
10	中国统一	2	2	0.8

刊物三：《普（林斯顿）城通讯》（从 1972 年 2 月第 1 期到 1973 年 4 月第 7 期）

排序	文章主题	篇数	合计	百分比（%）
1	中国大陆	5	5	16.7
1	中美关系	5	5	16.7
2	台湾问题	4	4	13.3
2	钓鱼岛问题（含"保钓"）	4	4	13.3
3	中国统一	3	3	10
3	回国参观访问	3	3	10
3	亚洲局势	3	3	10
4	留学生问题	2	2	6.7
5	"台独"	1	1	3.3

刊物四：《水牛》（从 1971 年 10 月第 1 期到 1973 年 11 月第 26 期，中间有缺）

排序	文章主题	篇数	合计	百分比（%）
1	中国大陆	83	83	39.7
2	台湾问题	54	54	25.8
3	马克思主义哲学	16	16	7.7
4	中国统一	14	14	6.7
5	钓鱼岛问题（含"保钓"）	12	12	5.7
6	南海问题	6	6	2.9

续表

排序	文章主题	篇数	合计	百分比（%）
7	留学生问题	5	5	2.4
7	"台独"	5	5	2.4
7	亚洲局势	5	5	2.4
7	中美关系	5	5	2.4
8	回国参观访问	4	4	1.9

刊物五：《柏克莱快讯》（从 1971 年 12 月 5 日第 1 期到 1973 年 7、8 月第 18 期，中间有缺）

排序	文章主题	篇数	合计	百分比（%）
1	中国大陆	19	19	42.2
2	台湾问题	12	12	26.7
3	留学生问题	4	4	8.9
4	回国参观访问	3	3	6.7
4	中国统一	3	3	6.7
5	"台独"	2	2	4.4
6	钓鱼岛问题（含"保钓"）	1	1	2.2
6	亚洲局势	1	1	2.2

刊物六：《耕耘》（从 1975 年 8 月第 1 期到 1979 年 2 月第 15 期，中间有缺）

排序	文章主题	篇数	合计	百分比（%）
1	台湾问题	32	32	44.4
2	中国大陆	21	21	29.2
3	回国参观访问	5	5	6.9
4	钓鱼岛问题（含"保钓"）	4	4	5.6
5	中美关系	3	3	4.2
5	亚洲局势	3	3	4.2
6	留学生问题	2	2	2.8
7	中国统一	1	1	1.4
7	世界性问题	1	1	1.4

续表

排序	文章主题	篇数	合计	百分比（%）
8	南海问题	0	0	0
8	马克思主义哲学	0	0	0
8	"台独"	0	0	0

刊物七：《纽约钓鱼台简报》（从 1971 年 6 月第 6 期到 9、10 合期）

排序	文章主题	篇数	合计	百分比（%）
1	钓鱼岛问题（含"保钓"）	35	35	37.6
2	中国大陆	12	12	12.9
2	中国统一	12	12	12.9
3	台湾问题	11	11	11.8
4	留学生问题	6	6	6.5
4	中美关系	6	6	6.5
5	回国参观访问	3	3	3.2
5	亚洲局势	3	3	3.2
6	"台独"	2	2	2.2
6	南海问题	2	2	2.2
7	世界性问题	1	1	1.1
8	马克思主义哲学	0	0	0

刊物八：《新境界》（从 1971 年 7 月第 1 期到 1977 年

3 月第 20 日第 50 期，中间有缺）

排序	文章主题	篇数	合计	百分比（%）
1	中国大陆	67	67	32.7
2	台湾问题	50	50	24.4
3	留学生问题	18	18	8.8
4	中美关系	17	17	8.3
5	亚洲局势	16	16	7.8
6	世界性问题	12	12	5.9
7	南海问题	7	7	3.4

续表

排序	文章主题	篇数	合计	百分比（%）
8	马克思主义哲学	6	6	2.9
9	钓鱼岛问题（含"保钓"）	5	5	2.4
10	中国统一	3	3	1.5
11	回国参观访问	2	2	1.0
11	"台独"	2	2	1.0

刊物九：《星火》（从 1972 年 12 月第 1 期到 1977 年第 11 期，中间有缺）

排序	文章主题	篇数	合计	百分比（%）
1	中国大陆	23	23	32.4
2	台湾问题	21	21	29.6
3	留学生问题	6	6	8.5
3	世界性问题	6	6	8.5
4	马克思主义哲学	5	5	7
5	回国参观访问	3	3	4.2
5	亚洲局势	3	3	4.2
6	中国统一	2	2	2.8
7	南海问题	1	1	1.4
7	中美关系	1	1	1.4
8	钓鱼岛问题（含"保钓"）	0	0	0
8	"台独"	0	0	0

刊物十：罗省（注：即洛杉矶）国是论坛社《新天集文》

（从 1975 年 7 月 15 日第 1 期到 1977 年 4 月 15 日第 22 期，中间有缺）

排序	文章主题	篇数	合计	百分比（%）
1	中国大陆	76	76	52.4
2	台湾问题	40	40	27.6
3	世界性问题	12	12	8.3
4	亚洲局势	7	7	4.8
5	回国参观访问	6	6	4.1

排序	文章主题	篇数	合计	百分比（%）
6	中国统一	1	1	0.7
6	留学生问题	1	1	0.7
6	中美关系	1	1	0.7
6	马克思主义哲学	1	1	0.7
7	南海问题	0	0	0
7	钓鱼岛问题（含"保钓"）	0	0	0
7	"台独"	0	0	0

刊物十一：德州休斯顿城《新苗》（从 1974 年 6 月第 2 期到 1979 年 6 月第 26 期，中间有缺）

排序	文章主题	篇数	合计	百分比（%）
1	中国大陆	51	51	37.2
2	台湾问题	31	31	22.6
3	中美关系	13	13	9.5
4	世界性问题	12	12	8.8
5	亚洲局势	11	11	8
6	南海问题	8	8	5.8
7	回国参观访问	4	4	2.9
8	留学生问题	3	3	2.2
9	中国统一	2	2	1.5
10	马克思主义哲学	1	1	0.7
10	钓鱼岛问题（含"保钓"）	1	1	0.7
11	"台独"	0	0	0

刊物十二：《新港》（从 1975 年 1 月第 5 期到 1978 年 9 月第 30 期，中间有缺）

排序	文章主题	篇数	合计	百分比（%）
1	台湾问题	36	36	40.4
2	中国大陆	28	28	31.5
3	留学生问题	5	5	5.6

续表

排序	文章主题	篇数	合计	百分比（%）
3	世界性问题	5	5	5.6
4	中美关系	4	4	4.5
4	回国参观访问	4	4	4.5
5	马克思主义哲学	2	2	2.2
5	钓鱼岛问题（含"保钓"）	2	2	2.2
5	亚洲局势	2	2	2.2
6	中国统一	1	1	1.1
7	"台独"	0	0	0
7	南海问题	0	0	0

各种文章主题篇数及所占比例

排名	文章主题	篇数（总计）	合计	百分比（%）
1	中国大陆	479	479	35
2	台湾问题	368	368	26.9
3	亚洲局势	83	83	6.1
4	钓鱼岛问题（含"保钓"）	76	76	5.6
5	中美关系	73	73	5.3
6	世界性问题	55	55	4
7	留学生问题	54	54	3.9
9	回国参观访问	52	52	3.8
10	中国统一	48	48	3.5
11	马克思主义哲学	31	31	2.3
12	南海问题	30	30	2.2
13	"台独"	19	19	1.4

　　根据上文的数据显示，从纵向看，12 份刊物总篇数累计中国大陆相关问题占到了 35%，三分之一强。台湾问题占 26.9%，四分之一强。其他主题如亚洲局势、钓鱼岛问题、中美关系等均在 10% 以内。从横

向看，12 份刊物中，中国大陆问题有八份都排到了第一，三次排到了第二；台湾问题有两次排到了第一，八次排到了第二；其他刊物中仅仅钓鱼岛问题两次排到了第一。这说明了什么问题？说明中国大陆与台湾问题是当时中国留美学生关注的两大主题。

各种文章主题排名次数统计

序号	文章主题	排名次数														
		第一	第二	第三	第四	第五	第六	第七	第八	第九	第十	第十一	第十二	第十三	第十四	第十五
1	回国参观访问			2	2	4		1	1			1				
2	"台独"			1		2	1	2	2	1		2				
3	中国统一		2	1	2		2	1		1	1	1				
4	钓鱼岛问题（含"保钓"）	2	1		1		2	1	1	1	1	1				
5	留学生问题			4		3	2	1	1							
6	台湾问题	2	8	1	1											
7	中美关系		1	1	4	1	1	2								
9	中国大陆	8	3													
10	南海问题						3	5	1							
11	亚洲局势			2	2	6	1	1								
12	马克思主义哲学			1	1	1	1			3		1				
13	世界性问题			2	1	1		2						1		

如果说美国"保钓"运动的主体就是来自台湾的留学生，他们生于斯，长于斯，身处美国仍旧关注台湾地区所发生的政治经济文化等方面事宜本无可厚非的话，那么他们为什么对大陆的关注点会那么多。正常来说，当时两岸对立，受限于东西方两大阵营对立，他们对大陆的了解甚少，50—60 年代也正是台湾威权体制最严厉的时期。可是到了 70 年代初即保钓运动发生后，通过上文数据展示，很显然他们对大陆的资讯报道增多，关注度也明显增多，用"中国热"来形容也并不为过。

我们先将发生这一切变化的原因放在最后来谈，下文将对他们所关注的大陆的具体事项进行数据展示，以期更加细化对"中国热"的具体内容的了解。

二、对中国留美学生群体"中国热"具体关注点的定量分析

我们还是以上述 12 份刊物为考察对象，将中国留美学生群体对中国大陆具体关注点划分为人物；地名、事物；科技；文体医；教育；工业；农业；社会；经济等九大项，具体情况见下表：

（一）人物

序号	姓名	刊物出现次数	百分比（%）
1	周恩来	25	21
2	毛泽东	16	13.4
3	中国妇女	15	12.6
4	孔子	9	7.6
4	鲁迅	9	7.6
5	杨振宁	7	5.9
6	诸子百家人物	3	2.5
6	浩然	3	2.5
7	水浒人物	2	1.7
7	林语堂	2	1.7
7	孙中山	2	1.7
7	邓小平	2	1.7
7	郭沫若	2	1.7
7	蒋介石	2	1.7
7	胡适	2	1.7
7	华国锋	2	1.7
7	宋美龄	2	1.7
7	陈省身	2	1.7

续表

序号	姓名	刊物出现次数	百分比（%）
8	秋瑾	1	0.8
8	朱熹	1	0.8
8	钱学森	1	0.8
8	白求恩	1	0.8
8	聂耳	1	0.8
8	郁达夫	1	0.8
8	宋庆龄	1	0.8
8	闻一多	1	0.8
8	朱德	1	0.8
8	陈景润	1	0.8
8	中国工人	1	0.8
8	中国民兵	1	0.8

（二）地名、事物

序号	类别	刊物出现次数	百分比（%）
1	中国出土文物展	14	15.1
2	中国电影	12	12.9
2	大庆	12	12.9
3	农业学大寨	11	11.8
4	毛泽东诗词	5	5.4
4	西藏印象	5	5.4
5	中国沈阳杂技团	4	4.3
5	中国精神面貌	4	4.3
5	中国的宗教	4	4.3
6	红旗渠	3	3.2
6	中国铁路	3	3.2
7	中国宪法	2	2.2
7	南京印象	2	2.2

续表

序号	类别	刊物出现次数	百分比（%）
7	黄河印象	2	2.2
7	中国新闻事业	2	2.2
8	熊猫	1	1.1
8	杭州小巷	1	1.1
8	中国有名小吃	1	1.1
8	中国举办的亚运会	1	1.1
8	上海印象	1	1.1
8	中国电视	1	1.1
8	中国国歌	1	1.1
8	故宫	1	1.1

（三）科技

序号	类别	刊物出现次数	百分比（%）
1	中国科技	12	50
2	中国人造卫星	4	16.7
2	中国物理	4	16.7
3	中国核武器	2	8.3
3	中国桥梁建设	2	8.3

（四）文体医

序号	类别	刊物出现次数	百分比（%）
1	中国的体育（包括武术）	10	50
2	中国医学	5	25
3	中国的针灸	3	15
4	中国文学	1	5
4	中国足球队	1	5

（五）教育

序号	类别	刊物出现次数	百分比（%）
1	中国高等教育	13	48.1
2	汉字改革问题	8	29.6
3	中国托儿所	2	7.4
3	王阳明哲学	2	7.4
4	中国的工程教育	1	3.7
4	幼童旅美教育	1	3.7

（六）工业

序号	类别	刊物出现次数	百分比（%）
1	中国石油	4	36.4
2	钢铁工业	3	27.3
3	发电厂	2	18.2
3	中国工业现状	2	18.2

（七）农业

序号	类别	刊物出现次数	百分比（%）
1	中国农村（农业）	9	64.3
2	中国渔业（村）	2	14.3
2	中国农民	2	14.3
3	历史上的土地制度	1	7.1

（八）社会

序号	类别	刊物出现次数	百分比（%）
1	中国"文革"	18	32.7
2	抗战	8	14.5
3	"四人帮"	6	10.9
4	中国地震预报	3	5.5
4	中国少数民族	3	5.5

续表

序号	类别	刊物出现次数	百分比（%）
5	社会主义民主	2	3.6
5	中国法制	2	3.6
5	古代跪拜礼节	2	3.6
6	中国知识分子	1	1.8
6	科举制度	1	1.8
6	建军节	1	1.8
6	人民公社	1	1.8
6	中国戏剧	1	1.8
6	西安事变	1	1.8
6	辛亥革命	1	1.8
6	达赖、班禅名号的由来	1	1.8
6	焚书坑儒	1	1.8
6	中国"人代会"	1	1.8
6	民族遗产	1	1.8

（九）经济

序号	类别	刊物出现次数	百分比（%）
1	中国经济发展	3	50
2	丝绸之路	2	33.3
3	西南亚热带热带经济作物	1	16.7

通过上表发现，中国留美学生群体所关注的中国大陆具体事物繁多，政治经济文化几无所不包。像周恩来、毛泽东这些伟人在"人物"这一块分别占 21% 和 13.4%，通过阅读刊物中这一类文章会发现，留美学生更多的是对伟人的革命事迹及给中国革命和建设带来的巨大成就进行讴歌。很显然，这与"保钓"运动期间台湾地区领导人的表现形成鲜明对比，这些刊物涉及蒋家父子的也非常多，但都以讽刺居多，比如很多刊物经常转载的一句诗"介石可去补苍天，枉入红尘若许年"，

又比如在刊物中被转载频率颇高的一则"笑谈"："中华民国历任总统"——第一任蒋中正；第二任于右任（注：余又任）；第三任吴三连（注：吾三连）；第四任赵丽莲（注：照例连）；第五任赵元任、俺家干（注：照原任、俺家干）；第六任伍子胥（注：吾子续）。① 可以说用现实中存在的台湾或历史人物将"蒋家王朝""世袭"的本质揭露地入木三分。在留学生所关注的人物中，孔子（7.6%）、鲁迅（7.6%）关注度都很高，孔子所开创的儒家文化对中国传统文化影响颇深，留学生既然了解大陆的文化，自然孔子抑或诸子百家（2.5%）都是必然了解的对象。整个"保钓"运动的世界历史大背景之一就是世界的左翼思潮。许多留美学生早在台湾读高中或本科期间都有偷读"禁书"的经历，鲁迅等左翼作品自然在阅读范围之内，当时台湾当局实行"戒严"体制，老百姓没有言论、结社自由，所以他们来到美国后，思想的闸门如潮水般被打开，这很像心理学中的"罗密欧与朱丽叶效应"（禁果效应），即越是被禁止的东西，越是勾起人们的兴趣，人们越是要得到它。比如"保钓"发起人之一的沈平回忆说："我记得在普（林斯顿）大图书馆，常见一位台湾来的同学穿着短裤、拖鞋，坐在地板上读《人民日报》……这种反抗行为的后面都包藏一份关心，对我们国家社会的关心，是因为感到隔绝，在寻求联系。"② 刘大任在"保钓"小说《远方有风雷》中借主人公雷立工之母的话说"（注：她当时在美国加州大学柏克莱分校图书馆勤工俭学）那些经常来借'禁书'的，往往都是好学深思、待人处事也特别认真的人。有时候跟他们聊聊，又发现他们的神情虽然不免紧张，然而，多聊几次，心理防卫机制就放松了，

① 1978年5月《耕耘》第11期，文件编号：19-000-020。以下凡是有文件编号的均来自清华大学图书馆"保钓资料收藏研究中心"，下略。
② 王渝整理"台湾与世界"主办"保钓人士聚首话当年"，1986年6月号《台湾与世界》第32期，第20页。

尤其喜欢主动向我推荐他们喜欢的读物,而且,就像传教士似的,急着与我分享他们心目中的真理。所以,上班不久,我也不免翻翻那些台湾看不到的'禁书'。"① 邵玉铭也说,"原本在台湾看不到的鲁迅、巴金等人的小说,来到美国后人人都看得到。当我一天到晚在图书馆看书时,发现许多中国留学生在看这些左翼文学书籍。"②

值得注意的是,中国妇女(12.6%)和杨振宁(5.9%)在中国留美学生人物关注度中也非常高,其实细细探究起来并不奇怪。"保钓"运动在 1971 年 9 月 3 日安娜堡国是会议后即左转,作为著名华裔学者,杨振宁在"保钓"运动中出力甚多,自己还亲自在美参议院外交委员会带头为维护钓鱼岛领土主权作证,作为诺奖得主,杨在当时中国留学生中的影响力甚大,笔者翻检"保钓"人士回忆录,发现很多人都谈到杨振宁对其思想左转的影响,仅举一例说明。周本初先生曾说,杨振宁由中国访问返美后在纽约州立大学石溪分校演讲,在场同学记录下来,然后印成小册子向美加各高校分发,这样大家都知道中国出现了一个新社会,消除了男女差别、脑体劳动差别和城乡差别,很多留学生对祖国大陆由衷地产生敬仰,于是各地兴起读书会、学习社会主义的热潮。③ 可以说社会主义现代化建设一派蓬勃向上的精神面貌给很多当时来中国大陆访问的美国华裔科学家留下了深刻印象,比较醒目的就是中国劳动妇女"不爱红装爱武装"的形象。比如谢定裕教授很生动地描写到:"在农村中,在工厂里,在码头上,在油井边,处处都有她们与男子一起在工作。与她们交谈时,她们高扬着头,充满自信的眼光大方地正视着你,一点不忸怩作态。"④ 又比如一个叫韩倞(其父是美籍作

---

① 刘大任:《远方有风雷》,台北:联合文学出版社股份有限公司,2010 年,第 48 页。
② 邵玉铭:《风云的年代——保钓运动及留学生涯之回忆》,台北:联经出版事业公司,1991 年,第 60—61 页。
③ "周本初访谈",龚忠武等:《春雷之后》,台北:人间出版社,2006 年,第 564 页。
④ 林国炯等:《春雷声声》,台北:人间出版社,2001 年,第 742 页。

家韩丁，长期生活在中国）的姑娘，出生在中国，能说一口流利的"京片子"，当时也经常被保钓人士邀请做巡回报告，在一次演讲中，她以《我对美国的印象及中美的比较》为题，认为美国人民比较浪费，中国人民比较节约；中国人都很有精神，美国人"饱食终日，无所用心，很多人好像不知道拿自己怎么办"，并列举了一个山西山区农村与恶劣的自然条件做斗争的乐观精神；在女性方面，中国妇女"不爱红装爱武装"，人们谈到妇女都说某某比男的还有劲，而美国妇女则矫揉造作、显得娇贵得多。① 可以说，在现代化建设中，中国劳动妇女并不缺席，且发挥了"半边天"的作用，这自然成为中国留美学生群体讴歌和关注的对象。

除了上述人物，其他如小说家浩然、林语堂、孙中山、邓小平、钱学森、陈景润、中国的工人和民兵等都是大家关注的对象。

在"地名、事物"中，关注度比较集中：中国出土文物展（15.1%）、中国电影（12.9%）、大庆（12.9%）、大寨（12.9%）、毛泽东诗词（5.4%）、西藏（5.4%）、红旗渠（3.2%）、中国铁路（3.2%）等。和上文所做论述一样，大庆、大寨、红旗渠等都是"文革"期间中国大陆社会主义现代建设成就的典型，由于中国地大物博，留学生们对少数民族地区的了解愿望也是非常迫切，比如国际知名的英籍华裔女作家韩素音就曾到西藏访问，成为西藏解放后第三位深入访问西藏的外国人士，韩回到美国后给"保钓"留学生演讲，更增添了留学生们对雪域高原的向往。毛泽东诗词极富气势，很多描绘了"文革"期间如火如荼的建设场景，自然成为留学生们吟咏的对象。

"科技"类中国科技（50%）、中国人造卫星（16.7%）、中国物理

① 德克萨斯大学艾尔帕索分校 1972 年 4 月《保钓特刊》第 3—8 页。文件编号 02 - 000 - 220。

（16.7%）、中国核武器（8.3%）占比很高。作为身处海外的知识精
英，因为政治原因，两岸暂时还无法实现统一，但这改变不了这些炎黄
子孙、留美学生的中国心。他们渴望祖国强大，科技进步，渴望中华民
族能够实现伟大复兴，1970 年 4 月 24 日由中国自行研制的东方红一号
卫星发射成功，举国欢腾，恰巧这批留美学生也是以理工科为主，为什
么这么说呢？笔者在台北南港 "中央研究院近代史研究所" 档案馆查
阅到一份 1958—1959 年在美台湾地区留学生简况，其中男性 2715 人，
占 69.9%；女性 1167 人，占 30.1%。攻读本科学位的 1456 人，占
37.5%；攻读硕博士学位的 1802 人，占 46.4%；其他 624 人，占
16.1%。主要的研究领域分布如下[①]：

序号	学科	人数	比例（%）
1	农学	65	1.7
2	工商管理	213	5.5
3	教育学	144	3.7
4	工程学科	1086	27.9
5	人文学科	591	15.2
6	医学	256	6.6
7	物理和自然科学	939	24.2
8	社会科学	416	10.7
9	其他	162	4.5

可见，如果把农学、工程、物理、医学这些传统理工科放在一起的
话，则高达 60.4%，超过六成。这还只是 50 年代末到 60 年代初的情
况，随着工业的发展，十年后即 1970 年前后在美台湾地区留学生理工
科的比例应该会更高。恰巧笔者在整理 20 世纪 70 年代 "保钓、统运"

---

① 《留美学生总名册及在美任职学人名册》，馆藏编号：451.5/0019，第 8 页。

资料的时候又发现了一则史料，那是 1971 年 9 月 3 日安娜堡国是大会期间进行的一项民意调查，共计 219 人，这些人都是关心"保钓"与两岸关系的积极分子，分布于美国各大高校，数据显示：农学 4 人，占 1.8%；医学 9 人，占 4.1%；工学 65 人，占 29.7%；理学 127 人，占 58%；商学 14 人，占 6.4%。可以说仅仅理学与工学相加就达到 87.7%，这印证了笔者上文的推论。所以中国留美学生群体是以理工科占多数的，他们又往往在美国各大知名院校攻读博士学位，其自身都富含未来科技精英的潜力，因此他们对中国的科技事业如航空航天、物理学、核武器发展的兴趣很大就顺理成章了。

"工业"类中国石油（36.4%）、钢铁工业（27.3%）；"农业"类中国农村（64.3%）；"社会"类中国"文革"（32.7%）、抗战（14.5%）、四人帮（10.9%）；"经济"类中国经济发展（50%）、丝绸之路（33.3%）；"文体医"类中国体育（50%）、中国医学（包括针灸）合计 40%；"教育"类中国高等教育（48.1%）、汉字改革（29.6%）等所占比例都很靠前，这可以放在一起来分析。不管是工业、农业还是经济，中国留美学生群体所关注的都是关系国计民生的事物，比如工业发展的生命线石油与钢铁。在社会认知上，当时恰逢中国进行"文革"，其弊端还非远在海外的留学生所能看清，但"文革"中中国经济蓬勃发展的气象以及一些非常鼓舞人心的励志标语却很能感染这些留学生的心。所以"文革"结束后，一些留美学生也会对"文革"进行反思，当然这是后话。中国留美学生群体对中国的高等教育一直饱有关注的热情，也提倡汉字书写改革，比如由繁体字改为简化字，这对他们来说也需要一个思想意识上的转变，毕竟在台湾读书期间都是用繁体字写作，笔者在很多刊物中都找到提倡简化汉字的内容，有些刊物还在每一页最下面将繁体字与对应的简化字标注出来，以期日拱一卒，功不唐捐。

三、中国留美学生群体 "中国热" 现象出现的原因探析

其实上面章节已经拉拉杂杂地谈到了对 "中国热" 现象出现的原因或背景，但还是很有必要对此问题做系统、深入的论述。首先，这与 20 世纪 60—70 年代初世界左翼思潮的影响是分不开的，换句话说，中国留美学生群体的 "中国热" 现象本属于这一世界思潮的组成部分。世界左翼思潮并不在这一时代 "独领风骚"，其间美国爆发的黑人民权运动、校园自由言论运动、反战运动的影响力其实并不亚于左翼思潮，但值得强调的是，这一系列社会运动富含左翼思潮的因素，左翼思潮也以这些有影响力的社会运动为发轫载体，这就打上了 20 世纪 60—70 年代区别于其他时代所特有的烙印。这个烙印还远没有结束，中国在此应有一席之地，中国 1966 年爆发的 "文革" 对世界产生了重要的影响，"保钓" 健将周本初先生就说："在 '文革' 那些年代，在世界各地的进步知识分子，皆普遍地把中国作为一个革命火炬的象征，建立新社会的目标。无论是在非洲还是在美国，他们的屋子里贴的海报都是画着毛主席像的大海报……有一次我坐飞机到美国东部去，有一位美国中学老师坐在我旁边。他同我谈起说他们美国人真感到很惭愧，因为是你们中国人建立了一个新社会，而我们美国还在原地踏步。"① 林盛中认为，"文革" 期间，尽管当时西方媒体对中国、对 "文革" 的报道几乎都是负面的，但中国大陆的红卫兵敢于起来 "造反"，敢于打破传统，给世界青年一个启迪。② 赖尚龙说："纵观当时世界风云变幻，相比美国深陷越战泥淖，美苏冷战愈演愈烈，中国这个社会主义国家可谓是旭日东升；我们非常向往，社会主义新中国在制度上（是）公平合理的，社

---

① "周本初访谈"，春雷系列编辑委员会：《峥嵘岁月·壮志未酬——保钓运动四十周年纪念专辑》（上），台北：海峡学术出版社，2010 年，第 563—564 页。

② 林国炯等：《春雷声声》，台北：人间出版社，2001 年，第 16 页。

会主义解放全人类理想是那样地崇高。"① 甚至文革也影响到当时年轻人的思想行为，以张系国写实性的"保钓"小说《昨日之怒》为例，小说里借葛日新的口说，"看你怎么想，只要自食其力，任何行业都一律平等。说到大材小用，我是学化学的，我的一位同学在一家公司专门研究化战剂，另外一位在狗食工厂搞研究工作，研究怎么改进狗食的品质。你想想，究竟是谁大材小用？我卖包子，对别人多少有些用处，至少没有害处，对不对？"② 这就明显受到"文革"期间提倡的"工作没有高低贵贱，只有社会分工不同"的阶级平等思想的影响。

其次，"保钓"运动是中国留美学生"开眼看世界"，将目光指向世界东方的直接因素。1968 年 10 月和 11 月，在联合国亚洲及远东经济委员会（ECAFE）的赞助下，由埃默里和新野弘组织日、韩、中国台湾及美国等海洋科学家对黄海和东海海域进行了勘测，次年 4 月公布的《埃默里报告》认为钓鱼岛海域周围可能蕴藏大量的石油资源。受该报告的刺激，日本加快对钓鱼岛侵夺的步伐，这激起了身在美国以台港留学生为主体的中国留美学生的愤慨，他们发动了"保钓"运动。在全美各地发动了一系列的示威游行如"一·二九""一·三〇""四·十"大游行，引起了美国政府和民众的广泛注意力，他们还组织集体撰写致信尼克松总统和国会议员公开信、召开座谈会、对美参议员进行"院外游说"、进行话剧演出、编印保钓刊物等，反映了当时先进的中国人维护国家领土主权的坚强意志与决心。

"保钓"运动的一个重要影响就是思想启蒙，正如有同学指出的："钓运如同一声春雷，震醒了千万海外中华儿女的国魂与良知，他们站了起来，挺起了胸膛，睁大了眼睛。历史的使命迫使他们要看一看、想

---

① "赖尚龙——香巴拉并不遥远"，春雷系列编辑委员会：《峥嵘岁月·壮志未酬——保钓运动四十周年纪念专辑》（上），台北：海峡学术出版社，2010 年，第 365 页。
② 张系国：《昨日之怒》，台北：洪范书局 1979 年版，第 48—49 页。

一想、听一听、学一学,他们要联合起来,化悔恨愤怒为力量,胸怀祖国,放眼世界,努力学习,自我改造,在推翻三座大山及建造新中国的伟大革命进程中和祖国八亿同胞一起出一把力。"① 这些留美学生在台湾读书期间,满脑子塞着"台湾二十年来'仇匪、恨匪、诌美、媚美'的教育成果,中国大陆是暗无天日的人间地狱,而美国则是保卫自由民主的地上天堂"。② 来到美国后同学们开始反思:岛内教科书上说,日本战后洗心革面,特别在"蒋总统""宽大为怀、以德报怨"的政策下,声称永不对外侵略,怎么现在又要侵略钓鱼岛?岛内学校和社会舆论一再说,美国是我们的友邦,而且是主持正义的世界领袖,怎么在这次事件中偏袒日本?许多人回忆起在台湾的中学近现代史课程,内容往往语焉不详,有些论述明显不合理,好像是禁忌,又不能追根究底,来到美国后,在大学收藏的中文图书中可以看到很多以前不知道的事情。③ 事实胜于雄辩,台湾当局因维持在联合国风雨飘摇的席位而有求于美、日,不敢过分开罪他们,与此形成鲜明对照的是海峡对岸的大陆,社会主义现代化建设热火朝天,中国留美学生群体会反思到底谁才有资格代表中国,这些都促成了他们对中国认知的渴望。

可以毫不夸张地说,此时中国留学生中掀起了学习社会主义中国的热潮,各地"保钓"会纷纷改变名称为国事研究社,如康奈尔大学国事研究社成立"新中国学习小组",并发行刊物《学习》。密西根大学安娜堡分校国事研究社成立了毛选学习会。正如奥克拉荷马大学"中国问题研究会"筹备会 1971 年 10 月 24 日所说:

> "如今'中国问题'是全世界各国人士所最关注的重要问题,

---

① 鞭花:《钓运与国魂》,《群报》,1971 年 11 月 16 日第 8 期,第 3 版。[无文件编号]

② 社论《认识新中国的真面貌》,匹兹堡中国和平统一促进会《统一通讯》,1972 年 9 月 25 日第 8 期,文件编号 05-000-129。

③ 林孝信:《保钓历史的渊源跟对海峡两岸的社会的意义》,谢小芩、刘容生、王智明:《启蒙·狂飙·反思——保钓运动四十年》,新竹:清华大学出版社,2010 年,第 29-30 页。

但是身为中国人的我们是否对自己的事情关心了呢？对自己的国家又了解多少呢？过去廿多年来绝大多数的知识分子总抱着消极的态度，对自己国家的事沉默不语，避而不谈，其症结何在呢？反而许多外国人却热衷于中国问题的研究。但是我们这些在海外的知识分子总觉得，洋人谈中国事多少有些隔靴搔痒，抓不着问题的中心。俗语说'解铃还须系铃人'，还是中国人来谈中国人自己的事来的恰当。"①

最后，中美关系解冻、有所缓和是"中国热"出现的必要条件。尼克松总统上台后谋求中美关系正常化，并释放善意，宣布对中国放宽人员来往和贸易交流的限制。1971 年 10 月 25 日，第 26 届联合国大会恢复中华人民共和国在联合国的一切合法权利，台湾当局被逐出联合国。次年 2 月 21 日，尼克松总统实现访华。可以看到，"保钓"运动发生在美国放宽中美人员交流限制不久，许多参加"保钓"的美国华裔学者如杨振宁、陈省身、袁家骝、吴健雄、何炳棣、赵浩生、任之恭、王浩、范章云等都分批结团对中国进行访问，当时香港《七十年代》杂志社将 30 多位来中国进行过访问的学者的演讲编辑成《留美华裔学者重访中国观感集》出版，在中国留美学生群体中一时成为畅销书。不仅如此，这些学者也会被邀请到各个高校进行演讲，他们的演讲正面、激励人心，更加激发了中国留学生群体对社会主义祖国的向往。

四、结论：历史评价

20 世纪 70 年代中国留美学生兴起了"中国热"，研究的视角有多种，本论文侧重于以他们自己编印的刊物中的关键词为路径来解读"中国热"。那么"中国热"有何历史意义呢？首先，"中国热"反映

---

① 奥克拉荷马大学"中国问题研究会"筹备会，文件编号：12 - 000 - 150。

了作为知识精英的中国留美学生群体追寻真理，追求社会公平正义的强烈愿景。如果说"保钓"运动中台湾当局的做派让他们受到了"伤害"，那么海峡对岸的社会主义中国无疑为他们指引了人生的航向。受到"中国热"的激发，很多留学生放弃了美国较为优越的科研条件，毅然回到社会主义祖国的怀抱，贡献出自己的青春与才智，比如林盛中、吴国祯、廖秋忠、杨思泽等。他们这种甘于奉献、不计名利，永远胸怀祖国的一腔热血是我们当今年轻一代学习的楷模，其精神食粮不可估量！

其次，"中国热"在中国留学生史上书写了浓墨重彩的一笔。19 世纪 70 年代清政府曾官派幼童留美，但因水土不服，被迫撤回。一百年后沧海桑田，这时的中国留美学生不是幼童，大都是来美攻读硕博士学位的青年，他们的眼界更为开阔，智识水平也更高。他们在北美大地掀起了学习社会主义新中国的热潮，一些留美学生组成"保钓零团""保钓一团""保钓二团"来大陆进行访问，在两岸之间架起了沟通的桥梁，对两岸关系具有"破冰"作用，正如吴国祯所说："'保钓'运动学生首先冲破蒋家统治之政治禁忌，重新架起两岸已阻绝二十多年的联系渠道。证诸当年台湾社会的'戒严'统治、白色恐怖，此诚为破天荒之举，此种胆识只有年轻的一代和学生才有，亦只有他们才能推动历史之前进。当我们看到今日每年有上百万台湾人前去大陆，对比当年留美台湾学生冒被吊销"护照"，上黑名单以及连累在台家属之危险，"偷偷摸摸"去大陆，不禁感叹世事沧桑，亦佩服这些学生所具有之历史洞察力与正义气质。"① 诚然，1949 年以来，海峡两岸一水之隔，却咫尺天涯，因为政治原因，两岸的官方和民间的交流都几乎停滞。到了

---

① 《"保卫钓鱼台运动"二十五周年有感》，吴国祯：《在历史面前》，台北：海峡学术出版社，2002 年，第 305 页。

20世纪70年代初的"保钓"运动，让广大中国留学生认识到了蒋介石政权的媚外本质，而大陆的严正立场也让他们看到了解决钓鱼岛的希望，从心理拉近了与祖国大陆的亲情，为两岸的大和解充当开路先锋和铺路石。

最后，中国留美学生群体兴起的"中国热"在北美大陆宣传了社会主义思想和新中国的建设成就，让普通的美国人了解了中国大陆到底是什么样子，一定程度上改变了美国人对中国大陆的印象，比如一些留学生理论联系实践，主动融入侨社，对华人华侨进行社会主义宣传，这方面做得比较突出的有陈天璇和罗兰夫妇、关文亮、龚忠武等。从这个意义上说，"中国热"又架起了中美民间沟通的桥梁，在美国民间刮起了一阵"红色旋风"，扩大了毛泽东思想及社会主义在美国民间的影响。

"新南向政策"背景下台湾地区同东南亚的教育交流及其前景

台湾地区历来热衷于发展同东盟各国的教育合作，这不仅符合其整体战略规划的需要，也是台湾教育产业发展的必然选择。然而以往由于台当局在政策和基础条件方面的不足，导致相关合作的局限性相当明显，成效也非常有限，这也为今天民进党当局推进"新南向政策"造成了一定的困难。为适应"新南向政策"的需要，台当局和教育机构正在努力完善其与东南亚各国的教育合作，其成果在很大程度上决定了"新南向政策"的成效。

一、以往台湾地区与东南亚各国教育交流中存在的问题

从 20 世纪 50 年代起，东南亚就一直是台湾地区海外留学生的主要来源地，其生源在台湾地区外籍留学生中的比例长期保持在 50% 左右。[①] 教育层面的广泛交流本应为台湾地区和东南亚各国的政治和经济交往打下良好基础，但由于台湾方面在政策、观念和具体执行方面存在的问题，其对东南亚教育交流的潜力长期未能得到充分发挥。

---

① 王立天等：《台湾与东南亚国协高等教育之相关研究》，《教育资料与研究》，第 111 期，第 221 页。

1. 政策重视程度逐步提高，但可操作性不足

进入 21 世纪以来，台湾当局已经对开拓东盟教育市场有所关注，如 2003 年推动成立了高等教育交流平台中国台湾与东南亚暨南亚大学校长论坛；台地区"高等教育国际合作基金会"（FICHET）在为赴台地区留学生提供奖学金的同时，于 2009 年开始协助高校赴马来西亚、泰国等东南亚国家举办"高等教育暨招生策略研讨会"，并配合台地区教育部门在印度尼西亚（2007）、马来西亚（2013）、泰国（2013）、越南（2014）设立了由各大学承办的"台湾教育中心"；[①] 马英九当局更于 2011 年提出了"深耕东南亚计划"，由其"教育部"建立共同招生平台，试图将台湾地区高等教育推向泰国、越南、马来西亚和印度尼西亚等东南亚国家，使中国台湾地区成为所谓"东南亚高教大国"。

然而台当局事实上并未将这一工作与其整体发展战略相结合，导致教育部门几乎一力担负起了相关的任务。但由于国际教育交流同时还涉及对外交往、劳动就业和经济规划等多方面的因素，需要多个部门的协力。部门间合作的缺失导致台湾地区与东南亚国家的教育交流在教育之外的领域遭遇了一系列问题，在新生入境的签证安排、毕业生留台工作的资格审核、国家与地区间学历的相互承认，和教育与企业需求结合等方面都缺乏官方的统一指导，使得教育合作因为相关条件的缺失而发展缓慢，其对台湾地区与东盟各国政治经济联系的促进作用也极其有限。

2. 观念存在误区，未能适应东南亚实际

中国台湾方面在同东南亚教育合作中存在的观念问题也是阻碍其与后者教育合作成效充分发挥的一大因素。首先，在观念上仍未真正重视东南亚各国及其公民。尽管台湾当局将开拓东南亚市场作为中国台湾教育的发展目标之一，但其并未将这一市场作为开拓的重点，而是放在了

---

① 参见台湾教育中心网站：http://www.fichet.org.tw/tec/? page _ id = 123。

与欧美、日韩和传统"邦交国"市场平等的位置上。其高等教育国际合作基金会历年的活动大多集中在美、欧、日等发达国家，直至近几年在东南亚活动的比例才有所上升。同样，境外的中国台湾教育中心尽管大部分位于东南亚国家，但其设立时间也往往是 2013 年之后。即使是在同东南亚各国的合作中，中国台湾方面也常常忽视其境内的非华人群体。台湾政治大学外语学院前院长、现任东吴大学英文系教授的张上冠就曾直言，台当局过去对东南亚多半只关注同为华人的侨生，没有看到外籍生。[①]

其次，重在引进东南亚留学生，缺乏前往当地建设教育机构的魄力。在马英九当局执政之前，尽管台当局已经加强对东南亚的教育文化交流重视程度，但却并未提出前往当地办学的设想。这一情况在马英九执政之后有所改观，其"深耕东南亚计划"中开始包含了放宽大专院校赴境外设置分校和相关学习班的政策。但上述政策在具体实践中却鲜有成效，从 2009 年到 2013 年，中国台湾对除缅甸、老挝、柬埔寨和文莱之外的东盟六国教育投资全部为零。[②] 东南亚是国际教育投资的主要市场之一，区内各国以及区外的美国、日本、韩国乃至中国大陆都有意在这一领域大展拳脚，中国台湾方面在此已明显落后。

最后，与当地台商企业联动不足。东南亚各国尽管在劳动力成本上具有一定的优势，但这一优势更多体现在教育程度有限的低层次人才上，在中层管理干部和工程技术人员方面缺口众多。这本来可以成为台湾地区教育机构在当地大展拳脚的舞台，但由于前者同台商缺乏沟通合作，导致错过了这一良机，反过来也影响了台商在当地投资的增长，甚至迫使一些台商不得不向当地教育机构捐资以期获取相应人才。[③]

---

① 洪慈欣：《学者：人才几乎零怎能新南向》，《联合报》，2016 年 8 月 13 日。
② 徐遵慈：《东协服务业发展概况及我国在东协国家服务业投资现状与前景》。
③ 参见王立天等：《台湾与东南亚国协高等教育之相关研究》。

3. 教育基础薄弱，专业人才缺乏

台地区当局和相关教育机构在发展对东南亚教育合作方面的努力在促进留学生人数方面取得了一定的成效。特别是作为拓展重点的印度尼西亚、马来西亚和越南三国，其在台地区留学生人数在 2005—2015 年的十年间都有了快速增长。① 但这一增长暂时仍未成为相关交流持续加强的动力。有台湾学者直言，台地区当局对于东南亚人才培养的投资收效甚微，院系资源、经费投入等都明显不足，在起步阶段就已明显落后。

目前台湾只有暨南大学、高雄大学，以及淡江大学设有东南亚文化相关专业。张上冠认为，中国台湾过去没有认真培养具备东南亚语言能力、熟知东南亚文化的人才，仍陷入英语迷思，以为靠英语可行遍东南亚国家，与当地文化隔阂感较强，未来想扩大招收东南亚外籍学生，在课程、师资上都远远不足，连最基本的东南亚语人才都不够。② 台科大校长廖庆荣则指出，招揽外籍生，需分为顶尖人才及一般学生两个面向来思考，要跟世界各国抢顶尖人才，奖学金是关键因素之一，以中国香港、新加坡等地为例，为了抢优秀学生，他们多半祭出每月 6 万台币的高额奖学金揽才。台湾顶尖大学平均只能提供每月 15000 元左右的奖学金，差距相当大，③ 不过陈信宏也指出，除了奖学金外，教学环境营造也很关键，现在台湾地区高校英语授课太少，只有部分专业可以做到，外籍生要赴台就读颇为不易，"这方面台湾还没准备好"，因此教育部门在规划经费时，也应思考如何让顶尖院校能经营出更为国际化的环境。

---

① 参见台"教育部统计处"网站：http：//depart. moe. edu. tw/ED4500/。
② 洪欣慈：《学者：人才几乎零怎新南向》，《联合报》，2016 年 8 月 13 日。
③ 洪欣慈：《新南向揽才"画大饼" 大学却忧 2 劣势》，《联合报》2016 年 9 月 23 日。

二、"新南向政策"背景下中国台湾与东南亚教育交流的新变化

1. 各部门思路更为明确，整体规划趋于完善

具体政策的不完善一直是制约台湾地区同东南亚国家教育合作的重要原因，因此台湾学者一直呼吁当局完善这一领域的顶层设计，教育部门在这一领域首当其冲。蔡英文早在正式上任前便同台大原副校长，现任"教育部次长"的陈良基谈话，要求其积极推动台湾地区同东南亚的教育交流。在此基础上，2016年8月，正式就任的陈良基在记者招待会上提出，台湾地区教育部门将在"新南向政策""以人为本、双向交流、资源共享"的精神指导下，以"扩展双边教育合作平台""增加双边青年学者及学子交流""提供优质教育服务需求"三大架构为框架，正式提出八项措施，包括协助"新住民"子女成长、促进台湾地区青年赴东南亚发展、加强同东南亚台商产学连接、增加两地之间师生交流、强化中国台湾与东南亚高校间互动、重视两地双向人才培育、面向东南亚发展数字化远程教学、为东南亚人士提供校外终身学习机会等。期望通过上述举措，达成培养"新南向"青年人才，强化与东南亚及印度高校合作交流的目的。

台湾当局的侨务机构同样在同东南亚的教育合作中占据重要地位。台湾"侨委会"长期负责侨生培育与台商联系等工作，著名的海外青年技术训练班（海青班）就由该机构负责管理，这类培训如今也是"新南向政策"下教育与人才合作的重要途径。台所谓"新南向政策办公室主任"黄志芳就将侨生政策视为台当局"最有投资绩效的政策"①，认为"侨委会"将是台湾推动"新南向政策"的重要助力。在"侨委

---

① 《宏观周报》，《黄志芳：侨生及台商是最佳助力》，2016年7月27日，第3版。

会"的设想中，加强海外侨校力量、倍增侨生人数、增强与台商合作
与充分利用既有人际关系网络将是其未来对东南亚教育合作的重点。[①]
未来海青班不仅将努力扩张对象国和招生人数，还将在涵盖范围上由大
学和研究生教育拓展到中高职。此外，黄志芳还提及，台当局正设想参
照海青班的成功模式，与岛内大学、技职院校合作，短期培训东盟与南
亚的职业技术人才，以求同台商对中层次人力资源的需求接轨。

　　除上述两大主要部门对教育领域同东南亚教育合作有较为全面的设
想之外，相应合作的发展也离不开其他一些部门的协助和参与。如经济
部门统筹规划台商同相应教育机构的对接与合作；劳动部门持续放宽外
籍学生在台就业标准；内政和"外交"部门为双方学生的往来提供便
利条件等。上述工作已经引起了台湾当局的重视，相应的政策已经进入
规划程序。[②]

　　2. 当局和高校加强投入，具体措施明显增多

　　资金和优惠措施是政策得以施行的基础。民进党当局为适应其
"新南向政策"的需要，在这一方面的投入可谓慷慨。目前台当局最高
行政机构编列的 2017 年"新南向政策"总预算仅有 42 亿元新台币，[③]
而其教育部门宣布的"教育新南向"经费就已达到 10 亿元新台币，其
中 7.2 亿元用在招收东南亚及印度学生（奖学金部分约 1 亿元），另
2.8 亿元用在中国台湾与东南亚及印度的师生交流。[④] 与此同时，台当
局还大幅增加了东南亚及印度学生留台奖学金名额；努力加强对东南亚
的招生宣传以及同东南亚官方及高校的相互交流；计划设立专门针对外

　　① 《宏观周报》，《黄志芳：侨生及台商是最佳助力》，2016 年 7 月 27 日，第 3 版。
　　② 台"行政院新闻传播处"：《"新南向政策"推动计划正式启动》。http://www. ey.
gov. tw/News _ Content2. aspx？ n = F8BAEBE9491FC830&s = 82400B39366A678A。
　　③ "国家发展委员会"新闻稿：《有关新南向政策推动计划经费说明》，2016 年 9 月 14 日。
　　④ 林志成：《10 亿推教育新南向》，《中时电子报》，2016 年 8 月 25 日。http://www.
chinatimes. com/cn/realtimenews/20160825003238 - 260405。

国学生的"产学合作专班",为其提供企业实习机会,使之毕业后可直接为台商所用。台教育部门希望通过上述手段,使东南亚及印度在台地区学生每年增长 20%,从 2015 学年的 2.8 万人提升到 2019 年的 5.8 万人①。

除努力吸引东南亚学生之外,台湾当局也积极鼓励台湾青年增强对东南亚的了解,乃至前往东南亚发展。2016 年台湾地区公费留学考试首次新增了东南亚区域研究专业,并规划新增南向公费留学奖学金 10 名。同时,台地区教育主管部门还在协助大专生赴海外进行短期实习的学海筑梦计划中增添了 200 名前往东盟及印度地区的名额;② 努力推动台湾地区青年前往马来西亚和越南等国的侨校任教,以改变当前部分侨校中国台湾教师极度稀缺的现状;其下属的青年发展署提出了选送青年赴"新南向"国家深度研习计划,意在促进青年与东盟、南亚及新澳等国家的国际组织及国际非政府组织的联系。根据蔡英文本人的说法,台当局希望通过上述措施,最终使在东南亚担任志愿者以及参加实习或工作的中国台湾青年总人数超过 1.2 万人。③

在台湾社会"少子化"危机面前,加之台湾当局的鼓励,台湾地区各高校对同东南亚教育合作和开设东南亚相关院系的积极性明显高涨。不仅公私立高校继续在中国台湾相关机构带领下踊跃前往东南亚举办高等教育展,并参与高等教育论坛等研讨会,还纷纷同东南亚高校和当地台商开展相关合作。如云林科技大学与越南河内商业大学合作开办境外硕士班,吸引社会精英人士前往进修;景文科技大学与越南台湾商会总会签订合作协议,负责为当地企业订制相应课程,以培养其急需的

① "教育部"国际及两岸教育司:《教育部新南向政策,以人为本,用心交流》,2016 年 8 月 25 日。

② "教育部"国际及两岸教育司:《教育部新南向政策,以人为本,用心交流》,2016 年 8 月 25 日。

③ 许秋维:《"总统"盼来台进修东南亚学生年增 20%》,"中央社",2016 年 9 月 22 日。

人才。而在岛内，台北教育大学在全台首先成立了"东协人力教育中心"，开设"东南亚人才培育学分学程""东南亚区域管理人才硕士学位学程"等课程，协助台商培训相关人才。同时该校还配合台当局编撰"新住民"语文教学支持人员培训教材，初期以越南语及印度尼西亚语为主，并希望扩展至东盟其他国家语言，最终成为东盟语言人才培训的新基地。

3. 突出"新南向政策"的文化内涵，强调岛内青年与东南亚国家的联系

蔡英文当局的"新南向政策"，与之前台湾当局历次"南向政策"的区别之一，就在于其明显的文化色彩。"新南向政策"不仅有经济和政治上的考虑，还始终不忘强调其"以人为本"的特点。而台湾地区与东南亚各国在教育领域的合作，不仅可以为双方政治、经济乃至社会交往打下基础，由于其浓厚的文化属性，使之同"以人为本"这一概念最为契合。在这一层面上，台当局教育机构强调的所谓"双向交流"，不仅可以在开拓东南亚教育市场的基础上，为台商在东南亚的投资提供足够的人才，更可能为台湾当局以东南亚为跳板，拓展"国际空间"、博取"国际认同"提供条件。正因为如此，在 2016 年 9 月民进党举办的，标榜"响应'新南向政策'，强化文化、人才培育等双向交流"的"亚洲民主论坛"上，民进党秘书长洪耀福才会发出"台湾应该要回到亚洲，做一个亚洲国家，位在亚洲、面向东南亚"的荒谬论调。①

也正因为如此，台"青年发展署"选送青年赴新南向国家"深度研习"计划中，才强调"参与观察国际组织及国际非政府组织运作，逐步达成青年至新南向国家之国际组织及国际非政府组织任职，并期许

---

① 叶素萍：《面向东南亚，民进党办亚洲民主论坛》，"中央社"，2016 年 9 月 10 日。

青年扮演新南向前锋的角色。"① 台当局教育机构才会对尚未完全融入中国台湾主流社会的东南亚移民后代"新二代"保持与母国文化的联系倾注了较大的热情。同理，在"双向交流"的另一端，吸引东南亚留学生也未尝没有政治意涵。正如台最高行政机构发言人徐国勇转述其长官林全所言："鼓励东南亚学生来台，让他们了解台湾环境，若未留下，日后回国后，也会对台湾产生好感。"②

三、台湾与东盟教育合作前景分析

1. 短期内可能成为"新南向政策"最明显的成果

蔡英文在表述其"新南向政策"的原则与规划时说："新南向政策和过去的南向政策有本质上的不同，过去侧重企业利益，且是透过传统形态的贸易及投资来达成，新南向政策强调与东南亚及南亚国家建立广泛联结，以创造共同利益，并进行更全面的连接，同时将建立广泛的对话机制，减少障碍、降低冲突。最终想达成的目标是互惠互利，建立区域互信与共同体意识。"③ 足见其"新南向政策"在非经济的观念领域成功的重视。尤其是在当前"新南向政策"遇到经济、政治和社会基础等多方面障碍，岛内外人士普遍看衰的情况下，教育文化的工作一方面由于其障碍相对较少，更容易取得成效，另一方面也可以为经济与政治方面的相关工作打下基础，故而可能获得台当局更多的重视。当前已确定的"新南向政策"预算中教育经费占相当一部分，就在一定程度上证明了这一事实。此外，正如前文所述，中国台湾以往同东南亚的教育合作成绩相对较少，在这一领域的成功，可以起到开创性的效果，这也使其容易成为民进党当局的政绩。

---

① "教育部青年发展署"：《选送青年赴新南向国家深度研习计划》。
② 唐佩君：《政院：积极推新南向 稳固关系创造双赢》，"中央社"，2016 年 10 月 21 日。
③ 蔡英文：《在台湾东南亚区域年度研讨会上的讲话》，2016 年 9 月 22 日。

2. 台湾地区在资源和体制上的各类瓶颈仍然存在

尽管教育领域的"新南向政策"要有所成就难度相对较低，但恰恰也是由于台湾经济实力和人才基础的薄弱，导致相关努力也很容易遇到其瓶颈。张上冠就曾谈及，台教育部门通过政大设置东南亚语言文化学程，但却没有给任何经费、人力补助，一切都要学校自己来，"这样还说要推动新南向政策？"① 也有来自东南亚国家的学子发现中国台湾地区给予的奖学金和学费减免等措施不仅不如中国大陆等其他国家和地区，甚至实际上为并未起到为其减轻金钱负担的作用。还有台湾学生反映台各大学、图书馆和书店都很难找到东南亚相关的书籍，使其难以获取关于东南亚的相关知识。与此同时，行政机构缺乏统一指导的问题仍在一定程度上困扰着教育领域的"新南向"。台最高行政机构 2015 年底表决的"劳动部"提出的外籍白领、侨外生和技术工松绑法案，就因部分民进党、"时代力量""立委"和劳团表态反对而未能通过，有分析认为，蔡英文当局要通过类似法案，也同样会面临类似掣肘。同样，当被问及台湾地区如何留下东南亚人才时，台"教育部次长"陈良基也表示：在提供实习机会方面，"教育部"可以努力，但留台工作部分，则要视"劳动部"规划。② 这显示缺乏统一管理仍然影响着教育领域"新南向"的顺利开展。

3. 面临祖国大陆的相关竞争

祖国大陆同东南亚的教育合作较台湾地区有一定的优势，台湾学者在讨论同东南亚地区的教育交流时，常常对大陆方面表现出羡慕的态度，甚至希望借鉴大陆方面的成功经验。当前随着祖国大陆经济实力的快速增长及其与东南亚各国的联系日趋紧密，其对东南亚学生的强大引

---

① 洪慈欣：《学者：人才几乎零怎能新南向》，《联合报》，2016 年 8 月 13 日。
② 洪慈欣：《揽进东南亚学生后，台湾怎留住他们》，《联合报》，2016 年 8 月 26 日。

力已经成了台湾当局教育"新南向"道路上的浓重阴影。早在 2006 年就有学者提及，台湾地区在对东南亚招生方面对祖国大陆的优势正在逐渐消失，[①] 而近年来大陆西南地区各高校利用地理和学术实力上的优势对东南亚招生，更使台湾地区的学校难以招架。与此同时，在台当局设想中"双向交流"的另一侧，随着祖国大陆扶持台湾青年前来创业力度的加大，以东南亚相关工作岗位为主要卖点，吸引中国台湾地区青年前往东盟国家的现有模式也将面临挑战。

① 王立天等：《台湾与东南亚国协高等教育之相关研究》，《教育资料与研究》，第 111 期，第 221 页。

两岸大学生书法交流之现况与展望

庄千慧

（台南大学文学系助理教授）

一、前言

2014 到 2016 年举办的三届"两岸大学生汉字书法艺术交流"活动，显示出书法在两岸文化交流中已成为重点项目，笔者任教的台南大学学生曾参加 2015 年 8 月在台湾艺术大学的交流活动。同一年的 7 月 6 日到 13 日，笔者也带领台南大学汉语文学系 20 多位学生参与浙江省绍兴文理学院之兰亭书法艺术学院的交流活动，该活动为八天七夜的书法夏令营，在活动结束的这一年多来，两校学生仍透过网络社群维系情谊，显示这样的大学生书法文化交流的影响具有实质正面的意义。因此，本文拟从此一交流活动的推动与影响谈起，讨论两岸大学书法教育概况，以及展望未来交流的更多可能性。

由于本论题目前尚无相关论文或报告可资参考，文献资料的来源除了"两岸大学生汉字书法艺术交流"的活动公告讯息与新闻发布之外，还有笔者于交流活动中所得到的文字讯息、书法作品和活动影像等，因此本文将以"质的研究"作为主要的研究方法，"质的方法可被用来发现（discover）正在发生之事，以及用来辨证（verify）已经发现之事。所发现之事必须借由回到所研究之经验世界，并且检验此浮现之分析与现象和工作之符合程度，来加以实证，以解释所被观察的事项。"[1] 此

---

① 米高·奎因·巴顿（Michael Quinn Patton）原著，吴芝仪、李奉儒译：《质的评鉴与研究 Qualitative Evaluation and Research Methods》，台北：桂冠，1995 年，第 45 页。

一质的研究可与量的调查分析互为参照，以作为日后推动两岸书法交流工作的参考。

二、两岸大学书法教育推动概述

两岸大学的书法教育研究主要发表于公元 2000 以前，如陈振濂于 1997 年在《中国大陆书法教育现况及未来发展评析》一文提到："书法教育在这四十年来走过了一个清晰的转变过程：'从单一的技能学习走向综合的学科构架'、'从基础的书写练习走向较纯粹的艺术创作形态'"①，并认为应"进一步把当代书法教育推向更严密的学科化倾向和更严格的艺术立场"。近 20 年来，由于中国官方政策的支持与推动，大陆高等学校的书法教育已建立本科生以至博士学位的书法学专业，相对于台湾只有少数学校将其附加于中文系或美术系的现状，可谓蓬勃发展。

台湾的学者林丽娥在 1998、1999 年之间于"行政院国科会"专题研究两岸书法教育并进行实地考察，发表《大陆各级学校书法教育之现况与特色分析》②《台湾书法教育之现况与评估》③，并提到，相对于大陆的"书法热"，台湾的书法教育推动可谓困难重重："在课程上，以大专院校中文系开设最普遍；在师资养成上，以师范院校语文教育系最重要，然而上课时间太短，学生人数太多、学生缺乏基本能力及知

---

① 熊宜中主编：《迎接书法新纪元——国际书学研讨会论文集》，台中：台湾艺术教育馆，1997 年，第 270 页。

② 此研究以问卷调查、亲自访谈及数据查索方式，抽样考察大陆 11 所小学、11 所中学、13 所中专、12 所普通大学、42 所师范院校及 12 所大专院校书法专业教育系所有关书法教育之创设简史、课程设计、师资设备、教学方法、具体成果，全面探讨大陆书法教育之现况，并总结出十点大陆书法教育的特色。

③ 此研究以台湾大专院校、师范院校所有教授书法相关科目，及中小学中参加中国书法教育学会、中华书道学会、中国书学苑等社团之老师为主要考察对象，共发出全台 21 个县市及金马地区 337 份问卷，回收 200 份。接受访谈之教授、老师计有 171 位。见林丽娥：《台湾书法教育之现况与评估》国科会结案报告，执行期限：1998 年 8 月 1 日至 1999 年 7 月 31 日，第 3 页。

识、书法专业教室严重不足……，皆是目前书法教学中普遍遭遇的困难"。①

然而，有趣的是，大陆学者潘善助于 2005 年《海峡两岸师范院校书法教育比较》一文提及台湾比大陆在书法教学法的教学上更为重视："台湾开设书法教学法的学校及其课程有：台东师范学院的《写字教学》，台北师范学院、屏东师范学院、花莲师范学院的《书法指导》，台湾师范大学、高雄师范大学的《书法教学研究》"② 两位学者的研究，都是经过实地考察而得的结果，但结论却大异其趣。

台湾在 1995 年公布"大学设立师资培育中心办法"，多所师范院校陆续改制为"教育大学"或"综合大学"之后，师范学院属于必修的写字教学课程也面临了重大的改变，李秀华《九年一贯课程中书法欣赏教学在师资培育课程的反思》提到："师资培育多元化后，写字课的定位，也面临新的挑战。写字教学虽有被视为基础学科的认知，却未被珍视，目前有的师资培育机构，在教育学程的设立中，更有把语文基础能力的写字课删除的"。③ 这个研究所得在 20 年后看来，仍是如此，但是"两岸大学书法教育实施"的相对照研究，至今尚未有更进一步的学术论文来探讨。

2015 年兰亭书法艺术学院鄢政平的毕业论文《书法教育在台湾高校存在现状调查研究》，以两次到台湾交换的实地考察，归纳目前台湾书法教育的实施，主要举例为：以台湾艺术大学书画艺术系、台南大学文学系"书法学程"、明道大学国学研究所书法组和一般大学的通识课程的书

---

① 林丽娥：《台湾书法教育之现况与评估》国科会结案报告，执行期限：1998 年 8 月 1 日至 1999 年 7 月 31 日，第 3 页。

② 《书法》195 期，2005 年 12 月，第 22 页。

③ 《九年一贯课程中书法欣赏教学在师资培育课程的反思》，《花莲师院学报》第 16 期，2003 年，第 197 页。

法课，有助于大陆研究者了解目前台湾书法教育在大学实施的现况。[①]

台湾艺术大学书画艺术系是在美术学的架构下，培养书法、水墨和篆刻专业；明道大学国学研究书法组为硕士学位，课程设计以书法研究为主，国学研究为辅，是目前最能和大陆书法学专业相对应者；而一般大学的通识课程大致以"书法史""书法欣赏"的科目为主，通常只有一学期两学分。

笔者所任教的台南大学则在中国文学专业课程下再加挂 24 个学分的"书法学程"，在中文系辞章、义理与考据之学的养成之中，培养书法的基本技能与书学素养，虽然学生在大一入学时百分之九十以上在是"书法零基础"，但在四年之中，透过书法学程的临帖技能、书学理论和创作应用的学习，并辅以书法讲座与研习的实施，学生在大四都可举办毕业成果展。从展览的策划、画册的印制、展场的租用与布展的设计等，全由学生自行规划。鄢政平曾到台南大学考察，认为和"浙美模式"十分接近：

> 台南大学文学系书法组的这种教学特点十分接近大陆所谓的"浙美模式"的本科阶段教育，即注重传统的书写基本功，尤其是搞清笔法之间关系的教学特点。当然，书法教育存在于大学中文系之中也有其自己显著特点……中文系本身对文学、文字、金石、哲学等学问的要求在很大程度上能够促进书法教学的进行，从不同角度看甚至更优越于艺术类院校的书法教学。

对于零基础、学书四年的台南大学同学而言，学习书法的目的并不是参加展赛，成为专业的书法家，在用笔技法的功力和美术系或书画系的同学相比，自然稚拙与生涩得多。但是从课程的相互涵摄与传统文化

---

① 鄢政平：《书法教育在台湾高校存在现状调查研究》，绍兴文理学院兰亭书法艺术学院毕业论文，2015 年 5 月。此论文所未论及的是一般大学与教育大学"师培中心"开设的"写字教学"课程以及中文系大部分也都有"书法"的选修课程。

的氛围来看，中文系的课程架构显然最有利于书法教学的推动，因此在学生作品的表现上，也可看到有别于强调"视觉张力"与"书写自我"的美术系学生的书风（图1）。以 2016 年毕业展作品为例（图2、3）。

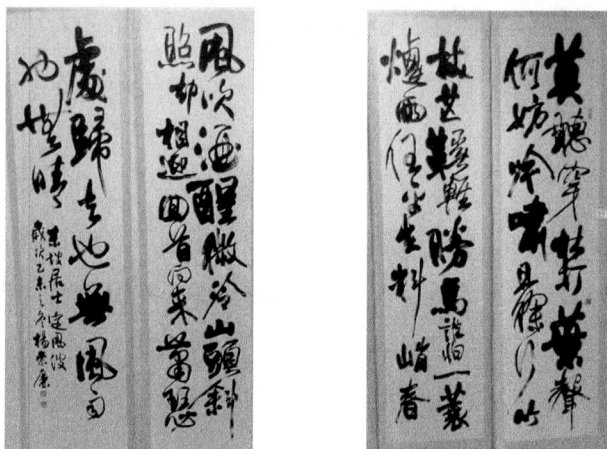

图 1　台湾艺术大学杨崇廉同学作品①

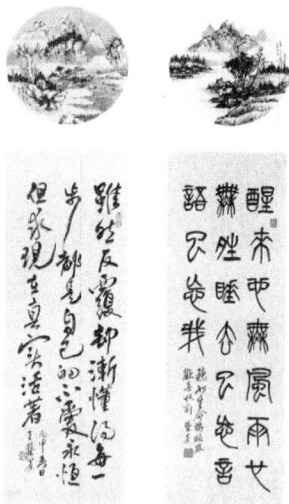

图 2　台南大学王艺蓁同学
（2016 年毕业）作品

图 3　台南大学林彦贝同学
（2016 年毕业）作品

---

① http://cart. ntua. edu. tw/thresult1/art _ work. php？PID＝1536，2016 年 10 月 1 日下载。

南大的同学在书写内容的选取上，除了古典诗词和对联之外，还有现代流行歌词，他们所选择的都是对自己大学四年的生活别具意义的内容，在创作过程中也投入丰富的情感寄托。此次毕业展还有一个共同书写家乡特产的主题，例如《华生》（图4），华生即"花生"，是澎湖离岛的特产，陈嘉欣借此书写父母亲离开澎湖来到台湾白手起家的过程：

因少雨而贫瘠的泥土/仍开出鲜艳的小黄花/结出丰饶的硕果/如生活在此片土地的人们/有着不畏艰辛的性格/活出生命的本真

以此书法作品作为大学毕业的注记，这件作品对于作者及其家族必然具有更独特的意义，对于观赏者而言，这样书写的词句，也更容易引起共鸣。又例如林梦萱的《太平枇杷行》（图5），构想也是来自于家乡台中太平区的水果特产"枇杷"，并化用白居易诗句"千呼万唤始出

图4　台南大学林梦萱同学
（2016年毕业）作品

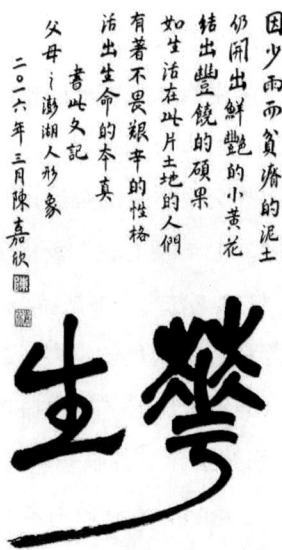

图5　台南大学陈嘉欣同学
（2016年毕业）作品

来，犹抱琵琶半遮面"为"千辛万苦种出来，农抱枇杷半遮面"，传达对于家乡物产的情感。启功说："文学作家亲笔写的作品，我们读着分外能多体会到他们的思想感情。从唐杜牧的《张好好诗》、宋代范仲淹《道服赞》、林逋、苏轼、王诜等的自书诗词里看到他们是如何严肃而愉快的书写自己的作品。"① 台南大学学生的作品当然难以和些古代书法文学大师相提并论，但是书写的初衷则无二致，所传达的情感和意念也是从经典中启发而来。

三、两岸大学生书法交流现况之一——交换生与台南大学国文学系书法学程

自 2009 年两岸大学实施交换学生政策以来，笔者任教的台南大学文学系每年都有大陆的学生前来交换学习，透过这样的学习与交流，使彼此对于对岸大学的书法教育也开始有所了解。由于台南大学为台南师范学院改制而来，因此和大陆的师范院校的交流也较为密切，这些前来交换的学生虽来自师范院校，但这些学校大都没有开设书法相关课程，只能靠自己练习来通过"三笔测验"，因此文学系所开设的书法课程，成为这些交换学生的必选课目，以 2015 学年度上学期所开设的书法课程为例，上学期有："楷书临帖指导""行书临帖指导""草书临帖指导""联匾书法""书法鉴赏""书学通论""篆隶临帖指导""专家书法"等科目，满足学生多元的选课需求。

以笔者担任的"楷书临帖指导""草书临帖指导"两门课程为例："楷书临帖指导"的临摹教材以楷书墨迹本为主，此乃依启功之说：

> 我们在看帖的刻本时，必须理解古人他随便写的时候，他那种自然的精神在什么上可以体会得出来，如果以为石刻上的字样子就

---

① 启功：《关于法书墨迹和碑帖》，收入《启功书法丛论》，北京：文物出版社，2003年，第22页。

是古人当时写字的样子，那就很吃亏了。必须拿出土的墨迹或者唐朝的摹本来对照印证，才可以得到古代人随便写个信札、写个说帖那种字的真正精神原貌。①

这种以墨迹本入门的教学方式，可以让初学者在期中考前掌握基本笔法与结构法则，到下学期之后再进入唐楷碑刻如欧阳询《九成宫醴泉铭》、褚遂良《雁塔圣教序》的学习。2015 年选用的入门教材是渡海来台书家溥心畬《西山贵胄，逸士儒风——溥心畬先生楷书册（苏母高太夫人八十寿文)》，溥心畬传世的楷书作品以对联形式为主，此楷书原为六条屏且印刷精美，墨色如漆，与真迹几无二致，初学者可在此范本中观察到用笔的方法与行笔的节奏（见图6)②。除了启功以墨迹本

图6 《西山贵胄，逸士儒风——溥心畬先生楷书册》局部

---

① 见《碑帖研究》，收入《启功全集》第八卷，北京：北京师范大学出版，2009 年，第 280 页。又，启功《论书绝句百首》三十二："题记龙门字势雄，就中尤属始平公。学书别有观碑法，透过刀锋看笔锋。"自注："余非谓石刻必不可临，惟心目能辨刀与毫者，始足以言临刻本，否则见口技演员学百禽之语，遂谓其人之语言本来如此，不亦堪发大噱乎！"从墨迹本观察用笔之法，再来临摹石刻碑拓，才可分辨"刀法"与"笔法"之不同，若从碑刻拓本入门，除了碑石磨泐处难以辨识之外，也会被刻工的刀法所惑，难以学得毛笔用笔之真相。

② 沈以正编：《西山贵胄，逸士儒风——溥心畬先生楷书册（苏母高太夫人八十寿文)》，台北：尊儒堂，2013 年，第 24 页。

作为学书入门的启发之外，此一楷书册正巧也刊录了启功《溥心畬先生南渡前的艺术生涯》一文，详述溥心畬的文学修养、书艺与受教于溥心畬的缘起，其中对于溥心畬的楷书造诣有以下的说明：

> 据我所知，心畬先生不是从来没临过唐碑，早年临过柳公权的《玄秘塔碑》，后来临过裴休《圭峰碑》，从得方处看，大概在《圭峰碑》上所用功夫最多。……接近五十多岁时，写的字特别像成亲王（永瑆）的精楷样子，也见到先生不惜重资购买成王的晚年楷书。……我们旗人写字，可以说没有不从成王入手，甚至以成王为最高标准的，心畬先生岂能例外！①

溥心畬楷书法度谨严，一般认为来自是《圭峰禅师碑》，从启功之说可知，更近的传承来是于成亲王，同时也点出此乃"爱新觉罗氏家法"。笔者曾于2015年访北京师范大学语文教育研究所，并在颐和园看到双钩楷书的习字本（图7），字体正是成亲王体的楷书，证实启功所

图7　清皇室书法习字本

（笔者摄于北京颐和园，2015年）

---

① 启功：《溥心畬先生南渡前的艺术生涯》，收入《张大千溥心畬诗书画学术研讨会论文集》，台北：台北故宫，1994年，第234—237页。

言不假。而笔者以溥心畬楷书作为学楷入门，显非自创新法，而是前有
所承。

在课程作业的部分，笔者要求学生记下每周上课笔记与学书心得，
从重庆师范大学教育学院的黄浪同学的报告可以看到他这一个学期在书
法学习上的变化，节录于下：

> 在来台湾的行李箱里，默默地为自己放了毛笔、钢笔、毛笔和
> 钢笔字帖，因为大陆师范生必须过三笔字（毛笔、钢笔、粉笔）
> 的等级考试，而我大三了还没过书法考试呢，想要好好利用在台湾
> 的这学期好好练字回去过级哟！……我从开学就开始自己拿着以前
> 的练字帖开始练，每天练，然后传到自己的微信，勉励自己，坚持
> 就是胜利。我开始练的就是田英章的书法（图8、9）。（第四周）

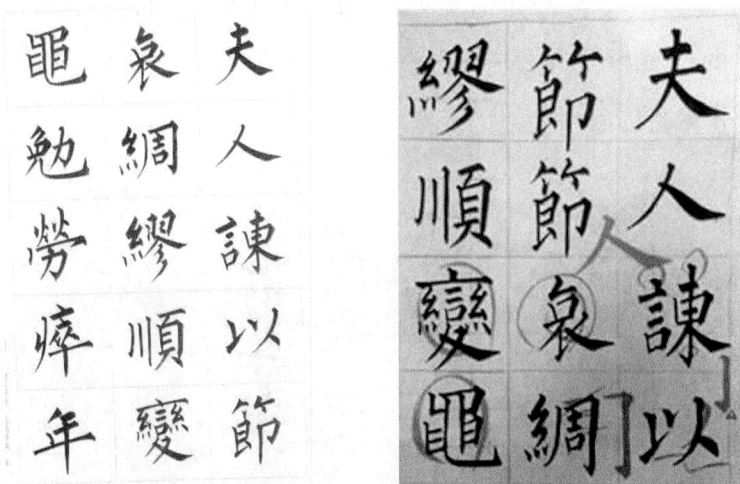

图8　笔者批改重庆师大黄浪同学临摹溥心畬楷书作品

练了快到一个月的书法，虽说是短短的一个月，但是只要努力
和方法得当进步是显著的，已经不是最初为了过级考试而练习书法
了，我是真正的喜欢书法，书法带给我的是不一样的心情，让我的
思绪可以沉淀，当一个人默默地闻着墨香，挥动毛笔，尽情地将自

己的喜怒哀乐挥洒在纸上，当然还没有达到书法家的寄情于书法的境界，对书法的喜欢是由内而发，不是为了完成作业而完成作业。（第八周）

这节课考了毛笔的书法临帖，虽然只有短短36个字，不代表什么，但是36个字却凝聚了一学期的汗水与心血，体现的是一学期的点点滴滴的进步与坚持和努力，一学期即将结束了，不管这一学期是全力以赴还是碌碌无为的对待书法课，他都要结束了。下节课要写对联了，很实用的，我在想象着，回家之后今年的春联要不要自己写写试试。（第十七周）

黄浪同学从学期初自学田英章范帖的书作，以自学者而言，已能掌握好字形间架，经过一学期的临摹和批改之后，笔力已大有增强，结字也更为稳当，硬笔书写的能力也同时进步了（图10、11）。在学习书法的动机上，也不再是初来时仅为通过三笔的测验，而是在潜移默化之中，喜欢上书法。

  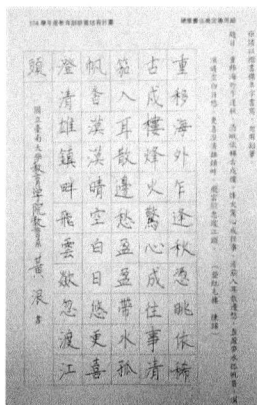

图9 重庆师大黄浪同学临摹田英章楷书作品　　图10 重庆师大黄浪同学临摹溥心畬楷书作品　　图11 重庆师大黄浪同学临摹硬笔书法作品

在另一门"草书临帖指导"课程中，笔者亦以墨迹本教材作为临摹模板，一学期安排的教材以二王典型为主，如：东晋王献之《地黄汤帖》、唐代孙过庭《书谱》、宋米芾《吾友帖》和明代董其昌《试墨帖》等。重庆师范大学教育学院金金同学，先前未有学习草书的基础，在学习周记上记录了学习的过程，以下节录之：

> 这周发现自己写草书时，是习惯于用侧锋，以至于一些线条或笔画看着不是那么流畅或是较为毛躁不精细，现在努力在改正用中锋提笔，并提笔高度也有所改变。（第四周）

> 每次批改都有不一样的收获，写《书谱》总是转折出现问题，以及书写作品时应该注重结构、章法、字的大小的排布，这样看起来才不会乱，还发现非白太多及收笔字的精细度不够，写得太草率了，自己一定要改正！（第八周）

> 这周开始练习米芾的《吾友帖》时，发现改变了米芾的布局，也就表现不出来它的变化，在周庄老师的课上，自己才开始逐渐注意临帖中书写字形结构的粗细、提案轻重的变化，以及用墨的浓淡，沾墨的韵味，以前从没有注重一幅作品形式、结构、布局的变现，只顾一个字一个字地临，没有先观其他的整体形势与风格，并且，现在也逐渐开始去浏览阅读经典古人书家的笔法特色，以及这幅作品的情感、墨韵、气息，也许我现在还不是很理解庄老师讲的书法上所谓的"气息"，但是我相信按照庄老师给我的指导——多浏览、熟记经典书家字帖＋时间的堆积＋自身不断地摸索，将来我一定会理解书法中的"气息"。（第十一周）

从图12、13和14可以看到金金同学的学习成果，除了草书基本笔法的熟练之外，对于原帖字形结构与整体章法布局的安排已有很好的展现，这样的学习成果，来自于学生课堂的专注以及课后书法社团与书法研习课程的辅助。至于文中提到的"气息"，对于一个书法初学者来说当然是不容易理解的，正如，唐代张怀瓘所说"深识书者，惟观神采，不见字形"①，但只要在书法学习之路上不断前行，必然可以体会每一件书作的神采与气息。

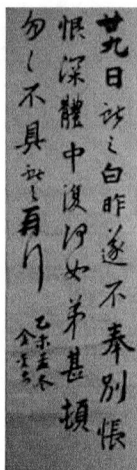

图 12　重庆师大金金同学
临摹王献之《廿九日帖》

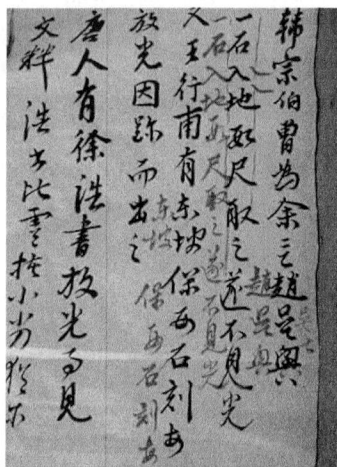

图 13　重庆师大金金同学
临摹董其昌《试墨帖》

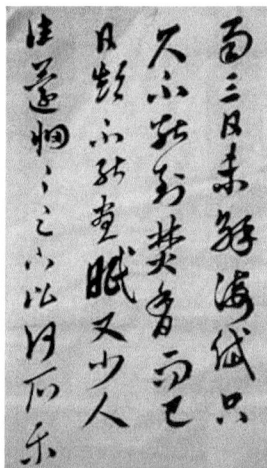

图 14　重庆师大金金同学临摹米芾《吾友帖》

①　唐张怀瓘：《文字论》，《历代书法论文选》，上海：上海书画出版社，1979 年，第209 页。

四、两岸大学书法交流现况之二——"两岸大学生汉字书法艺术交流夏令营"

自 2014 年到 2016 年举办了三届"两岸大学生汉字书法艺术交流夏令营",根据下表,可知主办单位为两岸合编中华语文工具书大陆编委会与台湾中华文化总会,举办地点两次在大陆,一次在台湾,而形成两地轮办的模式(见下表)。①

时间	2014 年	2015 年	2016 年
主办单位	台湾:中华文化总会	台湾:中华文化总会	台湾:中华文化总会
	大陆:两岸合编中华语文工具书大陆编委会	大陆:两岸合编中华语文工具书大陆编委会	大陆:两岸合编中华语文工具书大陆编委会
协办、承办单位	浙江省语言文字工作者协会承办,绍兴文理学院协办	台湾艺术大学美术学院书画艺术学系承办	陕西省语委办承办,西安理工大学、陕西师范大学协办
举办地点	绍兴文理学院兰亭书法艺术学院	台湾艺术大学	西安理工大学

在交流的行程安排上,大陆也具有巧思,2014 年举办地点在浙江绍兴,2016 年在陕西西安,前者正是王羲之兰亭盛会发生地,而后者则是碑林所在地,这两个地点在书法史上都有重要意义。台湾方面,台湾艺术大学位于新北市,邻近台北故宫博物馆,更是大陆学子向往的艺术宝库。在活动的安排上,除了古迹名胜的参访,必定安排的是一人一句的方式,接力书写完成一件长卷作品,一方面在书法上相互较劲,一

---

① 根据"2016 年 7 月 12 日新华网新闻":"自 2014 年起,由国家语委牵头的两岸合编中华语文工具书大陆编委会和台湾中华文化总会决定在两岸轮流举办大学生汉字艺术交流夏令营,继 2014、2015 年分别在浙江绍兴文理学院和台湾艺术大学成功举办后,今年的夏令营活动由陕西省语委办接力承办,由西安理工大学和陕西师范大学两所高校协办。"http://big5. news. cn/gate/big5/news. xinhuanet. com/politics/2016 – 07/12/c _129139395. htm,2016 年 0 月 1 日下载。

方面又可观摩彼此的书艺，是整个交流活动的焦点。

　　除了这三次的交流夏令营之外，笔者曾于 2015 年和台南大学中文系 20 多位学生参与浙江省绍兴文理学院兰亭书法艺术学院的交流活动。相较于前述的交流活动，这是两岸大学生第一次以"校"对"校"的模式进行书法交流，行程安排了篆隶草行楷书法入门课程与中国文化体验。

　　由于两校之前并未有过接触，在上课之后，兰亭书法学院的老师对于台南大学学生已具有各体笔法基础与作品经营能力表示惊讶，因为2014 年到兰亭参加夏令营的台湾大学生大都没有书法基础，因此立即调整了课程的进行，改为"当场书法挥毫"互赠作品、《张旭古诗四帖》的共同临摹等活动（见图 15）。除此之外，也安排参观了杭州西泠印社、兰亭风景区、绍兴博物馆和徐渭纪念馆等，对于主修中国文学的台南大学同学而言，得以亲访文学与书法经典的发生地，在其人生经验与美感体验上，都是感受十分深刻的。

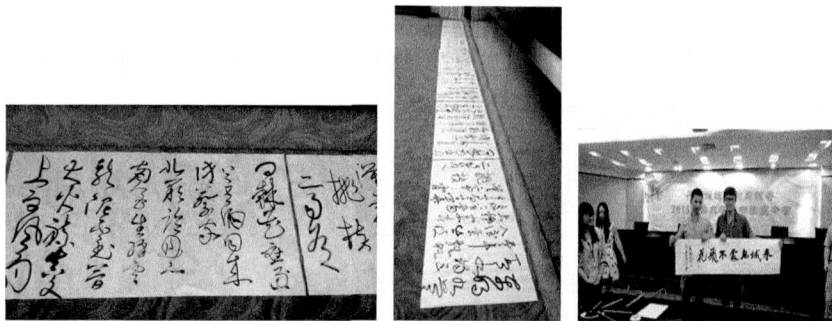

图 15　台南大学和兰亭同学书法合作草书长卷与互赠作品（作者拍摄，2015）

　　在此八天夏令营之后，台南大学同学返台之后又参加了台艺大的夏令营，两校同学在一个暑假之中互访，彼此成为朋友，在书法学习之路上互相鼓励，台南大学陈之曦同学写下心得：

　　　　在他们（兰亭同学）身上我看到了朴实的一面，或许我们熟悉的时间不长又或许文化的差异，但是他们对事情的专注是我最感到佩服的。看着他们我就会想问自己有没有对一件事情执着过？八天的绍兴，五天的台北，才相隔两岸的距离，说再见的时候就会觉得特别的遥远，但因为这样才会把这段美好的回忆好好地放在心里。谢谢台南大学活泼的我们，谢谢绍兴率真的你们。

由此可知，这样的交流活动，不只是古迹的访察体验，以"书法"为由，让他们看得更多、想得更远，最重要的是学习态度上的影响与改变。当时大二升大三的陈之曦同学在参加交流夏令营之前，完全没有修过书法学程，本来抱着只是去旅游的心态，却从此对书法产生兴趣，回台之后一年内，已急起直追，下面为大三开始学习唐代褚遂良《雁塔圣教序》一年的成果（图16）。

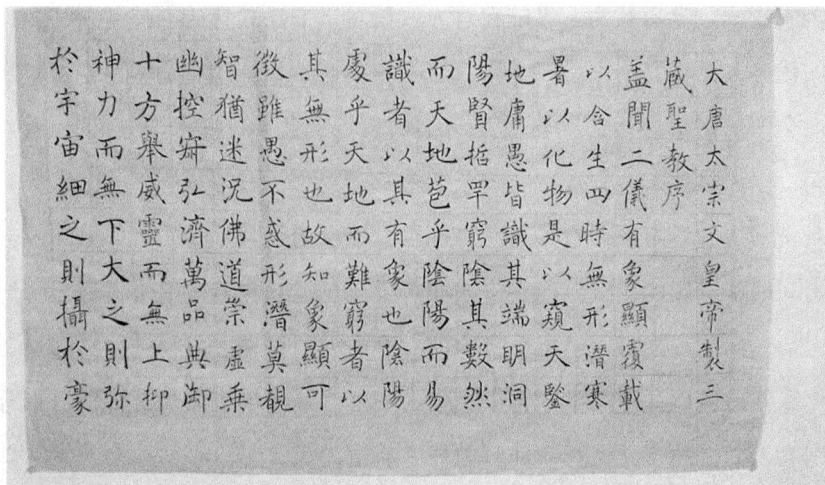

图16　台南大学陈之曦同学临摹楷书《雁塔圣教序作品》

周祝瑛对于两岸大学生交流的研究指出："如果两岸大学生双方在'缺乏充足信息，或彼此间存在错误信息和误解下'，的确存在对双方之刻板印象与不友好的态度。但如果经过交流后，透过不断的族群接触情境，与获得新的信息后，双方大学生对于彼此的错误认知与误解，就有机会化解，甚至进一步建立双方友好的新关系。"① 从台南大学和兰亭书法艺术学院的交流过程，可以发现，双方在书法的共同兴趣基础上，可以更快地建立友谊，在新的信息交流过程中，透过脸书或微信持续联系，从文房用具的购买、书法展赛讯息的发布与学习心得的交流等，逐渐建立情谊。

五、结语

在本文之中笔者以"质的研究方法"，呈现目前两岸大学书法教育推展与大学生书法交流的现况，可得到以下的结论：

其一，两岸的学者在考察对方的书法教育时，都是见到彼此之优点而反省自己之不足，因此在结论之中对于所处的书法推行远景总是建言多于鼓励。笔者认为，大陆在官方政策对于书法教育的支持与书法人口的优势，已将完成书法高等教育从本科到博士学位的专业学科建构，加上全国书法家协会的绵密网络，书法发展的优势不言而喻。在台湾方面，书法虽然未有此优势，但学生在多元化、自主化的教育风气之中，对于书法的学习反而有了另一种面貌，以台南大学学生而言，虽然不会走向展赛竞逐的路线，但在进入职场后，仍继续保持对书法喜好与临池习惯，甚至和同好同组书会，定期举办联展，使书法成为一种兴趣与文化涵养。值得一提的是，台南大学的书法学程提供了大陆交换学生来台湾学习书法的多元选择，回到原校之后更广为宣传，吸引更多的大陆学生前来学习，日后在两岸大学生的书法交流中必然会有更大的影响力。

其二，就大学生书法夏令营交流活动来看，目前受到两岸大学生的欢迎，尤其是两岸轮流办理的模式，可以互访增进彼此的了解。惟在夏

---

① 周祝瑛、刘豫敏、胡祝惠：《两岸大学生交流之回顾：1992—2012》，《教育资料与研究》110 期，2013 年 8 月，第 137 页。

令营讯息的布达上，应再更为公开与周延，使更多的学生得到参加的信息。

其三，展望未来的交流模式，可以考虑在现有的夏令营之外，举办"两岸大学生书法联展"，在两岸多据点展出，让书法不是只有少数精英比赛的竞技项目，可以借由联展的办理举行座谈会，出版画册或文创商品，使书法的传播更为多元并产生真正的影响力。

"继圣"与"去魅"

——两岸《论语》传承状况比较研究

戴亚琴

（上海市闵行区委党校）

一、学院化研究

1949 年后，《论语》研究的重心在港台，根据统计，1950—1980 年期间出版专著 16 部，发表论文 289 篇，反观大陆全面进行马克思主义教育，《论语》研究基本处于停滞状态，30 年间出版相关研究专著仅三部。

1949 年后，留在大陆的新儒家代表人物梁漱溟和熊十力等大家坚持进一步阐述自己的新儒家主张，甚至试图"儒化"马克思主义，但是其影响很快被持唯物史论的声音所遮蔽，学术界热衷于以唯物史观重新评价孔子及其思想的历史地位，冯友兰以马克思主义的立场发表了《论孔子关于"仁"的思想》《再论孔子》《我对孔子的基本看法》及《关于孔子讨论的批判与自我批评》等文章，将孔子的中庸思想概括为"带庸俗气的调和主义折中主义"，值得一提的是冯友兰在著作中反复征引《论语》条目，对《论语》的史料价值评价并未发生根本性变化。杨树达、杨伯峻叔侄的《论语》注继承了乾嘉考据学派的传统，1958 年杨伯峻《论语译注》出版，作为中国第一部白话文《论语》读本，语言朴实、考证严谨，堪称译注方面的典范，但在当时，其影响力远不如赵纪彬的《论语新探》，后者一度更名为《古代入学哲学批判》，着重探究春秋时期的社会性质和前期儒家的哲学思想，采用阶级斗争为纲的方式阐释《论语》，是利用马克思主义方法论研究《论语》的开山之作，但无论是对马克思主义还是对《论语》的理解都颇显概念化、僵硬化。

1978年庞朴在《光明日报》上发表《孔子思想的再评价》，是最早提出"重新评价孔子"的文章之一，在大陆学术界引起热烈反响。梁漱溟、李泽厚、匡亚明等人也发表了"重新评价"或"再评价"为题的反思和研究文章，冯友兰公开声称放弃"文革"时期的批孔言论，1980年以后，大陆学术界关于《论语》的研究成果逐渐多起来，1980年中华书局再版杨伯峻的《论语译注》，同年杨伯峻发表《试论孔子》一文，对《论语》的史料价值和文本地位做了精辟的论述，系统地分析孔子对后世的贡献。1994年，李泽厚出版《论语今读》，对论语进行思想史意义上的分析和阐述。1980年以来，大陆学术界对孔子的政治思想、伦理思想、教育思想、管理思想、人才思想、逻辑思想等展开深入研究。

台湾的《论语》研究上接1949年之前的文化保守主义思潮，最重要的代表人物是现代新儒家的巨擘钱穆。早在1918年，钱穆出版《论语文解》，与"五四""打倒孔家店"的提法不同，钱穆有强烈的尊孔意识，号召中国人个个都去读《论语》，试图以此恢复中华民族的民族自信心，并借此来增强中华民族的内在凝聚力。1949年离开大陆后先在香港创办新亚书院，1967年到台湾定居，先后著有《论语新解》《劝读论语和论语读法》《孔子和论语》等著作。其《论语新解》为阅读《论语》提供了一个很好的注本，具有很高的学术价值，钱穆对《论语》的相关语录进行了系统的阐释，钱穆的《论语》研究上承孟荀及宋明理学家的传统，坚持儒家思想是中国人的基本价值系统的根本，也为后来港台的儒家文化和《论语》研究开辟了一条道路。钱穆在香港创立亚洲文商学院，后更名为新亚书院，以此为阵地，唐君毅、牟宗三、徐复观等人组成新儒家学派，发布《为中国文化敬告世界人士宣言》。

徐复观在《中国经学史著要》中对《论语》的现代价值做了较为精要的剖析，认为论语在科举时代被僵化利用，其本身活泼的思想被忽略了，提出"要恢复民族的活力，便必须恢复历史文化的活力，要恢复历史文化的活力，便对塑造历史文化的基型、推动文化的基线的经学，应当重新加以反省，加以把握"，提倡恢复经学传统，对作为"五经"之首的《论语》要重新加以反省和把握。徐氏在《中国人性论史》一书中系统地用《论语》中的相关材料，来说明孔子在中国文化史上的地位以及孔子的人性论等问题，他认为中国正统的人性论是由孔子奠基的，而要想真正了解孔子的人性论，就要先根据《论语》中的材料，了解其在中国文化史上的地位，在徐氏观念里，两千多年的专制统治中，歪曲孔子学说的情形十分普遍，读《论语》的首要工作就是要分清孔子语录哪些是讲一般原则，哪些仅适用于特殊对象，徐复观严格以《论语》文本的相关材料为基础，同时认为儒家文化中蕴含着民主、自由等现代意识。

同样作为台湾新儒家代表人物的牟宗三更为关注心性研究，对于《论语》文本的研究并不多见，但其受《论语》影响可多见诸其论著，尤其是牟宗三在提倡经学的同时，把《论语》中仁智圣看成是了解中国思想的最大窍门。"孔子未使他的思想成为耶教式的宗教，完全由于他对主体性仁、智、圣的重视，这是了解中国思想特质的最大窍门"，在他的研究理念中，"性与天道"是中国思想界的本源，而《论语》是了解这种思想本源的一个门径。

70年代之后，在牟宗三的影响下，围绕着《鹅湖》月刊和《鹅湖

学志》半年刊的创办，渐渐形成以财团法人"东方人文学术研究基金
会"和"鹅湖人文书院"为中心，以上述两份刊物和《鹅湖学术丛刊》
主笔群为主体的学术群体。其学者群年龄跨度大，后继储备力量充足，
成为新儒家和后新儒家的中坚力量。牟宗三的弟子，同为鹅湖学派学者
的林安梧，近年来活跃于内地，认为《论语》是一步"交谈性"经典，
强调的是"人在天地之中，且以其道德而参赞企慕于道，故重点在人
的内在德性之践履，且由此尽己而尽人，尽物而知天"，呈现人与天地
人事物间最真实的生命交谈，万不可从辩论的观点来看论语，这跟西方
哲学经典有截然不同的区别。

　　1949 年之后的 30 年期间，相比较而言，台湾的《论语》研究，既
接续了 1949 年之前的传统，同时在研究中加入西方的文艺观和方法论，
有一批卓越的学术带头人，有专门的学术研究机构，有引发较大影响力
的刊物，成果卓然。80 年代之后到 20 世纪末，"大陆的《论语》研究
逐渐恢复并发展，与港台学者一起共同开创了《论语》学研究的新局
面，出版专著数十部，发表论文数百篇"。①

二、大众化导读

　　《论语》流传的历史，也是一部后世学者研究推广、将其推向普通
民众的历史。1949 年之后，在台湾地区，促成《论语》的大众化导读
最早的是毛子水。受台湾"中华文化复兴运动推行委员会"委托，毛
子水写就《论语今注今译》一书，于 1975 年由台湾商务印书馆出版发
行，到 1984 年已重印 9 次。毛子水延续钱穆的尊孔观念，把《论语》
视为世界"第一书"，将《论语》中不利于孔子的记载都进行了一定虚

---

　　① 唐明贵：《中国学者近半个世纪以来的〈论语〉研究》，《古籍整理研究学刊》，2005
年第 2 期，第 16 页。

化处理。毛子水版《论语今译今注》，在台湾的学界、政界和大众阅读中都有较大影响力，当下的毛子水版《论语今译今注》中，有台湾地区前领导人马英九的《永恒的经典，智慧的源泉》作为序言。

而将《论语》推向大众最为成功的首推南怀瑾。南怀瑾一生经历传奇复杂，其思想组成儒释道杂糅，并不是纯粹的儒家学者，他结合自己的生平阅历，以平实、生动的讲演形式，阐发其历史观念和文化主张，南怀瑾的《论语别裁》是一部妙趣横生的讲演录，自 1990 年引入大陆之后，备受读者推崇，南怀瑾另类解读《论语》的方式也受到了诸多批评，学界认为其缺乏学术规范，误读《论语》曲解孔子，张中行就曾批评南氏《论语别裁》思想陈旧、缺乏考据、无稽解读，是一部令人"哭笑不得"的著作。但是这丝毫不影响南氏《论语别裁》在 90 年代之后大陆"儒学热"兴起的过程中起到的推波助澜的作用，很多人开始模仿南怀瑾的解读方式。

与南怀瑾相对信马由缰的解读不同，另外一些台湾学者于家菊、林在勇等则认为应该忠实于文本，他们笃信"企图了解中国文化之精髓，试问除了孔子及孔子之徒的思想言行外，到何处区寻觅中国文化的骨髓"，余家菊致力于恢复孔学，林在勇则通过《读〈论语〉开智慧》一书，阐明其更关注《论语》对于完善个人心智方面的作用。傅佩荣的《论语》读本在大陆也颇受欢迎，他熟悉西方哲学思想，站在中西文化的制高点上诠释《论语》的现代意义，对普通读者而言，其创作语言幽默，通俗易懂，能把《论语》讲得生动而又贴近人心。

20 世纪 90 年代以来，儒学在大陆开始回暖，首先是港台地区的一些《论语》读本，比如南怀瑾的《论语别裁》、傅佩荣的《译解论语》及系列哲学读本等，受到大陆读者的追捧。《论语》被列入中学生必读书目，尤其是在 2004 年《甲申文化宣言》发表之后，"读经热"开始盛行，2006 年之后，于丹登上央视百家讲坛，做"于丹《论语》心得"专题讲座，出版同题专著，发行量惊人，受到空前追捧，成为一时炙手可热的学术明星，把儒学热推向一个新高潮。《于丹〈论语〉心得》一书的出版，在社会上和学界引起两种相去甚远的评价，一方面有人认为于丹通俗易懂的解读为中国人找回了孔子，另一方面学界认为于丹儒释道不分，其解读《论语》是"成功学"式的标签化阅读，与《论语》的精神实质相去甚远，完全误解了孔子的原意，她放弃了对孔子所处时代及其批判精神的追问，而将孔子简单化为功利而浅薄的"心灵鸡汤"代言人。

同样引起广泛关注的是北大教授李零的两部关于《论语》的专著，《丧家狗：我读〈论语〉》《去圣乃得真孔子：〈论语〉纵横读》，与不断升温的"儒学热""读经热"反其道而行，李零提出要对孔子去魅，抹去孔子的圣人光环，他认为把《论语》和孔子当作"圣经"和"教主"的做法是最为荒唐的，历代统治者追捧孔子是为了大一统专制，绝不是为普通百姓谋福利，把儒学立为国教有悖于思想自由的发展。李零描摹孔子孤独的精神状态，称其为"丧家狗"，要还原历史上孔子的真面目，李零是古文献专家，大量使用历史文献客观地看待《论语》文本，其著作接续的是"五四"传统，以现实关怀的目光注视孔子和《论语》，把孔子还原为人，但与于丹不同，这是一个真实忧虑的人，是活在历史现场和教学活动中的人。李零自称，"我的研究，是针对近二十年来中国社会上的复古狂潮，一种近似疯狂的离奇现象。我觉得，早该有人出来讲几句话了，哪怕是一个不字。不是跟哪位过不去，只是本着学者的良心，说几句再普通不过的话。"[①] 这是针对社会上盛行的"读经热"提出批评，其著作发表之后，学界议论纷呈，一方面，持文化保守主义的儒学研究者对李零提出激烈批评，认为李零的观念源自

---

① 李零：《去圣乃得真孔子：论语纵横读》，三联书店，2008年。

"五四"的批判精神，反传统立场与《论语》等传统典籍天然相悖；另一方面，也有诸多学者认为李零去政治、去道德、去宗教的解读思路独出机杼，有理有据，思想深具创见。

上述诸多学者，既有独辟蹊径的个性解读，也有有理有据的独特分析，都对《论语》的大众化阅读起到了较好的推广作用。林在勇、李零等学者的《论语》研究，既立足于学术立场，又能不脱离现实关怀，积极回应社会的需求，其《论语》研究成果虽不是典型的学院体系著作，但也成为当代文化建设的重要理论成果。

三、市场化传播

进入 20 世纪 80 年代之后，随着两岸经贸和文化交流的迅速升温，海峡两岸的学术交流也日渐频繁，毛子水、南怀瑾的著作在大陆引起阅读热潮，到了 21 世纪之后，大陆学者的著作也渐渐进入台湾。2007年，《于丹〈论语〉心得》进入台湾出版发行，在台湾社会引起很大反响，在娱乐综艺节目极为繁盛的台湾社会，"国学热"一时堪比明星热，事实上，"论语旋风"登陆台湾，也是传统文化的一种娱乐化再现。而在大陆，于丹被称为"学术超女"，其热度堪称娱乐明星。细加考察，会发现这些现象之下隐藏着某些困扰和迷惑的湍流，《论语》的传播也面临着一些共同的难于逾越的难题，孕育着新的变化。

《论语》虽然是对话体，用语平实，但对现在的读者尤其是低龄读者而言，还是过于古奥，其背后的历史和蕴涵的哲思也难以为低龄读者接受，需要以更为活泼生动、浅显易懂的形式呈现。这方面的尝试众多，有电视媒体、漫画创作、吟诵培训等等。

台湾较早就开始录制南怀瑾到各地讲学的视频资料，合成视频教程，其现场讲解较专著更能为文化层次较低的受众所接受，流传更广。2001 年，中央电视台《百家讲坛》开播，选择观众最感兴趣、最前沿、最吸引人的选题，追求学术创新，强调雅俗共赏，传统文化成为重点选题，开播之后，傅佩荣、于丹、鲍鹏山等学者先后进行过《论语》的专题讲座，反响火爆。以电视专题栏目的形式，邀请著名学者进行通俗化解读，也一时成为各家电视台热衷的做法。

老舍曾经说过，用绘画来表现思想，是漫画最大的劳绩，它的技巧是图画的，而效果是戏剧的或短篇小说的，漫画负有传播思想的任务和能力。漫画能以生动、有趣的画面表达出艰深的历史和哲理，对于理解能力尚不够强的低龄读者来说是一个很好的译介手段，20 世纪 80 年代末，台湾漫画家蔡志忠推出诸子百家漫画册，后逐渐形成国学漫画系列全集，其中《论语》和《孔子说》，用漫画的形式将孔子的一言一行及其弟子的精彩对话表现出来，大受欢迎，成为在全球畅销的画册。

电视节目和漫画都是公开发行，有较大的受众群体，而在民间，"读经热"悄然兴起，大陆的儒学家蒋庆，倡导恢复中国的"古学校之道"，认为"读经"是中国文化复兴的开始与希望。中国台湾鹅湖学者王财贵于 1994 年在台湾地区发起"儿童诵读经典"运动进而在大陆、美国、东南亚等地推广，王财贵推广"读经"，其出发点在于他认为站在整个民族前途的角度，会感到当前两岸极其短缺"为天地立心，为生民立命，为往圣继绝学，为万世开太平"的"文化人才"，要从儿童开始关注，培养"胸怀万世"的强健人格①。"读经热"是"国学热"的延续和大众表现形式，但不能忽视的问题是，《论语》不是某种行为规范，《论语》的深刻内涵不是通过对儿童的灌输背诵能为其所吸收的，遍地开花的国学培训班和少儿读经班，很大程度上是被巨大的利益所催生的。这非但不能推广《论语》等经典的传承，反而可能因从业

---

① 程志华：《台湾"鹅湖学派"研究——牟宗三弟子的哲学思想》，人民出版社，2014 年。

人员素质较差而将古代典籍中的糟粕不断放大。"心不存慎终之规，口不吐训格之言，不择贤以托其身，不力行以自定；见小暗大，而不知所务，从物如流，不知其所执，此则庸人也"。[①] 阅读经典，需要对经典有较深修养的人士投入，以科学的态度和较为规范的方式进行引导，显然，当前的各种国学培训班及读经推广人还欠缺颇多。

1949 以来，两岸的《论语》研究和传播也逐渐进入新的状态，有学院化的研究，有大众化的导读，更有市场化的传播，三者之间在学术化和规范性方面有较大区别，但也有所交流融合，两岸的《论语》研究形成一种"温柔的共鸣"（傅佩荣语）。2018 年，第 24 届世界哲学大会要在北京召开，主题是 Learning to be Human，也就是"学以成人"，哲学界关注的重点将再度回到对做人的重视，《论语》在两千多年前就已经在追求做人的终极意义，今天的人类面对相同的追问，如西方学者所言"我们要做的不只是研究中国传统，更是要设法使之成为丰富和改造我们自己世界的一种文化资源"[②]，在此基础上，我们考察海峡两岸对《论语》的研究、推广、传承，有其积极意义。

---

① 《孔子家语》，王国轩译注，中华书局，2009 年。
② 《跨文化对话》，第 5 期，上海文化出版社，2001 年。

两岸高职教育之"文化育人"
的交流与启示

陈威亚

（湖北襄阳职业技术学院 经济管理学院）

作为高等教育新类型、职业教育体系的新层次，海峡两岸的高等职业教育都有着十几年的发展历史，目前高职教育已经从规模发展到内涵建设，越来越重视以"文化育人"来培养学生的质量和素养。近年来，"工匠精神"渐渐引起高职教育圈的关注，在培养学生"工匠精神"方面采取以文化人、以艺化人、以情感人、立德树人，通过我国传统的优秀文化、现代学徒制模式，创客教育的闯客精神，培养高职设计类专业创新创业意识和攻坚克难、扎实的一丝不苟的工匠精神。

一、大陆高职文化育人的尴尬境遇

文化的繁荣是物质基础发展到一定阶段的必然产物。在高职院校发展前进的队伍中，也存在着追求、层次和境界之分，由于办学历史、办学条件、办学理念、所处地域以及依托的行业和企业背景等各不相同，高职院校在办学理念、办学层次、办学重心和发展阶段、发展水平及服务功能等方面都存在着明显的差异。一些发达地区的国家示范性、骨干高职院校由于起步较早、发展速度较快，所处的经济和社会环境开放，享受到政府的政策支持有力，早已经从"求生存"的阶段过渡到"求发展"的阶段，向着更深层次的阶段迈进，已经凸显出了文化自信和文化自觉，朝着文化育人的方向不断纵深发展。

但是，"文化育人"这一重要命题，在大陆高职教育中往往遭遇尴尬的境地。

"文化育人"要么演变成为团委、学工等部门开展各种活动为主要内容的单一形式；要么，"文化育人"难以渗透进"第一课堂"，无法同专业课程紧密结合，这就形成了一种尴尬的境地——第一课堂"文化"缺位，第二、第三课堂"专业技能"缺失，技能与文化成了"两张皮"。

当然，造成这种窘境的原因，一方面，大部分高职院校的办学历史比较短，还处于生源危机的边缘，生存才是硬道理，文化的积淀相对较为薄弱，基本上还没有真正形成具有自身院校特色的、有效的文化育人体系；另一方面，重要的还是因为我们对"文化育人"的理解不够透彻，认识不够清楚，落实不够充分，以至于人人谈及"文化育人"无不承认其重要性，可是一旦涉及具体的措施、实践和操作，几乎又无计可施，甚至被一些轰轰烈烈的"假象"覆盖和淹没了。

可以说，很多高职院校当前对"文化育人"还存在着认识模糊、特色不鲜明、内容不完整、动力不足、机制不健全、落实不到位等问题，亟待"拨乱反正"，这需要高职院校明晰"文化育人"的概念和内涵，加强顶层设计，理顺管理机制，凝聚理念共识，为"文化育人"的有效开展，提供思想和体制上的双重保障。

高职教育兼具"高等性"和"职业性"，要让高等性统领职业性，避免陷于褊狭式发展的胡同，需要大学的文化精神做铺垫和引路。总而言之，对于高职院校而言，唯有文化的发展才是真正的特色发展、可持续发展，"文化育人"应该成为高职创新发展的着力点之一。

二、"工匠精神"的提出

2016 年的国务院《政府工作报告》中指出"鼓励企业开展个性化

定制、柔性化生产，培育精益求精的'工匠精神'，增品种、提品质、创品牌。"2016 年 3 月 29 日，李克强总理在第二届中国质量奖颁奖大会上指出："弘扬工匠精神，勇攀质量高峰，打造更多消费者满意的知名品牌，让追求卓越、崇尚质量成为全社会、全民族的价值导向和时代精神，为促进经济'双中高'、全面建成小康社会作出更大贡献！""工匠精神"一时间成为一个热词。

如果说，以前高职院校对于"文化育人"有一种摸不到头绪的有心无力之感，那么"工匠精神"的提出和界定，则为高职教育指明了一条正确的方向。

三、"工匠精神"的现代流变

"工""匠"与"工匠"，有一个逐步演化的过程。"工""匠"有着不同的含义，"工"包含着"匠"的意思。《考工记》曰："知者创物，巧者述之，守之世，谓之工。"《说文解字·匚部》说："匠，木工也。从匚，从斤。斤，所以作器也。"封建社会时期，随着户籍制度的出现，则"工在籍谓之匠"，则工与匠合为一体。结合辞源及古代汉语词典，工匠定义为专业技术与艺术特长的手工业劳动者，其基本要素包括以下三个方面：一是专业的或手工业行业分工的要素；二是技术的或专门技能的要素；三是艺术的或工艺的要素①。随着现代社会的演变，亚力克·福奇认为工匠是用已存在的事物制造出某种全新的东西，其创造行为能够激发人们的激情和对它的迷恋，它是一种"破坏性行为"。②余同元定义的工匠中，手工业劳动者是其基本对象，亚力克·福奇的内

①　余同元：《中国传统工匠现代转型问题研究——以江南早期工业化过程中工匠技术转型与角色转换为中心（1520—1920）》，复旦大学，2005 年，第 36—37 页。
②　〔美〕亚力克·福奇：《工匠精神：缔造伟大传奇的重要力量》，浙江人民出版社，2014 年，第 7 页。

涵中则涉及对新时代工匠的定义，其定位人群不再仅仅是手工业劳动者，而是有着更广泛的人群定位。工匠的含义被赋予了新的时代意义，工匠精神则会显示出更强的现代性表征。在新时期所弘扬工匠精神已不再是手工业者的职业道德追求，而是作为普世工作的任何人的行为追求。

工匠精神（Craftman's spirit）属于职业精神的范畴，是从业人员的一种职业价值取向和行为表现，与其人生观和价值观紧密相连，是从业过程中对职业的态度和精神理念。

四、他山之石——如何用工匠精神进行文化育人

（一）吸收并改革传统职业教育制度，学习学徒制的严谨执着精神。

中国古代职业教育是艺徒制度，这个制度不仅仅是单纯的技术继承，更是施教与受教双方心里的传授和领悟。在中国古代职业教育模式中，师徒共同生活、学习、讨论、钻研技术。师傅不仅传授徒弟技术，而且教育徒弟如何做人，通过言传身教端正徒弟的从业态度。

目前，包括台湾高职院校在类，已经有部分高职院校部分专业开始实行现代学徒制度。

所谓"现代学徒制"是以校企合作为基础，以学生（学徒）的培养为核心，以课程为纽带，以学校、企业的深度参与和教师、师傅的深入指导为支撑的人才培养模式。[1] 在现代学徒制中，和传统学校的学生相比较，出现了以下的转变：身份的转变，学生由学生转向学徒和学生；学习地点的转变，不仅仅是在学校学习还在生产的一线进行学习；在学习的方式上也由单纯的理论学习转向工学交替；考核方式上由原来的教师考核到由师傅评价与教师评价相结合。这些为学生的工匠精神培

---

① 胡秀锦：《"现代学徒制"人才培养模式研究》，《河北师范大学学报（教育科学版）》，2009年第3期，第97—98页。

养提供了丰厚的土壤，在企业中精挑细选具备资格的"工匠"对学生进行指导，使学生从言语交流以及非言语交流中都能感悟工匠精神。

这种师傅带徒弟，现代学徒制，培养模式，全面推进以培养学生创新精神和实践能力为核心的教育、让学生们在实际工作环境中学习、训练，这实战实练不但能够有效地锻炼学生们的职业认同感、动手操作能力、团队协作能力等，还能够优化教学过程，提高课堂教学效率。

（二）加大语文、思政等基础课程的教学改革力度，加强对学生的传统文化熏陶。

在高职院校的教学过程中，历来存在，重专业课轻公共课的问题。究其原因，一是更加重视专业技能的学习，认为公共课程学习是无用的；另一方面，公共课的内容和教学手段陈旧，不足以激发学生的学习兴趣。但这并不是说，语文和思政等基础课程真的无用，而是高职教育长期忽略的结果。同时，轻视人文等基础课程的结果是导致教育走向功利主义和实用主义，进而导致道德情感和人文素养的缺乏。

因此，在课程教学改革中，要探索新课改背景下的基础学科的改革，突出人文基础学科的教学特点。以语文教学为例，可以以开发经典作品赏析为突破口，落实中华传统文化的学习目标和实践范畴，增加学生在传统经典文化方面的积累和精神积淀。通过学生的自主学习和自主构建，提升学生的鉴赏能力和品德意志。

（三）在创客教育历练出不怕吃苦攻坚克难的探索精神。

创客教育培养人才的目标：勇于探索的创新精神、敢于接受失败挫折和不屈不挠的黑客精神、不近功利、协作交流的团队大智慧。创客教育因其是一种新生事物而备受国际国内关注，但其目前仍没有统一的定义与内涵。郑燕林[1]等认为，创客教育是"技术支持的基于创造的学

---

① 郑燕林、李卢一：《技术支持的基于创造的学习——美国中小学创客教育的内涵、特征与实施路径》，《开放教育研究》，2014年第6期，第42—49页。

习"，其在归结美国中小学创客教育的内涵、特征的基础上总结出，创客教育的"创造""技术"以及"全人发展"是美国创客教育的核心与关键。祝智庭[①]等认为，创客教育是在教育界兴起的教育创新现象。杨现民[②]等认为，创客教育既是"创客的教育"，又是"创客式教育"。在归纳众多文献的基础上，笔者认为，在创客教育中，有宏观和微观两个层次来分析创客教育：在宏观层次上，创客教育认为是一种创新的教育方式，在研究不成熟的今天，可以认为是一种理念，即基于创新的教育，创客空间、信息技术等可以被视为环境和工具；在微观层次上，创客作为一种个体或群体，创客教育是对创客的培养。创客是指出于兴趣与爱好，努力把各种创意转变为现实的人。因此，我们可以清楚一点，创客的起点是智慧的集中，创客人员可以是学习者、教师，甚至是其他人员，只要拥有相同兴趣且共同致力于创客活动的人都是创客。

（四）学习融合地方优秀传统艺术，磨炼出孜孜以求的匠人精神。

工匠精神作为一种看不见摸不着的东西，它熔铸在工匠的产品里面，表现在作品的细节和作品的创意上面。工匠精神以产品、故事、传说等载体被人们广泛传播和熟知，激励着无数的人追求"服务"的至善"。笔者认为工匠精神熔铸于产品中，体现着工匠对于技艺精益求精的追求以及认真工作的态度。工匠精神不是与生俱来的，它有着自己的成长模式，它至少包含以下三个方面的水平。第一个水平是行为水平，所谓的行为水平指的是一个人能够主动培养与所从事行业的能力，或者他能够被促动从事一些事情，但这只是在行为水准上的。第二个水平是态度水平，工匠家还要有更富创造性的革新精神，不能满足于现存的状

---

① 祝智庭、孙妍妍：《创客教育：信息技术使能的创新教育实践场》，《中国电化教育》，2015 年第 1 期，第 14—21 页。

② 杨现民、李冀红：《创客教育的价值潜能及其争议》，《现代远程教育研究》，2015 年第 2 期，第 23—34 页。

态，而是要不断地追求创新，这种态度是不能用数量表示的，可以说有本能的职业意识。第三个水平是一个人的基本信仰和信念，这种信念基于他要做成某事的强烈的愿望。拥有工匠精神的人是有着将自己所从事的行业做到极致的信念。

五、文化育人下的职业人的工匠精神培养

社会科技发展日新月异，现代化大机器生产的投入使用，使得产品批量化生产成为常态，但是技术的进步不是抹杀人的价值，而是人的价值日益凸显的结果。技术很重要，但是技术背后的人更加重要。没有信仰，技术只是工具；有了信仰技术才能变成真正的生产力、创造力。技术是一种"去蔽"的手段，我们只有在艺术———这个技术的最高形式中，才能完全把握住技术的意义①。而工匠精神则为一种信仰，这种信仰将艺术实践者具体的人，以及操作下具体的物，赋予了创造性和活力。对于工匠来说，从产品的构思到产品的生产及产品的销售无不体现着匠人的理念，残留着"雕琢"的痕迹。因而，技术的有效实现需要有工匠精神。

融"工匠精神"于高职院校人文素质教育，使人文素质与职业道德教育回归和坚守大学育人之道，纠正当下高等职业教育过分强调专业知识学习而弱化人文教育倾向，提高高职院校人文素质教育在教育中的作用与地位，培育新时期具有人文奉献精神和职业理想信念的合格人才。通过"社会人、职业人"层次的递进培养，引导学生树立正确的世界观、人生观、价值观，树立对职业的敬业、敬畏和职业奉献精神。

一是将工匠精神的"精益求精、严谨求真、敬业奉献、职业敬畏"

① 〔法〕贝尔纳·斯蒂格勒：《技术与时间：艾比米修斯的过失》，裴程译，译林出版社，1999年，第12页。

思想，融入高职教育并贯穿于人才培养全过程；二是改革专业道德和人文素质教育模式，转变单一说教的课堂教学为多形式多途径的职业道德培育与人文素质教育的实践活动中，强化以"工匠精神"为引领、以社会主义核心价值观为主线的职业道德和人文素质教育的社会实践活动，在实践和服务社会中培养高职生的职业责任感、事业心和奉献精神，培育设计学生严谨务实、勇于探索真理和甘于奉献的职业敬畏精神，形成独具特色的职业道德与人文素质教育模式；三是在专业教学中渗透具有时代特点并体现高职特色的人文素质教育，培养设计类生"专"与"精"兼备的职业态度与职业信念，为学生职业发展提供强大的精神动力和情感支持，培养出具有较高人文素质和健康高尚人格的全面发展的创新型人才，给学生成长提供有效和最基础的支持。

工匠精神，承载着职业道德与社会良知、承载社会责任与职业担当，反映出社会对劳动者的尊重和付出的真正认同。以"工匠精神"的核心价值观为高职教育的价值导向，实施以"仁爱、敬业、诚信、公平"等为核心要素和精神内涵的职业品行修炼、理想信念和职业价值观的养成教育，促进"工匠精神"内化为学生的精神追求，外化为学生职业活动的自觉行动，传递以文化人、以文育人的教育功能，自觉担负起培养合格职业人的神圣使命。

海峡两岸警察教育制度的比较分析

一、中国大陆警察招录体制概况及特点

（一）大陆人民警察招录的条件

（1）年满 18 岁的公民

年满 18 岁，是我国宪法规定的公民享有选举权和被选举权的年龄。达到了这个年龄，才具有完整的权利能力和行为能力，政治信仰、心理意志、生理发育乃逐渐成熟。

（2）拥护中华人民共和国宪法

宪法是我国的根本大法，是所有国家机关、国家工作人员、全体公民的最高行为准则。我国宪法坚持社会主义道路、人民民主专政、中国共产党的领导、马列主义毛泽东思想这四项基本原则，规定了国家一系列基本制度，既体现了党的路线、方针和政策，又反映了人民的意志、利益和愿望。做一名人民警察，必须拥护宪法，捍卫宪法。

（3）有良好的政治、业务素质和良好的品行

良好的政治素质，就是忠于党、忠于人民、忠于祖国，坚持四项基本原则，在政治上同党中央保持一致，为保卫国家安全、维护社会治安、保卫社会主义现代化建设而英勇奋斗。良好的业务素质，就是熟悉人民警察工作的路线、方针、政策和各项业务工作的基础知识，掌握一定的专门业务技能，熟悉有关法律、法规，严格依法办事，讲究工作方

法，热爱和做好本职工作。良好的品行，就是全心全意为人民服务，遵纪守法，遵守人民警察的职业道德，秉公执法，实事求是，联系群众，艰苦朴素，清正廉洁。因此，有错误的政治倾向，缺乏基本的法律知识和公安常识，有流氓、盗窃等不良行为，道德品行不好的，不得吸收为人民警察。

（4）身体健康

健康的体魄，充沛的精力，是适应人民警察繁重、艰苦的工作，掌握警务技能的基本条件。否则，难以完成任务，难以适应人民警察工作的特殊需要。在录用人民警察时，必须经过体检，合格者方能录用。

（5）具有高中毕业以上文化程度

一定的科学文化知识水平，是做好人民警察工作的必要条件，也是全面提高人民警察素质的基础。随着社会的发展，全民文化素质有了较大的提高，法制观念普遍增强，社会治安日益复杂化，犯罪趋向智能化，这些都要求人民警察只有具有较强的协调、组织、判断、处置能力，才能胜任所担任的工作。高中毕业是对人民警察文化程度的最低要求，部分经济较发达的地区对国家公务员（含人民警察）文化程度要求则为大学专科以上。

（6）自愿从事人民警察工作

人民警察要求严格，条件艰苦，往往需要夜以继日，连续作战，有些工作有战斗性、危险性，甚至会有牺牲。人民警察必须服从上级的指挥领导，严格遵守人民警察的职业道德、职业纪律，不畏艰难困苦，不怕流血牺牲，敢于和违法犯罪行为做斗争。没有为人民公安事业献身精神的人是不能成为一名合格的人民警察的。

此外，国家人事部、公安部在《公安机关人民警察录用办法》中，依据《人民警察法》的规定，对人民警察的录用条件做了更加具体的规定。

（二）录用人民警察的程序和原则

《人民警察法》第 27 条规定："录用人民警察按照国家规定，公开考试，严格考核，择优选用。"

1. 录用人民警察的程序

人民警察的录用方法一般采取公开考试、严格考核的方法。

具体程序根据录用国家公务员的程序进行。

（1）发布报考公告

报考公告的内容应包括：拟录用人员职位、数量、报考的资格条件；报名的日期、地点和报名手续；报考的科目、程序和考试时间、地点等。报考公告应在考试前一定时间，通过报纸、电视或其他新闻媒介向社会发布，以便广大公民了解情况；并让报考者有所准备。

（2）进行资格审查

这是保证录用人民警察素质的第一道程序，主要是审查报考者是否具备人民警察的条件，符合条件者方可发给准考证，参加考试。资格审查工作由公安政工部门负责。

（3）考试

考试的目的是测试报考者的基础知识和专业知识水平，以及适应职位要求的业务素质。目前采取的方法主要有笔试和面试两种，笔试是测试报考者的文化基础、专业知识、写作能力和思维能力等。笔试合格者可参加面试，面试是面对面地直接观察和测评报考者的素质，包括语言表达能力、应变能力、仪表等，主要有口试、智能测验等。考试工作由省级公安机关统一组织实施。

（4）考核

考核是在考试的基础上进行的，其对象是参加考试合格者。其内容主要包括：政治素质、工作表现、工作能力和是否需要回避等，一般由公安政工部门组织实施。在考核中，要依靠报考者所在单位的组织和群众，做到全面、客观、公正。

（5）审批

考核工作完毕后，由用人单位根据拟任职位的要求，综合评定报考者的考试考核结果，确定录取人员名单，报设区的市以上政府人事部门审批。审批后，用人单位还要张榜公布录取名单，然后为被录取者办理录用手续。

对新录用的人民警察实行试用期制度，试用期为 1 年。在试用期内，应当接受人民警察院校教育培训和进行工作见习。合格者，正式任职；不合格者，取消录用资格。

2. 录用人民警察的原则

人民警察的录用与国家公务员的录用一样，贯彻公开、平等、竞争、择优的原则。

（1）公开原则。人民警察录用的标准、条件、方法、程序、结果都向社会公开，并接受社会监督。

（2）平等原则。凡中华人民共和国公民，只要符合规定的条件，均有平等的机会和权利报名参加考试。

（3）竞争原则。报考者能否被录用，取决于本人的政治、业务素质和考试成绩。

（4）择优原则。经过考试、考核，合格者取得录用资格，由公安机关择优选拔，量才录用。

（三）中国大陆警察制度特点

1. 适应现实需要，各警力合作密切

随着市场经济的发展，地区封锁被逐渐打破，人、财、物的流动性不断加大，犯罪的流动性、跳跃性、复杂性也随之日益增大，在处置各种突发事件、打击严重暴力犯罪、黑社会犯罪、侦破经济犯罪、堵截各种重大逃犯的斗争中，都需要跨地区警力资源的协调和运作。条块结合、以块为主有利于警力有效整合，警务工作能够充分发挥整体功能，在区域边缘结合部之间警力也能相互配合，对动态社会治安实施强有力的控制。

2. 警种齐全各司其职

根据《人民警察法》的规定，中国人民警察共分为五大警种。公安机关的人民警察，国家安全机关的人民警察，监狱、劳动教养机关的警察，人民法院的司法警察和人民检察院的司法警察。这五大警种又分为若干个专业警种，如公安机关人民警察又分为治安警察、交通警察、巡逻警察、刑事警察、外事警察、消防警察、边防警察等。我国现行警察体制兼具刑事执法权与行政管理权，刑事警察、治安警察分离，垂直管理的集中统一行使刑事执法权的刑事警察。这项措施包括两个部分：一是根据刑事执法权与行政管理权分设的原则逐步集中刑事执法权，行政管理部门不再行使刑事执法权；二是建立垂直管理的刑事警察，经费由中央财政统一管理。

3. 监督机制完善

首先，以立法的形式规制警察权的种类并明确界定其执法权限，并构建监督体系保障警察权的合法实施。其次，警务公开，社会和公民对警察的外部监督体系不断完善，社会各界力量对公安机关和警察的执法活动进行全面监督逐步加强。同时完善新闻发言人制度，自觉接受公众和新闻舆论的监督；强化公民的法治意识，赋予当事人更多的诉讼权利，使警察制度更好的便民利民。

二、台湾地区警察教育制度概况及特点

（一）概况

台湾地区警察教育制度分为两类，一是基层养成教育，二是警官养成教育。

1. 基层养成教育。由警察学校或警察专科学校承担。警察学校主要办理警员班或预备班，学员在这里分别接受一年或三年的养成教育。由警察专科学校办理者，其修业年限为一年。

2. 警官养成教育。由"中央警察大学"办理。分为本科、研究所及专修科三种。专修科，学业年限为三年，成绩及格者，依法取得专科毕业资格，其应考资格要求为警察学校警员班毕业。本科修业年限为四年，成绩及格者，授予学士学位，其应考资格要求为高级中学或同等学校毕业或具有同等学力者。研究所主要培养硕士和博士，硕士班的修业年限为三年，博士班的修业年限为三年，成绩及格且符合学位授予法规定者，分别授予硕士或博士学位。

（二）台湾地区警察教育制度的特点

台湾地区非常注重以立法形式来保障和加强警察教育，颁布了大量警察法规对警察教育进行明确规定，使警察教育在法律制度方面有了充分的保障。台湾地区警察教育法制化具体体现在以下几方面：

（1）警察教育制度的立法体制与权限界定明确。台湾地区警察教育制度立法采用集权与分权相结合模式。根据台湾地区"警察法""警察法实施细则"规定，警察教育制度由"中央"立法并执行，或交由"直辖市"、县（市）执行。具体而言，"中央"立法权限为：警察教育的种类、阶段及师资、教材标准等事项；"省"立法权限为：依"中央"法令关于初级警察教育、警察常年教育的实施事项；县（市）立法权限为：依"中央"及"省"法令关于警察常年教育之实施事项；"直辖市"立法权限为：关于警察常年训练的实施事项，这种模式一方面保证了警察教育基本制度的统一性，另一方面又便于各地方根据具体情况做一些灵活变通，有利于发挥地方支持警察教育的积极性。

（2）警察教育法律法规的制定既注重法律体系的整体性，又注重根据警察教育的实际需要，制定专门法律法规，充分体现了统一性与灵活性相结合的原则。目前，台湾地区已形成了以"警察法"为统领、以"警察法实施细则""警察人员管理条例""警察人员教育条例"为骨干性法律法规的基本框架。在此基础上，又根据实际需要制定了很多关于警察教育的特别法或仅就某一事项的专门法。

（3）警察教育实施过程的法制化。"法制化"贯穿渗透到了台湾地区警察教育的全过程。1. 明确规定警察教育类别、办理警察教育的学校及教育班别的设置；除"警察教育条例"，台湾地区另制定"中央警察大学组织条例""台湾警察专科学校组织条例""各省市警察学校组织通则"，以规范警察教育的设置、学制等制度。2. 明确规定担任各校主管人员、教职人员的资格条件。要求各校校长、教育长及教务、训导主管人员除依法律规定外，须曾在警察大学受教育，并曾任警察教育或行政工作五年以上；教授、副教授、讲师、助教资格，依照教育法令规定办理；教官资格，由"内政部门"会同教育部门确定。"内政部门"还专门颁布了"中央警察大学台湾警察专科学校教官资格审查办法"，作为教官资格审查的法规依据。3. 明确规定办理警察教育的各学校课程设置与教育计划均依法严格审核。其中警察学校的课程标准，由"内政部门"确定，其教育计划，报"内政部门"核备。警察专科学校及警察大学之教育科目，由"内政部门"会同教育部门确定，其教育计划，报请"内政部"核转教育部门备查。4. 学生管理法制化。"警察教育条例"明确规定警察专科学校、警察大学受养成教育之学生，享受公费待遇及津贴。同时要求毕业学生，依法任警察官人员，应服务满一定年限，服务年限未满者，应赔偿在学期间的教育费用。此外，还制定专门性法规规范学生入学、实习、考核、处分救济等事项，如："中央警察大学甄选或甄试新生入学办法""台湾警察专科学校甄试具特殊专长人员入学办法""中央警察大学学生实习办法""中央警察大学生（员）奖惩规则""中央警察大学学生（员）申诉处理办法"等，明确的立法内容，确保了教育训练的质量和效果。

（三）警察教育制度与任用、晋升制度紧密结合

各级警察人员职位不同，责任不同，其所需要具备的知识和能力也不相同，因此，警察的任用和晋升必须和教育制度密切配合。台湾地区非常重视警察的系统化、正规化教育培训，将警察的任用、晋升与教育训练紧密结合，并以法律明确规定。要求警察行政人员的任用，以曾受警察教育或经"中央"考铨合格者为限。警察官任用时，职务等阶最高列警正三阶以上者，应经警察大学、警官学校毕业或训练合格；职务等阶最高列警正四阶以下者，应经警察大学、警官学校、警察专科学校、警察学校毕业或训练合格。各级警察机关主管及专门性职务人员，必须经升职教育或专业训练培育。警察人员的升迁，与教育训练及考核相配合，采取公开、公平、公正方式，择优升任或迁调历练，以拔擢及培育人才。升迁制度与教育密切配合，不仅可以加强教育效果，还可提升晋升人员的工作能力，可谓一举两得。

三、海峡两岸警察制度的借鉴和交流

警察教育自成体系应是内地警察教育的发展方向。警察是维护社会安定、国家安全的主要力量，因此，警察的选拔与培养需要予以加强。警察教育在课程安排、技能锻炼、纪律要求、风气培养等方面，均应与普通高等教育相区分。从世界范围内来看，包括台湾地区在内的绝大多数国家和地区的警察教育均自成体系，即警察教育由警察机关负责，在学校设置、师资配备、招生、教学、考试、学位授予、分配、经费等方面均不受国家教育主管部门的领导和制约。我国警察教育的现状是：警察教育是整个国民教育的组成部分，警察教育实行公安和教育部门双重领导，以公安部门为主的管理体制。因此，在学校设置、办学模式、教学、招生、分配、经费、学位授予等方面受到教育、人事、财政等部门

的诸多制约，没有凸显警察院校特色；在运行机制方面，由于缺乏相应的法律保障，警察院校与警察领导部门之间关系也存在诸多不顺的地方，影响了警察教育的质量和效果。只有科学设置教育培训内容，积极创新教育训练方式，加强警察教育的实战化水平，紧贴公安实战，精选教学内容，理论联系实际，突出针对性、实用性和专业性，强调教学培训的学以致用。教学重心由以理论知识传授为主，向以职业精神培养、专业能力教育和警务技能训练为主转变。

专业课程体系的构建应以工作任务为导向，基于工作过程，突出核心能力培养。警察院校课程设置与教学方式，应以适应警务工作的实际需要为原则。在具体做法上，学校要与实战单位联手联动，共同调研岗位需求，分析岗位职责，明确典型任务，梳理工作过程，确定岗位核心能力要素和结构，从而使课程体系设计、教学内容和教学重点都立足于学员从事未来警务工作和不同警种、岗位职责所需要的各种品质和能力的培养，并根据警务工作的需要而不断调整变化。就招录培养体制改革试点专业而言，由于实行的是订单式培养，传统的三段式人才培养模式已无法适应订单式培养的需求。很多警察院校改制生人才培养课程体系依旧没有摆脱传统课程体系的框架，依旧是传统课程体系的压缩版。笔者认为，改制生课程体系的设计应当跳出学科限制，新建系统，形成"树警魂、强基础、重能力、促发展"的课程体系。只有从根本上改变警察教育制度，加强两岸警察制度的交流与借鉴，才会取得公安工作的长足进步。

我国大陆与台湾在警察的教育制度方面有很多异同点，分析比较大陆和台湾警察教育制度，有利于两岸警务合作更加科学化、合理化，对两岸警察的交流与合作有着巨大的借鉴意义，并将对合力维护两岸和平，造福两岸百姓具有重要意义。

参考文献

［1］陈明传：《警察百科全书（五）警察学与警察行政》［M］，台北：正中书局，2000 年，第 280 页。

［2］邱华君：《警察学》［M］，台北：千华出版公司，1997 年，第 116 页。

［3］王离京：《台湾地区警察教育制度初考》［J］，山东警察学院学报，2010年，（1）。

［4］《公安学基础教程》，中国人民公安大学出版社，2012 年 10 月（1），第215 页。

［5］孙卫华：《铁道高等专科学校学报》，2013 年 3 月。

两岸高校教育融合与展望：检视台湾地区博士人才西移的趋势

许晋铭[*]

一、前言

台湾地区早年为了普及高等教育，迅速扩编各个大专院校，然而随着台湾地区近年少子化的趋势，许多高校陆续出现"招生困难"的现象。不仅许多本土博士毕业难寻教职，甚至从美国英国回来的海归博士，同样遇到教职"一位难求"的窘境。此时恰逢台湾经济停滞不前，整体公民教育资源投入受限，台湾"教育部"仅能喂养台大做为标杆，其他大学的经费不增反减，更使教职岗位缩减甚至停招。生源不足使得台湾地区高校教职无法扩招，甚至使大学面临倒闭的可能，即使透过吸引陆生与东南亚华侨来台就学，仍旧无法避免"招生难"的困境。时至今日，官方也难有因应对策，只能被动静观台湾高校陆续倒闭的现实，而且多位专家学者预测，十年之内台湾地区高校会倒闭 50 家，如此博士毕业生寻求教职更是难上加难。

反观此时大陆经济蓬勃发展，各个大专院校持续升级与扩编，此机

---

* 许晋铭，台湾高雄人，政治大学东亚研究所硕士、北京大学国际关系专业博士生；海峡两岸公共事务协会青年委员会副执行长、"创业创新、筑梦温州"台湾青年联谊会执行长、政治大学北京校友会理事。

遇之正是台湾地区博士人才西移的有利时机。台湾博士的学术训练水平普遍优秀，他们难寻教职并非本身缺乏才华，而是台湾地区的整体环境难有生存空间。此时大陆展开双手迎向台湾博士，这不仅为大陆的高校引进优秀学术人才，更是促进两岸学术交流的强心针。本文首先阐述台湾地区教职缩编的原因，随后说明大陆高校扩编的趋势，以及大陆高校引进台湾博士的现况，最后指出台湾博士人才西移的趋势，是两岸学术与教育界共创双赢的显例。

二、台湾地区高校教职岗位的缩减

（一）早年台湾地区高校的普及化

1987 年台湾解严后，执政部门在诸多层面急于改革，当时恰逢岛内经济成长，人民生活素质提升，对于高等教育的需求增加，执政机关被要求以更为开放多元的政策促进高教发展。① 台湾"教育部"于 1990 年新设六所学校，并废止三专学制，辅导学校改制为学院、技术学院或二专。为因应当时经济快速发展与解严后教育改革声浪，"大学法"于 1994 年放宽大学设置条件，同年民间亦发起"410 教育改造运动"，提出广设高中大学的要求。而为响应教改要求，"行政院教育改革审议委员会"于 1996 年 12 月完成"教育改革总咨议报告书"，提出五大教育改革方向，揭示高等教育除了数量的适度成长外，亦同时规划各类型的高等教育体系。② 在此阶段，大专院校由 1996 年的 137 所，至 2007 年

---

① 台湾"教育部部长"毛高文于 1989 年以发展"质量并重"之高等教育为施政重点，提出在量的规划上，将逐年增加大专学生及研究生人数，期使接受高教人数与总人口之比例，由当时的 2% 至 2000 年扩增至 3%。

② 台湾"教育部部长"吴京于 1996 年提出高等教育第二条"国道政策"，许多专科学校与独立学院纷纷进行改制。

扩增至 164 所，达到有史以来的顶峰。[①] 而此阶段的博士培养也迅速成长，2001 年在学博士不到1.6万人，然2010学年度达到3.4万名高峰，每年约有四千名博士毕业生。

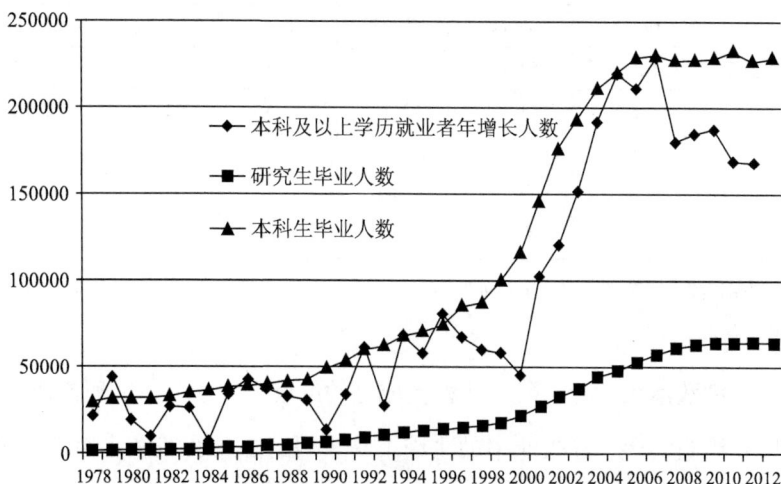

图1　1978—2013 年台湾地区研究生、本科生毕业
人数和本科及以上学历就业者年增长人数

资料来源：由台湾统计资讯网网站数据整理 http：//www. stat. gov. tw/np. asp？ ctNode＝683。

自 1990 到 2014 年间，台湾地区大专院校数增加了 38 所，达到 159 所，大学指考录取率也从 1991 年的 40% 增加至 2014 年的 95.7%，几乎已是"人人可以念大学"。再从上述两章内容我们可以得知，台湾地区高校的扩编阶段，正是台湾少子化逐步浮现的阶段，然而当时尚未有人发现并遏止扩编风潮。一直到台湾地区加入世界贸易组织（World Trade Organization，WTO），面临国际高等教育市场竞争与少子化浪潮，才开始停止高校数量扩增，改为追求质量提升，然而与此时少子化问题的浮现相比，官方反应已经晚了一步。因此开始出现博士生的就业难现

---

① 许品鹃、谢秉弘、陈麒竹：《25 年来台湾大专校院校数变动趋势》，财团法人高等教育评鉴中心基金会《评鉴》双月刊，2015 年 11 月，第 58 期。

象，许多博士生难以寻觅教职，甚至开始从事与本专业无关的工作。[①]

2011—2014 年台湾地区各学历群体就业率和失业率（单位：%）

		2011	2012	2013	2014	均值
就业率	研究生	69.14	68.75	68.52	70.20	69.15
	本科生	58.79	58.96	59.19	59.79	59.18
	专科生	73.69	73.11	72.59	72.22	72.90
失业率	研究生	2.97	3.49	3.29	2.97	3.18
	本科生	5.79	5.90	5.81	5.58	5.57
	专科生	3.40	3.18	3.11	3.09	3.19

数据来源：台湾"行政院主计处"网站，http：//win. dghas. gov. tw/dgbas04/bc4/timeser/more＿f. asp。

台湾政治大学劳工研究所教授成之约解读，大学与研究所泛滥，是造成台湾高学历、高失业率的主因，高学历者通常会花较多时间寻职，且比其他族群更容易成为自愿性失业群体，只要工作不是原来想象即可能主动离职。[②] 对于大量的毕业博士就业的问题，台湾执政当局现有的处理方式是透过大量的"博士后研究"，暂时安置还在寻觅教职的博士。金融风暴后，为了救失业率，"科技部"扩大博后名额，2000 年的博士后约 1500 人次上下，但之后平均每年聘用 2200 人次以上，六年花费金额超过 100 亿新台币。但博士后名额仍是杯水车薪，还有许多人搭不上这列车。

（二）台湾地区近年人口少子化

台湾的少子化现象是从 20 世纪 80 年代开始，出生人口从该年 40 余万缓步下降，以每年大约 1—2 万人的幅度跌落；近十年来受困于经

---

① 《博士生卖鸡排　郭台铭批浪费教育资源》，《TVBS》，2013 年 3 月 13 日，来源网址：http：//linuxyeo. pixnet. net/blog/post/288476183。

② 《怪象：台湾总体失业率好转　高学历群体却升》，《华夏经纬网》，2014 年 11 月 25 日，来源网址：http：//big5. huaxia. com/tslj/lasq/2014/11/4164505. html。

济停滞，少子化的情况更为严重，2009 年出生数仅剩 191310 人，隔年适逢虎年，受迷信影响，出生人口仅有 16 万余，再创历史新低，也严重冲击多年以后的高等教育。台湾年轻人"不婚不生"情况越来越多，"主计处"统计人口最密集的台北市，现阶段男性平均结婚年龄为 34.8 岁、女性为 33.3 岁，皆突破 30 岁关卡。晚婚现象也推迟了女性生育年龄，平均生育年龄目前为 31 岁，离 35 岁高龄产妇距离越来越近，加上庞大的经济压力，年轻族群出现不想生小孩的现象，导致台湾生育率大幅下滑。

台湾"国发会"预测，到 2061 年时，台湾人口将减少 24.2%（约 547 万人），其中，青壮年以及幼年人口会减少一半。"经建会" 2008 年 8 月"97 年至 145 年人口的中推计"预估报告推测，2025 年每 10 人当中，只有 1.24 个小孩，却有 2 名老人。到了 2056 年，每 10 人当中，只有一名小孩（0—14 岁），但每 2.6 人就有 1 位老人。台湾地区在此少子化的背景之下，高校招募生源自然异常困难，也无法避免台湾高校陆续面临倒闭的困境。

（三）台湾高校面临倒闭潮

2009 年 10 月，台湾"教育部"在"立法院"提出《高等教育现况检讨及追求卓越的发展策略》报告，揭示高校过量与录取率超高的问题，提出大学转型退场的因应措施，并于 2015 年 3 月发布高等教育创新转型方案，推动高等教育资源重新整合规划。在此严格管控之下，大专院校数未再持续增长，但仍延续前阶段之改制浪潮，惟由专科学校改制为技术学院，转变为由技术学院改制科技大学，使得科技大学数量呈现大幅增长，由 2008 年的 38 所增加至 2014 年的 57 所。此外，此阶段另有八所校院合并为四所大学，亦有两所技术学院停办，合计 2014 年共有 159 所大专院校。①

———————

① 许品鹃、谢秉弘、陈麒竹：《25 年来台湾大专校院校数变动趋势》，财团法人高等教育评鉴中心基金会《评鉴》双月刊，2015 年 11 月，第 58 期。

台湾高校教育经费一部分来自官方拨款，一部分来自高校自身的收入。随着台湾经济发展的减弱，官方对教育投入逐渐减少，2009—2012年台湾高校研发经费的增长速率从 9.1% 下降到 -0.2%，首次出现负增长，以至于 2012 年高等教育研发经费仅占全台湾研发经费的11.3%。[①] 在经费缺乏与生源不足的情况下，台湾高校面临严重的生存困境，多位学者预测十年之内台湾高校将倒闭剩一百家，届时将会有许多高校教师失去岗位，因此失业的教师必须重设职涯规划，扩编中的大陆高校便是一个选择。

三、大陆高校教职扩编的趋势

（一）台湾地区高校缩编与大陆高校升级

研究生教育中的博士培养更注重学术性，其专业领域"更高、更尖、更专"的特性决定了博士求职范围比硕士更窄。"流浪博士"是指具有求职意愿，将研究视为其重要事业，然毕业后未能及时就业的博士。[②] 而流浪博士的问题逐渐成为台湾学界的隐忧，大部分博士生都倾向于在教育和科研领域就业，"扎堆"就业显然对博士求职不利，但基于学术的专研领域又难以离开。台湾"教育部部长"吴思华指出，从数字盘点可以明显看到，各大专院校一年招生 6800 名博士，每年毕业5000 名博士，1500 名在职，3500 名等着就业；这包括了 500 名国外回来的博士，但学校的博士缺额每年只有 800 名，也就是说每年有 3000名博士要到其他地方去找工作，如果再不严肃面对，10 年后流浪博士

① 陈振贵：《大学倒了没？大学教育和教授的未来》，台北：独立作家出版社，2015 年，第 17 页。
② 李振玉：《透视日本的"博士过剩"现象》，《比较教育研究》，2005 年 7 期，第 43—47 页。

超过流浪教师。①

　　台湾"教育部人才白皮书"提到，近年来由于台湾社会经济转型、高等教育规模过度扩张以及少子女化的影响，劳动力市场中"供求失衡"和"学用落差"现象严重。根据供求关系定理，当供给超过需求，产品价值就会贬值，人才的供需也同样遵循此定理，当研究生供给超过劳动力市场所需时，研究生的人力就会遭遇"贬值"，研究生群体内部就业竞争也会更激烈。② 台湾1111人力银行"高学历就业状况"调查发现，在高学历者求职困扰中，最主要的就是"薪资不如预期"（41.18%）。③ 2012年，中国台湾地区高等教育学生占总人口的比例已高达5.83%，与此比例最高的国家韩国（6.87%）情况十分接近。台湾博士毕业生的增长率2012年达到峰值9.8%后，到2013年大幅下降，首次出现负值（-4.6%）。④ 大陆人口数约为台湾的56倍，而高等教育规模却远不及台湾，高校数量仅为台湾的15倍左右，在校研究生规模仅为台湾的9倍左右。⑤ 相比起台湾，大陆高等教育显然具有发展潜力，拥有创设大学与扩编教职岗位的空间，是一块尚待耕耘的领域，因此对于高层次人才的引聘也存在需求。

　　高校既是人才培养的摇篮，也是人才聚集的场所，高校发展的动力源泉在师资队伍建设。制约师资队伍建设的因素很多，有管理体制、发展观念、办学效益因素，也有政策背景、教师队伍结构、教学水平、学

　　① 汤佳玲：《10年后吴思华：流浪博士将超过流浪教师》，《自由时报》，2014年11月25日，来源网址：http：//news. ltn. com. tw/news/life/breakingnews/1166063。
　　② 肖聪：《台湾研究生就业问题及经验借鉴》，《教育与经济》，2015年6期，第48页。
　　③ 台湾"国家发展委员会"：《主要国家高等教育占总人口比率》，2015年10月10日，来源网址：http：//www. ndc. gov. tw/News. aspx？n516A8B4F29B6AA51&sms=4164EA25B8B36037。
　　④ 台湾"教育部"网站：《重要教育统计资讯》，2015年10月10日，http：//www. edu. tw/pages/detail. aspx？Node=4076&Page=20047&Index=5&WID=31d75a44-efff-4c44-a075-15a9eb7aecdf。
　　⑤ 国家统计局网站：《教育年度统计数据》，2015年10月10日，来源网址：http：//data. stats. gov. cn/easyquery. htm？cn=C01。

科建设因素等。对于地方高校而言，最关键的因素是高层次人才队伍的引进与管理。① 随着大陆经济的蓬勃发展，高校教育的制度改革与升级也成为政策主轴，各个高校在扩编教职岗位的同时，也异常重视师资队伍建设的质量，更期盼引进海外人才或北大清华博士。至于高校的博士培养计划上，早年由于教育与经费缺乏，而有"三年期博士"与"硕博连读制度"，经济蓬勃发展的今日为了百年教育大计，也将逐步废除"三年期博士"，并缩减"硕博连读"招收名额。

（二）引进台湾地区人才成为选项

早年大陆由于经济发展贫困，使得高校教育难以扩张升级，如今经济飞跃以后自然需要在高校教育有所提升，逐步废除"三年期博士"并缩减"硕博连读"名额，也愿意引进海外及台湾地区的优秀学术人才。而恰逢台湾地区高校教职困难，为了解决谋职问题，台湾博士们把就业意愿指向了大陆。招聘台湾博士不仅可以引进台湾高素质人才，拉高师资队伍的素质与层次，也是促进两岸交流的一个契机，为大陆的高校注入新的活水源，让不同的海外观点与价值观成为催化剂，推进大陆科研的活力与多元性。

流入地招贤纳才拉力作用的背后首先是国家强大政治、经济和文化力量的支持。中国改革开放以来经济发展，已基本具备完善的资本市场、技术市场和人才市场，对港澳台及海外地区的高层次人才更具拉力效应。大陆大量的高层次人才缺口、富有竞争力的薪酬待遇、充足的科研条件等，对于工作难找的台湾博士而言，极具诱惑力。② 例如2011年初，台湾博士组团登陆找工作，近20名博士赴厦门参加"台湾专业人

---

① 施晓莉：《基于推—拉理论的地方高校高层次人才引进与管理——以武夷学院引进台湾博士为例》，《泉州师范学院学报》，第33卷第4期，2015年8月，第54页。

② 施晓莉：《基于推—拉理论的地方高校高层次人才引进与管理——以武夷学院引进台湾博士为例》，载《泉州师范学院学报》，第33卷第4期，2015年8月，第56页。

才对接会"，^① 以及 2016 年 6 月温州开出 470 名职缺，在北京招募台湾博士吸引 60 位硕博士前来参加。^②

（三）台湾博士在陆任职现况

大陆 985 及 211 高校聘用新科博士时，在学历上常列有"海外博士优先"、至少必须"同级学校博士"、"具有几年博士后经历"的规定。此外，在研究与教学经历上，985 及 211 高校普遍采用 SCI、SSCI、EI、AHCI 等认定标准，加上 CSSCI 期刊与集刊、各学科核心期刊等级，而尚未承认台湾学界建立的 TSSCI、THCI core 指标。因此台籍博士西进大陆高校求职，并非如台媒报道仅是"台湾供给多，大陆需求大"而已，求职者（学历与经历）必须符合不同层次高校所制订的基本条件。^③ 需要特别补充的是，层级高的学校对科研与教学的考核要求高，但层级较低的学校薪资福利却可能比较好。^④ 在陆担任教职岗位的要求条件上，台籍教师的敲门砖首先仍然是经历（例如：各种 I 级发表、欧美博士后经历），其次才是学历（欧美博士的"海外"学历优于台湾地区高校的"境外"学历）。

台湾地区的高端人才，特别是具有博士学历学位的"三高"（高学历、高职称、高技能）群体就业和工作形势严峻，就业选择不再仅仅

---

① 徐蕾：《台湾博士学历高、求职难》，《人民日报：海外版》，2011 年 11 月 21 日。

② 赵苗青：《2016 "创业创新·筑梦温州"台湾青年人才对接会在京举行》，《你好台湾网》，2016 年 06 月 20 日，来源网址：http://mt.sohu.com/20160619/n455131800.shtml。

③ 蔡博方：《前进中国高校—台籍年轻博士的学术拓边》，《巷仔口社会学》，2016 年 4 月 11 日，网址：https://twstreetcorner.org/2016/03/29/% E5% 89% 8D% E9% 80% B2% VE4% VB8% AD% E5% 9C% 8B% E9% AB% 98% E6% A0% A1 – % E5% 8F% B0% E7% B1% 8D% E5% B9% B4% E8% BC% 95% E5% 8D% 9A% E5% A3% AB% E7% 9A% 84% E5% AD% B8% E8% A1% 93% E6% 8B% 93% E9% 82% 8A/。

④ 由于二本大学引进高素质博士人才较为困难，因此愿意透过各种利多诱因来抢人，比起一本大学待遇可能来得更高。

锁定于欧美和东南亚地区，而是将越来越多的目光投向大陆。[①] 以广州中山大学南方学院为例，2014 年和 2015 年共引进 42 名台籍博士任教，占该学院师资近 7%。[②] 不只如此，大陆大学福利也给得很大方，台湾教授除了年薪 100 万起跳，还有每人平均 50 万元安家费，50 万元科研启动费，以及每年一次探亲往返机票等多项福利，给予发展的舞台和空间，让即使在台湾拥有安稳教职的教授也想出走。

今日台湾学术人才正快速西进，过去几年以两种形式进入高教体系：一种是"编制内"，相对低薪地进入中国最好的 985 和 211 体系的高校；另一种是"编制外"，以高于台湾的大学薪资，进入省级或市级、一些较少人听闻的学校，如福建武夷学院、湖南吉首大学、温州大学城市学院、广州中山大学南方学院等。[③]

四、台湾博士人才西移

（一）台湾博士的优势

台籍教师明显会花更多时间在教学上，且付出也获大陆学生肯定，15 名教师的评鉴好评都在 96% 以上，其中七名老师的七门课好评更达到 100%。虽然大陆教师花更多时间在写论文，不过 15 名台籍教师在任教期间也以撰写并发表 30 余篇学术论文。中山大学南方学院院长喻世友认为，"台湾博士生整体素质较好，具有较强的中英文读、说、书写能力，并拥有一定的工作（行业）经验，能够满足南方学院建设一

---

① 孙权：《台湾"博士团"大陆高校任教调查》，《人民政协报》，2015 年 9 月 19 日，第 007 版。

② 吕蓓君、叶俊宏：《陆大学抢台籍博士　高薪不手软福利优渥》，《TVBS》官网，2015 年 09 月 15 日，来源网址：http://news.tvbs.com.tw/china/617227。

③ 李雪莉：《被台湾抛弃的博士们　西进中国的"学术移工"》，天下当期精选《报导者》，2016 年 06 月 07 日，来源网址：http://www.cw.com.tw/article/article.action？id = 5076780。

支具有国际化视野、创新能力强、适应应用型人才培养高水平师资队伍的人才需求。"①

其次作为台籍博士亦与两岸和平发展有关，2016 年 11 月两岸和平发展论坛闭幕后，大陆公布 41 项 2017 年两岸重点交流项目，砸逾 2 亿鼓励学者合作，几乎全以两岸青年互动为重心。在两岸科研合作项目上，大陆国家自然科学基金会与福建省共设的"促进海峡两岸科技合作联合基金"，明年将投入人民币 4875 万，台湾学者可以项目参与人身份参与大陆学者的项目申请。而"台青计划"预计邀请台湾青年访问学者赴中国科学院所属研究所，进行 6 至 12 个月合作研究工作。福建及广东的大专院校也向台师招手，其中福建要招聘 200 名左右的全职教师；而包括广州大学、中山大学、华南理工大学等广东学校，也将招聘约 60 位台湾老师赴陆教书。②

至于人才引进的网站，除了个别学校的官网之外，公开网站包含：高校人才网③、中国高校教师招聘网④、高校教师招聘网⑤、科学网⑥、台湾青年创业就业服务中心⑦，上面都有公开的招募讯息。由于大陆本土取得博士的年限较短，因此聘任教师的条件上有年龄限制，大部分都要求博士毕业不得超过 40 岁，有些学校要求较宽至 45 岁。近年教职招聘时意识到台湾博士的引进，所以在聘任的条件上，已有"台湾博士

---

① 《年薪 2 百万附公寓　强因这样挖角台湾博士生》，《苹果实时》，2015 年 09 月 12 日，来源网址：http：//www. appledaily. com. tw/realtimenews/article/new/20150912/690378/。

② 《两岸和平发展论坛闭幕　独尊一青　陆将招 260 名台师》，《中国时报》，2016 年 11 月 04 日，来源网址：http：//www. chinatimes. com/newspapers/20161104000368 - 260108。

③ 高校人才网官方网站，http：//www. gaoxiaojob. com/。

④ 中国高校教师招聘网，http：//www. jszpw. net/。

⑤ 高校教师招聘网，http：//www. pinjiao. com/gaoxiaojiaoshizhaopin/。

⑥ 科学网，http：//talent. sciencenet. cn/。

⑦ 台湾青年创业就业服务中心，http：//www. youthtw. com/Details. aspx? id = 1080&place = 163。

不受上述之规定，条件另订"的规定。①

同时本文需要厘清的误解是："绝对不是台湾学界淘汰者才会到大陆高校求职"，虽然从职缺数量上来看大陆高校像是在大举招兵买马，但是台籍教师到大陆高校求职也未必比在台湾求职容易，光是要跨越一些偏差讯息夹带的偏见，做些认识高校制度的基本功课，就是一个不小的隐性成本。② 而且大陆高校引进台湾博士，必然认真检阅面试者的学术履历、成果发表、相关社会头衔等等，绝非只要是台湾博士就全数引聘，此与台湾媒体报道大相径庭。

（二）大陆高校的待遇

大陆博士起薪约 12 万人民币，正教授约 17 万到 19 万，但南方学院招募台籍教师的文件上，明白写着"年薪 20 万人民币""10 万安家费""10 万研究启动费"。对刚取得博士的人很有吸引力，已具有副教授或教授职称的教师则待遇更高。③ 台湾树德科技大学校长朱元祥说，台湾教师最低起薪为年薪 64.89 万元（新台币，下同。合 12.73 万元人民币），而博士学位最低年薪是 77 万元，15 年或 25 年以上资历平均年薪都是 117 万元。"也就是说，在台湾拥有博士学位的老师，要等到工作 15 年或是 25 年后才能拿到 22 万元人民币的年薪。"④ 至于拥有丰硕成果能够担任学科带头人的台湾教授，高校更舍得给予巨额薪资，比如

---

① 刘学伦：《应聘大陆高校教职之经验谈》，《"国立"中央大学中文系》，2015 年 06 月 23 日，来源网址：http://www.chinese.ncu.edu.tw/app/news.php? Sn = 1175。

② 蔡博方：《前进中国高校——台籍年轻博士的学术拓边》，《巷仔口社会学》，2016 年 4 月 11 日，网址：https://twstreetcorner.org/2016/03/29/% E5% 89% 8D% E9% 80% B2% E4% B8% AD% E5% 9C% 8B% E9% AB% 98% E6% A0% A1 - % E5% 8F% B0% E7% B1% 8D% E5% B9% B4% E8% BC% 95% E5% 8D% 9A% E5% A3% AB% E7% 9A% 84% E5% AD% B8% E8% A1% 93% E6% 8B% 93% E9% 82% 8A/。

③ 陈芳毓：《礼遇台湾学者，研究自由度也高》，《远见杂志》，2016 年 1 月号，第 355 期，来源网址：http://store.gvm.com.tw/article_content_30303.html。

④ 孙权：《台湾"博士团"大陆高校任教调查》，《人民政协报》，2015 年 9 月 19 日，第 007 版。

温州开出最高年薪人民币 300 万元（新台币约 1500 万元）的优渥待遇。[1]

相比起台湾的薪资，大陆高校更舍得给待遇，并提供专门的工作室，作为其学习、研究的场所；为引进人才提供两室一厅或三室一厅教师公寓；每年提供一次探亲往返机票；足额购买社会保险等。[2] 南方学院前年及去年分别引进 15、27 名台籍博士，其中有 2/3 的成员年龄都在 45 岁以下，且有 25 人已获取台湾"教育部"颁发职称证书，多数人也已有多年的教学经验。

然而任教于大陆未来仍可返台任职，但年资将无法累积叙薪。目前台湾"教育部"承认 155 所大陆大学的学历，等于承认这些大学的任教资历。"高教司司长"李彦仪说，而在这之外，从大陆的独立学院回流的老师资格，由聘任学校自行认定其专业经验。（编按：专门职务四年等同于教师年资三年，相差一年。换句话说，博士后拥有四年专门职务的经历，回台后应可由学校自行认定聘为副教授。另外，大陆学界工作的年资无法叙薪，这是回台后可能的损失。）

（三）两岸高校的互访合作展望

随着时间的推移，在大陆谋职的台籍教师将日益增加，留学美欧的台籍教师能提供台湾地区与西方学术观点、在台取得学位的博士能提供两岸学术交流的机会平台、在陆取得学位的博士能融合两岸观点，无论何种学术经历都能带给大陆高校新的活水源。除了学术观点的交流与融合之外，两岸未来要从事学术互访都会更加容易，两岸不同的价值观与学术视角都能有所交流。

---

① 《吸人才就业！温州网罗台湾教师 祭最高年薪 1500 万》，《三立新闻网》，2016 年 06 月 18 日，来源网址：http：//www.setn.com/News.aspx？NewsID=156842。
② 孙权：《台湾"博士团"大陆高校任教调查》，《人民政协报》，2015 年 9 月 19 日，第 007 版。

综观当前两岸高等教育的合作方式，未来可行的方向包含：举办两岸学术交流论坛与研讨会、组织各项教育考察团进行参访、双方缔结姊妹校建立教育伙伴关系、邀请教师担任访问学者进行研究、建立交换教师制度延聘优良师资、教师学位进修与短期研习等等。至于学生方面可以举办两岸大学生高峰会、两岸交换学生修习课程学分及短期研习、发展远距教育。这些都可以透过引聘台籍教师扩大发展，台籍教师可作为两岸教育合作桥梁的中流砥柱。

随着两岸长期的交往与信任，两岸高等教育已逐渐开始更深入、更实质的合作与交流，在过去较为形式与零星的交流基础上，未来两岸高等教育的合作发展，将更为深化也更为全面。衡量当下两岸的主客观因素，两岸的教育合作与交流都是未来趋势，可以推动教师与学生互访甚至交换、教学资源共享与经验交流上，加强合作办学甚至是双联学位。双方可配合现况与未来趋势发展，逐步研订适合两岸阶段性、渐进式的合作方式。

（四）两岸共创双赢的教育合作

如今两岸高校的合作已越来越频繁，还开创了许多教育合作及人才培养的新模式。2015 年 4 月厦门理工学院与台湾中华大学、知名台企冠捷科技集团签订"校校企"合作共建协议，以"4+0"（学生大学四年都在大陆就读）合作新模式，培养大陆学生。[①] 这样的两岸教育合作模式成为大陆教育改革创新典型案例之一，特别是将企业纳入其中，也能给毕业生提供实习及就业的机会。

福建省委教育工委副书记杨江帆表示，福建正在加大力度引进台湾高校师资，早在"十二五"，引进台湾师资就是闽台教育交流的一项重

---

① 《厦门理工学院牵手冠捷科技与台湾中华大学，开启校校企"4+0"合作模式》，《中国高校之窗》，2015 年 4 月 13 日，来源网址：http://www.gx211.com/news/2015413/n2368252072.html。

点。目前福建已经引进 132 名台湾优秀全职教师，正在试点闽台高校合作举办两个二级学院，并联合台湾高水平大学在两岸设立四个"师资闽台联合培养中心"，2015 年 12 月 1 日施行的《福建省促进闽台职业教育合作条例》成为大陆首部与台湾地区开展职业教育合作的地方性法规。与此同时福建 2016 年将引进台湾全职教师 200 余名，并将制定出台《促进闽台高等教育交流与合作十条措施》，还将融合两岸之力，在平潭筹办高水平大学。①

两岸高等教育的合作，在以往坚实交流的基础上，透过引聘台籍教师可以促进往来，使得两岸双边互动愈来愈密切，积极而稳定的发展两岸教育合作。现阶段有些两岸学术与教育交流已经落实，未来可以扩大规模；有些可能受到法规限制，但仍然可以积极做前瞻规划，等待未来的适当时机。

五、结论

台湾地区早年高校扩编迅速，伴随现在少子化问题浮现，台湾地区高校正处于缩减阶段，使得高产出的博士人才谋职出现困境。此时恰逢大陆高校教职员工扩编，台湾博士人才西进大陆成为趋势，也是两岸教育合作与学术互访的良好机会。透过引进这些学术训练严实、拥有海外观点的博士人才，可以给大陆高校注入新活力，不仅止于学科上的交流与成长，更是带入不同视角的学术价值观与海外视角。然而大陆引进台湾博士并非"来者不拒"，对于学术经历（毕业学历、学术发表、交流经验）同样重视，编制内的台湾教师拥有稳定岗位但待遇较差，编制外的台湾教师待遇良好但需要定期评鉴。

---

① 《福建计划引进 200 余台湾全职教师 助力产业转型》，《凤凰信息》，2016 年 1 月 11 日，来源网址：http：//news. ifeng. com/a/20160111/47021622 _ 0. shtml。

依照笔者咨询所了解到的，现阶段在陆从事教职的台湾教师，人数将近 1000 人。台湾教师的教学质量普遍获得学生良好反馈，不仅课堂投入用心，也更能带给学生不同的海外视角，引领学生看见不一样的世界。在陆任职的台湾博士可以分为三种类型，留学欧美的台湾地区博士、台湾地区高校毕业的博士或在陆毕业的博士，分别能够带来深度的西方学术训练、台湾海外视角以及两岸融合视角，无论何种学术经历都能为大陆高校注入新的活水源。这些任职大陆的台湾教师，将可成为两岸教育合作的联结纽带，透过自身的学术成长经历，创造两岸学术交流的平台，扮演学术互访与合作的沟通桥梁。而具体的运作方式，可以举办两岸学术交流论坛与研讨会、组织各项教育考察团进行参访、双方缔结姊妹校建立教育伙伴关系、邀请教师担任访问学者进行研究、建立交换教师制度延聘优良师资、筹办两岸大学生蹲点互访、学生短期研习及发展远距教育等等。

狄更斯说"这是个最好的时代，也是最坏的时代"，在社会进步及时代变换的今天，大部分人只是历史浪潮裹挟的一分子而已。大学正是培养年轻一代价值观最重要的场所，笔者认为只要在陆的台湾教师不断增加，两岸学术价值观点的互相激荡与融合便会持续推进，这对于两岸学术互访及教育合作具莫大作用，我们也乐见两岸之间的密切往来。两岸共同拥有中华文化的底蕴，却有不一样的发展路径，如能透过密切的教育合作与学术互访，将可缔造新颖的两岸大中华思维，而双边学术融合正是两岸和平发展寻求共识的出发点。

参考文献

图书期刊：

[1] 许品鹃、谢秉弘、陈麒竹：《25 年来台湾大专校院校数变动趋势》，财团法人高等教育评鉴中心基金会《评鉴》双月刊，2015 年 11 月，第 58 期。

［2］陈振贵：《大学倒了没？大学教育和教授的未来》，台北：独立作家出版社，2015 年。

［3］李振玉：《透视日本的"博士过剩"现象》，《比较教育研究》，2005 年7 期。

［4］肖聪：《台湾研究生就业问题及经验借鉴》，《教育与经济》，2015 年 6 期，第 48 页。

［5］施晓莉：《基于推—拉理论的地方高校高层次人才引进与管理——以武夷学院引进台湾博士为例》，《泉州师范学院学报》，第 33 卷第 4 期，2015 年 8 月。

［6］张廷君：《引进台湾高层次人才政策的运行现状及改进——以福建省为例》，《福建行政学院学报》，2013 年第 5 期。

报纸媒体杂志：

［1］汤佳玲：《10 年后　吴思华：流浪博士将超过流浪教师》，《自由时报》，2014 年 11 月 25 日，来源网址：http：//news. ltn. com. tw/news/life/breakingnews/1166063。

［2］蔡博方：《前进中国高校——台籍年轻博士的学术拓边》《巷仔口社会学》，2016 年 4 月 11 日。https：//twstreetcorner. org/2016/03/29/% E5% 89% 8D% E9% 80% B2% E4% B8% AD% E5% 9C% 8B% E9% AB% 98% E6% A0% A1 – % E5% 8F% B0% E7% B1% 8D% E5% B9% B4% E8% BC% 95% E5% 8D% 9A% E5% A3% AB% E7% 9A% 84% E5% AD% B8% E8% A1% 93% E6% 8B% 93% E9% 82% 8A/。

［3］"国家发展委员会"：《主要国家高等教育占总人口比率》，2015 年 10 月 10 日，http：//www. ndc. gov. tw/News. aspx？n516 A8B4F29B6AA51&sms =4164EA25B8B36037。

［4］台湾"教育部"网站，《重要教育统计资讯》，2015 年 10 月 10 日，http：//www. edu. tw/pages/detail. aspx？Node =4076&Page =20047&Index =5&WID =31d75a44 – efff –4c44 – a075 –15a9eb7aecdf。

［5］"国家统计局"网站，《教育年度统计数据》，2015 年 10 月 10 日，http：//data. stats. gov. cn/easyquery. htm？cn =C01。

［6］赵苗青：《2016"创业创新·筑梦温州"台湾青年人才对接会在京举行》，"你好台湾网"，2016 年 06 月 20 日，http：//mt. sohu. com/20160619/n455131800.

shtml。

[7] 刘学伦：《应聘大陆高校教职之经验谈》，台湾中央大学中文系官网，2015 年 06 月 23 日，http：//www. chinese. ncu. edu. tw/app/news. php? Sn = 1175。

[8] 吕蓓君、叶俊宏：《陆大学抢台籍博士　高薪不手软福利优渥》，"TVBS"官网，2015 年 09 月 15 日，http：//news. tvbs. com. tw/china/617227。

[9] 李雪莉：《被台湾抛弃的博士们　西进中国的"学术移工"》，《天下》当期精选《报导者》，2016 年 06 月 07 日，http：//www. cw. com. tw/article/article. action? id = 5076780。

[10]《厦门理工学院牵手冠捷科技与台湾中华大学，开启校校企"4 + 0"合作模式》，"中国高校之窗"，2015 年 4 月 13 日，http：//www. gx211. com/news/2015413/n2368252072. html。

[11]《年薪 2 百万附公寓　强国这样挖角台湾博士生》，"苹果实时" 2015 年 09 月 12 日，http：//www. appledaily. com. tw/realtimenews/article/new/20150912/690378/。

[12]《两岸和平发展论坛闭幕　独尊一青　陆将招 260 名台师》，"中国时报"，2016 年 11 月 04 日，http：//www. chinatimes. com/newspapers/20161104000368 - 260108。

[13] 陈芳毓：《礼遇台湾学者，研究自由度也高》，《远见杂志》，2016 年 1 月号，第 355 期，http：//store. gvm. com. tw/article _ content _ 30303. html。

[14]《吸人才就业! 温州网罗台湾教师　祭最高年薪 1500 万》，"三立新闻网"，2016 年 06 月 18 日，http：//www. setn. com/News. aspx? NewsID = 156842。

[15]《福建计划引进 200 余台湾全职教师　助力产业转型》，"凤凰信息"，2016 年 1 月 11 日，http：//news. ifeng. com/a/20160111/47021622 _ 0. shtml。

[16]《博士生卖鸡排　郭台铭批浪费教育资源》，"TVBS"，2013 年 3 月 13 日，http：//linuxyeo. pixnet. net/blog/post/288476183。

[17] 徐蕾：《台湾博士学历高、求职难》，《人民日报（海外版）》，2011 年 11 月 21 日。

[18] 孙权：《台湾"博士团"大陆高校任教调查》，《人民政协报》，2015 年

9 月 19 日，第 007 版。

招聘官方网站：

［1］高校人才网官方网站，http：//www. gaoxiaojob. com/。

［2］中国高校教师招聘网，http：//www. jszpw. net/。

［3］高校教师招聘网，http：//www. pinjiao. com/gaoxiaojiaoshizhaopin/。

［4］科学网，http：//talent. sciencenet. cn。

［5］浙江省温州市台湾青年创业就业服务中心，http：//www. youthtw. com/Index. aspx。

浅谈闽南语与两岸青年交流

庄琳璘[*]

（厦门大学人文学院历史学博士）

闽南语是海峡两岸闽南人的生活语言，有助于两岸同胞的心灵沟通。2015 年 3 月 4 日，习近平总书记在参加政协民革、台盟、台联委员联组讨论时指出，"台湾除了原住民，大陆去台的以闽南地区为主，讲的就是闽南话。血缘相亲，文源相同。闽南文化作为两岸文化交流的重要部分，大有文章可做"。[①] 海峡两岸同胞对闽南文化有着强烈的认同感，而闽南文化又以闽南语为载体，故以闽南语为突破口，加快海峡两岸文化共同体的建设，充分利用闽南文化在台湾尤其是台湾南部民众中的深厚影响，既利于发挥闽南文化的认同能量，又能深化闽南语地区与南部台湾的文化交流。

青年人是未来发展两岸关系的关键力量。2005 年，团中央书记处第一书记周强在厦调研青少年工作时就指出，要把福建，尤其是厦门作为青少年对台交流的重点地区，充分发挥青年组织在促进祖国统一大业中的作用。要在推动两岸青少年文化领域交流上加大力度，尤其福建、厦门要发掘闽南文化的魅力，搭建两岸文化交流的平台；要在推动两岸青少年人员交流上加大力度，增进彼此的了解，加深彼此的感情。[②]

  ＊ 庄琳璘，女，1991 年生，福建泉州人。现为厦门大学两岸关系和平发展协同创新中心、厦门大学人文学院历史系 2016 级博士，主要研究方向为区域经济史。

  ① 《习近平：两岸文化交流大有文章可做》，新华网，2015 年 3 月 4 日，网址：http：//news. xinhuanet. com/tw/2015 - 03/04/c_1114523227. htm。

  ② 《大力推动两岸青少年交流，周强在厦调研青少年工作》，《厦门日报》，2005 年 6 月 20 日，第 a01 版。

然而，据调查显示，"年青一代闽南方言能力明显趋弱，许多传统基本词汇逐渐消失；城镇化地区普通话和闽南话已经是双语并行。"①由此，关注闽南语在两岸青年中的认可与使用情况，重视闽南语的传承、增强两岸青年文化认同感就显得尤为重要。

一、闽南语的内涵与在两岸的分布

闽南方言是汉语诸方言里很重要的一种方言。目前学术界所称的闽南方言，是一个广义的概念。这种广义概念的闽南方言，其流行地域相当广阔，不仅包括福建境内的闽南地区，还流行于台湾省、广东省的潮汕地区和雷州半岛地区、海南省，以及由上述地区移民至福建中部和北部、浙江东南部、江西上饶地区若干县市、江苏宜兴地区若干乡镇和广西柳州地区、四川一些地方等等。这些地区至今还说闽南话或说着带有闽南话某些重要特点的方言。②

广义上来讲，闽南方言主要集中在福建、台湾、广东和海南四省，根据其差异特点，可分为闽台片、潮汕片、雷州片和海南片，而其中闽台片的人口占整个闽南方言区近三分之二。所以一般来说，狭义的闽南方言指闽台片的闽南方言。除了福建外，闽南话流行最广的是台湾省。关于台湾地区的方言分布问题，张振兴在《台湾闽南方言记略》"导论"中指出，台湾地区汉语方言主要有闽南方言和客家方言，但闽南方言又可以分为泉州腔、漳州腔、漳泉混合腔，泉州腔又有三邑（包括晋江、南安、惠安）、同安、安溪、厦门等不同的口音。

台湾是一个由不同语言、文化、政治、经济、理念交融而成的典型混合型社会，人口结构大致可以分为四大族群：闽南人、客家人、外省

---

① 陈燕玲、林华东：《闽南方言的现状与未来》，《东南学术》，2011 年第 4 期，第125 页。

② 周长楫、欧阳忆耘：《厦门方言研究》，福州：福建人民出版社，1997 年，第 2 页。

人、台湾少数民族，根据黄宣范 1993 年的统计推算，在语言使用上大体是闽南人约 73.3%，客家人约 12%，外省人 13%，台湾少数民族约 1.7%。清领时期社会语言主要使用闽南方言，其次是客家方言。日据时期，推行语言同化政策，官方语言是日语，闽南方言、客家方言退居家庭场域。国民党退居台湾后，大力推广"国语"，推广教育，"国语"得到了普及，至 1991 年，"国语"普及率达 90%，但闽南方言、客家方言仍是民间交流的主要语言。

两岸都非常重视闽南语的传承和规范。在大陆地区，普通话是标准语言，《中华人民共和国国家通用语言文字法》规定，"国家通用语言文字是普通话和规范汉字"。但是，推广普通话不是消灭方言，而是要在使公民普遍具备普通应用能力的同时，尊重方言的使用价值和文化价值。2012 年 12 月，《国家中长期语言文字事业改革和发展规划纲要（2012—2020 年）》颁布，其中明确提出："加强各民族语言文字的科学研究和资源开发利用。加强语言资源数字化建设，推动语言资源共享，充分挖掘、合理利用语言资源的文化价值和经济价值。建立和完善语言资源库，探索方言使用和保护的科学途径，用现代技术手段记录保存少数民族濒危语言。"[①] 在闽南语规范方面，2006 年 12 月，福建人民出版社出版了周长楫主编、厦漳泉三地学者共同编著的《闽南方言大辞典》，2007 年 10 月，厦门大学出版社出版了林宝卿编撰的《普通话闽南方言常用词典》，对闽南语的文字化、标准化做出了贡献。

对于闽南语，台湾方面更是非常重视，近 30 年来，一直推行所谓的"母语教育"，大力扶植闽南语、客家语、少数民族语等本土方言，以与"国语"抗衡。1993 年台教育主管部门宣布今后将母语教育列入

---

① 《教育部 国家语委关于印发〈国家中长期语言文字事业改革和发展规划纲要（2012—2020 年）〉的通知》[EB/OL]，中华人民共和国教育部网站，http://www.moe.edu.cn/publicfiles/business/htmlfiles/moe/s7246/201301/146511.html，2012 年 12 月 4 日。

中小学正式教学范畴，以选修方式学习闽南语及客家话，1998 年母语
教学随着"乡土教学活动"一科进入小学三年级到六年级课程；2001
年教育主管部门正式实施《中小学九年一贯暂行课程纲要》，将母语教
育纳入中小学正式课程，闽南方言、客家方言、少数民族语与"国语"
并列为"本国语文"；2003 年台教育主管部门废止"国语"推行办法，
2006 年推广"台湾母语日活动"，2007 年台行政主管部门通过"国家
语言发展法草案"，明定"国家语言为本国族群或地方使用之自然语言
及手语"。从 2000 年至 2008 年，"国语"被刻意挤压，母语教育在台
湾得到大力推广，其位阶甚至被拉抬到与"国语"等同。2008 年国民
党重新执政后，实行一个主轴两个并轨，"推行'国语'和尊重母语和
外语"的语言政策，母语教育依然被大力推广。

　　闽南方言能够成为沟通两岸的桥梁，成为两岸关系文化的纽带，不
仅仅是由于其流播地域宽广、影响范围巨大，也是由其自身特色所决定
的。第一，闽南方言的海洋文化发展得最为充分，出海的闽南人无不对
故土怀着深情，一旦立足定居，稍微有所作为，便急于回报家乡；而身
居异乡的闽南人，不论身处何种环境，也都能保留自己的语言和文化，
并且在当地华人中成为强势方言。第二，闽南方言和文化是最具兼容性
的，这来源于在地域文化方面历史上的不同积淀，也是走向海洋之后带
来的海洋文化的特征。①

　　福建闽南方言作为汉语方言的一支，体现了两岸人民密切的"语
缘"关系。两岸的闽南语是源和流的关系，通过对闽南语在两岸分布
情况的考察，不但可以确认台湾的"根"在祖国大陆，而且可以正本
清源，有助于认同引归。台湾闽南方言的祖根在闽南，两岸青年同宗同
祖，实现祖国统一的美好愿景，需要大陆青年的鼎力支持，更需要台湾

---

① 李如龙、姚荣松主编：《闽南方言》，福州：福建人民出版社，2008 年，第 8—16 页。

青年的共同努力。

二、闽南语在台湾青年中的现状

台湾居民除了少数民族外，大都来自福建。闽南人和客家人大都是明清时代福建移民的后裔，他们被称为"本省人"。1949 年时，台湾本省籍人口约为 660 万。南明永历十五年（1661 年），郑成功从荷兰人手中光复台湾，此后大量闽南地区的人民移居台湾，距今已有 300 多年的历史。早期移民的原籍以泉州府为多，与郑成功是泉州府南安县人有关。郑成功败亡以后，清政府禁止大陆人移居台湾。其后开禁，乾隆、嘉庆以后再次掀起移民台湾的浪潮。移民原籍以泉州府和漳州府为多，也有闽东福州一带人和广东潮州人，移民初期集中在台湾岛的南部，后来向北开拓发展。① 移民台湾的闽南人来自泉州、漳州、厦门、兴化（莆田）、潮汕等地，方言本来不同。台湾省内的闽南话有泉州腔和漳州腔之别，大体上北部的台北、基隆、淡水一带和南部的高雄至恒春一线主要通行泉州腔；中部的南投、嘉义一带和东北部的宜兰、罗东苏澳等地主要通行漳州腔；西部台南、台中，东部新城、花莲等地，泉州腔和漳州腔两种口音相互穿插也相互影响，多数人所说的闽南话也像厦门话那样综合泉、漳两种口音，其中以泉州腔略占优势。闽南语是两岸同胞日常生活中的交流语言之一，耳濡目染之下，两岸青年也通晓闽南语。

据陈燕东和林华东两位教授的深入调查，发现两岸青年都对闽南方言具有较浓厚的感情，大部分人喜欢闽南语。调查还发现，台湾的台南和台北对闽南语的情感有较大差异，台南青年对闽南语的喜欢程度和运

---

① 参考游汝杰：《台湾大学生语言使用状况研究》，《陕西师范大学学报（哲学社会科学版）》，2015 年 7 月，第 157 页。

用能力远甚于台北。欣慰的是，尽管台北青年在日常生活中不怎么使用闽南语，他们大多数人仍然认为学习和传承闽南方言很有必要。通过进一步调查发现，两岸青年还会根据交流对象、环境和谈话内容来决定是否使用闽南语。在各地公共场合中使用普通话（"国语"）的比例明显大于闽南语，而在私密场合（比如家里等）使用方言的比例明显大于"国语"。如果面对的是一个地方的老乡，或者熟悉的人，就会习惯性地用闽南语进行交谈。[①]

闽南语和普通话都是两岸青年的日常生活用语，然而随着教育的深入、现代化的发展、青年的视野和交际圈逐渐扩大，在台湾许多地区"国语"和闽南方言双语并行。"语言是文化的载体，闽南方言成为台湾人民日常生活中主要的交流工具，使闽南文化乃至整个福建文化沉淀于方言中，在台湾广为传播。"[②]

台湾大学生个人、家庭母语的使用存在显著的地域性，其常用的语言有"国语"、闽南语、客家语、少数民族语和英语五种。闽南师范大学闽南文化研究院吴晓芳教授调查了台湾 2015 年的在校大学生的母语认同情况和母语能力，共发放问卷 1420 份，回收 1280 份，有效 1188份。根据她的调查，在当前台湾大学生中各种语言平均使用频率分别是"国语"占 76.52%，闽南话占 15.39%，客家话占 1.03%，少数民族语占 0.29%，英语占 1.08%。台湾大学生各种语言使用能力存在显著特征：不管母语是什么语言，大学生的"国语"能力最强；闽南母语人的闽语能力强于客家话，客家母语人的客家话能力强于闽语；但"国语"母语人的闽语能力强于客家母语人，这说明闽南语的竞争力大于客家话。

---

① 陈燕玲、林华东：《闽南方言的现状与未来》，第 125 页。
② 汪征鲁：《福建史纲》，福州：福建人民出版社，2003 年，第 486—487 页。

表1 受访人的母语认同情况

对象母语 受访人	"国语"	闽南语	客语	少数民族语	英语	日语	其他
双亲外省人	59 (98.3%)	1 (1.7%)	0 (0.0%)	0 (0.0%)	0 (0.0%)	0 (0.0%)	0 (0.0%)
双亲闽南人	577 (86.8%)	88 (13.2%)	0 (0.0%)	0 (0.0%)	0 (0.0%)	0 (0.0%)	0 (0.0%)
双亲客家人	23 (63.9%)	0 (0.0%)	13 (36.1%)	0 (0.0%)	0 (0.0%)	0 (0.0%)	0 (0.0%)
双亲少数民族	8 (61.5%)	0 (0.0%)	0 (0.0%)	5 (38.5%)	0 (0.0%)	0 (0.0%)	0 (0.0%)
父亲外省人	105 (98.1%)	2 (1.9%)	0 (0.0%)	0 (0.0%)	0 (0.0%)	0 (0.0%)	0 (0.0%)
父亲闽南人	120 (91.6%)	8 (6.1%)	1 (0.8%)	2 (1.5%)	0 (0.0%)	0 (0.0%)	0 (0.0%)
父亲客家人	55 (82.1)	6 (9.0%)	6 (9.0%)	0 (0.0%)	0 (0.0%)	0 (0.0%)	0 (0.0%)
父亲少数民族	7 (100.0%)	0 (0.0%)	0 (0.0%)	0 (0.0%)	0 (0.0%)	0 (0.0%)	0 (0.0%)
其他	56 (88.9%)	4 (6.3%)	0 (0.0%)	0 (0.0%)	0 (0.0%)	1 (1.6%)	2 (3.2%)
总计	1010 (87.90%)	109 (9.49%)	20 (1.74%)	7 (0.61%)	0 (0.0%)	1 (0.09%)	2 (0.17%)

表2 受访人语言能力

对象母语 受访人	"国语"	闽南语	客语	少数民族语	英语	日语	其他
双亲外省人	59 (98.3%)	13 (21.7%)	2 (3.3%)	1 (1.7%)	9 (15.0%)	2 (3.3%)	0 (0.0%)
双亲闽南人	654 (98.2%)	351 (52.7%)	2 (0.3%)	0 (0.0%)	82 (12.3%)	13 (2.0%)	0 (0.0%)
双亲客家人	36 (100.0%)	5 (3.9%)	12 (33.3%)	0 (0.0%)	4 (11.1%)	1 (2.8%)	0 (0.0%)

续表

对象母语	"国语"	闽南语	客语	少数民族语	英语	日语	其他
双亲少数民族	13 (100.0%)	1 (7.7%)	0 (0.0%)	2 (15.4%)	2 (15.4%)	1 (7.7%)	0 (0.0%)
父亲外省人	106 (99.1%)	36 (33.6%)	1 (0.9%)	0 (0.0%)	25 (23.4%)	5 (4.7%)	0 (0.0%)
父亲闽南人	127 (96.9%)	44 (33.6%)	7 (5.3%)	1 (0.8%)	21 (16.0%)	1 (0.8%)	0 (0.0%)
父亲客家人	67 (100.0)	26 (38.8%)	4 (6.0%)	0 (0.0%)	14 (20.9%)	0 (0.0%)	0 (0.0%)
父亲少数民族	8 (100.0%)	4 (50.0%)	0 (0.0%)	1 (12.5%)	1 (12.5%)	0 (0.0%)	0 (0.0%)
其他	61 (96.8%)	21 (33.3%)	0 (0.0%)	0 (0.0%)	6 (9.5%)	3 (4.8%)	0 (0.0%)
总计	1128 (97.92%)	500 (43.40%)	28 (2.43%)	5 (0.43%)	164 (14.24%)	26 (2.26%)	0 (0.0%)

如上两表所示，年轻一代中 87.9% 以"国语"为母语，97.92% 能流利使用"国语"，"国语"依然是台湾当代青年最常用的语言，即使是以闽南话为母语的大学生，"国语"能力也高于闽南语。在其他语言中，有 43.4% 能流利使用闽南语，远远超过英语的 14.24%，客家话使用率仅有 2.43%。虽然以闽南语为母语的大学生只有 9.49%，远逊于"国语"，但依然远远超过客家话的 1.74%。这些数据说明，在台湾当代青年中，除了"国语"之外，最有影响力的语言非闽南语莫属。①

三、交流的载体：以闽南语进行的文化艺术活动

闽南语是古汉语的一支，它始终保存着古汉语的精髓，具有经久不

① 以上调查来自吴晓芳：《从台湾青年语言能力、母语认同看台湾乡土语言政策的成效》，载于《福州大学学报（哲学社会科学版）》，2016 年第 5 期，第 28—29 页。

衰的生命力和源远流长的传统文化底蕴。以闽南方言进行传播的文化艺术活动丰富而多元，是闽台两地人民日常生活智慧的结晶，"也是闽台两地建立良性沟通和稳固关系的媒介，具有丰富而独特的文化风貌和内涵，展现中华民族悠长的历史文化韵味。"① 可以说，这些以闽南语为主体的文化艺术活动，是两岸青年交流的载体。

闽南语电影是两岸文化交流的重要内容。至今在福建已成功举办过三届"海峡两岸闽南语电影（文化）研讨会"；2015 年，在第 36 届香港电影节上特备了"方言与本土——香港的厦语电影"展映活动，以及"厦语电影世界"座谈会；在台湾，甚至还举办了首届世界闽南文化节暨闽南文化电影影展和闽南语电影论坛。闽南语歌曲丰富了两岸人民的娱乐活动。福建省委宣传部、福建省广播影视集团等单位从 2006年起共同主办"全球闽南语歌曲创作演唱大赛"，组织两岸及海外优秀闽南语歌手参加演唱比赛，旨在促进闽南语歌曲创作的繁荣和传唱闽南语歌曲的热潮。这些研讨会和比赛每年吸引无数两岸青年来参加，借助闽南语这根红线，促进了两岸台湾青年的文化交流。

提到闽南语文化艺术活动，就不能不关注布袋戏。布袋戏属于承载闽南方言的戏种，和其并称的还有梨园戏、高甲戏、歌仔戏和布袋戏等。据调查，两岸青年至少熟悉一个戏种，熟悉三种或三种以上的并不多，其中泉州青年熟知三种以上的比例最高②，这与泉州当地的风俗习惯有关，看戏是泉州民众生活中的一部分，每逢有盛大节日或者各种喜事，经常会请戏班子表演。

布袋戏也是台湾青年喜闻乐见的一种乡土文化活动。它又被称为布袋木偶戏、手操傀儡戏、手袋傀儡戏、掌中戏、小笼、指花戏，是一种

---

① 刘桂茹：《以闽南文化为载体开拓两岸交流新局面》，《学术评论》，2016 年第 1 期，第 43 页。

② 陈燕玲、林华东：《闽南方言的现状与未来》，《东南学术》，2011 年第 4 期，第 129 页。

用布偶来表演的地方戏剧，源于明末清初，起于泉州，主要在福建泉州、漳州与台湾等地流传。布袋戏从福建传入台湾，在台湾经历了技艺的改进、电视台的开播，并与现在的社会环境、社会心理及社会情形相适应的坎坷路程，后来终于在台湾站稳了脚步，随之又从台湾再次传入大陆，受到了庞大的青少年群体的欢迎。

2003 年左右，以福建、广东、四川等区域为圆点，电视布袋戏中的佼佼者——霹雳布袋戏在中国大陆各大高校呈现出一个小井喷的热潮。大陆最早一批热爱霹雳布袋戏的戏迷几乎都是来自各大高校的大学生。这批青年学生们把发展新的戏迷叫作"拉人入坑"，积极在身边的同学朋友中宣传霹雳。发展初期，以各大高校 FTP 和各大霹雳布袋戏论坛交流盗版资源为主。每到星期五发片日期，由台湾个别戏迷将剧集上传，各大网站和学校 FTP 站点转发，大陆戏迷们都守在电脑前以便第一时间下载、观看。到了 2005 年左右，当时网络霹雳布袋戏论坛不下百个，当时几个比较有名的大型霹雳布袋戏论坛如"方寸江湖""逸海云川""屏中侠影""妖道角"等人气十分火爆，注册会员超过 10 万人，每周五发片期间，每个论坛同时在线人数不下万人。

霹雳与大陆的更多交流始于 2006 年，"台湾每年都举办布袋戏活动，吸引着大陆青少年前去和台湾青少年交流，促进了两地青少年的沟通。"[①]霹雳也开始频频应邀参加各种影展、动漫节、博览会等，例如 2006 年杭州的第二届中国国际动漫节以及中国动漫娱乐盛典（CACG）、上海的年度动漫盛会卡通总动员；2007 年的厦门两岸交流文化活动；2008 年代表台湾创意文化产业参加第三届北京国际文化创意产业博览会；2010 年杭州的第六届中国国际动漫节，还在横店开了第一家霹雳门店；

---

① 张孟辰：《浅谈布袋戏对两岸传统文化交流的影响》，《设计》，2012 年第 10 期，第 178 页。

2010 年"台北—上海"双城文化创意产业博览会；2011 年北京 iMovie 爱电影视听馆付费影展，并原创四集"国语"配音《梁祝之西蝴蝶梦》在杭州国际漫展播放，引起轰动。通过这些不断的交流活动，霹雳布袋戏在大陆的知名度逐步打开，受欢迎程度逐年加深，为其深入大陆市场打下了坚实基础。台湾推出了各式各样的周边产品来迎合更多的布袋戏迷，如陶瓷杯、衣服、海报等，吸引着来自大陆的年轻人。2013 年起，霹雳布袋戏与大陆著名的优酷土豆、爱奇艺、风行网、PPS、PPTV、腾讯等一线或者二线视频网站合作，授权播放剧集。累计大陆范围的视频网站和论坛，霹雳布袋戏每一档剧集在大陆的点击数都在一千万人次以上。①

霹雳 COSPLAY 文化是促进两岸青年交流的重要方式。台湾接触 COSPLAY 早于大陆，其相关产业也较大陆更为发达，故而台湾霹雳 COSER 们来到大陆表演，往往会受到大陆戏迷们疯狂追捧。台湾元老级 COSER 席珍，在圈内有"圣人"之称，她的作品还原度极高，道具无一不精，妆面整洁，演绎精湛，在两岸 COSPLAY 界影响力巨大，是许多 COS 爱好者的精神动力和学习目标。台湾知名 COSER 日痕隶属于台湾无限人形剧场，他于 2010 年代表霹雳布袋戏官方参展杭州国际动漫节，多次在内地演出，参加厦门金海豚动漫节、杭州国际动漫节、北京台湾名品博览会等活动，还曾任 2012 年杭州 COSPLAY 文化节评委。2010 年之后，大陆方面也涌现出了大量霹雳布袋戏 COSER，其中的佼佼者也引起了海峡对岸的兴趣。大陆知名 COSER、第一届平面 COSPLAY 全国大赛一等奖获得者小 G（gzyxt），既是厦门 TOO 动漫社成员，也是台湾无限人形剧场大陆团员，曾多次受邀前往台湾交流演出。

---

① 参考劳俊瑶：《台湾霹雳布袋戏大陆市场营销策略研究》，广西大学工商管理硕士学位论文，2015 年 5 月，第 22—23 页。

霹雳布袋戏以闽南语为主，非闽南语地区的大陆戏迷，也由此对闽南语本身产生了浓厚的兴趣。他们学习闽南语，在网络论坛上讨论闽南语的特色与知识，争论闽南语配音的得失。在线下见面交流时，戏迷们普遍能以闽南语发音读出剧中角色的名字，能以闽南语背诵自己喜欢角色（戏迷们称之为"本命"）的重要台词和诗号；资深戏迷们还能熟练引用片中的经典闽南语戏词。唱闽南语歌曲也是戏迷的爱好。霹雳布袋戏中的闽南语插曲《非常女》《你的名我的命》《今宵》都是脍炙人口的名作，也是大陆戏迷聚会 K 歌时的必点曲目。

可以说，霹雳布袋戏的流行，扩大了大陆闽南语的影响范围，也为两岸青年交流搭建了平台。戏迷们参加漫展和霹雳文化节时，往往对来自霹雳故乡台湾的青年同好非常热情。他们热切地想知道霹雳在其原产地的真实状态，想要了解关于霹雳的第一手消息，甚至委托台湾青年代购霹雳布袋戏的原产周边。不少两岸青年因此交上了朋友，至今依然保持联络。

四、闽南语与两岸青年的交流

闽南语促进两岸青年的文化认同，维系着两岸的乡土情谊，有着悠久的历史积淀，丰富了多姿多彩的中华文化。"台湾文化缘自闽南，闽南文化植在台湾。"[1] 闽南文化有利于增强台湾青年对中华文化的认同感和增加闽台同根同祖的亲和力，而闽南文化以闽南语为载体，通过日常的交流和丰富多彩的文化艺术活动来传达，能让两岸青年彼此有亲近感，有利于双方相互了解，增进彼此的共识，从而潜移默化地增强两岸青年的文化认同。

闽南语彰显闽台紧密的文缘关系，体现了闽台共同的区域文化特

---

[1]　黄清源：《泉南文化缘启》，泉南文化杂志社，2000 年，第 1 页。

征，是两岸青年沟通的重要表达方式之一，通过交流可以发现两岸之间有很大的相似性，是同大于异，是流和源的关系。闽南语可以唤起两岸青年共同的历史文化记忆，是两岸青年心灵契合的纽带。两岸青年通过闽南语交流，更接地气，更暖人心，倍增亲情，有利于闽南文化的传播，进而增强台湾青年对中华文化的认同感，从而增强中华民族的向心力。

闽南语促进两岸青年的交流，要发挥青年的主体力量；只有通过两岸青年直接沟通，才能最有效地促进感情的认同。两岸青年要积极参加以闽南方言为载体的文化竞赛活动和文艺表演活动，通过行动赋予方言生机和活力。同时还要借助媒体的推广功能。电台、电视台以及报纸杂志等媒体，要播放两岸青少年喜闻乐见的闽南语频道和创办富有地方色彩的闽南语栏目，内容的遴选和编排要结合时代背景和反映青少年的日常生活。同时，也要注意提高主持人的素养和采编的文化视野，不断提升播出质量和效果。

闽南语蕴含了丰富的两岸人文内涵，闽南语的消失，势必会使它所传达的闽南文化也随之萎缩和贫乏化。闽南方言是闽南文化的摇篮，如果没有闽南方言，那些南音、地方戏剧也就荡然无存，闽南文化就不可能成为"活文化"。现在长期居住或从小生活在两岸的城市青年，有一部分人只会听闽南语而不会说，有的对闽南语一知半解，更有甚者完全听不懂闽南话。语言是文化的载体和表达方式，尽管闽南语作为两岸的强势方言，不易很快消失，但随着现代化社会的发展会逐渐衰退。如此，以闽南语为载体的闽南文化也将难以为继。闽南文化在台湾有深远的影响力，尤其对台南青年有着深厚的影响，因此，方言的传承刻不容缓，要加强青年尤其是青少年的闽南语交流。从文化传承的角度来看，保护闽南方言也是当务之急。

有学者认为，要保护好闽南方言的传承，除了要继续加大闽南方言传承的宣传力度，还应在幼儿园教授闽南方言，切切实实在学龄前孩子身上下功夫，认真从小朋友抓起，摒弃过去家长从小逼迫孩子学外语的做法。在幼儿园普遍开设闽南语方言课，编制幼儿园闽南方言读本，让孩子们先把本土的方言学好学透，另外在闽南地域内推广普通话的同时，也应当重视闽南语的普及教育，编写闽南文化教材，把闽南语课程作为学校的一门必修课。[①] 还可参考在中小学开设闽南语等级考试的做法，真正让闽南语走进两岸青少年的生活和学习中。

闽南语是闽南文化的有机载体，具有强烈的乡土特征，始终发挥着维系乡土情谊的作用，承担着传承两岸共同历史记忆的功能，凝聚着两岸青年的中华民族向心力。期盼台湾青年和大陆青年能用智慧的头脑和仁者的态度来传承闽南方言，不断增进两岸的文化认同，最终实现海峡两岸和平统一的美好愿景。

---

① 胡志春、林聘贤：《闽南文化的历史作用及其弘扬》，《闽台文化研究》，第 252 页。

非遗视角下的两岸民间文化

花苗苗

（厦门大学人类学与民族学系博士生）

两岸形势瞬息万变，民进党蔡英文上台，台湾与大陆的两岸关系再度成为国际关注的焦点。诚然，政治权力的交接，不能割断台湾与大陆之间血脉相连的文化联系，台湾是中国不可分割的领土毋庸置疑，但妄图从历史与现实的暂时割裂来否认两岸亲缘关系的企图始终存在。为此，立足于无法被否认的"现实生活"，来寻找一个两岸双方都认同的共同文化着力点，可为两岸和平发展提供一条新的交流路径。来源于民间生活的"非遗"与"民间文化"则提供了这样一个可能性。

一、非遗与传统民间文化

1. 何谓"非遗"

探讨"非遗"与"民间文化"在民间生活中有着怎样的位置，二者之间有着怎样的联系，首先需了解何谓"非遗"。"非遗"，非物质文化遗产的简称，译自于"intangible heritage"，这一说法始于联合国教科文组织 *Convention for the Safeguarding of the Intangible Cultural Heritage*。国际上有无形文化财、无形文化资产的称呼，皆为不同译法，本质上一脉相承。目前，我国大陆称为非遗（以下全文皆采用简称），台湾称为无形文化资产。

非遗的概念，联合国教科文组织《保护非物质文化遗产公约》做出明确说明："非物质文化遗产，指被各社区、群体，有时是个人，视为其文化遗产组成部分的各种社会实践、观念表述、表现形式、知识、技能以及相关的工具、实物、手工艺品和文化场所。"同时对非遗的范围做出了界定，主要包括五个方面：口头传统和表现形式，包括作为非物质文化遗产媒介的语言；表演艺术；社会实践、仪式、节庆活动；有关自然界和宇宙的知识和实践；传统手工艺。

2004 年中国加入该公约后，制定《非物质文化遗产保护法》，根据中国的实际情况对非遗的概念重新给出解释，"是指各族人民世代相传并视为其文化遗产组成部分的各种传统文化表现形式，以及与传统文化表现形式相关的实物和场所。"并针对公约中非遗包含的范围，规定了非遗的内容，将其具体化。①

通过这两个概念的界定可以看出，非遗是来自于一群人的，产生于生活实践中的约定俗成，与传统文化息息相关，具有丰富的艺术表现形式。它可能产生于原始时期，如黎族纺织技艺等一些少数民族传统文化，也可能产生于近代。但无论产生于何年代，它都仍然活跃在当今社会的舞台上，而这也是非遗的一个本质特点。不同于古代文物，非遗属于活态的文化形式，它向当代人以活态的方式展现了古代的传统文化，因而难能可贵。通常我们判断一种传统民间文化是否属于国家非遗的保护范畴，其悠久历史与活性状态与否，是至关重要的评估标准。

2. 非遗与民间文化的重叠关系

从相关文件对非遗概念的解读中可以看出，非遗与民众的传统文化有着密切关系。而各族人民的传统文化与民间文化有何关联，非遗与民间文化又有着怎样的牵扯关系。要明白这些关系，需要弄清民间文化的内涵。

———————

① 内容涵盖六个小点：传统口头文学以及作为其载体的语言；传统美术、书法、音乐、舞蹈、戏剧、曲艺和杂技；传统技艺、医药和历法；传统礼仪、节庆等民俗；传统体育和游艺；其他非物质文化遗产。

民间文化一词，有言民俗文化，有谓民间文学艺术，尚无官方定义的统一界定，概念模糊。部分辞典曾对"民间文化"一词给出解释。《文艺学新概念辞典》认为，民间文化是与国家文化相对而言的，在整体民族文化中由平民百姓创造和享用的文化。① 英国 A·布洛克 O·斯塔列布拉斯编著的《枫丹娜现代思潮辞典》认为，民间文化指"把自己看作一个密切相关的社会中的成员并与之有着根深蒂固的关系的一批人的社会传统——制度、习俗、惯例、价值观念、技能、艺术和生活方式。民间文化与更为复杂的文化的区别在于它突出地通过口头方式或宗教仪式和引为习惯一代代传下去。"②

部分研究文化的学者也尝试对这一词给出自己的解释。钟敬文先生在《话说民间文化》一书中，认为在文化较发达的国家一般都有两种文化，上层文化和下层文化，而民间文化即下层文化。民间文化不同于上层文化的地方在于，"她紧贴着广大人民的各种社会生活，并密切地为它服务。"③ 此外还有学者给出不同的解释，认为民间文化是生活于社会基层的民众自发创造传承的民间知识，主要包括各种民间文学艺术表现形式和民间生产生活知识两个大的方面。④

不同说法，各圆其说。透过不同说法的阐释，可总结出，民间文化是产生于民间普通民众之间的，自发创造并代代相传的，代表着民间生活、民间智慧的艺术表现形式。将民间文化的含义与非遗的概念相对较，可发现非遗与民间传统文化的微妙关联。二者皆离不开民间生活，且与民间艺术有着不解之缘。他们的特点在于，皆非人们刻意创造，属于长期生活产生的约定俗成，且文化形式灵活，可以凭口口相传而延续

---

① 吕智敏：《文艺学新概念辞典》，北京：文化艺术出版社，1990 年，第 333 页。
② 〔英〕布洛克、〔英〕斯塔列布拉斯：《枫丹娜现代思潮辞典》，北京：社会科学文献出版社，1988 年，第 224 页。
③ 钟敬文：《话说民间文化》，北京：人民日报出版社，1990 年，第 10 页。
④ 苏喆：《民间文化传承中的知识产权》，北京：社会科学文献出版社，2012 年，第 27 页。

千百年。长期深耕于民间土壤，使得二者在众多表现形式上体现出重叠的关系。

现今我国政府官方在申报非遗项目时，将非遗分为十大类，对应非遗的基本内涵，即民间文学、民间音乐、民间舞蹈、传统戏剧、曲艺、传统体育、游艺与杂技、传统美术、传统技艺、传统医药、民俗。20世纪90年代出版的《文艺学新概念辞典》，认为民间文艺"内涵较窄，一般指民间的宗教信仰、风俗习惯、服饰居处和文学艺术等等。诸如民间传说、史诗、曲艺、音乐、舞蹈、绘画、雕塑、工艺、祭祀、禁忌、社火等，都是民间文化最有特色的组成部分。"① 而这所谓的民间文化最有特色的部分，与非遗的内涵不谋而合。非遗，正是民间文化中最具代表性最有特色最有价值的文化形式。

有学者从知识产权角度，认为非遗就是民间文化，二者意义等同②。对此，根据非遗保护法等相关法规规定，以及非遗保护现状来看，非遗在我国，还是个保护的概念，而保护是选择性的，需根据相关规定来认定是否成为保护对象——即非遗保护项目名录。认为非遗等同于民间文化，有失偏颇。民间文化不一定都是非遗，至少，不一定都是国家保护层面的项目名录。但非遗来源于民间文化。二者在源流上，同宗同源，都是能够代表着广大民众生活纹理的文化形式；形式上，相辅相成，表现形式丰富，都具有传统生活方式的代表性。理清这种重叠关系，让我们能够得以透过在非遗的挖掘、保护与传承的过程中，对民间文化有更深层次的体会。

3. 非遗在海峡两岸的保护与传承

自2004年加入非遗保护公约，非遗概念产生，到2011年正式施行

---

① 吕智敏：《文艺学新概念辞典》，北京：文化艺术出版社，1990年，第333页。
② 苏喆：《民间文化传承中的知识产权》，北京：社会科学文献出版社，2012年，第29页。

的中国非遗保护法。从这个层面上说，中国官方对非遗的保护，应是近十年的事。

但概念的产生与保护工作的开启，并不是等同的。对非遗的保护与传承工作，大致可分两个阶段。第一阶段，即加入公约以前。这个阶段的保护，是以民间文化保护的名义开展的。在 20 世纪七八十年代，中国进入民间文化保护的新阶段。大陆地区这个阶段的保护工作，以大型保护工程为代表。如 20 世纪七八十年代的"中国民族民间文艺集成志书"工程（即"十部文艺集成志书"工程），21 世纪初的"中国民族民间文化遗产保护工程"。台湾地区这个阶段的保护工作，则集中在相关规定的制定与施行。20 世纪 80 年代，台湾"文化资产保存法"开始实施，其中不仅明确将民族艺术、民俗及有关文物的调查、采集、整理、保存、传承、教育等列入其中，还制订了专门的"重要民族艺术传艺迹化之县官社会教育法规""重要民族艺术技师遴选办法"。[①] 1995 年和 2002 年，台湾分别开展"民间艺术保存传习计划""世界遗产潜力点计划"，践行对文化资产的保护工作。

第二阶段，即加入公约至今。这个阶段的大陆地区，保护工作以政府保护为主，自上而下铺展开来。以文化部为统领，各地方政府文化部门建立非遗保护中心或群众艺术馆，开展非遗保护、传承工作。各省级市级政府制定颁布地方法律法规，并为一些具有重要价值的非遗项目编制专项保护规划，作为保障。此外，重视对濒危项目的抢救记录工作。国家通过申报审批的形式，对传统的文化形式进行认定，确定其是否具有重要历史、文化、科学与艺术价值，列入非遗保护名录，加以保护。这一系列手段，取得了一定的效果。如海南黎族的传统纺染织绣技艺，

---

① 曲艳玲、王伟：《云南纸马的艺术人类学解读》，昆明：云南大学出版社，2011 年，第 265 页。

2009 年入选联合国教科文组织急需保护的非物质文化遗产，当时会这项技艺的人员只有百余人，如今发展到超过一万人，其濒危状态正在逐步缓解。

省级保护工作以福建省为例，2005 年，福建省通过并施行《福建省民族民间文化保护条例》，可谓走在各省非遗保护工作的前列。截至当前官方公布的非遗保护名录为准，福建省共有世界级非遗项目七个（其中急需保护的非物质文化遗产项目两项），国家级 124 项，省级 364 项，成果斐然。

与大陆相同，这个阶段台湾地区的无形文化资产（即非遗）的保护工作亦集中在官方，重点开展抢救记录工作，"调查、采集、整理、研究、推广、保存、维护及传习之完整个案数据"①。

比较两岸非遗保护与传承现状，两岸都在同调但不同步的相对发展中。在保护法上，大陆法律法规出台相对较晚，因此，条规相对较成熟。《非物质文化遗产保护法》实施时间短，目前未有修订。台湾地区"文化资产保存法"实施时间较早，在实施过程中不断调整、完善，到2005 年时，历经五次修改，公布新的"文化资产保存法"。

在保护机构上，大陆地区在加入公约之前，没有专门的官方保护机构，20 世纪的保护工程，领导保护小组属临时组成。加入公约以来，方才成立专门的非遗保护部门，开展非遗保护培训班，对从事非遗保护的人员进行培训。台湾地区在这方面开展工作较早，在未加入公约以前，20 世纪 80 年代成立"文化建设委员会"，开展"保存文化资产，传播文艺文化，营造社区文化生活"②的工作。在"文化建设委员会"下设立十个隶属机构，包含文化资产保存研究中心筹备处、传统艺术中

① 闽都文化研究会：《闽都文化与台湾》，福州：海峡文艺出版社，2015 年，第 218 页。
② 苏士澍主编：《中国文化遗产年鉴》，编辑委员会编：《中国文化遗产年鉴 2006》，北京：文物出版社，2006 年，第 364 页。

心等专门机构。

在传承弘扬上，台湾地区文化建设委员会在 1995 年至 2003 年推广民间艺术保存传习计划，将记录的数据输入传统艺术中心图书馆数据库，并出版相关专著、视频音像等成果。技术手段先进，开展时间亦早于大陆地区。1994 年台湾提出"社区营造"理念，将文化传承课题融入日常生活中，提倡全民参与策略。同时大力发展创意产业，期望在传统工艺商品化的过程中，提升知名度，实现传统工艺的振兴。有关非遗保护与文化产业的良性结合，大陆地区尚处于不断尝试与摸索的阶段中。

总的而言，大陆较台湾地区非遗项目更丰富，体现出文化的丰富多样，近年来发展迅速，时至今日发展步调与先行于大陆的台湾地区几乎一致。然大陆地区广博、民族文化丰富，非遗项目种类庞杂，数目繁多，纵观近几十年的保护工作，虽在进步，却始终难以细致入微。就此而言，台湾地区较大陆更早更细致的施行非遗的保护工作，为大陆非遗保护工作的继续开展树立了一个可以交流学习的榜样。今后两岸交流，非遗的传承与保护，亦不失为一条沟通两岸和平发展的小径，促进两岸博采众长，为传统文化的弘扬传承通力合作。

二、非遗视角下的两岸文化社会结构解读

1. 非遗折射的传统生活方式

由非遗的内涵可知，其涵盖音乐、舞蹈、信仰等，几乎覆盖了人们日常生活的方方面面。非物质形态下的文化形式，反映出人们千姿百态的生活方式。这些生活方式，不仅包括精神生活，同时也囊括物质生活。所谓"非物质"是针对物质文化遗产而言裁定的不同文化遗产表现形式，支撑"非物质"背后的民间文化和传统生活方式，却是物质与"非物质"并存的。可以说，非遗映射出的传统生活方式，包含精

神与物质两个层面。

精神层面，牵涉到民俗信仰、说唱玩乐等。这类非遗项目众多，也更易被大众所了解。如藏族格萨尔王诗、赫哲族伊玛堪说唱、天津相声、闽台南音、少林功夫、狮舞、书法，等等，彰显出民间丰富的休闲生活方式。论及两岸"精神层面"的非遗，最为大众所熟悉，同时牵绊着两岸人民的，当属林林总总的民俗类项目，如中秋节、端午节、春节诸节日民俗。这些具有千年历史的传统节日根植于两岸地区人民的血液里、文化里，最直接地反映出两岸地区的传统节日生活。如今建立在这些民俗节日基础上形成的两岸文化节、信俗祭祀活动较多，两岸民俗信仰研究成果亦颇为丰富，此不赘述。

物质层面，涉及衣食住行。如已公示在列的急需保护的非遗名录中的中国木拱桥营造技艺、中国水密隔舱福船制造技艺、黎族传统纺染织绣技艺，分别代表了尚在流传的中国传统建桥、造船、制衣技艺的高超水平。国家级非遗名录中的藏族碉楼营造技艺、客家土楼营造技艺等，则代表了不同民族特色的传统住宅风格。以福建惠安女服饰为例（国家级非遗项目），其装扮靓丽，上至斗笠、头巾，下至短衣、宽筒裤，具有浓烈的地方服饰特色，是惠安一带妇女的传统服饰装扮。惠安女斗笠装扮，可防晒；头巾多为花色，青春靓丽，亦可防风御沙；这种装扮透露出惠安女常在户外劳作走动，印证了惠安女吃苦耐劳的名声。短衣、宽裤，凉爽而便捷，遇水易干，体现出海洋民族的特色。惠安女服饰整体装扮与南洋民族相似，而其短衣上色彩斑斓的纹样，又与黎族等西南民族相似，因此有学者认为惠安女服饰应是与南洋文化、西南民族文化交融后的结果①。透过惠安女服饰，隐约可见烈日下惠安女劳作的

---

① 黄坚：《惠东妇女服饰的传承与变异》，《艺术之沙：黄坚艺术评论集》，北京：中国文联出版社，2002年，第59页。

景象，而这样的劳作片段，曾在惠安女传统生活中占据着长久的位置。

此外尚有形形色色的饮食类非遗，从中可感受到中国传统饮食文化，如五芳斋粽子制作技艺、孔府菜烹饪技艺、烤鸭技艺等等。纵览福建省饮食类非遗项目，可见闽南地区独特的传统饮食习惯与饮食特色。福建省饮食类相关的非遗数目众多，涉及主食、副食、调料等，烹饪技艺多，食材丰富，以海鲜鱼味为主，副食品种繁多，符合闽菜一贯特点。诸如聚春园佛跳墙制作技艺、福州民天虾油制作技艺、古田曲醋制作技艺、明溪肉脯干制作工艺，等等。据调查，闽菜系饮食具有烹饪种类繁多，选料以海味为主，调味独特，副食品种丰富等特征，闽台地区饮食中含较多腌渍类食物。① 同为海洋文化辐射地区，盐在闽台传统生活中扮演着重要的角色。三国时期撰写的《临海水土志》中有"夷州"人"取生鱼肉杂贮大瓦器中，以盐卤之，历月（馀）日乃啖食之，以为上肴"② 描述。此"夷州"位于"临海东南"③，属今台湾地区。今台湾为更好地保护盐业文化资产，特地建立专门的盐博物馆。而福建的蜜饯制作技艺亦是用盐来保存果蔬，制作成可口小吃。

今天闽台地区的饮食文化，应是历史上各类文化影响交融的结果，但仍保留了一些自身的特色④。闽台地区保留了较多相似的饮食习惯，此既有闽台地区相似的地理环境之原因，又有早期福建人去往台湾将这些饮食习惯及其饮食文化随之带去台湾的缘故。

2. 两岸民间文化背后的社会结构

非遗源于民间生活，代表了具有一定底蕴与历史传承的民间文化。

---

① 欧荔著，厦门市社会科学界联合会、中共厦门市委宣传部合编：《闽台民间传统饮食文化遗产资源调查》，厦门：厦门大学出版社，2014 年。

② 三国（吴）沈莹撰，张崇根辑注：《临海水土志》，北京：中央民族大学出版社，1998 年，第 3 页。

③ 三国（吴）沈莹撰，张崇根辑注：《临海水土志》，北京：中央民族大学出版社，1998 年，第 3 页。

④ 池进、童一心等：《闽台饮食文化关系探源》，《中华文化论坛》，2008 年第 3 期。

两岸非遗的文化形式展现出居民的生活方式，亦可用来解读两岸社会的文化结构。历史上的台湾，曾有过数次大陆移民的热潮，带去大陆传统生活方式与传统民俗信仰，也带去了一些传统手工艺，构成两岸非遗（无形文化资产）的相通。统计表明，台湾居民大部分来自福建人①。解析两岸非遗，能够对闽台地区生活方式与社会文化结构有更深刻的认识。

以闽台传统民居的闽南民居和客家民居为例。作为非遗的闽南传统民居营造技艺，有泉州和漳州两系，尤以泉州最具代表性，现已列入国家级非遗项目。泉州漳州古匠以此技艺营造的闽南传统民居，以"三盒天井"型或"四合中庭"型为核心②。明清时期随着闽人入台，将这种传统民居营造技艺带去了台湾，对台湾地区的民居建筑影响颇深，当地甚至以能请到大陆籍工匠营造房屋为荣。流传入台湾的闽南传统民居形制，与台湾少数民族建筑形制相结合，加上后来进入台湾地区的日本建筑形制，三者相互融合相互吸收，形成了具有台湾特色的闽南传统民居。此外两岸地区地理环境的差别，也在建材和房屋房顶坡度上造成了一些差别。即便如此，分布在大陆和台湾地区的闽南传统民居，其核心并没有变，都是组合式院落，中轴分布，有贯穿全宅的廊。空间格局采取横向排开的房间布局，纵深不等，不同方位的房间有不同的功能安排，体现出空间上的尊卑主宾地位③。这样的空间设计是曾经严格的"礼"制在建筑设计上的遗留。

客家土楼营造技艺，亦为国家级非遗项目，有圆、方、椭圆三种形

① 方宝璋、方宝川撰，中华文化通志编委会编：《闽台文化志》，上海：上海人民出版社，1998年，第9页。
② 戴志坚：《闽台民居建筑的渊源与形态》，福州：福建人民出版社，2003年，第27页。此处是对民居的空间布局的说明。
③ 杨莽华、马宝全、姚洪峰：《闽南民居传统营造技艺》，合肥：安徽科学技术出版社，2013年，第18页。

制，具有中轴线，以厅为核心分布房屋，具有贯通全楼的廊道。这种土楼采用夯土技术向内围合而筑，只有一个进出的门道，院厅广阔，楼内设祠堂（祖堂），是大家族聚族而居的建筑形制。聚居在此，对内沟通便捷，对外保守防御，表现出家族亲缘观念和好斗之风。台湾客家传统民居，虽不再建筑围拢土楼形式，但仍保留了组合居住模式。表现在建筑形态上，形成了南北两派风格，北派与大陆泉州漳州较近，在建筑形制上有了后续发展，南派则基本保留了原来的大陆传统客家民居的特征，即北部客家民居的"五间见光"式和南部客家民居的"五间廊厅"式①。

由传统民间营造形式反映出闽台建筑风格的一些相似之处。台湾地区的民居建筑受大陆建筑风格影响较大，虽则到达台湾之后，其建筑风格又有所变化，但其"聚居而筑"的核心一直没有变，保留着中国传统建筑的特点。这种聚居而筑，反映在家庭和社会结构上，即亲族思想。

历史上曾有数次中原居民南移的热潮，其中福建，是主要的迁移地点。在福建土著和南移的中原居民之间，存在着生存和利益斗争，集聚的宗亲团体可以降低生存成本并提高话语权。这也使得宗族文化在中国东南地区，尤其是福建地区得到前所未有的强化和发展。明清时期，从福建迁入台湾的这批人，出于生存需要以及自身宗族文化观念的自然儒化教育，不断加深群体的亲族理念。他们在台湾的民居建筑依然保留祠堂建制，并不断创造条件不远万里回乡祭祖，乃至回乡落叶归根，乡族故土思想浓厚。如今两岸交通日渐便利，不少台湾人回大陆祭祖。宗亲的祭祖仪式规模宏大，表现祭祖仪式的非遗也有很多，如石壁客家祭祖

---

① 戴志坚：《闽台民居建筑的渊源与形态》，福州：福建人民出版社，2003年，第225页。所谓"五间见光"，指的是三合院的正堂左右第五间房与横屋（护室或厢房）相衔接之处，呈90度直角相接，但故意向外偏三尺或五尺宽，以便增辟一窗，引光线进入正堂内的巷道。"五间廊厅"，指的是横屋不直接触及正堂，在两者相成90度之处让出一个走廊，其空间性质介于廊与厅，故谓之廊厅。

习俗（国家级）、泉州祭祖民俗（省级）等。

祭祖并不是简单的祭拜祖先和对祖先的缅怀，大型的祭祖活动往往包含着社会政治经济含义。祭祖活动有着一系列程序，包括盥洗、焚香、祭礼、叩拜等，在此过程中恪守家族的严格礼制要求，对外彰显家族实力，对内强调长幼尊卑有序。期间繁缛细节，非一日可以形成。透过该活动过程，向人们展现了一段传统的历史生活图景。而我们所能观察到的不仅仅是存在于该地域的血缘亲族思想，更是一种隐藏在仪式下的价值观、人生观、世界观与宇宙观。

同样的民间民俗活动，还有神灵信仰，两岸地区影响最大的如妈祖信仰、保生大帝信仰等。这两种信仰在民间生活影响深远，已列入非遗项目名录，进入珍贵的民间文化保护范畴。妈祖信仰经由福建商人传播至全国各地，将妈祖信仰由最初的"福建"信仰变为"全国"信仰。除了这两种信仰以外，两岸地区还有众多的信仰崇拜，反映出闽台文化的多元性，亦反映出一种具有地方特色的心理结构。而这些，都可以作为研究两岸文化与社会结构的素材。

三、非遗与少数民族

1. 少数民族的非遗

中国大部分少数民族在 1949 年前处于闭塞状态，社会发展缓慢，且较少受到工业化发展的影响，得以保留较多原生态传统生活方式。这也是为什么现存的非遗项目多数来自于少数民族地区的原因。

而正是少数民族地区受工业化影响较小，出现在少数民族地区的非遗项目类型多样，我们得以从中感受到多方位的传统生活方式。另一方面，历史上的少数民族地区多数没有自己的民族文字，今人对少数民族地区古代生活的了解多建立在官方只言片语，以及一些文人散客的游历文字记载中。通过非遗，将少数民族民间文化与历史记载相对应，开拓出一条了解少数民族传统文化的通道。亦通过非遗，而将少数民族地区的濒危文化形式加以保护，避免其在当今世界物欲横流的冲击下消散。也因为非遗，强调了各民族文化的独特性，暂缓了少数民族文化在全球化发展下的融合变迁，在一定程度上维护了文化的多样性。从这一层面而言，非遗，与少数民族之间，有着密切的关系。

在已公布的国家级非遗项目中，黎族的纺染织绣技艺、制陶技艺、钻木取火技艺等都是国家级非遗项目。据对海南黎族的田野调查，黎族具有纹面绣身、树皮布制作①等习俗文化。黎族这些特征在台湾诸少数民族中亦可见到。20世纪初林惠祥先生对台湾少数民族的调查，即有番族黥面纹身，阿美族擅长制陶的记载②。刘其伟《台湾土著文化艺术》中有台湾北部土著黥面纹身的习俗，"黥面只流行于泰雅与赛夏两族……排湾的贵族与阿美族男女则有纹身、纹腿、与手臂、手背刺墨之风。"③

马林诺斯基认为，文化是个组织严密的体系，可分为器物和风俗两个基本方面，并能进而分成更细的部分或单位，而文化的意义在于各文化要素的关系之间④。文化特质即细小的文化要素或单位，以上工艺、风俗，可理解为各民族文化中的文化特质。凌纯声曾总结大陆百越民族、台湾地区少数民族、南洋土著民族的文化特质进行比较，发现他们具有高度相似度，判断他们在更早时期应属于同一源流⑤。从这一层面而言，通过少数民族的非遗，透视传统文化，从中提炼出民族文化特质，亦不失为了解该民族的发展源流和历史脉络的有效途径。

---

① 均在2005年被列为海南省第一批非物质文化遗产项目名录。

② 林惠祥：《台湾番族之原始文化》，上海：上海文艺出版社，1991年影印本，第10、13、15、29页。

③ 刘其伟：《台湾土著文化艺术》，台北：雄狮图书股份有限公司，1979年，第73页。

④ 〔英〕马林诺夫斯基著，费孝通译：《文化论》，中国民间文艺出版社，1987年，第11页。

⑤ 许玉香：《台湾少数民族——阿美》，北京：台海出版社，2008年，第16页。凌纯声：《东南亚古文化研究发凡》，《科学汇报》，1954年第3期。

2. 以黎族和阿美族树皮衣为例

以黎族和阿美族树皮布制作为例。海南与台湾相似的地理环境，为黎族和阿美族相似的树皮衣原料提供了条件。据笔者在海南黎族的调查，黎族树皮布的主要材料是楮树和构树，制作时有取材、剥皮、拍打、脱浆、涮洗五个步骤。采用的工具为钩刀和木棒。树皮布制作好之后，在上面挖出两个洞即成简易的无袖上衣。厦门大学吴春明教授曾去往台湾对台东阿美族的树皮布制作进行田野调查，所见阿美族树皮布的主要材料亦是构树①。阿美族树皮衣的制作工序有选材、剥皮、浸泡、捶打、缝制五道工序。②

黎族与阿美族树皮布制作的相似，并非偶然。中国南方民族制作树皮布为衣的历史由来已久。历史文献对"南蛮"树皮衣的确切记载，在汉代已出现。确切指向海南和台湾树皮布的记载相对较晚，《太平寰宇记》《文献通考》《太平御览》中皆有记载。

今海南地区和台湾的考古发现，将黎族与阿美族的树皮布的制作的时间提至更早，约出现于新石器时代。石拍的类型对比，更对黎族和阿美族的树皮衣文化溯源给出佐证。考古学家在大陆南方沿海地区和台湾地区皆发现有树皮衣石拍。其中环珠江口地区发现的树皮布石拍是距今年代最早的遗物，约距今5000—6000年。香港大学邓聪教授认为，这一区域应是树皮布文化的起端，随后传播至台湾地区、东南亚地区。③

黎族和阿美族树皮衣制作技艺这项非遗项目，传承千年，可以清楚地展现台湾少数民族与大陆少数民族的文化亲缘关系，甚至族源关系。这种文化亲缘关系，还能够透过其他非遗民间传统文化不断发现，由点

---

① 吴春明：《"岛夷卉服"、"织绩木皮"的民族考古新证》，《厦门大学学报（哲学社会科学版）》，2010年第1期。

② 吴春明：《台湾阿美族的"织树为布"工艺及其文化史意义》，《广西民族研究》，2009年第3期。

③ 邓聪：《台湾地区树皮布石拍初探》，《东南文化》，1999年第5期。

连成线，连成两岸割不断的亲缘关系。同时，两岸少数民族亦可以就共同的民间文化达成对话，商讨共同保护民族优秀传统文化的途径与方法，在此过程中达成共识，形成和谐的两岸少数民族关系。

四、结语

传承优秀民族民间文化的非遗，源于民间生活，与民众有着割不断的联系，无论意识与否，都在大众心中占据地位。再者，处于官方保护范畴的非遗，是得到官方认可的传统民间文化，从国家层面而言，代表着国家的软实力，得到的重视度非同一般。这种来自民间与官方的双重认同，让非遗有着独特的凝聚力。

处于非遗视角下的民间文化，不仅对于汉族而言，对于少数民族同样具有重要意义。民间文化经由历史的长时间缓慢发展，不断积淀而成，被认为最能反映民族的文化特色和心理结构。台湾少数民族与大陆南方少数民族表现出相似的文化特质，体现出相似的审美观、自然观、宇宙观，支撑这些的则是其背后的民族文化和民族心理结构。海峡可以在领土上对两岸造成分割，民间文化却是在心理结构上将两岸无限拉近。

非遗所传达的不仅是对于民间文化保护的概念，更体现出从历史延续到现在的文化亲缘关系。加强两岸非遗对话与沟通，有利于建立起一条连通两岸人民共同心理素质的社会路径，为两岸和平交流架构一条比以往更牢固的民族文化与民族情感的沟通桥梁。

由台湾地区高中历史课纲所见
两岸青年认同分歧

万 佳

（湖北大学历史文化学院）

绪 言

不同人对于同一历史事件的认知往往呈现出不同的面貌，对于历史进程的理解也往往大相径庭。偶闻一趣事，一位历史学教授在乘出租车的时候和司机兴致勃勃地谈起了一些历史事件，结果两人在"林则徐是民族英雄""崖山之后无中国""明清出现资本主义萌芽"这样的问题上，意见很不统一。普通大众有他们自己的"历史世界"，他们的历史知识大多来源于读书时的历史教科书、小说、电视剧、互联网。其中影响最大、最深远的莫过于历史教科书——历史教科书是塑造一个人历史记忆和国族认同最重要的读物。①

在现阶段台湾地区的社会发展中，由历史教科书引发的国族认同分歧导致政治和社会冲突加剧。本文选定研究高中教科书和课纲的原因是，在台湾地区的小学及中学教材中历史学科所占的篇幅极为有限，仅仅是社会科的一部分，因此很难写到太多具有争议性、容易影响认同的史事。高中的教科书和课纲，相比小学和初中，更容易成为国族认同的

---

① 刘兴民：《战后台湾中小学历史教育与教科书的演变》，《历史教学》，2005 年第 6 期，第 57—62 页。

"兵家必争之地"。同时也由于台湾地区的特殊性与现实性，在此笔者梳理自 20 世纪 90 年代台湾制定高中历史课纲①以降，台湾地区的历史课纲在政治力量的交织下是如何一步步"本土化"和"去中国化"。在历史教育"去中国化"的影响下，台湾地区的"新生代"不仅在 2015 年的"反课纲黑箱运动"中起着主力作用，同时在 2016 年台湾地区领导人选举之际，作为"首投族"②的他们用选票写下了自己的"国族认同"。尽管台湾地区已经在历史教育的领域里打下了深深的"台湾主体意识"和"去中国化"烙印，但如今无论是在经济、政治还是文化上，一衣带水的两岸之间都已密不可分。鉴于两岸青年在两岸交流与合作中的重要地位，如何在历史教育之间寻找最大公约数，缩小两岸的"记忆偏差"，扩大国族认同和促进两岸命运共同体的形成是两岸的官方和人民需要共同思考的问题。

一、历史教书中的"认同"

> 所有群体都有对过去的认识，但他们都倾向于用它来强化他们自身的信念和认同感。像个人的记忆一样，集体或社会的记忆也可能是错误的，被诸如对传统的认识，或怀旧感，或对进步的信念等因素所扭曲。

> ——约翰·托什③

国族认同涉及"我是谁""我选择我是谁"和"我们选择我是谁"的问题，是动态、非固定的过程。认同是划分"我群"（self）和"他

---

① 教科书的编辑需依据教学大纲，教学大纲如同一座建筑物的蓝图，提供基本的架构。

② 所谓"首投族"，是指首次拥有台湾地区领导人选举权的选民，依规定必须是年满 20 岁的居民。年轻族群是民进党催票的关键。"首投族"成了 2012，2016 年台湾地区领导人选举蓝绿两营的"兵家必争之地"。

③ 〔英〕约翰·托什著，吴英译：《史学导论》，北京：北京大学出版社，2007 年，第 1—2 页。

群"（the other）的关键，我们互相认可，视彼此为同一群体成员，我们才能站在同一战线上。历史教育，是民众人格形成和社会认同获得的重要途径，是形成国族共识的基石。古人即有"史之为用，其利甚博，乃生人（民）之要务，为国家之要道"（唐 刘知几）和"欲知大道，必先为史"（清 龚自珍）之说，足见历史教育，在国民意识塑造及国家观念认同培养中的关键作用，是关系国家兴亡与民族盛衰的重要因素。[1] 国家认同的形成和维持，需要的是国民对过去的集体记忆，而历史教科书在这种集体记忆的生产、流通上扮演了很重要的角色。历史教科书是使一代一代人接受和理解历史的起点，也是一代一代学者模仿历史写作的最初范本。[2] 同时历史教科书还能通过写作者的"叙述"，来"激活"学习者的记忆、体验与经验，调动心底的"储备"，唤回心中的"记忆"，重新建构并认同这一历史和传统。

正因为历史教科书对塑造大众历史记忆与国族认同的深远影响，历史教科书的变迁轨迹颇受政治力量交织的影响。各种不同的政治力量深入影响教科书的编写，形成不同的"历史记忆资源"之竞争。不同的历史教科书把人们划分到不同的历史世界，而历史知识之不同亦大幅影响了人们的政治认同与政治抉择。[3] 历史教科书在叙述的过程中，潜移默化地划分了"我们"和"他们"。举一个简单的例子，明朝遗民写清军入关，多用"逆贼""叛臣"来描述，而清朝在著述这段历史的时候，通常使用"我兵""大兵"等语，意在建立民众对于清朝正统的认同。又比如台湾历史教科书中的"二二八事件"，民进党费尽心思将其

---

① 孟钟捷主编：《全球化进程中的历史教育：亚欧教科书叙事特征比较》，上海：上海三联书店，2013 年，第 159 页。

② 葛兆光，张瑞龙：《新思想史研究，历史教科书编纂及其他》，《历史教学》，2005 年第 2 期，第 17—20 页。

③ 王汎森：《历史教科书与历史记忆》，《思想》第 9 期，台北：联经出版公司，第 5—9 页。

塑造为国民党大肆屠杀本省人的历史记忆，并公布人数为两万多人，加深群体仇恨。而实际申报死亡、要求赔偿的人截至目前为九百人。①

二、台湾地区高中历史课纲的变迁

民族的英雄，伟大的政治家，其丰功伟绩均在教科书上大书特书，作为学生效法的榜样。此外，师长的政治观点需要甄别，教材也只传递正确的民族概念而已。总之，学校教育民族主义的理由是为了政治社会化，而政治社会化是任何国家使其国民养成国家认同所不容忽视的一面。

——Frank P. Beasg

台湾地区的高中历史教科书自 20 世纪 90 年代以来经历了统编本、"88 课纲""95 暂纲""98 课纲""101 课纲"和"104 课纲"的变迁过程。而历史课纲的变迁交织着台湾地区当局政治力量的影响，自"88 课纲"以降，历史课纲中渗透着的"台湾主体意识"影响了一代代的台湾年轻人，人为导向"天然独"。从 2014 年，马英九当局公布"104 课纲"后引起学生不满，继而走上街头抗议"课纲黑箱"中可见一斑。

表1 历届课纲名称及公布实施时间

课纲名称	公布时间	实施时间
统编本	1983 年	1983 年
"88 课纲"	1995 年	1999 年
"95 暂纲"	2004 年	2006 年
"98 课纲"	2008 年	2009 年
"101 课纲"	2011 年	2012 年
"104 课纲"	2014 年	2015 年（预计）

① 参考台湾新闻《谁在伤口撒盐？——论二二八死亡人数》，网址：http：//www.ettoday.net/news/20120227/27804.htm。

（一）转轨的开始——李登辉任内的"88课纲"

在"历史教育"这个领域，从 1949 年国民党退居台湾，一直到解除戒严以前，台湾的历史教育基本上架构于两个主要范畴，即中国史和外国史。两蒋时期的历史教育，维持并贯彻了"中国认同"。1988 年，蒋经国去世，李登辉上台。李登辉是第一个由台湾"本省人"①担任的台湾地区领导人，在他任内一手推动台湾的"本土化"和"去中国化"。在 1995 年年初的时候，时任台湾"教育部顾问室顾问"的杜正胜就发出了"历史教育转轨"的信号，提出要将"中国意识"和"台湾意识"分开来看。他发表《历史教育要如何松绑》一文，明确提出："小学到大专全程的历史课程设计应从学习者生活地区的历史推到全省、全国、全世界的历史"②，其中暗含的将"台湾与中国分割开来"的"同心圆史观"不言而喻。

杜正胜"同心圆史观"的真正运用是在《认识台湾》——这一李登辉于 1994 年就开始下令编撰的台湾地区中学教科书上。"同心圆史观"究竟是什么呢？杜正胜自己描述的"同心圆"历史课程架构为："第一圈是乡土史，第二圈是台湾史，第三圈是中国史，第四圈、第五圈是亚洲史、世界史"③。简单地说，就是对世界与历史的关注，必须先由自己的生活世界出发，依照由近而远的顺序，以略远详尽的方式，来建立起自己对世界的认识。杜正胜的"同心圆史观"将整个世界观转换成了"台湾本土、中国、世界"这样一个视野。杜正胜试图运用这样一种改换，"把台湾与中国对立起来"，从而来塑造一种新的"国史"叙事模式。整个历史叙事在这样的转换中，被改造为以台湾为核

---

① 一般来说，早期定居台湾的客家人与福建移民以自称"本省人"同战后来台的中国大陆移民做区别。

② 杜正胜：《历史教育要如何松绑》，《联合报》，1995 年 1 月 23 日，A11 版。

③ 杜正胜：《从根扎起，认同这块土地》，《自由时报》，1997 年 7 月 6 日，第 9 版。

心，借由一种新的"国史"图像，从意识层面构造一种"新的国族与文化认同"。①

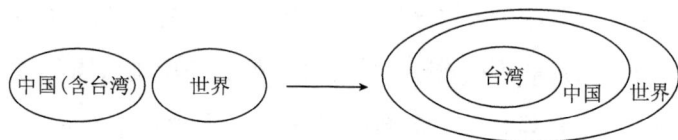

图1　由两蒋时代教科书中的史观到杜正胜的"同心圆史观"

1995年6月台湾"教育部"宣布停止编辑高中教科书，采取"一纲多本"的形式，开放为民间编辑而由台湾"教育部"的"国立编译馆"负责审定。② 所谓"一纲"就是由台湾地区的教育主管部门统一主持编写课程纲要，各出版社依据课纲自行组织编写教科书。1995年发布的《高中历史课程纲要》（也简称为历史课纲），于1999年（即所谓"民国88年"）秋天开始使用，因此也被称为"88课纲"。"88课纲"一直使用到2005年的高一新生入学为止。

从"88课纲"的内容、架构还是遣词用句上，可以看得出来，这份课纲仍然是以"中国意识"为主体，从中国的古代史开始讲，到了近代两岸隔离，仍是将大陆的历史放在了本国史的架构之中。在这份课纲中，台湾史首次成为独立单元，但仍附属于中国史之中。中国史共有19个单元，其中与台湾相关的共有四个独立单元"台湾的开发与经营""台湾建省与乙未割让"" '台湾经验'的建立""台湾社会文化的变迁"，台湾史所占的比例是百分之二十一。③ "88课纲"在大体上还保留

---

① 谢大宁：《台湾历史课纲所牵涉的认同问题及其发展》，《台湾研究》，2015年第4期，第1—13页。

② 自1999年度起，台湾各校采用新编不同版本高中历史教科书有六种，即三民书局、大同资讯企业公司、正中书局、南一书局、建宏出版社、龙腾文化事业公司刘佳出版。由台湾编译馆主编，"教育部"核定的单一标准课本教科书，从此不再使用。

③ 吴铭能：《由〈高中历史课纲纲要〉之争论见台湾的认同危机》，台湾《联合报》，2005年3月4日，第A1版。

表2 "88课纲"具体的课程纲要①

单元	子单元	单元	子单元
一、中国历史的起源		十一、鸦片战争前的中国	1. 高压统治与闭关自守
			2. 中外贸易及其问题
二、古代封建社会	1. 封建体制的形成	十二、台湾的开发与经营	1. 移垦与开发
	2. 礼乐、宗法与井田制度		2. 政治演变
			3. 社会生活
三、先秦的剧变	1. 封建的崩溃	十三、外力冲击与晚清变局	1. 不平等条约与领土丧失
	2. 农工商业发达		2. 内部动乱
	3. 百家争鸣		3. 自强变法与革命
四、大帝国的规制与运作	1. 封建到郡县	十四、台湾建省与乙未割让	1. 建省前后的建设
	2. 君权与相权		2. 乙未割台与台民抵抗
	3. 道统与政统		3. 对日本统治的抗拒与调适
五、草原游牧民族的生活与文化	1. 生活方式与社会组织	十五、民国初年的内忧外患与政治演变	1. 中华民国的建制
	2. 政治制度与对外关系		2. 内忧外患
			3. 政治演变
六、门阀政治与士族社会	1. 南朝的政治与社会	十六、民国初年的经济社会与文化	1. 经济建设
	2. 北朝政权与汉人高门		2. 社会变迁
	3. 士族的思想、信仰与生活		3. 文化发展
七、民族融合与文化交流	1. 民族融合与国力壮大	十七、抗日战争与中共政权的建立	1. 抗日战争
	2. 东亚与中亚的文化交流		2. 国共势力的消长
	3. 西北与西南的民族与文化		3. 中共政权的演变
八、从中古到近世的变革	1. 从部曲到佃户	十八、"台湾经验"的建立	1. 台湾光复与"政府迁台"
	2. 经济与生产力的提升		2. "民主宪政"的发展
	3. 佛、道与理学		3. 经济的成就
九、士大夫精神与庶民文化	1. 士人从政的抱负	十九、台湾社会文化的变迁	1. 教育的推展
	2. 城市生活的新貌		2. 社会的转变
十、明清之际中国与西方的直接交通	1. 海上交通与商业昌盛		3. 文化的演进
	2. 西教与西学		4. 未来的展望

① 台湾"教育部"公布的《普通高级中学历史课程标准》(1995)。

着两蒋时期的风貌，"去中国化"的政治意识也不似"认识台湾"那般浓厚，但同时也较大的增加了台湾史的分量。"88课纲"作为高中历史教育中"本土意识"崛起和"去中国化"的第一步，为之后政客利用历史课纲的修改，引导构建"台湾主体意识"的历史记忆和"国族认同"埋下了隐患。

（二）被重构的历史记忆——陈水扁任内的"95、98课纲"

如果说李登辉任内通过的"88课纲"只是历史教科书向"去中国化"转轨书写的第一步，那么2000年的政党轮替，自称代表"台湾人自己的声音"的民进党正式开始其在政治手段的操作下，通过修改高中历史课纲，重新构建台湾青少年的"历史记忆"，扩大两岸之间的隔阂和不理解，以达到其培养"台独"意识的新生代的真正目的。

2004年，以"台湾之子"造势的陈水扁以不到百分之一的投票险险赢过宋楚瑜，连任台湾地区的最高领导人。同年，在他的授意下，台湾地区"教育部"于11月公布了《普通高级中学历史科课程纲要草案》。这份课纲草案一出，台湾社会一片哗然。首先按照台湾地区"教育部"的惯例，十年才是修改课纲的正常周期，2009年才应该是颁布正式课纲的时间。其次，在这份预备于2006年（即所谓"民国95年"）实施的课纲中，完全采取了杜正胜的"同心圆史观"，"台湾史"与中国史完全分开。高一的历史课程开篇不再是中国历史的起源，而是早期台湾，以少数民族为台湾历史的起源。由于修改时间未到，加之这份课纲引发的社会争议过大，所以作为"暂行纲要"来实施，被称为"95暂纲"。这份课纲是首次将"台湾史"与"中国史"切割开来，课纲中第一学期讲授的"台湾史"分为四个单元，每个单元有二至四个主题。依次为：

需要点明的是，在第一学期讲授的"台湾史"当中，第四单元包含了"1949以后的中华民国史"，可是1949以前的中华民国史，除了光复台湾的一小部分以外，都放在了下学期讲授的中国史脉络里面。"一个中华民国，前半段被放在中国史，后半段塞在台湾史里面"。这样也就不难理解为什么台湾学生在学习历史课的过程中，会很容易出现对"身份认同"和"国族认同"混乱的问题了。

表3 "95暂纲""98课纲"具体的课程纲要①

单元	子单元	单元	子单元
单元一、 早期台湾	1. 台湾少数民族	单元三、 日本统治时期	1. 殖民统治前期的特色
	2. 荷、西与明郑		2. 社会与文化的变迁
			3. 战争期的台湾社会
单元二、 清代的长期统治	1. 政治经济的发展	单元四、 当代的台湾与世界	1. 政治：从戒严到解严
	2. 社会文化的变迁		2. 经济：成长与挑战
	3. 外力冲击与近代化		3. 社会：变迁与多元
			4. 世界体系中的台湾

民进党当局深知历史教科书对于重构"历史记忆"的重要性，陈水扁在离任之前，加紧推动正式课纲的公布，以代替暂时纲要。时任"教育部长"的杜正胜召集一批学者编写新的历史课纲，即将于2009年（即所谓"民国98年"）实行的"98课纲"。"98课纲"的内容与"95暂纲"大体一致，均以"台湾意识"为主体，突出其所谓"日治时代"的辉煌成就，贬抑国民党当局自退台以来的政治、经济建设。2008年，对于两岸和两岸关系来说都是极为重要的一年。马英九上台之后，在两岸关系上于政治、经济、文化层面均采取有力的推动——实现两岸"三通"、签订一系列农贸合作协议和两岸学术交流会议空前增多。但马英九却忽略了最应该关注的问题——即台湾青年心中的"历史记忆"和"国族认同"。这一重大忽略，也为台湾地区下一次政党轮替时国民党的惨败埋下了伏笔。马英九为了实现其"全民总统"的愿

---

① 台湾"教育部"公布的《普通高级中学暂时纲要（历史）》（2004）。

望，在执政部门留任了一大批绿营方面的人，其中就有"教育部部长"
郑瑞城。郑瑞城任内，迅速通过了陈水扁时期的"98课纲"，大部分科
目于2009年8月开始实施，只有"台独"色彩明显的历史、语文部分
重新修订。①

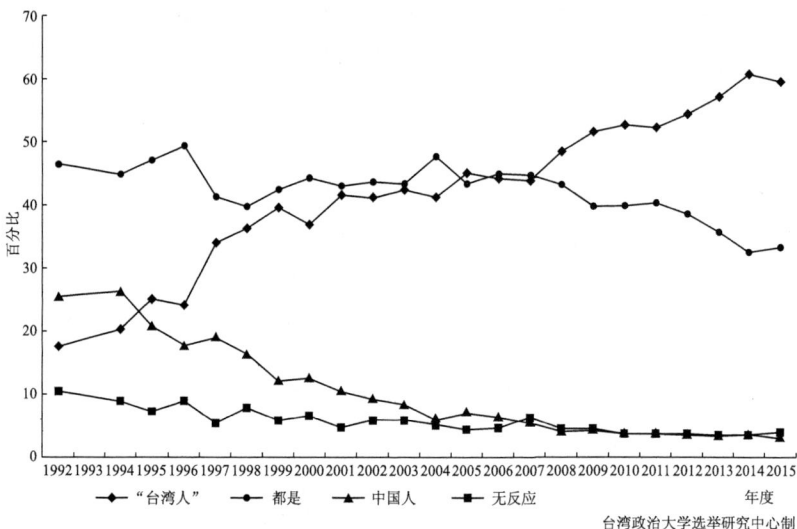

图2：台湾政治大学选举中心所制台湾民众
1992—2015"国族认同"趋势分布图②

　　通过图中曲线的走向，明显可以看出自从李登辉任内修改历史课纲
肇始，每年台湾民众认同自己是"台湾人"的比例都在上升，并在
2002年达到一个小高峰。由90年代的百分之二十五左右迅速攀升至百
分之四十二左右，究其原因，历史课纲导向的影响真是"功不可没"。
在陈水扁执政的八年期间，不仅延续而且加强了李登辉执政时期关于台
湾地区历史教育"本土化"的做法，为20世纪八九十年代出生的台湾
青年创造了不同于以往"以中华文化为核心"的，而是新的"本土化"

① 曹骏：《反课纲鼓动者的"皇民"胎记与"台独"情结》，《统一论坛》，2015年第5
期，第31—33页。

② 资料来源于：http：//esc. nccu. edu. tw/course/news. php？Sn = 166#。

和"去中国化"的历史记忆。在"95 暂纲"和"98 课纲"中，高一学生首先学习"台湾历史"，并且"将台湾历史和中国历史切割平行来讲述"。这样一来重新建构了台湾年轻一代的"历史记忆"，学生自然而然地以"台湾意识"为主体，将"中国史"作为"世界史"所看待，从而陷入了"有心"政党所设下的"认同"圈套。

（三）"拨乱反正"的失败——马英九任内的"101、104 课纲"

2009 年 9 月，"教育部长"郑瑞城离职，由曾在马英九担任台北市市长时，出任台北市教育局局长的吴清基接任。"98 课纲"搁置下的语文、历史两科，吴清基以另外筹备课纲审查小组的方式，重新检讨修正。这一修正的主要争论在历史课纲上，蓝绿两营的政客以及学者、社会人士互相角力，争论不休。足足快两年，才完成了新的历史课纲修订。这一份新的历史课纲于 2011 年修改完成，并于 2012 年（即所谓"民国 101 年"）8 月起实施，因此被称为"101 课纲"。

"101 课纲"依然是"将台湾史与中国史切割开来"，课纲中第一学期讲授的"台湾史"分为四个单元，每个单元有三至四个主题。依次是：

表 4 "101 课纲"具体的课程纲要①

单元	子单元	单元	子单元
单元一、早期台湾	1. 十六世纪中叶以前的台湾与"原住民"	单元三、日本统治时期	1. 殖民统治前期政治经济发展
	2. 国际竞逐时期		2. 战争时期的台湾
	3. 郑氏统治时期		3. 殖民统治下的社会文化变迁
单元二、清朝统治时期	1. 开港以前政治经济的发展	单元四、"中华民国"时期	1. 从戒严到解严
	2. 开港以前社会文化的发展		2. 经济发展与挑战
	3. 开港以后的变迁		3. 社会变迁
			4. 文化发展

① 台湾"教育部"公布的《普通高级中学课程纲要》（2011）。

按理说，"101 课纲"是国民党重新改造民众历史教育中"国家认同"的绝好机会，但是这份"101 课纲"却没有承担其应有的使命。究其原因，自 2000 年失去执政党地位之后，国民党为了在与民进党争取"本土选票"中摆脱"外来政党"这一称号，只得附和"台湾主体意识"。① 在"101 课纲"中虽然增加了部分日本统治时期对于中国台湾的暴行及钓鱼台的主权问题，在部分细节上有所修改，但没有从根本上触及陈水扁时期就已经构建好的历史架构和认同——"101 课纲"在编纂上仍然是以台湾的少数民族历史为起始点，"将台湾史和中国史分开讲授"，先讲授"台湾史"，再讲授中国史的"同心圆架构"。② 此时距离李登辉第一次修改具有"去中国化"意识的历史课纲，已经有十余年了。这十年间，这一批接受"去中国化"历史教育长大的年轻人，已经慢慢成长，构成台湾年轻一代的主体了。

2013 年 7 月，台湾"立法院"通过"高级中学法"，其中规范了课纲修订流程及课纲审议委员会的遴选方式，新法在 2014 年生效后，将废除旧有的"高级中学法"。8 月，台湾"教育部"以进行"错字勘误、内容补正及符合宪法之检核"为由，组成"检核小组"，宣布进行针对高中语文与社会科课纲的"用语微调"。③ 经"检核小组"改写过的课纲，经"国教小组"表决后通过，"教育部"于 2014 年 2 月 10 日

---

① 在陈孔立《台湾民意与群体认同》（九州出版社，2013 年）中指出"什么是'台湾主体意识'？"。以陈水扁为代表的"独派"的主张——"台湾主体意识"第一是包括全体台湾民众在内的共同意识；第二，关键在于"国家认同"，要承认台湾是一个"国家"；第三是要与中华人民共和国"切割"开来，"一边一国"，"互不隶属"。以马英九为代表的国民党看法则是——第一以"台湾优先"为原则，无论在思想路线还是组织路线，都实行"蓝中带绿"的布局；第二是体现"以台湾为主，对台湾有利"的原则，以争取本土力量的支持；第三是呼吁大陆给予台湾一定的"国际空间"。

② 季节：《高中历史课纲史观变迁之研究——1990 年代迄今》，台北：台湾大学社会科学院政治学系，硕士论文，2014 年。

③ 黄政杰：《课纲微调之研修审议评析》，《台湾教育评论月刊》，2015 年第 4 期，第 83—92 页。

正式公布"微调"后的课纲，预定于 2015 年（即所谓"民国 104 年"）实施，又称"104 课纲"。

"104 课纲"的教学目标与授课时间分配都与"101 课纲"一致，"台湾史"同样分为四个单元，每个单元有三至四个主题。具体的课纲内容有所调整，依次如下：

表5　"104 课纲"具体的课程纲要①

单元	子单元	单元	子单元
单元一、早期台湾	1. 十六世纪中叶以前的台湾与"原住民族"	单元三、日本殖民统治时期	1. 殖民统治前期政治经济发展
	2. 汉人来台与国际竞逐时期		2. 殖民统治时期的社会变化变迁
	3. 明郑统治时期		3. 战争时期的台湾
单元二、清朝统治时期	1. 开港以前政治经济的发展	单元四、"中华民国"时期：当代台湾	1. 从光复到"政府迁台"
	2. 开港以前社会文化的发展		2. "民国四十到六十年代"的政经发展
	3. 开港以后的变迁		3. "民国六十年代"以后的政经发展
			4. 社会变迁与文化发展

这次的课纲调整，虽然仍然没有改变"台湾史"和中国史的两分结构，但是相较"101 课纲"而言，在内容上已经有了有力的"拨乱反正"的改进——如加上"汉人来台"，改"郑氏"为"明郑"，日本统治加上"殖民"等等。

然而这次的课纲微调在民间引发了强烈的反弹。反对者认为，此次课纲调整"检核小组"的组成，并未依循常规选任，批评其中多数"检核委员"之本职专长并非历史领域，少有专长于"台湾史"的学者，但是却以"用语微调"的名义，针对"台湾史"部分做出大幅度修改，推翻原有课纲委员的决议，不符课纲制定程序，不符合民主程序，违反了"程序正义"。并认为这些修订不具专业性、以政治力指导

① 台湾"教育部"公布的《普通高级中学课程纲要》（2014）。

教学、企图进行"去台湾化"。① 除社会团体外，包括民进党、"台联党"、亲民党、社会民主党及"时代力量"等政党皆反对微调课纲，主张先退回到使用旧课纲（即"101 课纲"），再以民主程序重新决定课纲。此次调整甚至引发剧烈街头运动，部分台湾青年于 2015 年 4 月开始走上街头，抗议这次的"课纲黑箱"，并且还成立了台湾地区由中部向南北蔓延的"反课纲黑箱"学生运动联盟。

三、历届课纲变动折射出的"认同危机"

"我在台湾住了四十年，也可以算是台湾人了。"——蒋经国

"不论是四、五百年来的，或是四十年、五十年前从大陆来的，或是原住民，在这里一起打拼的，拢是咱们台湾人。"——李登辉

"我们自认为毫无疑问地是台湾人，是番薯人，但也是闽南人（福建省南靖县）、中国人。"——张光直

认同的基础是族群团体本身团结与形成凝聚的主因，却也是族群团体间冲突以及团结整合问题产生的主要来源。② 台湾的历史教学和历史教科书长久以来扮演了重要的角色，问题在于执政当局所要形塑的"国家意识"是什么？台湾官方意识形态最初所要塑造的"国家意识"是中国，事实上台湾从 1945 到 1983 年的教科书课程标准，都是以"我国"称呼"中国"，国家立场的主体性可谓旗帜鲜明。③ 然而自 20 世纪 90 年代以后，台湾的主体意识增强，同时有"台独意识"的当局也为

---

① 黄慧贞：《台湾高中生的课本到底出了什么问题?! 一次看懂风波不断的'课纲微调'》，来源于台湾地区的网络社论文章。

② 张学俊：《族群认同的历史记忆与社会建构——以芒景布朗族茶祖节为例》，昆明：云南大学，硕士论文，2012 年。

③ 刘兴民：《战后台湾的中小学教育以及历史教科书的演变》，《历史教学》，2005 年第 6 期。

了重新构建新的"国族认同"，在历史课纲中一步步"本土化"和"去中国化"企图重新构建民众心中的"历史记忆"，以达到分裂两岸的政治目的。

龚自珍曾说："欲知大道，必先为史。灭人之国，必先去其史。"[1]课纲的目标在编订教科书和指导教学中的作用是不言而喻的——它既是出发点，同时也是归宿。[2]从上述1983年统编本与1995年公布"88课纲"的历史课纲教育目标，就可看出李登辉的第一步"去中国化"改造过程。1983年的课纲明确指出是"明了中华民族""明了中国"，而1995年公布的"88课纲"则不再有此提法，而是强调培养学生的世界观。在"88课纲"中尚且还明确强调思索"中国历史文化"，但在"95暂纲"和"98课纲"就已经是包容并欣赏"多元文化"了，"101课纲"和"104课纲"修改为"各种文化"。这种做法表面上是宣称"胸怀世界"的胸襟，但是实际上隐蔽地将"中国历史文化"模糊掉，将之归为与台湾历史文化所不同的世界文化中去。明明是"历史教育目标"，却不指明国家认同与民族文化认同。在含混模糊之中，予人的感受则是"台湾史是独立系统的'国史'"，"中国史是另外国家的历史"。[3]

"104课纲"实质上是一种对于"去中国化"历史教育的"拨乱反正"。如果台湾民众不明了李登辉、陈水扁任内对于台湾高中历史课纲调整所隐藏的政治目的，很可能在政党有心的情绪煽动下误以为马英九任内的"课纲微调"是在强行侵犯台湾原来的历史记忆与认同。问题在于，台湾青年情绪高涨的"反课纲黑箱运动"的情绪背后，反映出

① 龚自珍：《定庵续集》卷二《古史钩沉二》，中华书局，2007年，第56页。
② 崔允漷：《教学目标——不该被遗忘的教学起点》，《人民教育》，2014年第3期，第10—13页。
③ 王仲孚：《论"高中历史新课纲"的根本问题》，《海峡评论》，2011年第7期，第23—25页。

来的所谓"台湾主体意识"，真的是原来一直就存在的吗？还是其实也是被建构的历史记忆呢？

表6　历届课纲的目标对比

1983 年统编本①	1995 年公布的"88 课纲"②	2004 年公布的"95 暂纲"（"98 课纲"同)③	2011 年公布的"101 课纲"（"104 课纲"同)④
1. 明了中华民族之演进及各宗族间之融合与相互依存关系。 2. 明了中国历代政治、经济、社会、文化等变迁的趋向，特别注重光荣伟大的史事与文化的成就，以启示复兴民族之途径及其应有之努力。 3. 明了世界各重要民族演进之历史及其相互关系与影响。 4. 明了世界文化之演进及现代国际大势，确立中国对国际应有之态度与责任。	1. 启发学生对历史的兴趣，俾能主动学习历史，吸取历史经验，增进人文素质。 2. 引导学生了解历史知识的特质，使其认清历史变迁对时代的重要性，以强化其思考与分析能力。 3. 引导学生思索人我、群我的关系，以培养学生对社会、民族、国家的认同感和责任心。 4. 培养学生具有开阔的胸襟及世界观，使能以更宽广的角度思索中国历史文化在世界历史文化中之地位。	1. 培养历史学科的方法，借由历史问题的探讨提升学生的思维。 2. 帮助学生理解自己文化的根源，建立自我认同感。 3. 建立学生对于世界上各种文化的基本认识和理解，养成包容并欣赏多元文化的开阔胸襟。 4. 激发学生对历史的兴趣，以充实其生活的内涵。	1. 引导学生认识重要的历史知识。 2. 培养学生具备搜集历史资料，探讨历史问题，进而提升其历史思维的能力。 3. 帮助学生理解自己文化的根源，建立自我认同感。 4. 认识世界重要的历史发展，培养学生尊重各种文化的开阔胸襟。 5. 激发学生对历史知识的兴趣，养成终身学习的习惯，以充实其生活内涵。

四、结语

自 20 世纪 90 年代以来，台湾地区的历史课纲经历了"88 课纲"

---

① 台湾"教育部"公布的《高级中学课程标准》（1983）。

② 台湾"教育部"公布的《普通高级中学历史课程标准》（1995）。

③ 台湾"教育部"公布的《普通高级中学暂行纲要》（2004）、《普通高级中学课程纲要》（2009）。

④ 台湾"教育部"公布的《普通高级中学课程纲要》（2011）、《普通高级中学课程纲要》（2014）。

"95 暂纲""98 课纲""101 课纲"和"104 课纲"的五次变迁。在李登辉、陈水扁执政时期，他们通过修改历史课纲，来制造新的"历史记忆"，其目的就在于建构新的群体认同，即建构所谓"台湾主体"的"国族认同"。[①]首先是强调"本土化"，极力"去中国化"，企图淡化与割断两岸的历史关系。杜正胜的"同心圆史观"人为地将"台湾历史与中国历史切割开来"，以"乡土文化"和"多元文化"模糊学生的文化与国族认同。其次是在历史课纲中美化日本的统治，突出日本对于台湾现代化建设的贡献，改"日殖"为"日治"。再次是将"台湾人"划分为"我群"，将中国人划分为"他群"。

台湾自 20 世纪 90 年代以来的"本土化"和"去中国化"的历史教育已经深深影响了一代又一代年轻人，造成了恶劣的政治后果。新媒体时代的信息便捷化给两岸青年交流带来了新的机遇和挑战。一方面，除了官方的宣传渠道外，两岸的年轻人通过互联网对于彼此的情况有了更多的认识。非官方渠道下，两岸年轻人的交流方式多样化发展，从线上的微博、微信好友聊天，到线下各种形式的交流会。另一方面，互联网也人为地加大了两岸年轻人之间的裂痕。在微博等线上平台，台湾年轻人"台独"意识的视频或者言论由于是新闻爆点总是被很快地流传开来，渲染"台湾年轻人基本都是台独"这一伪命题，扩大两岸青年认知上的裂痕。

从台湾地区历史课纲变迁的脉络里可以明显地看出两岸青年"国族认同"的分歧点所在。自两岸开始慢慢有联系以来，两岸的沟通互动，尤其是年轻人层面逐渐增多了起来。在今后两岸和平发展的进程中，两岸的交往还会越来越多，两岸之间的共同利益也会越来越多。两

---

① 陈孔立：《台湾社会的历史记忆与群体认同》，《台湾研究集刊》，2011 年第 5 期，第 1—10 页。

岸青年之间应该携手共同走出被利用的历史教育下歪曲的历史记忆。鉴于此，两岸青年之间应该共同理智看待被重新创造的"历史记忆"，坚决反对为政党所利用的"台独"史观，加强互动，共同建构两岸和平发展的新的历史记忆，扩大两岸之间的国族认同。

绕不开的"中国史"

——近三十年来台湾地区有关台湾史教科书问题的硕士论文论述考察

陈忠纯[*]

（两岸关系和平发展协同创新中心、厦门大学台湾研究院）

自台湾解严前后，伴随着所谓"民主化"进程，台湾史教科书改革问题便不断被提出来。20 世纪 90 年代，台湾地区开始加重教材中有关台湾史的分量，从小学社会科教科书改革，到中学的《认识台湾（"历史篇"）》，再到高中台湾史独立成册。这一过程中，台湾学界如何看待"台湾史"与"中国史"的关系？以往两岸学界已有不少研究成果。[①] 不过笔者注意到，从 90 年代始，该问题便成为研究生论文的选题，且数量不断增加。相对一般研究著述，硕士学位论文的论述系统齐整，也比较能够反映同时期学界前沿的研究成果，有其特殊学术价值，亦尚未为学界关注。为此，本文拟以硕士学位论文为中心，探讨过往

* 陈忠纯，福建省南安市人，两岸关系和平发展协同创新中心创新团队成员；厦门大学台湾研究院副教授、历史所副所长，历史学博士。主要研究方向为中国近现代思想文化史、台湾史。本文得到教育部哲学社会科学研究重大课题攻关项目《海峡两岸历史文化教育中相互认知、表述、态度及影响研究》（13JZD003）的资助。

① 两岸相关研究成果颇多，与本文讨论主题较密切的代表性论著可参见：萧阿勤：《重构台湾：当代民族主义的文化政治》，台北：联经出版事业股份有限公司，2012 年；宋佩芬、张韡曦：《台湾史的诠释转变：国族历史与国家认同教育的省思》，《教育科学研究期刊》第 55 卷第 3 期，2010 年；郑淑诚：《国小社会科教科书内容本土化之形成与省思——以台湾历史文本为例》，《台湾教育》，第 624 期；高谱镇：《被"撕裂"的国家：台湾认同问题的理论反思》，《教育社会学通讯》，第 53 期，2005 年 5 月等。

30 年间，台湾岛内围绕台湾史教科书改革的认知演变。[①]

一、"乡土教育"视野中的"台湾史"与"中国史"

台湾史教科书问题与台湾社会建构新的"国家认同"，寻找所谓"台湾主体性"有直接的关系。一般看来，"本土化"问题与强调台湾史教育息息相关。但笔者所接触的早期硕士论文，却没有明确提出"本土化"问题。

笔者所查询到的最早讨论台湾史教材问题的硕士论文，是政治大学教育研究所刘晓芬所撰《"我国"中学历史教科书中的台湾史教材的分析》（1991 年）一文。刘晓芬结合张炎宪、戴宝村、许雪姬的观点，认为当时台湾史教材："首先在叙述角度上，以中国史的脉络来看台湾历史的发展，以汉人的立场来撰写历史，而且强调台湾和大陆不可分的关系。对日据时代史实的描述，不尽客观。在教材的编排上，台湾史教材散见在各章之中，给人片断、零碎的印象。在教材的选择上，重视金门而忽略澎湖，重视和中国有关的历史人物及事件，而忽视台湾史上其他可能亦很重要的史实。"[②] 据此提出提高台湾史比重，采取专章或专册介绍台湾史，应补充荷据及日据时代的历史等建议。

刘晓芬的建议颇具代表性，尤其是台湾专册另编的主张，乃后人时常提及的"贡献"。但更引起笔者关注的，是其立论角度鲜明的时代特征，即从"乡土教育"与历史认知的关系角度论述重视台湾史教育的

---

① 笔者在台北"国家图书馆"的硕博士论文库中，（检索时间最迟为 2016 年 5 月）以"台湾史"和"教科书"为联合关键词，检索出 12 篇硕士论文，另以"台湾历史"和"教科书"为联合关键词，再检索出两篇硕士论文，再结合"历史"和"教科书"为联合关键词，检索出的 100 篇硕士论文中，也有部分与台湾史及两岸历史教科书相关的论文。需要说明的是，笔者在检索过程中，未发现博士学位论文，故仅能以硕士论文作为考察对象。

② 刘晓芬：《"我国"中学历史教科书中的台湾史教材的分析》，政治大学教育研究所硕士论文，1991 年，第 24 页。

合理性。在她看来，历史教育包含了"乡土史""本国史""世界史"等层次，而"最基础、也和吾人最相关的莫过于乡土史的教育"。① 以台湾史为重点的乡土教育是"民族精神教育"的重要一环，台湾史的教学可以让在台湾居住的人对"生长的土地、人民和文化"产生关怀与敬意，进而"建立自信心"，再提升至"胸怀大陆"的理念层次。②

显然，刘晓芬是从联结中国史的角度强调台湾史的重要性。她引用了黄富三、曹永和"台湾史是中国史的一部分"的观点："历史的发展和变迁具有其普遍性和特殊性的两面性格。台湾是中国的一部分，它的历史在文化上讲，一直是中国历史的一部分，但在这种普遍性之外，因为台湾是个孤立于大陆的小岛，开发也晚，所以它的历史发展与中国其他省份颇有差异，使人不得不'另眼相看'"。③ 从中国史的角度分析台湾史的特点：第一，它是近代汉民族移民成功的特例；第二，主权者变动频繁，与大陆时分时合；第三，边疆社会的色彩浓厚；第四，为中国海洋性文明的前驱；第五，为中国近代化的模范省；第六，光复后的台湾无论在政治、经济、文教方面的成长皆可称得上是中国人发展最成功的地区。④

对于部分台湾史学者认为既有台湾史教材存在"以中国史的脉络来看台湾历史的发展"的问题，她既未进一步加以申说，也未予以批评。其实，从"乡土史"立论，肯定台湾史对于中国史的特殊意义，也是"以中国史的脉络来看台湾历史的发展"。因之，刘晓芬并没有全

---

① 刘晓芬：《"我国"中学历史教科书中的台湾史教材的分析》，政治大学教育研究所硕士论文，1991年，第2页。

② 刘晓芬：《"我国"中学历史教科书中的台湾史教材的分析》，政治大学教育研究所硕士论文，1991年，第21页。

③ 黄富三、曹永和著：《台湾历史论丛》第一辑，台北：众文出版社，1979年，第1—3页。

④ 刘晓芬：《"我国"中学历史教科书中的台湾史教材的分析》，政治大学教育研究所硕士论文，1991年，第19—21页。

334｜着眼未来：两岸青年文化教育交流合作学术研讨会论文集

面否定解严以前的历史教育格局，只是要求修正轻视台湾史的倾向。比如，她以"中国传统文化"与"台湾地方性文化"来界定两者文化关系，要求重视台湾地方文化："中国传统文化固然很重要，台湾地方性色彩的文化及原住民的文化亦有其价值。"[①]

再如，刘晓芬引用张炎宪等人的观点，认为解严前后的台湾史教材存在明显的政治社会化现象，体现在以"汉人本位主义"和"中原核心主义"的立场来论述台湾历史，前者指忽视少数民族的特色及发展，后者则是"未采择与台湾最接近之福建广东等与台湾相似的生活素材为教材，使学生有较贴切的感受而加深对移民原乡的认知"。[②] 这样的分析，其实是纠正国民党的"中国史"教育偏差，说明台湾文化与中华文化中的闽粤文化关系更为密切。

应该说，"乡土"成为强调台湾史教育的依据，源自当时官方对台湾史教育的定位。国民党退台后，很长一段时间都以"反攻大陆"为职志，为了灌输这一政治目标，在中小学教育中，树立"中国认同"，让学生从小养成服从"反攻大局"的政治意识。同时，国民党压抑台湾本土意识，这就给台湾本土人士造成一种"中国意识"压抑"台湾意识"的认知。一旦"反攻大陆"成为泡影，这种历史教育就需要调整。20世纪70年代后，国民党开始强调"本土化"，连带重视台湾史的乡土教育。早在1976年，蒋经国便主张通过宣扬台湾"先贤烈士"的"民族精神"和"奋斗事迹"，培养青少年"爱国爱民族的情操"。[③]

---

① 刘晓芬：《"我国"中学历史教科书中的台湾史教材的分析》，政治大学教育研究所硕士论文，1991年，第154页。

② 刘晓芬：《"我国"中学历史教科书中的台湾史教材的分析》，政治大学教育研究所硕士论文，1991年，第22—23页。

③ 林明德等：《当前中等学校乡土史教学之现况与展望》，载于《中等学校人文社会科学教育研讨会报告书》，1979年，第169—172页。转引自刘晓芬：《"我国"中学历史教科书中的台湾史教材的分析》，政治大学教育研究所硕士论文，1991年，第2页。

这一立场深刻影响台湾社会，不少台湾史学者也指出乡土教育的意义在于引发学生的兴趣、启发对于抽象问题的认知，再扩充对国家、世界的教育。[①] 在"本土化"运动兴起的 20 世纪 90 年代，不少硕士论文仍习惯这种表述方式。如 1997 年，李永谋在《国小教科书历史教材内涵分析及国小高年级儿童历史知识与历史意识之研究》提出在"本土化"的时代，应改变"台湾史"与"中国史"的比例问题："随着本土意识的觉醒，历史教材亦应重新调整台湾乡土史与传统大中国史的内容，并加强世界观教育，以培养真正热爱乡土且具国际视野的二十一世纪国民。"[②] 又言："现行教科书中的历史教材仍无法脱离传统大中国的历史教育心态，相对于儿童生活于台湾斯土斯民的乡土历史，以及拓展儿童世界观的其他地区的历史教材，则仍受忽略，这对于培养'立足台湾、胸怀大陆、放眼天下'的现代公民的理想，恐将难以达成。"[③] 李永谋即使要求确立"本土意识"，主张"脱离"所谓的"大中国意识"，但所用的词语仍然是"传统大中国"与"台湾乡土"。他还引述了 1992 年"台湾省国民学校教师研习会"评析小学教材历史知识的观点来论证小学历史教材应该包括的知识内容："透过传统文化把古与今联结在一起，把台湾和大陆联结在一起，透过乡土教材把中原大传统与地方小传统联结在一起，把个人历史与团体历史联结起来。历史教育的价值透过传统文化与乡土的学习自然呈现出来。"[④] 同时，要学生了解周遭

---

① 如许雪姬：《"国民小学"乡土教材之检讨》，《人文及社会学科教学通讯》，第 1 卷第 1 期，1990 年 6 月，第 122—123 页；戴宝村：《"国小"社会科台湾史教材之检讨》，《台湾风物》，第 38 卷第 2 期，1988 年 6 月，第 33—49 页。

② 李永谋：《"国小"教科书历史教材内涵分析及国小高年级儿童历史知识与历史意识之研究》，嘉义师范学院国民教育研究所硕士论文，1997 年，第 109 页。

③ 李永谋：《"国小"教科书历史教材内涵分析及国小高年级儿童历史知识与历史意识之研究》，嘉义师范学院国民教育研究所硕士论文，1997 年，第 97 页。

④ 李永谋：《"国小"教科书历史教材内涵分析及国小高年级儿童历史知识与历史意识之研究》，嘉义师范学院国民教育研究所硕士论文，1997 年，第 22 页。

"文物、典章、制度"的历史渊源，培养"中华民族"意识："中华文化博大精深，乃由不同的民族经历多次融合所孕育而成，因此民族间如何相处以及中华民族分布的理解是相当重要的。"① 可见，相较于刘晓芬的研究，李永谋对"大中国意识"批判态度更加尖锐，但总体仍是从"乡土"来界定"台湾与中国"的关系。

二、"本土化"与"中国"意涵的转变

随着台湾社会"本土化"运动的发展，从"乡土"的角度界定"中国与台湾"或"中国史与台湾史"关系的思路与提法，遭到批判甚至抛弃。在教科书领域，自《认识台湾（历史编）》作为中学社会科教材及"九年一贯国民教育"改革后，台湾史教科书与"本土化"问题逐渐受到硕士研究生的关注。考察他们的论述内容，我们会发现为了强化台湾史教科书的重要性，"中国史"及相关概念的意涵，也在发生微妙的转变。

1994 年，台湾"陆委会"公布"台海两岸关系说明书"，对"中国"做了新的解释，称"'一个中国'是历史上、地理上、文化上、血缘上的中国"。② 在部分研究者看来，这是一种"为'中国'去政治化的表述方式"，宣告了"台湾与中国大陆之间'政治关系'的结束，仅剩下历史上、地理上、血缘上的关系"。③ 将"政治"上的中国与"历史"上的中国做切割，被不少台湾学者引为圭臬。依这一思路，他们认为编纂台湾史教科书，推行"本土化"，树立"台湾主体意识"，就可以正视历史上"台湾与中国"的关系。

---

① 李永谋：《"国小"教科书历史教材内涵分析及国小高年级儿童历史知识与历史意识之研究》，嘉义师范学院国民教育研究所硕士论文，1997 年，第 22 页。

② "行政院大陆委员会"编著："台海两岸关系说明书"，1994 年。

③ 胡育仁：《"国小"社会科教科书本土化之分析研究》，台北师范学院课程与教学研究硕士论文，1999 年，第 136 页。

1999 年，胡育仁对正在兴起中的“本土化”与小学社会科教材的关系做了研究，他的论述就很能代表这种观点。他认为虽然台湾正面临统“独”的国家认同之争，也面临一股以台湾民族主义为号召的狭隘的论述，企图割断台湾与大陆血缘、文化上的关系，即“去中国化，建立台湾的主体性”，“这是一种排外的本土化的观点”。① 胡育仁给所谓“本土化”下的意涵是：“一个文化区域的自我意识觉悟或文化认同的积极行为，强调一切作为应根植于该区域的历史、地理、文化、社会等情境脉络，对于外来的知识体系予以创造转化，以符合当地的需要；而其蕴涵之意义乃追求文化的多样性与包容性，反对一元的中心的霸权论述，避免自我优越的狭隘地域观念及盲目的排外主义，同时在全球化与本土的对照下，建构一个多元、丰富、尊重的文化新愿景。”② 在这种“本土化”视野下，台湾文化和中华文化的关系，仍是“小传统”与“大传统”的关系，“小传统”只是“中心大传统”在特定环境下的“一种调试性的转化实现”，因此其内涵精神属于儒家思想精神的框架。③ 其强调“台湾文化认同”是对以往只重视中华文化“大传统”、轻视台湾文化“小传统”的文化政策的反动，并非否定认同中华文化："过去充满着‘大传统’、‘正统论’的国家文化政策，强调各民族文化必须融入中华文化，使得台湾各族群必须淡化或省略其族群认同，甚且常在对自己族群文化疏离或怀疑的情形下直接认同这个层次。”④

在此基础上，胡育仁针对“本土化”与小学教科书的关系提出五

① 胡育仁：《“国小”社会科教科书本土化之分析研究》，台北师范学院课程与教学研究硕士论文，1999 年，第 206 页。
② 胡育仁：《“国小”社会科教科书本土化之分析研究》，台北师范学院课程与教学研究硕士论文，1999 年，第 7 页。
③ 胡育仁：《“国小”社会科教科书本土化之分析研究》，台北师范学院课程与教学研究硕士论文，1999 年，第 43 页。
④ 胡育仁：《“国小”社会科教科书本土化之分析研究》，台北师范学院课程与教学研究硕士论文，1999 年，第 45 页。

点建议："一、教科书本土化内容应以本土为核心，范围涵盖家乡到全球，尤其是整个中华文化的缘由应纳进来"；"二、课程发展委员会的组织人员应多元化，以容纳不同的声音，增加教科书本土化内容各族群的代表性"；"三、教育部教科书审查委员会应广纳各方势力的代表，以避免成为另一个文化霸权宰制者"；"四、透过各种教育管道推展本土课程，以利教科书本土化之推动"；"五、加强世界观教育"。[①] 其中，除了第四条是要突破"大中国"的教育，避免漠视"其他族群文化在台湾地区的文化契机"，其他几点则是避免"本土化"褊狭，尤其避免排斥"中华文化"现象。胡育仁在文中不仅一次地提出应警惕"透过台湾文化'原生特质'的过滤，排斥与批判'中华文化'"，导致另一种"文化霸权"。[②]

在胡育仁看来，当时台湾小学社会科教科书在"本土化"问题上，并没有"排外纳土"，因为"教科书仍提到，台湾目前的居民，除了原住民之外，只是来台湾的时间不同而已，其实均说来自于中国大陆，台湾与大陆的关系，不管是在血缘、历史、文化上是不容否认的。"[③]

许毓峰所持的看法近似，他强调否定台湾与大陆的"政治上的认同"，并不等同于否定"血统、种族、语言和文化上的关联"，"台海两岸分属不同政权亦无碍于中华文化在台湾的发扬，亦无损于传统上'华人'对于祖先的追思与崇拜"[④]。他声言没有必要因为《认识台湾（历史篇）》等教科书过于"强调台湾"而产生"去中国化"的担忧，

---

① 胡育仁：《"国小"社会科教科书本土化之分析研究》，台北师范学院课程与教学研究硕士论文，1999年，第210—213页。

② 胡育仁：《"国小"社会科教科书本土化之分析研究》，台北师范学院课程与教学研究硕士论文，1999年，第61页。

③ 胡育仁：《"国小"社会科教科书本土化之分析研究》，台北师范学院课程与教学研究硕士论文，1999年，第206页。

④ 许毓峰：《解严前后国小社会科教科书中的台湾图像》，政治大学历史所硕士论文，2004年，第285页。

"承认台海两岸在血统、文化上的共同性与台海两岸各自追求不同的政治体制与生活方式,两者之间并不相冲突"。这里,姑且不谈许毓峰的观点是否准确,这一解释仍说明他反对"去中国化"。他也指出以"台湾的主体性"为出发点的同时,必须避免落入"本位主义"。[①]

即使是这种"去政治化"的两岸关系认知,随着台湾"本土化"运动的发展,也逐渐被抛弃。2000 年后,越来越多的研究者的论述角度再度转向,历史教科书中的"中国"意涵被等同于"大中国意识"或"中国民族主义"而遭到排斥。张期玲的论述颇具代表性,她考察中学历史教科书与塑造"国家认同"的关系,指出以往国民党当局利用政治、经济、社会文化等领域的控制地位,"透过其主导的文化与教育系统,支配并完全取代人民日常生活中的文化符号与意义。将中国认同强加在台湾人民的身上,试图塑造中国民族主义的国家认同,想象中国大陆是台湾人民的祖国,历史叙述的方式是以大中国为中心"。[②] 换言之,解严前的历史教科书版本是将"中国民族主义"由上到下灌输给台湾人民,"形成以中国崇拜为主"的"党化教育",试图塑造对于"想象中国"的认同。解严以后,中国史教科书与《认识台湾(历史篇)》则呈现"分歧"的国家认同论述。前者对于台湾的论述建构了"台湾与中国为一体"的概念,且"以中国为中心"塑造对"中国"的认同;[③] 后者则"以台湾为主体中国为客体"。[④] 这种分歧体现的是"中国民族主义"和"台湾民族主义"不同意识,而这两种意识又分别

---

① 许毓峰:《解严前后国小社会科教科书中的台湾图像》,政治大学历史所硕士论文,2004 年,第 296 页。

② 张期玲:《国家认同的塑造:以国中的历史教科书为焦点》,淡江大学公共行政系公共硕士论文,2004 年,第 3 页。

③ 张期玲:《国家认同的塑造:以国中的历史教科书为焦点》,淡江大学公共行政系公共硕士论文,2004 年,第 147 页。

④ 张期玲:《国家认同的塑造:以国中的历史教科书为焦点》,淡江大学公共行政系公共硕士论文,2004 年,第 148 页。

代表着在台湾的"外省人"和"本省人"各自的历史记忆："国民党播迁来台之后，在台湾建构的中国民族主义的论述内涵，基本上是以当时台湾社会中的外省人的历史及文化经验作为基础发展起来的。本省人的历史文化经验则没有受到充分的考虑。相反的，1980 年代以后到 1990年代以前，反对运动的台湾民族主义论述内容，则主要是根据本省族群的历史文化经验为主体建构出来的。"① 而围绕着《认识台湾（历史篇）》教科书的"中国史架构下的台湾和社会"与"台湾史架构下的台湾和社会"的争论，即是一次"中国民族主义"和"台湾民族主义"之争。②

在张期玲的论述中，"台湾与中国"的关系已成为并立甚至对立的存在。比如，《认识台湾（历史篇）》的台湾地图将台湾岛置于地图中央，凸显了台湾的图像，但因为"仍有中国认同的图像存在"，"呈现出无法与中国完全分开的矛盾叙述"，所以"较无法建构出一个明确的国家认同"，"呈现了中国认同与台湾认同的纠葛"。③ 但细究该地图，不过是同时出现大陆而已。按这种观点，似乎只要出现大陆，就会影响"台湾认同"。

以上论说的问题在于，如果说解严前的中国史教育因带有国民党"党化教育"的色彩而被批判，为何解严后的中国史教科书仍被当作建构"台湾主体意识"的对手？可以看出，张期玲将以往国民党灌输的"中国史"等同于事实上的"中国史"，并认为"中国史"是仅属于"外省人"的"历史记忆"，与"本省人"无关。这样，由"中国史"

---

① 张期玲：《国家认同的塑造：以国中的历史教科书为焦点》，淡江大学公共行政系公共硕士论文，2004 年，第 50 页。

② 张期玲：《国家认同的塑造：以国中的历史教科书为焦点》，淡江大学公共行政系公共硕士论文，2004 年，第 86—87 页。

③ 张期玲：《国家认同的塑造：以国中的历史教科书为焦点》，淡江大学公共行政系公共硕士论文，2004 年，148、154 页。

代表的"中国民族主义"仍然是压抑、轻视"台湾意识"的"中国意识",当然容易受到批判。显然,这样的"中国",已不是与台湾有着不可割裂的历史文化联系的"中国"。

到了 2010 年,陈怡伶的论文更加明确地指出,"台湾主体意识"除了"政治面向(国家认同)"之外,强调的是"台湾文化发展的'在地化'",意图寻求"本质"是"纯台湾"的文化观。且"台湾意识"的"独特性"越强烈,在政治与文化上"与中国之间的断裂感"也会越深刻。[①] 陈怡伶直接以"中国意识"与"台湾意识"在教科书中的竞争为题,认为解严后的历史教科书中存在"台湾主体意识"与"大中国意识"并立的"矛盾"。[②] 她所指"台湾意识"是"生存在'台湾'的人民认识并能解释他们所生存的时空环境,也就是以'台湾'为'认同'的对象,个人或社会与'台湾'间的联系,对'台湾'这一块土地所产生的'归属感';此外,生存在'台湾'这个空间的全体人民,对于过去共同经历的历史、文化,和现在一起感受的处境以及对未来所要共同追求的目标有极大的一致性,这便是以台湾为中心的'台湾意识'。"[③] 相较而言,前述胡育仁所谈的"本土化"有将"中华文化"本土化的意味,陈怡伶的"台湾意识"则重在与"中国意识"的对立与区隔。甚至连她所提的"中国意识",也是特指"在台湾发展出来的'中国意识'"。这种"中国意识"一直与"台湾意识"存在于台湾的社会中,是一种"外省意识"。[④] 与张期玲一样,陈怡伶同

---

① 陈怡伶:《台湾与中国意识在"国中"历史教科书中的角逐——以台湾历史为例》,台湾师范大学台湾文化及语言文学研究所在职进修专班硕士论文,2010 年,第 107 页。

② 陈怡伶:《台湾与中国意识在"国中"历史教科书中的角逐——以台湾历史为例》,台湾师范大学台湾文化及语言文学研究所在职进修专班硕士论文,2010 年,第 138 页。

③ 陈怡伶:《台湾与中国意识在"国中"历史教科书中的角逐——以台湾历史为例》,台湾师范大学台湾文化及语言文学研究所在职进修专班硕士论文,2010 年,第 43 页。

④ 陈怡伶:《台湾与中国意识在"国中"历史教科书中的角逐——以台湾历史为例》,台湾师范大学台湾文化及语言文学研究所在职进修专班硕士论文,2010 年,第 45 页。

样强调"本省人"与"中国意识"无关。

如果说解严前后台湾学界检讨的是中国史遮蔽了台湾史，要把台湾史从中国史中抽离，现下则要进一步"屏蔽台湾史与中国史的关系"。2007年，蔡佩如以"后殖民"理论诠释台湾史教科书，将包括《认识台湾（历史编）》在内既有的各种"统编本"及"审定本"教科书一并解读"依据中国史观所建构的历史课程"，是由"中国人"重新叙述、诠释、再现台湾历史的"台湾论述"，其中一条理由是：虽然"承认台湾史前'多元文化'的起源"，但"不变的是强调台湾文化与中国文化的关系密切，以及台湾自古就是中国的固有领土"。[1] 如作者所言，肯定"中国与台湾"的历史文化联系，即说明教科书中的台湾史仍"缺乏主体性"，难以使受教者"建立台湾意识、形成台湾认同"，[2] 而本质上说明台湾人面临"政治上独立"而"文化上却遭受殖民控制"的"后殖民情境"。[3]

这种要求在台湾史教科书中"去除中国因素"的主张，不断地得到呼应和加强。如2014年，林琮舜在《台湾史研究在高中教科书中的落实与落差》中，强烈批评"101课纲"，认为该课纲"复辟""中国民族主义思维"，"隐没""台湾主体性"，"符合国民党一贯的意识形态"。他尤其认为"海洋史"与"转型正义"两个观念，没能在教科书

---

① 蔡佩如所列理由有四点：1. 虽然"解严"后的台湾史教材篇幅增加，从史前至战后建立较为完整的历史脉络，但仍与中国史教科书的篇幅"相差甚远"；2. 虽然"承认台湾史前'多元文化'的起源"，但"不变的是强调台湾文化与中国文化的关系密切，以及台湾自古就是中国的固有领土"；3. "外来政权"（主要指荷、日）对台湾文化的影响叙述过少，"犹如凤毛麟角"；4. 未提对战后国民党的"独裁统治"及台湾的族群问题。参见蔡佩如：《"中华民国"中学历史教科书的后殖民分析——以台湾论述为核心》，台湾大学法教分处政治学研究所硕士论文，2007年，第88—89页。
② 蔡佩如：《"中华民国"中学历史教科书的后殖民分析——以台湾论述为核心》，台湾大学法教分处政治学研究所硕士论文，2007年，第88—89页。
③ 蔡佩如：《"中华民国"中学历史教科书的后殖民分析——以台湾论述为核心》，台湾大学法教分处政治学研究所硕士论文，2007年，第108页。

中得到"相应的发展",但前者不过提及了汉人在早期台湾史中的地位,后者则未按其观点批判"威权体制"与"白色恐怖":"多数版本既不强调威权体制乃是造成白色恐怖的根本因素,对国民党政府和情治机关的独裁、滥权也是轻描淡写,只笼统地将所有悲剧归结于严刑峻法的实施,进而低估党外势力和自发性的民主运动对于民主化的贡献。"①

"中国史"意涵的转变,与"本土化"兴起的政治背景有密切的关联。论者通过否定国民党"党化"的"历史教育"来质疑国民党政权合法性。国民党关于台湾与中国的历史教育存在不少偏差,故而早期有论者通过修正国民党的历史教育,通过丰富对"中国史"的认知来为重视台湾史教育创造空间。随着"本土化"的深入,部分论者为了"否定台湾史与中国史的历史联结",抛弃了修正国民党"党化"的"历史教育"的努力,反其道而行,把国民党"党化"的"中国史"等同于事实上的"中国史",进而将"中国的历史记忆"界定为"外省人"的历史记忆,为"去中国化"寻找合理依据。不过,历史上的台湾与中国的联系无法否定,这种"去中国化"论述,给台湾社会的历史文化认同制造困扰。如就张期玲看来,肯定中华文化与强化台湾认同不应并存,却又难以回避这一事实,似乎成为一种无法摆脱的困境,这也间接说明,要绕开中国史重塑台湾史会面临重重困难:《认识台湾(历史篇)》在共同文化上的叙述,不但尊崇中华文化,也注重台、澎、金、马之乡土文化,以及少数民族的特有文化,"存在着强化台湾认同却又无法舍去中国认同的矛盾"。②

① 林琮舜:《台湾史研究在高中教科书中的落实与落差》,台湾大学文学院历史学系硕士论文,2014年,第79—80页。
② 张期玲:《国家认同的塑造:以"国中"的历史教科书为焦点》,淡江大学公共行政系公共硕士论文,第148页。

三、绕不开的"中国史"：台湾史教科书编撰与教学的困境

进一步考察相关论文对实行台湾史教科书教纲修订、编纂、使用情况的研究，会发现台湾地区历史教科书中，台湾史并非"弱者"，相反，被其攻击的中国史却已失去强势的地位。台湾史与中国史的地位发生逆转，到了"95课纲"，台湾史在中小学历史教学中已取得"独立且优先"的地位，如何处置"中国史"成为争议的焦点。① 从现有的硕士论文等相关论述可以看出，"台湾主体意识"似已成为论述者的基本共识，"台湾的历史教育到此，可以说是确立台湾史、中国史、世界史的教学顺序，重视本土教育，似乎成了一股锐不可档（当）的教育潮流"。② 徐宇辰也观察到"认同台湾"的"台湾意识"，"已在潜移默化中俨然逐渐形成共识。"③

不过，虽然台湾史取得主导地位，但在教学过程中却产生更多的问题。其中，诸如中国史与台湾史比重不合理的问题，前者过少后者过多，是研究者反映的普遍问题。如张嘉玲的访谈发现："访谈老师几乎都反映，台湾史占了一个学期，而中国史也是一个学期，每次到了高一下学期就是得不停地赶课，甚至常常得利用暑期课辅班的时候，才能将进度上完。"④ 李晓玲的访谈中，教师也反映中国史学时数不足，教学

---

① 骆毓贞：《战后台湾教科书制度之研究——以高中历史教科书为例》，政治大学历史系研究所硕士论文，2008年，第99页。
② 郭淑美：《高中历史教科书研究——以台湾史教材为中心（1948—2006）》，台湾师大历史系硕士论文，2006年，第192页。
③ 徐宇辰：《战后"国中"历史教科书的演变（1948—2007）——以台湾史教材为中心》，中兴大学历史学系硕士论文，2008年，第111页。
④ 张嘉玲：《高中历史教师教科书选用理念与教学成效——以大台北地区为例》，政治大学社会科学院行政管理硕士学程第十届硕士论文，2011年，第73页。

进度"倍感压力"。① 除了学时问题，切割台湾史与中国史的关系，也让教师无所适从。叶素菱认为：教科书有关台湾史的编排，"应同时针对中国史发展顺序做初步的介绍，以利于学童历史事件与背景脉络的联结。盖因台湾历史发展与中国历史无可切割，刻意省略彼此，反而加深学童理解上的障碍，也增添教师课堂教学的困扰。"② 台湾史纳入教科书，与政治运动有很大关系。但不少研究者主张尽量避免政治干扰。叶素菱对"去中国化""本土化"的政治态度干扰教育保持意见："对照现今主政者高唱所谓'去中国化'、'本土化'的口号，诸此政治符号的干扰与思维，更显得自身的愚蠢和贫乏；截然的排他性与二元划分下，其实忽略了台湾与中国大陆深层而紧密的文化内涵联结，更阻碍了自身族群融合与文化创新的道路与空间。"③ 李晓玲的访谈中，涉及台湾史与中国史的意识形态问题时，教师表示都会依据自身的政治立场做出选择，其身份也从"照本宣科"变成"转化的知识分子"，在教学现场发挥关键性的影响力。但如何不带任何立场的带领学生思索与反省，成为一个难题。④ 此外，教师们对于将明清史从中国史抽离出来摆到世界史尤表不解，认为离开中国史的脉络，会造成学生历史知识系统的断裂。⑤ 而即使认为台湾史教学分量占了三分之一仍不足以显现"台湾的主体性"的研究者，也不得不承认"中国史的重要性"，因为"台湾特殊的政治背景与现代社会形成的历史背景，与中国有密切关系，如果不

① 李晓玲：《九五"普通高级中学课程暂行纲要"分析——以台湾史与中国史的历史教科书为例》，政治大学国家发展研究所硕士论文，2009年，第145页。
② 叶素菱：《"国小"社会领域教科书台湾史教材之内容分析》，花莲教育大学"国民教育"研究所硕士论文，2006年，第238页。
③ 叶素菱：《"国小"社会领域教科书台湾史教材之内容分析》，花莲教育大学"国民教育"研究所硕士论文，2006年，第240页。
④ 李晓玲：《九五"普通高级中学课程暂行纲要"分析——以台湾史与中国史的历史教科书为例》，政治大学国家发展研究所硕士论文，2009年，第147—150页。
⑤ 李晓玲：《九五"普通高级中学课程暂行纲要"分析——以台湾史与中国史的历史教科书为例》，政治大学国家发展研究所硕士论文，2009年，第151页。

学中国历史，将无法对台湾的过去、现在，做全面的了解，便无法洞悉未来的走向"。①

台湾史教科书强势地位的确立与所要灌输的历史认知，与台湾地区掌权的势力有直接的联系。罗若礼通过深度采访研究发现，所谓的"95课纲"拟定过程中，"政治力量介入的迹象非常明显"，② 其中教纲宣称的"多元""去国族化"的主要目的是消灭"中国国族主义"，同时"悄悄"建立"新的国族史观"。③ 他质疑，"岛上另一半的认同或历史记忆，在教科书中是否也同样被尊重？"④

徐宇辰也指出，解严后的历史教科书编纂内容与以往一样，都是由执政者决定的："决定课程内容的因素并不在于学生适合哪种知识，而是在于统治者为遂行其统治权力，教导人民国家意识以巩固统治阶级的意识型（形）态，从战后历次课纲的修订，一直到"95暂纲"的实施、甚至是"98课纲"的宣布，都不是'由下而上'的改革，也不完全是基层教师的意志所推动，主要还是'教育部'本身的理念来主导整个课程改革的走向，如此一来，便难以避免政治力的干预影响，而往往成为目前主流意志所主导的课程改革。"⑤

台湾史教育已深深地嵌入台湾的政治斗争与意识形态纷争之中。2005年3月间，台湾地区因大陆制定《反分裂国家法》，部分社会团体便要求实行"教育台湾化"。扶志凌据此指出政治掌控历史教育，不仅

---

① 郭淑美：《高中历史教科书研究——以台湾史教材为中心（1948—2006）》，台湾师大历史系硕士论文，2006年，第229—230页。

② 罗若礼：《纠结中诞生的历史教科书——从九五课纲争议谈起》，台大社会科学院新闻研究所深度报导硕士论文，2007年，第56页。

③ 罗若礼：《纠结中诞生的历史教科书——从九五课纲争议谈起》，台大社会科学院新闻研究所深度报导硕士论文，2007年，第52页。

④ 罗若礼：《纠结中诞生的历史教科书——从九五课纲争议谈起》，台大社会科学院新闻研究所深度报导硕士论文，2007年，第52页。

⑤ 骆毓贞：《战后台湾教科书制度之研究——以高中历史教科书为例》，政治大学历史系研究所硕士论文，2008年，第179页。

无助于认知历史真相，还会引发更多争议："台湾是否为中国的一部分，不仅是主权问题，也是历史问题，文化的中国、历史的中国，与政治上的中国，并非完全画上等号。用政治上的手段，企图去切割曾经存在的历史事实，对于厘清史实不仅毫无助益，反而会带来更多的争议。"① 他还注意到台湾人对于日本右翼团体篡改历史教科书几乎没有任何反应，说明相较于历史真实，台湾社会更重视意识形态与自身利益："在政治意识形态的考量下，历史教科书的内容是否符合历史事件的事实，并不是台湾社会关注的重点，台湾社会最关心的，反而（是）教科书内容背后隐藏的意识形态，是否符合自己的利益以及政治正确。当历史教科书内容，跟自己所属政党、阶级的利益与政治正确产生冲突时，大多数人会有激烈的反应；但当历史教科书的内容与意识形态，虽然有明显的误谬，可是如果和自己的利益以及政治正确并未产生明显冲突时，大多数人会选择沉默。"②

有研究者自言，在融合"集体记忆""民族主义""政治社会化"等方法进行研究后，发现"本省族群"与"外省族群"的权力之争，"确实影响着中国民族主义与台湾民族主义论述的消长"，但她无法解释为何"本省族群"与"外省族群""无法（理）解对方"，甚至后来可以成为政治动员的工具，以致"再度深化他们之间的心结"；无法解释为何"本省族群"与"外省族群""希望建构自己的国家"，甚至"成为政治或社会上纠葛的问题"，她希望可以借助心理学的理论，"深入了解本省人与外省人之间的心结"，"谋取相互体谅之道"。就本文的

---

① 扶志凌：《教科书多元化与意识形态关系的探讨——以审定本高中历史教科书第二册为例》，南华大学教育社会学研究所硕士论文，2004 年，第 38 页。
② 扶志凌：《教科书多元化与意识形态关系的探讨——以审定本高中历史教科书第二册为例》，南华大学教育社会学研究所硕士论文，2004 年，第 40—41 页。

分析来看，① 将"中国史"视为与"本省人"无关"外省人"的历史记忆，与其说是在描述一个历史事实，不如说是在借用"中国民族主义"与"台湾民族主义"的变动来阐释过往台湾史教科书的演变。而这种通过"去中国化"以强化"台湾主体意识"，撕裂台湾史与中国史关联的历史认同叙述，不仅无助于弥合台湾地区的省籍矛盾，反而会强化两者的分歧与冲突。如李晓玲也谈到，台湾的政治人物企图利用意识形态的差异来寻求选民的"高度认同"，制造社会尖锐的对立，"政治人物往往透过意识型（形）态的差异性来寻求选民的高度认同，加上传播媒体的渲染造就出尖锐的对立性，但无论在历史、文化、社会、思想上皆不能完全切割意识型（形）态，就算今日大力提倡台湾意识与重视台湾历史也没有必要否定中华文化，或借贬抑中国民族的历史来弘扬台湾的发展，若一味地从事政治符号的操弄与论辩，不仅造成台湾当前政治、社会的不安，忽略了台湾与中国的文化联结，更阻碍了族群的融合。"② 故而，应注重借由中国史与台湾史的书写达到"族群互动、沟通的目的"，而非将族群间的"集体记忆""建构成划定领域界限的排他势力"。③

总之，历史教育是建构政权合法性的重要工具。当政权合法性发生变动，修改历史教育自然会被提上日程。20 世纪 70 年代大陆恢复联合国的合法席位，国民党"反攻大陆"的政治目标失去最后的遮羞布，国民党既有以之为目的的历史教育或国族教育便面临解体的危机。国民党大力推崇"大中国史"的同时，曾一度压制本土意识，忽略本土历

---

① 张期玲：《国家认同的塑造：以"国中"的历史教科书为焦点》，淡江大学公共行政系公共硕士论文，2004 年，第 170 页。

② 李晓玲：《九五"普通高级中学课程暂行纲要"分析——以台湾史与中国史的历史教科书为例》，政治大学国家发展研究所硕士论文，2009 年，第 169 页。

③ 李晓玲：《九五"普通高级中学课程暂行纲要"分析——以台湾史与中国史的历史教科书为例》，政治大学国家发展研究所硕士论文，2009 年，第 168 页。

史,给本土人士一种"中国史"压抑"台湾史"的认知。党外运动兴起后,台湾本土势力更将此作为反抗国民党统治的依据。其采取的论述策略之一,即是将"中国教育"等同于国民党的"党化"的"大中国教育",塑造"中国史"与"台湾史"的对立关系。于是,"去中国化"便成"本土化"的主要目的之一,而编纂脱离"大中国史"的台湾史教科书,是其中的主要手段之一。但是,这种主要依靠政治力量推行的"去中国化"的"本土化",与台湾历史发展及社会现实发生矛盾,不但歪曲两岸历史上的紧密联系,还会撕裂当下岛内的族群关系,于是如何重构新的历史认同,成为台湾史教科书的难点。如吴展良等人所言,自我"窄化"的结果很可能就是永无止境的自我分裂与否定。①因之,台湾中小学历史教育在当前面临举步维艰的处境,与历史认同及意识形态的纷争有着紧密的关系,反映台湾社会对何谓"台湾主体性"仍缺乏基本的共识。有论者呼吁,"历史教育改革的诉求、历史思维能力的建立不应模糊于国家主权认同争议之下。"②而其中最关键的问题之一便是如何处理"台湾意识"与"中国意识"的关系,即如何既要呈现"台湾主体性",又要承认"台湾与中国密切难分的关系"。

---

① 林青荚:《课程与权力运作研究——以高中历史课程纲要修订为例》,台湾师大教育系硕士论文,2005 年,第 178—179 页。

② 李晓玲:《九五"普通高级中学课程暂行纲要"分析——以台湾史与中国史的历史教科书为例》,政治大学国家发展研究所硕士论文,2009 年,第 160 页。

近年来大陆与台湾书写经验之比较

——以小说为例

曾丽琴

（福建师范大学协同创新中心；漳州城市职业学院）

大陆与台湾虽然只相隔一个海峡，可是因为 1949 年以后政治、经济发展的不同，形成较为不一样的文学景观。这其中有些是地理因素造成的，如台湾在中国东南部，与中国北部、西部的书写原本就大异其趣。然而，有些则却是经济、文化发展的因素造成的，比如它与福建同在中国东南部，但书写题材、书写者的受教育程度、书写手法等有相当程度的不同。因此，本文拟以小说书写为例，将近年来大陆与台湾的书写经验做一个比较。

一、大陆与台湾小说书写题材与类型之比较

毫无疑问，在书写题材与类型的丰富性方面，台湾很难与大陆一较高下。台湾仅仅是中国东南部的一个省而已，大陆则还有其他 33 个省、五个相当于省级行政区域的自治区、四个直辖市与两个特别行政区。即使不算近现代历史比较特殊的两个特别行政区香港与澳门，大陆地域的广阔性与丰富性亦远远超过台湾。而这里有太多的故事可以挖掘。

因此，当我们谈论 90 年代以来的台湾小说书写，一个概念是都市想象——主要集中在台北，代表作家是朱天文、朱天心姐妹以及骆以军、王聪威、高翊峰等人，朱天文的《巫言》、朱天心的《古都》、骆以军的《西夏旅馆》、王聪威的《恋人曾经飞过》与高翊峰的《幻舱》

均是其中佳作；再一个概念是新乡土写作，以童伟格与甘耀明为代表，以所谓的魔幻现实主义来还魅乡土，如童伟格的《王考》《西北雨》，甘耀明的《杀鬼》等。因为台湾属闽南文化圈的关系，这类写作多与闽南语书写有关。而近来更年轻的作家张耀升这一方面的创作亦值得注意。第三个概念则是少数民族写作——主要是泰雅、阿美、鲁凯与排湾族的书写，原来有夏曼·蓝波安等影响较大，而虽然 2003 年卑南族学者孙大川对台湾战后少数民族的书写进行了汇编并出版了厚厚两大本《台湾原住民族汉语文学选集》一书，但近来并无更重要的作家出现。并且，台湾这些少数民族作家之间的书写区分并不高。另外，值得一提的还有科幻小说和以吴明益为代表的自然写作。自然写作不算新乡土，但与乡土关系密切。而台湾科幻小说在 20 世纪中后期以张系国、洪凌为代表曾有过一个高潮，创作者众多。不过近年来除了伊格言的《噬梦人》之外，就连洪凌亦很久没有推出新作了。

就大陆而言，亦可从这几个大方面来梳理其小说书写，但我们必须注意到，大陆这几个大方面的书写下面都可有许多不同类型且强大的分枝。

乡土写作，在大陆一向是大宗，虽然近年来受到 70 后、80 后乃至 90 后作家崛起的冲击，但始终生命力旺盛。近年来大陆最重要的乡土书写当然首推梁鸿，她的梁庄系列《中国在梁庄》《出梁庄记》，通过非虚构写作的方式把中国的农村景象非常逼真地呈现在读者面前。而 2013 年、2014 年，贾平凹亦推出他继 2005 年《秦腔》之后的另两部表现农村力作《带灯》与《老生》。尤其是《老生》，以吟唱丧歌作为小说的线索，"托出普通乡民在社会转型期的生死歌哭，及其由民间视角看上去的乡土社会的演进"。① 其余若李佩甫 2012 年推出的《生命

---

① 白烨：《2014 年长篇小说：世情与人性的多维透视》，《文艺报》，2015 年 3 月 2 日第 3 版。

册》，虽然不完全表现农村，却在其中有非常精彩的乡土叙事。孙慧芬的《生死十日谈》，亦以"深入乡间现场调研的方式，勇敢地触及了当下农村中的自杀现象"。① 另外，尚有范小青的《我的名字叫王村》、刘庆邦的《黄泥地》、王妹英的《山川记》及迟子建的《群山之巅》等。

这些乡土写作，有的呈现中国乡村几十年甚至于上百年的变动，有的寻找大陆改革开放之后农村凋敝的原因，有的只是叙述那乡村生命的传奇。而我们还必须注意到，中国乡村腹地之辽阔，因此，同样的乡土写作却传达出了中国各个不同地域的乡土风情。若迟子建的《群山之巅》是关于东北山村，贾平凹的《老生》则带有陕西农村天生的悲凉，梁庄位于中原河南，刘庆邦的《黄泥地》亦是以河南的乡村为原型，而范小青笔下的乡村是江南的，相对富裕与小巧。

若就与台湾相较的闽南乡土书写，则如漳籍作家何也，其近年推出的《捆绑调查》《坂园》等两本中短篇小说集与即将出版的长篇《嘎山》以小说地图的形式，将闽南的地理与乡土风情非常精彩地呈现出来，尤其是《嘎山》一书的闽南语书写，堪称地道。

大陆的都市书写自 1949 年以来一向不被重视，但近年来随着大陆都市的高速发展，亦出来了许多优秀的都市书写作品。

毫无疑问，囊括茅盾文学奖、华语文学传媒大奖年度小说家奖等多项大奖，出版于 2012 年的《繁花》是近年来最突出的大陆都市小说，其海派传统的延续尤为大家所称道。而年轻一代的作家大都出生即在城市或长大后都进入了城市，所以，"下笔即是都市"是他们的特征。甫跃辉的《动物园》、田耳的《天体悬浮》、徐则臣的《耶路撒冷》、鲍鲸鲸的《等风来》、笛安的龙城三部曲以及路内的《花街往事》、七堇

---

① 白烨：《2012 年长篇小说：个人化叙事与中国化故事》，《文艺报》，2013 年 1 月 30 日第 3 版。

年的《平生欢》等都从不同的方面对城市进行了表达。虽然他们在艺术上还较为不成熟，但的确让人看到大陆未来书写的另一个重要面向。

大陆有 56 个民族，民族文学一向十分丰富，且近年来在各种文艺政策的大力推动之下，民族文学更有极大的发展。藏族作家阿来 2013 年出版的《瞻对：两百年康巴传奇》虽然冲击第六届鲁迅文学奖无果，却是近年十分不可忽视的大陆少数民族文学作品。另外，2014 年侗族作家袁仁琮近百万字的鸿篇巨制《破荒》、回族作家马瑞翎用五年时间创作的《怒江往事》、维吾尔族帕蒂古丽的《百年血脉》、土家族作家李传锋的《白虎寨》与满族作家关仁山的《日头》均是其中佳作。而就福建本土来说，客家人练建安的客家武侠传奇小说亦非常有特点。

大陆除了以上三种主要的创作题材之外，还有几种非常独特而突出的创作题材与类型，如军旅文学、反腐小说、科幻小说等。反腐小说如杨少衡、凡一平、尤凤伟等人的创作，科幻小说则以刘慈欣为领军人物，其余有王晋康、宝树、江波、郝景芳等人。而大陆军旅文学凭着其非常优秀的书写传统，每年都有大批优秀作品出来，近来则呈现出新老作家佳作并出的繁荣景象。

其余还有历史题材小说、玄幻小说等，而事实上，有些小说也难以用一种题材来定义。除此，我们还需注意的是近来很多北美与欧洲的海外华人作家亦将大陆作为作品发表的主要阵地，因此，我们亦可看到他们十分丰富又都各具特色的创作。

由以上分析来看，可以说，在小说的创作题材方面，大陆显然比台湾丰富许多，可挖掘之处亦多了许多。

二、大陆与台湾小说表现手法之比较

大陆的文学概论与文学史当中还会区别现实主义与浪漫主义这两种表现手法，事实上，在当代小说的创作当中，这两者实在难以截然分清。并且对小说来说，更重要的不是运用哪种手法，而是要使用何种书写技艺表现题材并让读者接受。因此，谈论小说的表现手法，可能更需要分析的是叙述的顺序、叙述的人称、叙述的口吻以及叙述的语言。

大陆小说亟待在表现手法方面突破由来已久，20 世纪八九十年代的先锋小说试验与莫言等人采用的魔幻现实主义写法即是其中的代表。

马原依然在实验，2012 年出版的《牛鬼蛇神》从卷 0 开始，且每卷又是从第三章、第二章到第一章，论者认为"作者并没有任何倒叙的意图，只是借这样的'怪异'结构来彰显他的'归零'的哲学思想"[1]。而这些在其更早的小说试验中都已出现过，又因为此书置入许多作家早年成名作，因此，被看成是"作家的总结之书"[2]。

余华的《第七日》、陈应松的《还魂记》与艾伟的《南方》都采用了亡灵叙事的手法，以此来彰显一种超现实感，这或可以看成是魔幻现实主义写作的延续。

刘震云的《我不是潘金莲》主要是对叙述语言进行运作。论者评价说它"延续了《一句顶一万句》的风格，其基本模式是'不是 A，而是 B；或者不是 A，不是 B，也不是 C，而是 D'。这充分展现了刘震云对这种语言模式的迷恋，或者说，李雪莲的故事正是为了再一次演练这一套语言才存在。语言带来的快感远远大于故事。"[3] 其余如笛安的《南音》与安意如的《日月》亦是如此，"故事完全被语言所掩盖"[4]。不过，他们的语言运作主要是现代汉语的运作。我们还须注意金宇澄

---

[1] 白烨：《2012 年长篇小说：个人化叙事与中国化故事》，《文艺报》，2013 年 1 月 30 日第 3 版。

[2] 白烨：《2012 年长篇小说：个人化叙事与中国化故事》，《文艺报》，2013 年 1 月 30 日第 3 版。

[3] 白烨：《2012 年长篇小说：个人化叙事与中国化故事》，《文艺报》，2013 年 1 月 30 日第 3 版。

[4] 白烨：《2012 年长篇小说：个人化叙事与中国化故事》，《文艺报》，2013 年 1 月 30 日第 3 版。

《繁花》中对方言的运作，"这些曼妙的人生故事通过上海闲话娓娓道来，构成了独特的'繁花体'"①。

另外，梁鸿梁庄系列的非虚构写作也值得注意，这种介于真实与虚构之间的文体，或可看成是叙述手法的一种试验。

若将大陆的小说放至世界文学中，与其他国家民族高水平的小说相比较的话，当推王安忆的《匿名》与金宇澄的《繁花》。

王安忆的《匿名》已很难定义是什么题材，其写一个老上海职员被绑架至内山中，后被丢弃独自生存，由此又带出内山某些人的生存方式的故事。《匿名》很难以文学史归类的写作来定义，但可以确定的是：王安忆的确又创作了一个大陆小说创作的高峰，无论是语言表达的试验还是叙述的技艺，抑或是故事要呈现的内里，均是大陆当下无人可及的"唯一"。而《繁花》虽然文艺上的水准没有达到那么高，但以上海的方言来讲述那些海派的故事，两者鱼水交融，达到了完全的和谐。

不过，总的来说，虽然大陆近几年的小说创作产量颇丰，题材亦丰富多彩，表现手法还多有试验，却并没有出现许多表现手法成熟且有独创性的作品。以上所述的马原、余华、刘震云、笛安甚至于较为人称道的田耳、徐则臣、甫跃辉的作品在艺术上都无法呈现出独创性，且技艺与故事之间也都未能得到完美的结合，未来谁能突破还得拭目以待。

而近年来台湾小说的表现手法总体上来说显然比大陆要成熟许多。

唐诺曾经以"光亮而快速的文字"②来肯定朱天文的语言技艺，赞赏《巫言》的小说语言"有某种奇妙的自由，近乎从心所欲，写小说一事在她手上显得这么容易，有种流水之感，仿佛流到哪里是哪里，或

---

① 白烨：《2012年长篇小说：个人化叙事与中国化故事》，《文艺报》，2013年1月30日第3版。

② 唐诺：《关于〈巫言〉》，朱天文：《巫言》，台湾INK印刻出版有限公司，2007年版，第351页、第354页。

者更正确的说，她要它流到哪里就无摩擦无阻拦的流到哪里"①。其他如骆以军的小说语言，繁复智性；朱天心的小说语言，有时空灵有时却显得刚性十足；纪大伟则反讽又不失俏皮；王聪威《恋人曾经飞过》那带着淡淡感伤的语言读来就如同在欣赏几米的爱情漫画；张亦绚《爱的不久时：南特/巴黎回忆录》的语言纯真又执着，"唤起了人生中浮光掠影残骸般很重要但无法分离的体会"②；而林俊颖《我不可告人的乡愁》中闽南语书写的实验真是令人叹为观止……这些台湾作家中的每一位都把语言这一小说艺术的基本工具磨得闪闪发光，并总是能够用它精准地传达出所要传达的内容，从而使得对他们作品的阅读常常会脱离故事的关注而成为语言艺术的欣赏行为。

另外，在叙述技艺上，若朱天文的《巫言》，那种十分繁复、歧岔处处却又不着痕迹的叙述方式，骆以军《西夏旅馆》四十万言把流动的叙述时间写成空间的方法，林俊颖《我不可告人乡愁》的现代都市与百年前乡村并置又相互关联的双线结构等等，均十分的独特。且更重要的是，他们对小说技艺的应用已过了实验期而显示出一种成熟的艺术特征。阅读他们的小说，总是会着迷于他们繁复而又各具特色的叙述，从而让艰难的小说阅读成为一次短暂愉快而又收获颇丰的心灵之旅。

三、大陆与台湾小说书写者受教育程度之比较

相比诗歌与散文而言，小说的创作，尤其是长篇小说的创作更需要作者的思维与识见，因此，书写者受教育程度的高低对小说创作的影响较大。若将近年来大陆与台湾小说书写者受教育程度进行比较，可以发

---

① 唐诺：《关于〈巫言〉》，朱天文：《巫言》，台湾 INK 印刻出版有限公司，2007 年版，第 351 页、第 354 页。
② 苏小 P：《所谓伪文青》，张亦绚：《爱的不久时：南特/巴黎回忆录》，台湾联合文学出版社股份有限公司，2011 年版，第 248 页。

现一些有趣的异同。

相同的是，无论是大陆还是台湾，很少有小说书写者出身中文系。异的是，台湾小说的书写者受教育程度一般较高，而大陆小说的书写者除了刚出道的 80 后、90 后之外，其余的则一般未受过正规的大学教育。

近年来台湾比较重要的小说书写者朱天文、朱天心、林俊颖是 50 年代人，以他们自己的说法是"四年级生"，骆以军、纪大伟、洪凌、陈雪则是 60 年代人，"五年级生"，而新起的王聪威、伊格言、张亦绚、甘耀明、童伟格、胡淑雯、张耀仁等都是 70 年代人，"六年级生"。这些书写者，除了陈雪之外，其余均至少是大学毕业，而更有许多是硕士毕业，如张亦绚、纪大伟、胡淑雯等，更有一些留学欧美，如林俊颖、纪大伟、张亦绚等。

受正规的大学教育对他们的影响是整体的知识结构比较完整，并且视野较为开阔，尤其是他们很多人都有深厚的社会学、经济学等理论功底，甚至于一些人就是专攻社会理论的学者，如纪大伟，因此，他们的小说书写不仅视野宽，并且写得较为深刻，作品中充满了政治学、经济学与社会学的洞见。同样的故事，他们可以写出背后的原因。很难想象，像朱天文这样一个被大陆很多读者捧为小资写作似乎不食人间烟火的美女作家，小说里会冒出撒切尔企业主义（即新自由主义）这样的字眼。因此，十分有趣的是，大陆与台湾的论者大都忽略了朱天文书写的深刻性，还都只在于其文字的华丽上做文章。而像纪大伟、洪凌借科幻小说对资本主义展开批判，林俊颖、胡淑雯与张耀仁亦在小说中直接引用哈维、鲍德里亚甚至于马克思的理论。不过，有一点必须指出的是，他们有时亦因为直接引用从西方旅行过来的理论而使得对故事的透视存有一定的偏差。

大陆的小说书写者，受教育程度随其出生年代不同则呈现出不同的状况。年纪较大的贾平凹、金宇澄、刘震云、马原、迟子建、刘庆邦，包括王安忆、莫言都未受过正规的大学教育。70 年代小说作家则很不一致，梁鸿博士毕业，徐则臣大学毕业，田耳大专毕业，路内则是工人出身。到了 80 年代出生的作家，"普遍长期在高校接受教育"①，如甫跃辉、笛安、七堇年、郑小驴、郭敬明等。

不过，必须指出，大陆科幻小说创作者的受教育程度一向都比较高，可能因为科幻小说中要牵涉许多专业的科学知识，非受过此类高等教育者不可胜任其写作。当然，大陆的科幻小说崛起也是近年来的事情，整个作家群的年龄结构都偏低。

但是，我们必须注意，虽然大陆年纪较大的小说书写者很少有人受过正规的大学教育，但他们并非没有受过文学创作的教育。大陆作协培养作家的路径是台湾所没有的。若成为中国作家协会会员，就会参加中国作协组织的鲁迅文学院等举办的各种作家研修班的学习。这种研修班对创作的指导十分全面，有小说技巧方面的，也有社会理论方面的。而这也是为什么很多大陆老作家虽然受教育程度不高，却也能创作出好作品的原因之一。

但总的来说，若将近年来大陆小说书写者与台湾小说书写者的受教育程度相比较，显然大陆小说书写者总体来看略低一些。大陆小说书写者众多，而题材亦可称取之不尽，但优秀的作品却出现不多，小说创作者受教育程度较低应该是主要的原因。

至于无论台湾还是大陆的小说创作者很少出身于大学中文系，是一个十分有趣的现象，其原因还有待进一步探讨。

四、大陆与台湾小说创作引导与支持机制之比较

虽然写作是十分个人的事情，但人毕竟是无法脱离社会独立存在

---

① 王干：《2014 年中短篇小说：土地·反腐·青年》，《文艺报》，2015 年 1 月 14 日第 2 版。

的，因此，经济、社会政策等各方面的因素还是会对写作者造成重要的影响。即使是自称为"巫"的在现实世界中很少介入日常生活的台湾小说家朱天文，亦有用她的作品来赢得奖金之事。文学繁荣与否的另外一个因素是创作引导与支持机制：包括文学杂志的繁荣与否、稿费的高低、文学人口的多寡、文学出版物的发行量等。

大陆与台湾小说家的社会编入机制不同。大陆有从国家级、省级到市级的作协机构将作家编入社会体制中，虽然近年来社会对作协的声誉一直颇有微词，但事实上这个机制在中国作家的培养上还是发挥了很大作用。虽然作协不提供给作家工资，但这种机构使得作家们有所追求，且相互之间可以交往并且借鉴写作经验。近年来大陆亦出现一些不加入作协的作家，但总的来说，加入中国作家协会还是很多由底层成长起来的作家的追求。而台湾作家则基本上是个体制的，顶多就是结结文社。不过近年来台湾基本没有文学结社出现，虽然这些作家之间相互交往一直频繁。

台湾的稿费相对于他们的经济水平来说并不算高，2012 年时骆以军曾公开谈到，台湾"30 年来维持 1 字 1 块台币"[1] 这样的稿酬。折算下来，台湾 1000 字稿酬即是 1000 台币，折成人民币是 210 元左右，而中国市级一般刊物的报酬 1000 字 100 元人民币左右，像骆以军这样的名作家一般可翻一倍甚至更多倍。若是好的刊物像《收获》之类的稿费就更高了许多。不过，就算是以最一般的作家 1000 字 100 元人民币来计算的话，大陆的稿费亦比台湾高，因为我们必须将之与两地的日常工资对比来计算。唐诺曾感慨地说，从台湾的角度看，大陆小说家的待遇"简直是好得难以置信"[2]。事实上，现在很多海外华文作家愿意将

---

[1] 钟润生：《骆以军称台湾稿费很低：30 年来维持一字 1 块台币》，《深圳特区报》，2012 年 6 月 11 日。

[2] 何晶：《唐诺：大陆小说已抵达书写阶段的尽头》，《羊城晚报》，2016 年 6 月 1 日。

稿投到中国大陆来发表，也与中国大陆的稿费较高有关。

　　大陆的文学杂志比台湾多很多，这不仅是因为大陆的地域比台湾大。就拿一个省来与台湾省相比的话，其文学杂志的数量也比台湾多。大陆从县到市、到省再到国家，每一级都有文学杂志。除此，各省到国家都各还有其他影响力较大的文学文化杂志，如福建省，除了《福建文学》之外，还有《台湾文学选刊》《故事林》《福建文艺界》这样的刊物，另外海峡出版集团的《中篇小说选刊》也很有名气。并且大陆很多报纸的副刊依然存在。还必须注意的是，这些刊物很多由当地的作协、文联主办，因此，经费上一般没有问题。大陆报纸副刊之所以存在也更主要是不愁经费的原因。而台湾则因为很多文学杂志及报纸都是独立经营的，因为文学人口的减少，1997 年开始，台湾报业在经济不振之下进入寒冬，"以《中时晚报·时代副刊》为代表的一批文艺副刊纷纷停刊，预示着台湾报纸文艺副刊时代的结束"[①]，而 2013 年，台湾最重要的文学杂志，已创办了 30 年的《文讯》亦因陷入经营困境而发起义拍筹款。幸而有识之士纷纷伸出援手，否则亦难逃厄运。如今台湾最主要的文学杂志还有《联合文学》与《INK 印刻文学生活志》。《联合文学》创办历史较长，1987 年创刊，的确是台湾乃至华语文学界的十分有影响力的纯文学刊物之一。而《INK 印刻文学生活志》2003 年才创刊，其办刊十分时尚与消费化，不能算做纯文学杂志。并且，必须知道的是，随着电子商务的发展与它们自己的积极努力往大陆推介，近年来，这三种杂志都有很多大陆的读者订阅。

　　而在台湾出版发行纯文学作品，据台湾资深编辑唐诺所言，2000本即是个奇迹，台湾地方小是一个原因，近年来，消费社会的发展、文

---

　　① 刘晓慧：《文艺副刊的结束与坚守——世纪之交以来台湾报纸文艺副刊研究》，《文化与传播》，2015 年第 3 期，第 55 页。

学人口的减少是一个更重要的原因。而大陆人口众多，并且还保留着较为多数的文学人口。这里很难有准确的统计数据，但我们可以从每年的实体书店畅销书排行榜中略知一二。例如2015年畅销书前十中《平凡的世界》居于第七，《狼图腾》居于第十。大陆文学作品发行量大是近年来很多台湾作家到大陆推介其作品的一个主要原因。

台湾对文学创作的引导主要来自于各大报与《联合文学》杂志等创办的文学奖，如中国时报百万文学奖、联合报文学奖、联合文学小说新人奖等。近年来，在台湾地区各县市政府的推动下，亦成立了许多"地方文学奖"，如"台北县文学奖""高雄市文艺奖"等，这些文学奖对引导台湾作家的创作、促进其文学的发展起了很大的作用。而大陆亦通过各种文学奖来引导作家的创作，并且比台湾有过之而无不及。如国际知名的四大文学奖茅盾文学奖、鲁迅文学奖、老舍文学奖与曹禺戏剧文学奖，另外还有中国作协设立的如姚雪垠长篇历史小说奖，各大期刊设办的常设文学奖如"人民文学奖""百花文学奖""全国优秀小说奖"等，近来还有国家图书馆推出的"文津图书奖"。而地方的有如"萧红文学奖""徐志摩文学奖"，甚至于各省、市、县亦常推出一些因时因景设立的奖项。这些都对大陆的文学创作起到极大的引导与促进作用。

总的来说，相对而言，大陆的小说创作引导与支持机制比台湾更有利于引导作家的创作。

五、结语

傅月庵曾谈道："台湾新生代文章'有气无力'，光彩绚烂却厚实不足；大陆年轻小说'有力无气'，寄意深远却冗杂无节。"[①] 又说，

---

① 傅月庵：《书人行脚》，中华出局，2011年版，第143页、第130页。

"台湾新生代技巧、词汇都好，但不够深沉，大气难显。彼岸资讯相对封闭，创作题材、技巧较逊，文字却远较台湾深刻"①。而唐诺则认为大陆目前这么丰富的小说创作成果，"很大一部分是历史和现实的使然，不是书写者的成绩"，因为"中国历史的灾难和不幸，总会留下一层书写丰厚沃土，但留下的沃土不过是这一层而已"，若小说只停留在书写阶段会显得太简单，因此，他认为，"大陆小说书写已经抵达这样书写阶段的尽头"②。

唐诺与傅月庵讲得都有道理，的确，大陆与台湾近年来的小说创作各有优缺点并有他们形成的原因。但我却没有他们这样悲观，我以为，随着大陆与台湾小说书写者交流的增多，两者之间相互促进，最终大陆与台湾的创作都会后续有力，并都产生出更多优秀的小说作品。

---

① 傅月庵：《书人行脚》，中华书局，2011 年版，第 143 页、第 130 页。
② 何晶：《唐诺：大陆小说已抵达书写阶段的尽头》，《羊城晚报》，2016 年 6 月 1 日。

复合的异色

——论王文兴《背海的人》的小说艺术

李欣池

（福建师范大学文学院）

70 年代乡土文学论战后，台湾现代主义风潮陡然转衰，乡土文学一跃而成主流，《南方》杂志上以江迅为代表的观点"现代主义根本不曾进入现代世界"[1]，极大地影响了后来者对台湾的现代主义文学的认知。而文学史论者的不断重述使得这一印象被强化，对现代主义文学的认知与界说也停滞不前。许多成名于 60 年代的现代主义作家发表在 80 至 90 年代的成熟之作甚少受人重视，除了少数的学院派批评家之外，几乎湮灭无闻。王文兴苦心孤诣的小说《背海的人》就是这样一部作品。在文学史的定位上，王文兴始终被奉于精英、极端现代主义的位置之上，虽然从一方面看来，这显示出人们对其作品之异样色彩的充分注意，但也显示出对台湾现代主义文学认知的片面与刻板。事实上，《背海的人》是一部复义性极强的小说，其文本"呈现出一种悲喜杂糅亦庄亦谐的含混风格，体现了现代怀疑论基调上的对存在复杂性的经验意识"[2]，其主题、形式、语言等多方面的美学造诣以及强烈的社会批判倾向足以否定江迅等人对现代主义下的论断，引发人们对现代主义的重新思考。

一、写实与象征的双重意涵

詹明信认为，"现实主义主要是涉及某种叙述形式，某种讲故事的形式，而不是狭义的静态细节描写和表现之类问题。"社会暴露的现实主义从来都是一个双重的行动，建立新的叙述形式和规范的同时，摧毁反映旧世界观的叙述形式，"一种新的叙述形式意味着创造一整套新的、社会的'参符'"[3]。《背海的人》的确建立了一个严密的现实主义式的社会性参照系，指涉、反讽、批判现实世界。正如林秀玲所言，这部小说以"写实方式描述一个台湾的渔港小镇的渔民、妓女、社会经济、官僚机构，以及眷村，虽然整本小说是主人公'爷'的独白呓话，但透过他，读者见到的是五○年代的台湾社会，王文兴以惊人的写实手法以及黑色讽刺提出尖锐的社会批评"[4]。

事实上，《背海的人》的文本时间与作品面世的现实时间有着长时间的落差，小说中的社会参照符号系统对于它所面对的一个文化高速、多元发展的后现代台湾社会几乎已不适用。《背海的人》面对的并不是当下的现实，它的社会参照符号系统影射、重构了 20 世纪 50 年代的台湾社会，与现在拉开了距离。张诵圣认为，"王文兴、王祯和、李永平的成熟作品中，都可以看出他们循不同途径，以'小说叙述语言和指涉世界之间不稳定关系'为核心所作的实验"[5]，小说聚焦的小渔港深坑澳是一个失落在历史中的乌托邦，展现出作者所创造的美学世界对过去的旧世界的社会性话语、符号的重拾。这种返归明显地带有重述、虚构的意味，是作为共同体的时代记忆的虚幻性、个人性显现，因而作者能够在小说的写实意义之上发展丰富的象征含义的语言空间，正如作者所言，"我偏向于 symbolic realism，即综合象征和写实的文学。"[6]作者使用一套能指、所指符号造成了现实、象征意义上的双重内涵，显示出作者对世事人情洞若观火与关于命运、存在等形而上学命题的深刻思考。

在小说语言方面，《背海的人》试图真实地再现口语言说系统，勾勒 50 年代的社会侧影，求诸现实生活的语言似乎是最为平实、自然的路径，而王文兴的再现方式却更为疏离大众。他"企图以高度刻意、凝练的手法模仿口语。具体地说，这包括了设计一个特殊的表意系统，透过规律性地变化印刷字形、谐音造字、扭转词序等等来传达心理状况和语言之间的对应"[7]。多重的语言体系的片断在小说文本中互相杂糅、镶嵌，如闽南语的"红头毛""靠倍"等。这个语言系统在现代主义的语言实验创新基础上还模拟了人物的语气、声调及情感成份，并反映出阶级、性别、族群、职业等等多重社会性因素，例如在小说中，出现地方口音的人物来自底层——诸如渔民、妓女、劳工，而在随国民党政权退台而来的外省籍人士如军人、公务员则说着标准的"国语"，暗示了战后台湾多省籍、族群的聚居状态所导致的诸多冲突与矛盾。在小说结构设计上，《背海的人》对社会秩序、现实环境的再现却是通过主人公看似疯狂无稽的自语建构的。在爷的独白中，他所使用的语言，无论是个人的还是社会性的都已脱离了日常生活的语境，成为个人可以随意使用的收藏品，制造出小说独特的语言节奏与言说方式。他将自创的表意符号与社会性的杂语混杂在一起，形成一个互相交织的巨大语言网络，并通过将词语的位置变换、移置使其不再仅仅具有单一的现实含义，而显示出个人的想象色彩与象征意涵。社会性话语与个人话语之间本就存在矛盾与龃龉，导致了指符与意符之间存在着扭曲与错置，而这正是《背海的人》语言张力与艺术魅力之所在。

从小说的地域环境上看，深坑澳既有写实的特征，也具有非写实的、寓言层面的含义，"深坑澳。好，起得真好！大概默蕴得有象征意味——还是纯为写实主义？我看两样都没错。"[8]王文兴将当时人口稠密、渔业繁荣的南方澳改写为一个与T·S·艾略特的"荒原"相似的荒凉之地，赋予其深刻的象征意义。"渔港本身就像舞台，四周看山包围，就像罗马的原型广场……我喜欢它的完整性，它像是一个自足的单位，这就完全借用到《背海的人》里头。"[9]"深坑澳"这个名字本就是实有的地名"深坑"加上港口城镇多以"澳"命名的习惯而生造出来的虚构之地，既是现实世界的社会秩序的投射，又在作者的艺术想象中得到了再生。"深坑澳"三面环山，一面靠海，是一片"丁点的片草片叶都不萌出"[6]的无水的荒凉之地。水本象征着生命、希望，而在寒冷的冬日，深坑澳所面对的海不仅无鱼也无法作为饮用之水，却会将船只倾覆，生命的象征被转译为死亡，充满了意义的矛盾。而三面皆山一面水的地形本意味着水路可逃生，在这里却变成了主人公时时刻刻面对着近在咫尺的死亡——以海水的形式显现。

王文兴在《背海的人》中还制造了种种或揭示人物性格命运或讽刺社会现实的艺术象征。在"深坑澳"这样一个荒凉、潜伏着未知的危机的地点，房屋对爷而言具有母亲子宫的象征意味，是爷寻求安全感的所在，虽然这只是个长四步、宽两步，幽暗无光的斗室。雨水的意象在小说中反复出现，深坑澳来势汹汹的雨与冬日之海一样是破坏、沉沦的象征，而回忆中的绵绵细雨虽然隐含着希望与爱情，却早已消逝，爷的人生只剩荒唐的末路。雨和海的意象共同暗示了主人公处境的困窘与绝望。在王文兴的早期作品《海滨圣母节》中，黑鹰代表了傲视人间的死神在天空巡游的标记，而在《背海的人》中，王文兴延续了这一象征，天空中的山鹰俯瞰着飘浮在海面上爷的尸体这一场景似乎意味着长期笼罩在爷头顶的死亡的阴影终于实现了其目的。从另一个方面来看，盘旋的黑色山鹰孤独、骄傲、黯郁，似乎与爷的精神气质有共通之处，它徘徊不去又仿佛在暗示着爷身处的困境，又似乎形成了爷自身的一个对应象征。"近整处"的存在更加显示出这个封闭的小渔港的复杂社会结构。"近整处"被描写为一个位于深坑澳的疯癫、荒唐的官僚机构，它是社会权力机构的讽刺性象征，其中聚集了一群病态、腐朽、被迫放逐到深坑澳的官员，日日上演着幼稚、放肆的狂欢，从其名称及简称的不合常理上，读者又能辨识出它的虚幻与寓言性质，在《背海的人》的下册，爷在深夜发出的犬吠之声止息了，取而代之出现在读者面前的是现实的僵硬逻辑与秩序的绑缚，小说更为近距离地透视出近整处中的卑下猥琐的生存状态。

在王文兴的笔下，爷常常通过隐喻的联想方式将两个物象联系在一起，物象在日常意义的层面上的错位使得二者的关联性中还显示出一种反讽、冷嘲的意味。如人与兽、人与机器的相似之处，如张法武肥胖如猪，傅少康像花斑鼠，神父由于长着白色体毛故而似羊，无鱼可捕、漫游在码头上的渔民活像机器人，描绘了受困于自身欲望的个体的生存状态。或是在禽兽、机器身上发现生物的特征，如爷与曹家人围捕的狼狗用后腿直立起来，宛然似人；热水器的红灯如同一只发烧的疯犬的眼睛。现实的意象、符号通过隐喻式的联想方式，构造出了一个全新的语境。

事实上，小说的真实是经过作家之手带有虚构色彩的真实，因此个人话语所指涉、映照的某个时代的现实情境与个人所使用的意象与象征之间在可信性的根源上却显示出矛盾、荒诞的意味，写实主义小说与真实生活之间必然的等号在此被打上了疑问。《背海的人》要反讽的就是与小说虚构对应的"真实"，作者所创造、文本所拥有的社会性、现实性参符其指涉性、批判性只有置身在个人的角度才具有片面的真实性，而真实始终是那未被表述出的、隐匿在远处的未知与缺失。并没有一种静态的现实生活能够供人观察，而个体所感知的只是变动不息的"真实"的一瞬的横切面——某一个词语、某一个形象，而"真实"存在于那些流动的关系性所罗织的庞大、立体的空间化网络中，无始无终，并无一成不变的本体。当读者在《背海的人》中寻找、解读和思索诸物象与行为的写实、象征意义时，我们是否也已陷入爷的相书之中，他解读的是人生世相征兆的真正含义，而读者希望发现的是作家的真正意图、文本的真正含义，在分辨合理与异常，追寻那始终缺场、还未被揭示的真实——崇高、恐怖又暴虐、荒谬的命运。

二、矛盾的主人公与作为矛盾的集合体的世界

《背海的人》中充满了颠倒、矛盾的现象：庙宇的富丽庄严与民房的破落灰败；相貌酷似观音的"性虐狂"妓女；幼稚、愚顽的近整处却代表了官方的威严；面对变幻莫测的大海与天空，渔民寻求着宗教的庇荫，于是诸神都成其奉祀、祭拜、祈求护佑的对象，小小的渔港出现了诸神的并立如同"希腊的多神教"。面对深坑奥野蛮、血腥、荒诞的秩序与规则以及对命运、死亡、未来的无知与恐惧，爷借助传统的相术揣摩世界的本相，对他人的命运进行荒诞而缜密的推论，与冥冥的未知之物进行一场无休止的对抗性思辨。然而他又质疑这一方法，认为相书中对掌纹、痣、五官的论断往往过于武断，缺乏依据、模棱两可。然而爷在使用相书的推论方法时却又常常罔顾相书上的教条任性而为，结果却往往似是而非，怪异可笑。小说不仅展现了命运的偶然与无稽，还嘲讽了"考证"命运的方法，爷在洗脸时泡沫堆在眉毛上显示出相书上所说的"眉长色白者，寿长之相"，爷疑惑此种因缘巧合出现的假象是否也能如真相一样预示命运？显然，爷最后并没有长寿。而劫后余生的渔夫手掌上的虚假之相——泥纹却暗合相书对其命运的预言。由此可见，真相与假相对于解读命运似乎都一般无效。在王文兴早年的短篇小说《生命的迹线》中，主人公凭借意志力抗争命运的暴虐，几乎书写出了自己的生命线。而爷却处在对世界的全然无知之中，他解读征兆的努力最终归于徒劳，一切皆是矛盾，甚至连解构矛盾的方法也是如此，命运所示的征兆最后却揭示了现实的无情嘲讽或含混的笑声，证实了人间所发明的沟通神明世界的严密方法论只是凡人的自言自语，而无形、神秘的命运在小说的结尾处通过有形、血腥的暴力行为展示着权威。

《背海的人》众生的命运形成了一个交织纠葛的庞大整体，爷目睹

的诸种人生世相都是那命运的集合体所投射的征兆，征兆模棱两可转瞬即逝，而反观爷的人生，其中充满了多重的矛盾：爷批判旧式的算命、轻视现代的诗人，然而事实上爷自己也为人相面算命，并写有诗集；爷认为只有小学教师配得上自己的知识分子身份，却迷恋上名叫红头毛的丑陋妓女；爷希望进入近整处，却被一个智商低下的白痴排挤出来。"矛盾——爷就是矛盾"[6]，爷观察着世上庞杂的矛盾现象，甚至有意制造着自身的矛盾：他生活窘迫，衣食无着，却以追求真理为名，向神父借钱，他最后沦为盗贼，以尖刀胁迫妓女，最终引来杀身之祸，如同小说将近结尾处那只被屠杀的猎犬。

爷是时代与地域的双重弃儿，"他的境遇就像是一种无可挽回的终身流放，因为他忘却了关于失去了的家乡的全部记忆，也没有乐园即将到来的那种希望。这样的一种人与生活的分离，演员和环境的分离，真实地构成了荒诞的感觉"[10]，职业是身份的扮演，代表了与他人之间的单一关系性，决定了个体在社会中的位置。而爷通过排斥每一种认同和身份、通过那否定一切的姿态试图来定义自己的存在，表面上，爷不为任何秩序、逻辑所束缚，实际上这个处处显示出荒谬与压迫的世界早已将爷排斥在外，无论爷以自己的角度观察到深坑坞乃至天地之间，显示出多少不合理的现象，实际上都指向了爷的存在本身的异质性。爷洋洋自得的渊博知识却不能助他理解这个世界的秩序。他是一个错置的时空，一个异样的言说体系。作为深坑坞社会、他人及自我命运的旁观者，爷的言语具有神谕与无意义的喧嚣的二重属性。爷对自我过去的重述是一个社会、环境或命运的未知之物的思索与探求，渗透了整个人类的宇宙观、世界观以及形而上学思想，他作为一个丧失社会身份、职业的无名者（读者只知道他自称爷），却试图为过去、现在、未来的所有人言说"命运"。强烈的异质性预示着爷这个局外人、零余者注定是命运抹杀的对象，爷的死亡是命运对爷荒谬、矛盾的存在施以冷酷的嘲讽。而他的尸体在海上最终标记了爷不属于任何社会系统、无法定义的存在，"漂淌的这一个人，两只手，一反绑一，在背方"[11]。

王文兴创造"爷"这一形象试图表达自己的道德观——即道德相对论，"'爷'是一种关于人性的试炼：卑贱是否存在底线？道德的限度何在？善恶的分界有何意义？"[2]，在表面文字的夸饰、放纵、嘲笑与戏仿之下，作者仍然抱持有极为严肃的道德立场，善与恶、光明与黑暗之间的界限并不像我们认为的那样明晰可见，一切皆是矛盾，人类所知的宇宙、真理极为有限。

三、文本的互涉与戏仿

如果说在小说《背海的人》中，主人公嘲笑世上的一切秩序，将反抗一切的绝境视为自由，即使是面对自己的知识分子身份，爷在骄矜的同时也保持了一贯的冷嘲。那么对作者王文兴而言，他在这部小说中戏仿不同时期的文本、风格，解构现代文学的传统、典范，并将多种元素熔铸一炉，移植了现代主义文本极富特色的表层结构，显示出对现代主义美学精神的重现。

《背海的人》的片段式结构、小说故事时间的设计、语言上的实验创新等方面与福克纳的《喧哗与骚动》、乔伊斯的《尤利西斯》在文本表层结构方面有着相似之处。《背海的人》的上半部完全是爷的独语，没有听众、没有对象、因此断续而跳跃，在此作者使用了下划线、黑体、空白，音标、造字等方法不断冲击传统的书写传统。《尤利西斯》中的意识流也掺杂了世间各式各样的文本，哲学、文学、通俗歌曲、异国语言等等，甚至在描写莫莉的内心意识流时，通篇都没有标点，词语也不断重复。无疑地，《背海的人》在借鉴这些现代小说的同时，并将之扭转为各式方言、个人创造的字符的集合建构起个人化的独特的书写记号系统。《喧哗与骚动》中以低能儿班吉为叙述者，讲述了疯狂与理性、意义与无意义的话语，这混乱的话语中潜藏着某种真相，而作为一个身处人生困境的知识分子，爷的狂想、咒骂等话语也显示出一种丧失理性的疯狂。与班吉的叙述话语不同，爷的狂吠中还渗透了存在意义的探讨与人生的沉思，不仅仅是作家所采用的碎片化小说真实的技巧。此外，我们还能发现，《背海的人》中的近整处似乎是卡夫卡小说中的城堡、法院的一个扭曲的影子；预示死亡与解脱的黑色山鹰仿佛是从海明威的《乞力马扎罗的雪》中飞来；小渔港深坑墺的描绘与建构也有借鉴《喧哗与骚动》中的小镇约克纳帕塔瓦的痕迹，这两处地点各为小说故事的发生提供了一个封闭、愚昧的情境。

王德威认为，与乔伊斯相比，"王文兴更沉浸于'自我解构'的乐趣中，他不断谐仿及戏弄自己小说所源出的传统和典范，较乔伊斯有过之而无不及，比如他的英雄（或反英雄），就是一个西方自浪漫到存在主义文学英雄雏形的讽刺模仿组合"[12]。我们看到，在深夜如犬吠般咆哮天地的爷感染了李尔王式的穷途末路的疯狂，从台北放逐到深坑墺的爷是漫游多年、无乡可返的奥德修斯形象的拙劣投射。"有，还是没有——活着，还是不活——那是一个的，一个的，问题"，爷模仿哈姆雷特的严肃沉思这一行为的反讽意味更为浓厚。抵抗、反叛一切意义的爷也瓦解了严肃、悲壮、勇敢的古典精神，他在苟延残喘的生活中，只会在玩世不恭、笑谑嘲讽中无法自拔，陷入无边的精神虚空中。在小说接近尾声的杀狗事件中，爷以一种古希腊史诗中的英雄的降格模仿物出现。在这段描写中爷的所作所为完全是英勇无畏的反面，当英勇的曹家老太太奋不顾身地、曹家小儿子在危急关头将狗敲昏，而爷不过只刺了一刀将已无反抗力的狼狗杀死，占了这些老弱妇孺的便宜，爷的行为是懦弱卑怯的反英雄。小说对古典的崇高美学形式进行了戏仿，展示了一出血腥的模仿喜剧。

在爷的身上，我们仍能看到浪漫主义精神的形变，《背海的人》的世界是以爷为中心显现的想象的宇宙，他身上仍残留着诗人的气质，善于观察，善于借助隐喻与象征为自己建构世界，然而他所遵循的逻辑与现实之间却存在着不可弥补的断裂。像堂吉诃德选择了一个村姑作为日思夜想的公主一样，爷也迷恋上丑陋的妓女红头毛，陷入了非理性的狂热激情中。他称她为丑八怪、鬼，有意显示一种现代主义趣味对古典美学的反叛，然而讽刺的是，爷模仿言情小说式的俗套求爱方式追求红头毛，对方完全不能理解，这段荒唐的罗曼史展现出一种降格的浪漫主义式的崇高爱情，而他所谓的"反叛"也只是浮夸的拟仿之物。

《背海的人》揭示了一个社会边缘人如何一步步迈向他的灭亡，难能可贵的是，人们在爷的卑琐狂悖中看到人性的微光——爷对台北某茶室被其伤害过的妓女美珠始终心怀歉疚，而他最后在暗夜喊出的"救命！"代表了可悲可笑的凡人在生命绝境的呐喊，而诸神永远不会回应他的声音。王文兴将悲剧的崇高、严肃与沉重，喜剧的插科打诨、荒诞无稽集合在一个文本之中。王文兴对他所了解、接受的文学传统和经典文本进行戏仿与解构，瓦解了它们身上的神性，显示出反叛的现代主义意识，即永远战斗，永不获胜。我们可以看到，《背海的人》在以自己的方式向传统致敬，并发展出独特的极具复义性的现代主义美学。

参考文献

［1］江迅：《乡土文学论战：一场迂回的革命?》[J]，《南方》，1987（9）：29—37。

［2］朱立立：《台湾知识分子的精神私史——王文兴现代主义力作〈背海的人〉中的"爷"》[C]，康来新、黄恕宁编：《喧嚣与愤怒——〈背海的人专论〉》，台北：台湾大学出版中心，2013。

［3］［美］詹明信：《晚期资本主义的文化逻辑》[M]，张旭东编，陈清侨、严峰译，北京：生活·读书·新知三联书店，2013。

［4］林秀玲：《王文兴〈背海的人〉与南方墺——台湾的后/现代性与在地性》［C］，康来新、黄恕宁编：《喧嚣与愤怒——〈背海的人专论〉》，台北：台湾大学出版中心，2013。

［5］张诵圣：《文学场域的变迁》［M］，台北：联合文学出版社，2001。

［6］单德兴：《王文兴谈王文兴》［J］，《联合文学》，1984：3（8），185。

［7］张诵圣：《解读王文兴现代主义新作——〈背海的人〉续集》［C］，康来新、黄恕宁编：《喧嚣与愤怒——〈背海的人专论〉》，台北：台湾大学出版中心，2013。

［8］王文兴：《背海的人（上）》［M］，台北：洪范书店，1999。

［9］林秀玲：《林秀玲专访王文兴：谈〈背海的人〉与南方澳》［J］，《中外文学》，2001：30（6），32—34。

［10］［法］卡缪：《希绪弗斯神话》［M］，香港：三联书店，2001。

［11］王文兴：《背海的人（下）》［M］，台北：洪范书店，1999。

［12］王德威：《想象中国的方法》［M］，北京：读书·新知·三联书店，1998。

寻求人与土地的和谐

——以钟理和的《笠山农场》为考察对象

赖清波

（福建师范大学）

钟理和（1915—1960）的《笠山农场》，是日据时代结束后，台湾文坛在一片反共浪潮中，为数不多不以反共题材创作的异数。他始终保持着作为一个文学者的纯粹，在所谓的"白色恐怖"的年代，文学园地被清一色地涂成迎合当道的"反共文学""战斗文学""歌功颂德文学"浓厚的政治宣传色彩时，他能坚守文学的理想，远离政治潮流，这种文人之姿实在难能可贵。

纵观钟理和的所有作品，从《原乡人》《贫贱夫妻》《夹竹桃》《同姓之婚》《故乡四部曲》《雨》等重要作品，皆是以个人的生命历程为创作题材，书写的其人其事充分表现了知识分子悲天悯人的情怀和对故乡、土地的热爱，作为战后乡土小说的佳作《笠山农场》，更是其一生缩影的真实写照。

一、移民族群在新母土的一段开发史

钟理和成长于日据时期的台湾屏东县高树乡，1932 年他随父亲从屏东迁到旗山郡，这时他爱上在钟家农场做工的钟台妹。当时的农村还未大肆受资本主义商品经济的洗礼，封闭而保守，同姓相爱不被理解和接受，因而他的恋情遭到家人的强烈反对。如同杨照说的："他一生都没有走出同姓之婚的阴影，要靠不断的写作和故事的虚构，来减轻内心的罪咎恐惧，利用写作来自我救赎。"① 1938 年，钟理和做出大胆而叛逆的选择，他带着钟台妹"私奔"，以"返回原乡"的心情来到大陆。他曾在沈阳、北京谋过职，在此期间写出了其生平的第一本小说《夹竹桃》。出于民族自尊，他拒绝高薪的翻译工作。抗战胜利后，1946 年他带着全家回到高雄美浓。

独特的"中国经验"却使得他的"原乡之情"有了改变，破败的中国与大陆人对待台湾人的态度令他失望。1945 年 10 月 2 日的日记里他曾写到大陆人对台湾只有"山海经式的认识和关心"，而在《白薯的悲哀》中更提及被日本统治数十年的台湾人在大陆多半被当成日本人对待：

"例如有一回，他们的一个孩子说要买国旗，于是就有人走来问他：'你是要买哪国的国旗？日本的可不大好买了。'又有这样子问他们的人：你们吃饱了日本饭了吧？又指着报纸上日本投降的消息给他们看，说：你们看了这个难受不难受。"②

钟理和将他的中国经验写成了《夹竹桃》，里面的自私自利、斤斤计较的小市民让他感到失望。在晚年时，回顾美浓的垦殖生涯写成《笠山农场》，则是移民族群在新母土垦殖的一段轰轰烈烈的开发史。

小说以刘少兴买下笠山为始，这山头之前经营日人的拓殖会社与当地人的南海会社均告失败。在高崎农场的说服下，他希望以种植咖啡来获得大量的利润，却因缺乏种植经验，咖啡的垦殖行动也因染病而宣告失败。农场少主刘致平爱上女工刘淑华，却因两人同姓，遭到家人的严厉反对，背井离乡来到日本。

---

① 杨照：《抱着爱和信念而枯萎的人——论钟理和》，见应凤凰编著：《钟理和论述》，台北：春晖出版社，2004 年版，第 110 页。

② 钟理和：《钟理和全集·三》，高雄：高雄县立文化中心，1997 年，第 5 页。

"封建势力有压倒之势，不容抗拒，在他下面，我们是软弱渺小，孤独无缘。如何才能让自己在这场博斗里支持下去呢！很显然的我必须借助更有效的武器，否则败北是注定的了。于是，我又想到我兄弟那句话。也许我可以用我的笔！这思想把我更深地趋向文艺。由这时候起，要做作家的愿望和意志渐渐在我心里坚定起来。"① 不幸的人生遭遇，封建势力无形的巨大压力笼罩着他，钟理和最终以文艺战斗的笔来面对人生的坎坷。

钟理和作为有中国经验的台湾文学作家，以往评论者在分析《笠山农场》时，大都着眼于写实笔法、时代背景、同姓制度、客家书写等角度来解读。一部杰作，如一片宽广的土地，有多种解读的面向。因此，本文将以生态批评的角度从人与自然、人与土地关系的互动和环境伦理观来分析这部作品。作品所渗透的环境伦理观，并不是以独奏的方式出现，而是多重的复调交响。

二、生态殖民的垦殖方式

环境史学家克罗斯比跳脱传统从政治宰制、经济剥削，以及文化霸权的思维来论述殖民文化。在他看来，从生态环境上改变殖民地，更具有隐形造化的力量，对被殖民者"失语"与"失忆"的认同危机造成更深远的影响。

克罗斯比以生态景观的改变来解释欧洲帝国主义的扩张，英国、西班牙等强权得以迅速地入侵美洲，得益于天花等病菌使缺乏免疫力的美洲原住民人口锐减，缺乏强而有力的抵抗。1840 年，英国甚至欺骗没有土地所有权概念的毛利人签署"怀唐基条约"（Treaty of Waiting），

---

① 钟理和：《1957 年 10 月 30 日致廖清秀的函》，见钟铁民编《钟理和全集·卷六》，高雄：高雄县政府出版，1997 年版，第 115 页。

使他们失去广大的土地。从此，新西兰变成英国的新牧场。在 19 世纪至 20 世纪之间，一望无际的草原和牛群、羊群、玉蜀黍成为新西兰的新地景。新西兰的原生植物群落大多消失，被欧洲移入的各种植物所取代，动物群落也遭遇了一次大毁灭。

生态版图的改变，让原住民失去原本熟悉的生活方式，转而接受殖民者引入的新生活方式。更重要的是，生态样貌的改变，让原住民的自信心大减。

"这种从环境、生物群落、生活模式的彻底改变的状况，便被学者称为生态殖民主义（Ecological colonialism）。"① 殖民史改变的不仅是人类文化与政治的版图，也改变生态的版图。

现在我们回头看《笠山农场》种植咖啡的行为。咖啡原产于美洲，刘少兴之所以选择种这个品种的原因是他的日本朋友告诉他，日本每年必须付出很大一笔外汇向国外购进咖啡，然后甚至用数字正确地给他计算出种植咖啡可以有多少利润。于是怀着对巨大利润的憧憬，刘少兴开始了种咖啡之旅。

而这种垦殖方式，则是一种殖民者对待殖民地的方式：改变本地种植习性，放弃本地作物改种外来作物，又不遵循土地的休耕和利用。"让牲口去把菅草践踏光，然后往干净的地面种东西，既省事，又省钱。该死的经济造林法！父亲也不想想：平地的牛一旦放进山里，是否行得？"② 这种大规模的林相改造，使笠山失去了原本让刘少兴陶醉的自然风光，成为本地的陌生地景。其次，咖啡非本地的经济作物，也不是本地人民生活日常所需，而是借由贸易得利。以当时的时空环境，咖啡的引进条件还不成熟，除了尚无成功的案例可供借鉴，当地也无有经

---

① 吴明益：《台湾自然书写的探索 1980—2002：以书写解放自然 book1》，新北：夏日出版，2012 年，214 页。

② 钟理和：《钟理和小说选》，北京：广播出版社，1982 年版，第 213 页。

验的技术人员，技术的支持全部依靠日本高崎农场的片面之词，缺少合理的评估。再者，台湾地区的气候和中美洲并不完全相近，当地的庶民文化对咖啡这种物种还非常陌生。种植咖啡在当地农民眼里，就成了"失败也不能吃"的冒险行为。

因此，这种未曾评估便大规模开垦的方式，初期一定会对当地的生态圈造成重大的冲击。一个新物种，适合当地的水文条件，大都需要一个过程。也许刘少兴种咖啡的行为是出于希望能带动地方致富的念头，但这种垦殖方式，显示了这样一种情境："在跨国经济、帝国主义促成的世界性交流的过程中，我们的土地在某种程度上被迫在短时间抛弃原来的面目。"[①]

三、土地是人民的养育者

刘少兴是一个传统的乡绅，缺乏科学经营山地的理念。他买下笠山只是出于一个非常偶然的机会，这块面积两百甲的土地，已有过两个主人，初代的主人是一个日人经营的拓殖会社，然后转入当时的所有人的南海会社。

在刘阿五的劝说下，刘少兴和刘阿五来到了笠山，见到"两岸的乔木环拱如盖，下面清风低回。藤长而大，象虬龙般一直垂到河面。"[②]吃着野餐，鱼汤里面虽然只放了几粒豆豉，味道却无比新鲜，耳边有猿啼，刘少兴觉得，那是他近年来难得有的最快乐的一天。因此，他甚而觉得："在他的意念里，有一种隐隐的想头在渐渐地滋长，这是每一个血液里有着老道思想，而又上了年纪的中国人容易有的几位普遍的愿

---

① 吴明益：《自然之心——从自然书写到生态批评》，新北：夏日出版，2012 年版，第107 页。

② 钟理和：《钟理和小说选》，北京：广播出版社，1982 年版，第218 页。

望。他好像认为自己应该退隐山林了"① 和刘少兴一样，刘致平对笠山也有着"桃花源式"的慨叹，在他看来，以前他在中国书上常常看见的那种傍山依水，表现自给自足与世无争的田园风景，艺术家心中的理想境界，在天底下决然找不到的却在这里遇见。这里有山有水，浓密的树木，成群的牛，鱼儿嬉戏，鸟儿歌唱，猴子攀树，野梅成熟，飞山寺的钟声幽沉传来，田家与田垄错落掩映，有的竹篱茅舍，有的白墙红瓦，由山巅高出处看下来，俨然一幅山水画。笠山在钟理和笔下，完全成了人间仙境。

在这里，笠山是人民的养育者，它提供人们野餐所需的鱼、水、木材等一切食物供需，是人们心灵休憩的所在。而自然环境对当地的民风民情的塑造，又有极大的关联，制约着新思想的传播：

"这种因循守旧的生活态度，大概和地理环境不无某种关联。这地方三面环山，交通闭塞，与外界较少接触，只靠一条糖厂的颠簸不平的五分车和相距三四十公里的纵贯线相接，因此文化交流无形中受到限制是难免的事。在这里，如果时间不是没有前进，便像蜗牛一般进得非常慢。一切都还保留得古香古色，一切都呈现着表现在中国画上的静止，仿佛他们还生活在几百年前的时代里，并且今后还预备照样往下再过几百年。"②

20 世纪 70 年代，美国所出现的"环境史"（environmental history）研究。代表人物之一沃斯特（Donald Worster）教授认为，"环境史不仅将历史研究深入人的社会的各个层面，更深入土地本身。环境史的研究大致探讨了三个范畴的问题：第一，是为了解自然本身在过去如何被人类逐渐以知识建构起来，以及人类所生存环境的运作模式，这部分比较

① 钟理和：《钟理和小说选》，北京：广播出版社，1982 年版，第 219 页。
② 钟理和：《钟理和小说选》，北京：广播出版社，1982 年版，第 225 页。

涉及自然科学，或传统的自然史研究。第二，探讨经济和环境间的互动。第三，探讨个人和群体对于自然的观念、伦理、法律、神话及其他相关学科的里头了。"①

简单地说，环境运动是影响历史变迁的一个重要因素。人的历史和自然变动的历史不应分开叙述，而应放在一起来考虑。人类的活动不断地影响自然，同样，自然的变动反过来影响人类自然历史的发展进程。

英国历史学家汤恩比（Arnoldx J. Toynbee）在《历史研究》（A Study of History）中也指出，人类与环境的关系是挑战与回应。这是因为如此闭塞的地方，当地的居民被传统的同姓不能通婚的思想束缚。在两百年前，他们的先民搭乘帆船，漂流到荒岛来披荆斩棘，开拓新生活的雄心，那种朝气蓬勃而富有创造的气概，在他们的身上已找不到一点影子，代之而起的是迂腐的传统和权威思想的抬头。而这迂腐的传统，导致刘致平为了爱情，远走他乡。

四、土地需要被照管

"那时的山地并不受到人们普遍的重视。在一般人心中，它只是采樵、打猎和好事家游玩的地方，除此之外就不知道有别的用途了。"②从这里我们可以看出，美浓的在地人对山林的这个生态圈并无特别重视，他们显然还没有意识到山林是育养他们的母亲。

而且，在当地居民的眼里，山是大家共有的财产。"过去，这地方对于本地居民一直开放，只要你需要或喜欢，就可以随便进来，不受任何人管束，它名义上虽有所归属，但实际则无人管理。但是今天，它忽

---

① 转引自吴明益《自然之心——从自然书写到生态批评》新北：夏日出版社，第105页。原文见 Donald Worster. "The Ends Of the Earth：Perspectives On Mondern Environmental History"，New York：Cambridge University Press，1988.

② 钟理和：《钟理和小说选》，北京：广播出版社，1982年版，第220页。

然变成笠山农场了，从前公认为可以随便的事，都一项一项受到干涉和禁止。这是人们所不能理解的，更不能接受和容忍的。"① 因此，当地人还是经常进山盗窃木材，并把自己进山看作一种合法行为，刘少兴默默隐忍"租地内的柴木归承租人砍卖"那样不合理的条款，于是出现赵丙基在把租地内的柴木盗卖完后，卷款而逃；福全带领秃尾母狗入山巡视，却被三个偷笋的壮汉绑在树下，甚至刘少兴的大儿子刘致远因稻田排水事件被何世昌用锄头击伤脑袋，后来悲惨地死去。当地的居民因为笠山而发生纠纷，刘家拥有土地的所有权，却也是最大的受害者。

土地是需要维护的，在刘少兴的新屋落成之际，何世昌虽然有着背教者的执拗和不妥协性，充满尖刻地嘲讽，但却也无意说出应该对待山林的态度："山不比平地，它象个小孩，处处要人小心地照管，一时照管不到家，一切就要白费力气。"② 但是，显然笠山并没有得到正确的照料，当地人把小树林砍光，夹在菅草里运出去卖，被伐去菅草的地方，除开祖露的褐色地皮外，什么也没有。刘少兴的经济造林法成了天方夜谭。本地居民的破坏林相的行为，造成的危害直接加诸自身。

对于破坏山林的行为，钟理和在另一篇小说《故乡之二——山火》有深刻的描述，当地（即钟理和故乡 高雄竹头庄）的人深怕到了秋天，天火烧下来，所以自己先纵了火，希望把天火顶回去。约一二百甲的山冈被烧得干干净净，山岗冷冷地展现着焦头烂额的灰黑色的尸骸，洼地、沟壑和向阴的地方，堆积着白色和黑色的灰，没有生气，也没有意义。当地流传着这样的山歌："……不信但看七月间，拨下天火不留情；积善之家三存二，不善之家草除根……"这里三面环山，交通闭塞，当地人民相信神秘力量的存在，出于愚蠢的迷信，竟放火烧山。而

---

① 钟理和：《钟理和小说选》，北京：广播出版社，1982 年版，第 238 页。
② 钟理和：《钟理和小说选》，北京：广播出版社，1982 年版，第 245 页。

当地人却以小孩的天真和热情，在炎热的午后，举行祭礼，迎接法师爷回坛，他们把神人格化了，一切是如此矛盾、滑稽，"亵渎和虔信、放肆和精诚、庄重和随便、这一切是那么自然地融合在一起。"看到这一切的钟理和，悲痛地写道："便是这些看来单纯和善良的人们，以一种近似格斗的难以想象的姿态，放火烧了自己的山。多么荒唐！多么可恨！又是多么可悲……山以哲人的沉默和忍耐，在接受着愚蠢的人们所加予苦难"。①

山像小孩，时时需要人保护，十年种树，也经不起一只洋火。当地居民显然没有意识到山林对于水土保育的重要性，以及人类迷信的行为对自然造成的严重冲击。山火没有声息，无言地接受人们所施加的苦难。但在危难的关键时刻，山却充当了人们的保护神。"从前他们逃日本人时，逃到别的地方去的人都被搜查出来，单有逃进笠山来的一批人保了安全。笠山每天牵起很厚很厚的雾，让日本人看不见什么。"② 笠山是有灵气的，本地的居民这样单纯地信赖着。这大概也暗示了，在咖啡种植失败后，人们认识到，必须尊重山本身的生长运行规律，笠山以一种全新的面貌重焕勃勃生机。

"假使让我经营笠山农场，我干脆就是造林"③ 刘汉杰一语成谶，笠山农场在经营失败后，新的农场主刘阿五开始造林，相思树、胡乔木、铁刀木等。而这些树种也是现今高雄美浓地区主要的林相，正是现今美浓人保护而誓死反对美浓水库兴建的尖山林相。

五、结语：了解我们的生存场域

《笠山农场》的饶新华是个山精，他总是独自一个人进山，从来不

---

① 钟理和：《钟理和小说选》，北京：广播出版社，1982 年版，第 33 页。
② 钟理和：《钟理和小说选》，北京：广播出版社，1982 年版，第 278 页。
③ 钟理和：《钟理和小说选》，北京：广播出版社，1982 年版，第 252 页。

会迷路。他会嗅树叶，摸树皮，他明白树皮向阳粗糙，向阴细腻，方向就这样分辨出来，他对山有着非常丰富的知识。张永祥忠心耿耿地跟着刘少兴，他相信主人的经营的眼光，当咖啡全部枯死后，刘少兴带着愧疚、同情和失败的悲哀揉在一起的声调对他说："你这五年就算白过了。"

而张永祥却说："可也不算白过，我还学得不少东西。我学到怎样用颜色由远处鉴别树林里的树木，从前我总当树林只有一种颜色，我又知道人也可以和生物们做朋友，这些生物并不比人更难接近。"①

可以说，饶新华和张永祥是非常了解山的习性的，他们是真正在与山在打交道，深切明白土地是在地居民真正的养育者。这样的思考其实几乎普遍存在于少数民族群的传说中，其间蕴含着生存不只是人类的事，树也需要生存，鱼也需要生存，凡能存活的必然有某种"智慧"与"灵"。

"山和人一样，也要休息、睡觉，累的时候，还会打瞌睡。我们不能吵他，打扰他，人生病的时候，大自然的一切就会帮他复原。"②

赛夏族的伊替·达欧索写道："你知道吗，山是有生命的，神在管理，崩落的土和石块，就是它的眼泪。这条溪，就像你壶里的水一样，你要喝，山也要。"③

钟理和给我们展示了对待土地的多种面相，以刘少兴为代表的被卷入资本主义浪潮的体系里，造成了对本地生态的破坏，最终导致垦殖失败；以刘致平这样新兴青年，他内心有隐隐的不安，能享受笠山磨刀河的野性之美，却无力改变父亲的行为；而饶新华这样的"山精"，明白

① 钟理和：《钟理和小说选》，北京：广播出版社，1982年版，第387页。
② 夏本奇伯爱雅：《兰屿素人书》，台北：远流出版社，2004年，第101—102页。
③ 伊替·达欧索：《朝山》，收录于《台湾原住民汉语文学小说选集》，台北：印刻文化，2003年，第225页。

山的习性，谦卑并且尊重生态的运作，遵循道家将自然视为休养生息的场所。各个人物面对自然的不同态度，正是钟理和跨越日据和光复两个不同世代，笔下复杂文化血缘的表征。

《笠山农场》所呈现的环境伦理观，即要尊重自然的运行规律，面对自然与土地，人类应该认识到自己的渺小而可怜，凝视、欣赏、体会、理解而后感激。李奥波（Aldo leopold）在《砂地郡历志》（A Sand County Almanac）提出"土地社群"（Land Community）的概念，即"土地（或自然）是由人类或其他动物、植物、土壤、水生共同组成的，人类只是社群中的一个成员，必须与其他成员互赖共生。"① 是不是应值得人类认真反思？

---

① 转引自吴明益《台湾自然书写的探索 1980—2002：以书写解放自然 book1》，新北：夏日出版，2012 年，347 页。

想象的"原乡"与"原乡"的想象

——华北沦陷区文坛"乡土文学"
思潮中钟理和的文学实践

王 申

（福建师范大学文学院）

1941 年夏天，年仅 26 岁的青年钟理和自东北沈阳举家迁至北京。迄 1946 年返台为止，旅平六年间，钟理和除遍游山西、河南、山东等地，同时亦翻译、写作不辍，以笔名"江流"投稿、出书。1945 年，北京马德增书店将钟理和殚精竭虑写就的作品结集出版。收录有《夹竹桃》《新生》《游丝》《薄芒》《逝》《秋》《地球之霉》等中短篇小说的单行本《夹竹桃》，由是成为台湾文学家钟理和生平的第一本作品集，同时也是其生前唯一亲手出版的书，并其部分写于战后的篇什如《白薯的悲哀》《祖国归来》等，为非常时期中旅居北京的台湾人的生存与境遇，留下了个人宝贵的见闻与省思。

此前因与爱人钟台妹的同姓婚姻遭当时闭塞保守的客家社会与家庭制度所不容，愤而离台、只身远赴东北的钟理和，为谋生不仅当过"奉天交通株式会社"的驾驶员、华北经济调查所的翻译员，亦曾在京经营煤炭零售的小本生意。虽据其日记有数次参与"台湾省旅平同乡会"活动之记录，然从字里行间亦可知其与其余居京台籍文化界人士间的互动并不密切，与华北文坛亦无涉，使即便贫病交迫仍默默而坚毅地从事毕生文学志业的钟理和，终有不得其门而入之慨，从而呈现与张深切、张我军、洪炎秋等台籍文化人大相径庭的生命风貌。

在《边缘的活力》一文中，学者黄万华指出："'边缘'最有价值的恐怕是创造姿态。对于作家而言，'边缘'实际上并非被动的放逐，而是主动的创造。""处于边缘者最常有的一种生存状态恐怕是'越界'。""'越界'作为生存状态，最有价值的是在'他者'的参照中不断获得反省的自觉性"。① 由是观之，则钟理和自高雄美浓远渡重洋遍历满洲、北平，体尝谋生于社会底层的艰辛，加之无论有意或无心，自外或被放逐于"台湾人"、中国人并日本人群体以外，其生存状态与生命体验，即已实践了"异乡客"或"边缘人"异化并游离于"集团以外"的心境与视角。而透过钟理和一只长于以一己遭遇为素材，描写小市民与底层知识分子灰涩人生的如椽巨笔，吾人或亦可由此获得一个崭新的角度，以考察在日寇铁蹄下的北京，挣扎并奋斗着的台湾人们"原乡"的冲动，并追索隐于其后流动并逐渐转化的认同形构过程。

一、"建设新文艺"的两种表述："乡土文学"与"国民文学"

1942 年以华北作家协会成立之始为契机，由作协推荐干事柳龙光为中介，《中国文艺》编辑长张铁笙担当执笔者之权衡及入选事宜，与满洲文艺家协会委员吴郎、古丁二氏协力玉成之"华北满洲文艺交换"事业，于《中国文艺》6 卷 4 期 6、7 月号特辟"满洲作家特辑"的发表，宛如一阵清风，短暂激活了自卢沟桥事变以来华北沦陷区文坛委顿颓靡之氛围。

其时讨伐以公孙嬿为代表，香艳旖旎之"色情文学"论战正方兴

① 黄万华：《边缘的活力》，收《多元文化语境中的华文文学——第十三届世界华文文学国际学术研讨会论文集》，济南：山东文艺出版社，2004 年 9 月，第 157—158 页。

未艾。有识之士及舆论对年来"满满堕入'肉,色,香'的魔窟,满满的患了'贫瘠','冷落'和'盲目多产'的病症"① 的文学时代图景,普遍表现憎厌与腻烦。虽迭有借现实文学、民众文学,反映人们的艰苦,"创造国家民族的自由平等和新文明的路线"②,以"建设新文艺"之呼声,然"希望作家郑重提笔,负责写作,多加努力";"打倒色情作品,打倒恋爱作品";"希望各大刊物地盘公开,尽量提拔新人佳作";"希望批评界奋起,指示出一条创作路线,打倒自命非凡,霸占文坛的作家们"③ 等口号的提出,却经常止步于一班文艺工作者热切之"呐喊"而未多见进境:

> 为建设文坛而作徒劳的呐喊,是热诚然而愚蠢的事,促进文艺的进步自有方法,方法之一是默默地从实践上来努力,几时有了刻苦的,严肃工作着的作家,几时有了有内容,有生命的现实底作品,几时看不见摇尾文章与阉割的小说,几时刊物上敢于讨论文学理论诸问题,几时文坛可以开始谈到建设。④

多数论者固承认"犬儒耽美肉或灵的任何形式享乐主义者"荡逸放纵的生活方式与颓废消极的生存状态,自有因写作者"本身所秉的天赋上的体质与心脑的健康状态,和后天的地域气候生活习惯历史暗示教育与有意识教育等"⑤ 诸多主客观因素而生成的理由;也不否认即使大胆描写抒发情欲的文学作品,亦可能有文学史上独特的存在价值。然公孙嬿公然标举"我们憎恨楞为砌轨的人,我们反对现实下需要某种

---

① 白云:《一年来的国民杂志》,《国民杂志》,1941 年 12 月 1 日第 1 卷第 12 期,第 17 页。
② 上官蓉:《北方文坛的今昔》,《文化年刊》第 2 卷,华北政务委员会总务厅情报局印制,1945 年 1 月出版,第 146 页。
③ 笑星:《"呐喊"一年来》,《艺术与生活》,1942 年 1 月 25 日,第 24 期新春特大号。
④ 魏萍:《建设古城的文坛》,《中国公论》,1940 年第 2 卷第 6 期,第 137 页。
⑤ 夏虫之流:《论色情描写》,《国民杂志》,1942 年 2 月 1 日第 2 卷第 2 期。

小说那句话"① 的主张，所体现出之"对于文学政治性的否认"，及
"属于那'为艺术而艺术'论者绅士们的象牙之塔里一派的作派"②，则
深为时人所诟病。以其"超然跳出人寰，而遨游于观念世界"之逃避
现实的态度，不适应于兵马倥偬之现时，而咸表示"在文化生活要求
再建的现阶段，这样柔情千万的'才子'小说，照理说总以转换一个
方向为对"③ 的意见。

在山灵发表于《中国公论》6 卷 5 期，对天津作家王朱的长篇小说
《地狱交响乐》之评论中，大体可见彼时参与反对"色情文学"的论者
关于如何纠偏改弊的看法：

> 当然，读者大众的基本要求是"暴露"，然而这"暴露"至少
> 要：一，是基于最单纯的人道主义的立场的，即确认人类的彼此平
> 等的立场。二，应当同情于被侮辱的与被迫害的，且并不站在第三
> 者的地位，而走入他们那一边说话，因为只有如此才会有真实的
> 话。三，应用科学的写实的方法，并找出事情发生的社会原因，因
> 为倘不如此，则"暴露"便不容易真实。

易言之，本着文艺工作者所应具备之社会使命感，与对"产生在
人类的现实生活里"文艺的"伟大的灵魂"的热切呼唤，要求写作者
需秉承健康、积极、上进的"生活/写作"态度，并"站在体验现实，
暴露现实，否定现实的黑暗的立场上"，"给黑暗的社会里不断的引进
刺激，鼓舞和光明"，乃成为普适彼时文界中人借以评估"新文艺"抑
或"文坛流俗"的重要标的。④

---

① 公孙嬿：《一年来华北的创作界》，《国民杂志》，1941 年 12 月 1 日第 1 卷 12 期，第
15 页。

② 上官筝：《一年来华北文坛的总清算》，《中国文艺》，1943 年 1 月 5 日第 7 卷第 5 期
新年号，第 12 页。

③ 夏虫之流：《论色情描写》，《国民杂志》，1942 年 2 月 1 日第 2 卷第 2 期。

④ 范智红：《关永吉论》，《中国现代文学研究丛刊》，1993 年第 1 期，第 113 页。

共鸣在《满洲作家评介》中，推举"惟有富于真实性的文艺"所具有之伟大的价值，指出满洲的作家"并不完全把自己变为商人，把作品变为商品"，"超越了'人间的臭味'"，"认真"而"极正确"的写作态度；① 与上官筝于《读满洲作家特辑兼论华北文坛》一文，高度评价金音、疑迟、小松、励行建、爵青、刘汉、杜白羽、吴瑛等八家作品所共同表现之"'生'之意味的追求"②，实际颇能反映出其时评论界之大部，对"新中国建设者的大胆的担当"③ 与"现实主义的文学"的出路④的强烈期望：

> 进步的文学作品，对于"生活"的意义的理解是积极的，进步的作家敢于大胆的正视生活，——现实的生活——，对这生活他发出歌颂，赞扬，喜悦，或恶憎，吼叫和愤懑，这就是人性的流露与伟大的划时代作品的根本精神。自然，满洲作家特辑所代表的成绩还不过是萌芽的幼苗，然而保有了良好的倾向，便可以期待其来日之伟大的成功。⑤

缘因翼赞"大东亚新秩序"下伪华北与伪满洲两国之友好协和，及庆贺伪满洲建国十周年文艺界之盛典，而权由满洲文艺家协会与华北作家协会携手两国文艺作品相互交换的行事，却适恰为亟欲寻求变革途径的华北文坛诸君，提供了突破统制文网禁锢之理论与文学实践样本的支援，该是日本方面也始料未及。然即如作家山丁因倡言"满洲需要

---

① 共鸣：《满洲作家评介》，《中国文艺》，1942 年 10 月 5 日第 7 卷第 2 期 10 月号，第 19 页。
② 上官筝：《读满洲作家特辑兼论华北文坛》，《中国文艺》，1942 年 10 月 5 日第 7 卷第 2 期 10 月号，第 23 页。
③ 上官筝：《一年来华北文坛的总清算》，第 19 页。
④ 上官蓉：《北方文坛的今昔》，第 147 页。
⑤ 上官筝：《读满洲作家特辑兼论华北文坛》，《中国文艺》，1942 年 10 月 5 日第 7 卷第 2 期 10 月号，第 23 页。

的是乡土文艺，乡土文艺是现实的"①，而与古丁等人于满洲文坛掀起一阵关于"乡土文学"议题的激辩；其对"超人的'假寐'""英雄型的'聪明'"与"下意识的爱与憎"之叛逆，及"我们要在自己和许多奸细们的面前，建立最困难的课题。那就是'描写真实'与'暴露'真实"②的主张，却亦为华北文坛后面带来振聋发聩的效应：

> 据说满洲文坛最近乡土文学的风气很盛，我不知道这"乡土文学"作怎样的解释，如果所谓"乡土文学"便是指作品的题材取自于乡间和强调地方色彩的话，我是赞成的。文学运动自开始以来，由于作者的出身关系，市民阶层的意识形态把文场霸占了很久，我们不能否认在此种意识形态中也有进步的意识存在，然而世纪末的坠落思想，虚无的伤感，无耻的爱情，廉价的人道主义……无聊的观念在这里堆积得实在太多了。真正国民的生活，造成国家主力的农民，反没有人肯来重视，把视线移转到健康的一群，以写实主义的手法来发掘伟大的农民的生活面，是解救文坛堕落的唯一的途经。③

肯定满洲作家及作品所带来的启示："堕落倾向的排除；现实生活的追求；乡土文学的兴起"，上官等于《中国文艺》上之振臂一呼，指认惟有通过建设"乡土文学"——刻苦地发掘最为众人所熟知的乡土影物与中国农民醇厚的灵魂，方能克服新文学中时代的伤感浪漫主义，树立健硕的人生观，俾达成华北文坛的复兴——之提议，④旋于华北文艺界引起广泛而热烈的回响。上官等本人固为提倡最力者，于1942年至1944年间，接连在《中国公论》《中国文艺》《东亚联盟》与《华

---

① 山丁：《乡土文学与〈山丁花〉》，《明明》，1937年7月1卷5期。又见《东北现代文学大系·评论卷》，1996年12月，沈阳出版社，第202页。
② 《前夜》，《大同报》，1938年6月30日。
③ 上官等：《读满洲作家特辑兼论华北文坛》，第28页。
④ 上官等：《读满洲作家特辑兼论华北文坛》，第28页。

文大阪每日》诸刊物，刊发有《论文艺大众化之内容与形式问题》《一年来华北文坛总清算》《新英雄主义·新浪漫主义与新文学之健康的要求》《京派谈林》《并非过奢及其他》《乡土文学的问题》《再补充一点意见——答里巴人先生的一封公开信》《揭起乡土文学之旗》《关于乡土文学诸问题》等一系列论文。余者如各大刊物"乡土文学"特辑的推出，与热心于文事之评论家林榕、谭凯等的参与，及《艺术与生活》的主编袁笑星于1943年3月15日，特邀黄军、穆穆、顾视、曹原等七人，所召开之"乡土文学座谈会"，皆共同促成了"乡土文学"议题讨论声势之壮大，理论的阐发，以及实践的深化。

同时期稍晚固有在徐白林、柳龙光、邱一凡等氏鼓吹下，频繁见诸报端之"国民文学"口号的提出。然服膺于战时文艺总动员体制，"以文化工作为宣传工作"的"国民文学"，[①] 尽管同倡"意识的，决定的，积极的，出现的，全体的，客观正直的，一扫过去的文学之相反于这些的劣点"的文学性格，并要求"洗刷中国国民的脑子里""为同无确定意识的，多元的思想，消极的，悲观的个人主义的偏见与歪曲等生活上的习性"[②]，其主张之本质及"文学报国"的方向却与"乡土文学"之拥趸迥然有别：

> 所谓国民文学，应该一方面应乎国家的需要，就是它的出发点必须依从"国策"；另一方面，在形式上它应该一壁尽量吸收近代文学的精华，一壁回顾本国的文学古典。绝不可以完全摒除其他民族所流行的高级的文学，而死守自己的固陋的文学遗产，同时也不应该整个抛开自己的固有文学不管，一味疯狂地沉醉到外国文学的怀抱里。

① 柳龙光：《文学报国》（代创刊词），《中国文学》，1944年1月20日第1卷第1期，第2页。

② 柳龙光：《国民文学》，《中国文学》，1944年4月20日第1卷第4期，第2页。

这是今后所要求的国民文学的基本原则。

握住了这原则，我们的国民文学便能够在我们的特殊的历史传统和生活样式上，创造出来中国现阶段的"人物典型"，在近代高级文学的技术上，写出来有香有色的生动有力的大文章，而以之助长国家的发展。[①]

"国民文学"的倡议者固亦秉持着"在废墟里建设起新文学的决心"，"期待文学者的自觉，自发的努力"[②]，采取"从受动的，变成能动的；从依附的，变成独步的"[③] 积极态度，以承继"五四"新文学运动发展到事变以前的中国文学。然所谓"国民文学"概念之实质，毕竟如华北作协理论家柳龙光所定义，乃"含有国民意识的，属于国家的范畴的文学"。是"不忘中国国民的立场"，以"扬弃旧文化，创造新文学"为其轴心，主张"国家第一"，而"以救国，善邻来接续大东亚宣言的精神"为其政治理念的文学实践[④]。即如邱一凡所言：

> 大凡民族文学或者国民文学的产生，都是在国家对于国民有了特殊需要的时候，换言之，就是国家有了外患或者向外发展的时候，而其表现，大约都是取着战争的形式，这一点，两者是相同的。[⑤]

"应乎国家的需要"而生，并以"依从'国策'"为原则，"国民文学"及在其指导下进行之文艺创作，由是乃具有"切实而且深刻反映现实和指导现实"的工具性意义——是"不能离开时代"，"必须要

---

① 邱一凡：《现阶段的"国民文学"性格》，《中国文学》，1944 年 5 月 20 日第 1 卷第 5 期，第 7 页。

② 陈鲁风：《使"过渡期"早日过去》，《中国文学》，1944 年 6 月 20 日第 1 卷第 6 期，第 2 页。

③ 吕奇：《今日的中国文艺与华北文艺运动》，《中国文学》，1944 年 1 月 20 日第 1 卷第 1 期，第 10 页。

④ 柳龙光：《"国民文学"与"永远的东西"》，《中国文学》，第 1 卷第 7 期，第 2 页。

⑤ 邱一凡：《现阶段的"国民文学"性格》，第 7 页。

配合着战时体制和中日盟约的基本精神"之"国民"与"世界"的文学。[1] 具体而言,在"大东亚战争争取决胜斗争的时期","怎样去反映,表现这种斗争的样象,怎样去指导并领导我们的同胞去参加这一种决胜的斗争",乃落实为从事文学者"当前的时代使命";至于"把握眼睛注视到周围的社会象"与"人类的生活相",并将"这种活生生的巨日的现实人类的生活",以高超的文学技巧予以适当地呈现,则成为"国民文学"倡议者所企望达成之文学作品的内涵。[2] 尽管此种企望因具有虚造的意味而未见成风:

> 我们的希望是很大的,我们恨不得所有的作家,都能够具备上述的条件,然而事实怎样呢?不但眼前没有一个我们所希望的作家,就连一篇我们所希望的作品也见不到。我们退一步来说,至少现有的作品,必须而且必然要有一点决战时期的生活色彩,而实际上怎样呢?目前许多作品,还依旧地在描写空洞的都市与农村,和事变前的作品拿来对照看看,没有什么不同的时代色彩。一般的作家们,仿佛都在尽力避免着战争的一切,不愿在文学上把它描写出来。我们认为这是大错特错的事。因为不管你喜欢此时此地也好,讨厌此时此地也好,此时此地总是决战中的一个后方基地,我们的生活也是在这基地上建筑着的。既然我们的生活是在此时此地,我们的文学也就应该是此时此地的,倘不如此,那就祗有变成空洞的东西了。[3]

---

① 胡尚风:《中日盟约成立后文艺者应有的认识》,《中国文学》,1944 年 1 月 20 日第 1 卷第 1 期,第 7 页。

② 华北作家协会主办:《[座谈会(广播)]:新中国文学的进路》,《中国文学》,1944 年 3 月 20 日第 1 卷第 3 期,第 25 页。

③ 邱一凡:《出现吧,新进国民文学作家!》,《中国文学》,1944 年 9 月 20 日第 1 卷第 9 期,第 7 页。

　　"民族"与"乡土"固属"国民文学"理论涵容之要素，[①] 提倡"国民文学"之论者亦将"乡土"视作"生活的基础，传统的根源"，并有意识地"致力于乡土的描写"，"把握住乡土里的民族传统生活"，而予以立体的呈示。[②] 然以"国民文学"作为"中日文化提携"中"宣传工作"之一部的缘故，其所谓囊括农林渔牧生活题材范围之"广义的乡土文学"，实则更与"报导文学"相近，而不可与上官箏等所倡导之"乡土文学"运动的概念等量齐观。

　　文学评论家林榕即指出，"乡土文学"并不具"题材范围的意义"，且非一十分固定的名词。其所代表的，乃"是一个具体的理念，一个远大的目标"，是承袭了"五四"新文学发生后，围绕着"人的文学"与"平民文学"所展开之人本主义思潮的传统；而"以个人为出发，以国民性及民族性为基础，发展为广大的世界性，以消除人间的界限与距离"之意义的一贯与连续：

　　　　在这一意义下，乡土文学当然是非常广泛了。这里面最重要的是国民性和民族性两点。国民性是由一个国家传统的风俗习惯而来，民族性是由种族历史的进展而获得，这是直的系统，所以和有意做作的"国民文学"及"民族文学"不同，它是承袭了历史的关系的。但目前的发展则是"现实主义"，这是就文学形式而言的。在形式与内容的一致下，乡土文学决不是口号的提出，而是一个实践的基点。[③]

　　易言之，"乡土文学"乃是通过反省与对中国本身的再认识，"由历史的优秀传统作品里发掘固有的思想与文学形式"，以达成"独立的

---

　　① 柳龙光：《"国民文学"与"永远的东西"》，第3页。
　　② 邱一凡：《文学的民族与乡土》，《中国文学》，1944年8月20日第1卷第8期，第3页。
　　③ 林榕：《新文学的传统与将来——兼论乡土文学问题》，《中国公论》，1943年第10卷第3期，第51—53页。

民族文学形式"之创造可行的途径。

上官筝亦从历史纵的继承,强调"乡土文学"作为文学发展进程之过渡,于"新文学的将来必是中国自己独立文学形式的长成"中,"时代"的阶段性意义:[1]

> 自然"农民文学"也许就是"乡土文学"的主体,因为农民在全国人口的比例上,占了百分之八十的绝对多数。不过,"农民文学"也并不能代表"乡土文学"的全意。我们知道,任何一个国家,都有其独自的国土(地理环境),独自的语言,习俗,历史和独立的社会制度,由这些历史的和客观的条件限制着的作家,他在这国土,语言,习俗,历史和社会制度中间生活发展,其生活发展的具象,自然有一种特征。把握了这特征的作品,就可以说是乡土文学。[2]

在"乡土文学"运动提倡者的论述框架中,对发掘农民的生活面,及取材自乡间和强调地方色彩之"农民文学"作品最初的重视,原本即具有抗击时俗的腐败,拯救堕落颓丧之文风,以鼓励正视现实之生活态度与推广写实主义文学技巧的掌握策略性的意义;而非是直观地要求作家须得就从农民生活的题材进行创作。其主张之提出固是承继"五四"时期新文学运动中"乡土文学"之传统,然在沦陷时期特殊的历史语境中予以重提,此际之"乡土文学"由是乃体现出与先行者不甚相同的社会与文化关怀。

鲁迅最早于《〈中国新文学大系·小说二集〉导言》中,将正在北京而忆述故乡的事情和抒写思乡的胸臆的,无论用主观还是客观的方法的文学创作,概括为"乡土文学"。代表作家有蹇先艾、李健吾、裴文

---

[1] 林榕:《新文学的传统与将来——兼论乡土文学问题》,《中国公论》,1943 年第 10 卷第 3 期,第 53 页。

[2] 上官筝:《揭起乡土文学之旗》,《华文每日半月刊》,1943 年第 11 卷第 1 期。

中、许钦文、王鲁彦、黎锦明等。此辈创作因是"流寓者"思乡的产物，充溢着作家的"乡愁"，而具有"侨寓文学"的特质。继之虽有如沈从文、吴组缃、欧阳山、端木蕻良等，长于刻画山川风物、世俗民情，为农村生活描写与人物塑造提供真实的环境氛围，作品富于浓厚乡土气息的作家出现，然在七七事变爆发后文化人风流云散的当下思之，则对"乡土"与"民间"的描述乃成为观照时代的特定角度。"乡土文学"的提倡者与实践者之一的黄军即表示："这个时代并不是有如鲁迅先生写阿Q正传的时代，这是一种划时代的文学"，且是"把民众生活表现最真切，时代色彩最浓厚"的一种文学。此文学所欲表现之重点，既非"五四"时期对旧礼教的攻击，亦非"五四"退潮后对农村复兴的建设，而是"对于'七七'乡村所受战争的影响，农民生活的破碎，过去安乐日子的崩溃，以至于农村经济的破产，同时急要建设农民对于在大时代进求的意识"之反映。①

在《关于乡土文学诸问题》中，上官筝更总结而论，称对"时间性"的考量，实是倡议"乡土文学"者立论之基础。此不仅为将"乡土文学"纳入延循"五四"新文学运动"现实主义"发展脉络的历史轨道，同时亦为使"乡土文学"成为"导引今日的文学活动，规复于现实主义之主流的一个行动的纲领"。从而更使忠于"我乡""我土"，由是乃成为改进"今日混乱、稚弱、贫乏、空虚的文艺现状"，以步入现实主义轨道之良方：②

> 把握写实主义的本质，认识现实的存在，强调乡土——家，国，民族——的观念，而顽固的执着的，大胆的站于生活之前阵，承继"人的文学"和"平民文学"的基调，而对近日一般颓废的，

① 1943年3月25日本刊同人主办：《乡土文学座谈会（上）》，《艺术与生活》，1943年4月15日第34期，第42页。

② 上官筝：《关于乡土文学诸问题》，《中国公论》，1944年第10卷第4期，第73页。

世纪末的，反动的文艺思想，于以实践的批判和扬弃，而且，也就自然有了这样的要求，第一，在理论上要有一个争服运动；第二，在题材上，我们要求“新英雄主义的新浪漫主义”出现，这样能典型新时代中的某种类型的人物，使其具有艺术的生命，活动于彷徨的，动摇的，呻吟无告的，痛苦而悲哀的国民之前。①

“乡土文学”倡议者此际所谓之“乡土”，已即跳脱单纯的“农村”之谓，而乃借以指代“生长教养我们作家的整个社会而言”。其对“作家在创作过程中忠实于他的生活”，“如此达于并完成现实主义”之要求，② 与对充满浪漫的斗争精神之“新英雄”类型的发掘及塑造，由是亦在此超脱地域概念规约之提法下，而被赋予了“强调中国固有的民族（国民）优点，以增强作品之热与力”③ 之历史及民族本位文化的内涵。即如《艺术与生活》杂志总编辑袁歔星在总结该社所举办之“乡土文学座谈会”时所言：

“乡土文学”不是乡村文学，乡者故乡，土者风土，易言之即故乡风土的文学，所以故乡不一定是农村，而在于作者本身的处出了。④

则不仅“富地方色彩”的文学乃“乡土文学”，即便是侧重“刻画出某个城市中的人物的特殊的性格和风俗的作品”，也可以算得是“乡土文学”。⑤

综上所述，则见“乡土文学”在其倡议者们有意地阐述下，成为

---

① 吴公汗：《京派谈林》，《华文每日半月刊》，1943 年第 10 卷第 10 期，第 33 页。

② 上官筝：《再补充一点意见——答里巴人先生的一封公开信》，《中国公论》，1943 年第 9 卷第 3 期。

③ 上官筝：《关于乡土文学诸问题》，《中国公论》，1944 年第 10 卷第 4 期，第 73 页。

④ 1943 年 3 月 25 日本刊同人主办：《乡土文学座谈会（下）》，《艺术与生活》，1943 年 6 月 15 日第 35、36 期合刊号，第 23 页。

⑤ 袁之：《关于乡土文学》，《艺术与生活》，1943 年 6 月 15 日第 35、36 期合刊号，第 13 页。

一边延模糊，题材无限，且内涵失却规定性之概念的总集。惟其作品意识最终的指归，乃共同趋向"民族""国民""现实""时代"等观念之突出与表现，以达到"在自己和许多奸细们的面前，建立最困难的课题。那就是'描写真实'与'暴露'真实"。[①] 由是观之，此不仅为对满洲"乡土文学"运动中"反抗"意识横向的延续，同时亦是自每个国家"独特"之"国民性"与"民族性""历史的关系"的承传，而成为对"有意做作"的"国民文学"及"民族文学"之有力的反驳。

此即自 1938 年夏只身赴沈阳，而于 1941 年夏携眷流徙至北平，怀抱着"中国作家"之梦的台籍文化人钟理和，在展开文学实践之际，所认识到之华北文艺界文学发展的进程与情况。

二、"乡土"书写中的"异乡"视角

1959 年，钟理和应林海音之邀，为王鼎钧于《文星杂志》之介绍台湾本省文艺作家的专题，撰写了一篇形似履历的"自我介绍"，大致叙述了自己成为作家的缘起与经过。要而言之，自其萌发创作之意图，以迄决意成为一"以中文立身"的"中国作家"，旅居北平的六年期间，实是确定其最终迈向"文学之路"至为关键的阶段：[②]

> 三十年我们移居北平，到了这里，要做作家的愿望才算坚定下来。以后我便把全副精神和时间都化在修养上。三十二年间我译了好多日本作家的短文——有小说、有散文，曾选了一些自己比较满意的投报社发表。三十四年初，出版一本习作《夹竹桃》，包括二

---

① 《前夜》，《大同报》，1938 年 6 月 30 日。

② 钟理和致廖清秀函 1957 年 10 月 30 日，收钟理和：《新版钟理和全集七·钟理和书简》，钟怡彦主编，第 136—137 页，高雄县冈山镇：高县文化局，2009 年 3 月。以下除特别注明外，所引《新版钟理和全集》的文字皆同此版本。

中篇和二短篇。不过这四篇作品是失败了，别的不提，单就文章即乱得一塌糊涂。①

据其妻钟台妹回忆，因家庭常时窘于经济的匮乏，除为生计奔忙，钟理和北平时期日常居处的核心，即为埋首读书与致力创作："他白天出去卖煤炭，生活挺苦的，他晚上回来还写作，写得很晚。那时，偶尔家里会寄一点钱来，但是很少。"② 加之生性腼腆，且亦不喜酬酢，极少出入交际场所之钟理和，由是而在同乡间默默无闻。③ 尤在 1941 至 1947 年，前赴北平的台人多如过江之鲫的年代，即交游广阔者如林海音，亦未有机缘与钟理和一晤，④ 可窥钟理和蛰居情况之一斑。

今固未见有以证明钟理和与其他同期在平台人相交往之史料，然其称立定志向后，既无"良师益友可资切磋指导，只是一个人默默地干"⑤ 之单打独斗的状况，实亦未尽然。即就今日尚存之钟氏旅平时期的日记（1945 年 9 月 9 日到 1946 年 1 月 16 日）所载，如邱连奇、蓝明谷、谢人堡、李昌时、李辉文、林英南诸君，皆与钟氏往来频密；交际圈虽不大，然所列各位俱为文艺爱好者，乃能分享彼此创作心得与文

① 《钟理和自我介绍》，收《新版钟理和全集八·特别收录》，第 277 页。

② 王丽华：《鹣鲽之情——夜访钟台妹女士》，《台湾文艺》，1977 年 3 月第 1 卷第 54 期，第 51 页。

③ 钟理和与林海音信 1959 年 9 月 22 日，收《新版钟理和全集七·钟理和书简》，第 175—176 页。

④ 夏祖丽：《从城南走来——林海音传》，第 148 页，北京：生活·读书·新知三联书店，2003 年 1 月。另，在《一些回忆》中，林海音亦曾说："当我听说他曾在北京住过了七年，使我吃了一惊。我问他，在北京的台湾人，早期的我都认识，因为很少。后来战争时期，去的很多，我也认识不少，为什么我不认识他，起码我们可以讲出共同认识的人来。但是他说，他极少和同乡来往，又不交际，因此谁也不认识。"（《钟理和全集卷八·钟理和残集·附录·钟理和论》，第 214 页）又，据许雪姬于《1937 至 1947 年在北京的台湾人》（《长庚人文社会学报》，2008 年第 1 卷第 1 期，第 44—46 页。）一文所做统计，至 1944 年 10 月，在华北 1472 名台人中，即有 548 人集中在北平，和 1937 年底的 31 人相较，可见从台湾赴北平人数增长之剧。

⑤ 钟理和与林海音信 1959 年 9 月 22 日，收《新版钟理和全集七·钟理和书简》，第 175 页。

艺理念之友伴。当中除邱连奇君为亲戚之属，余者如林南英（曾与钟
理和计划合伙开创出版事业）[①] 及蓝明谷（中日文学翻译者，曾以笔名
"憛生"向报刊投稿），[②] 所从事均与文化相关；尤以钟氏与其时任职于
和平里旧帘子胡同"新中华日报社"之谢人堡的往还，[③] 值得一提。

在谈及钟理和旅平时期的社会活动与交游状况时，谢人堡氏虽常列
被论者点名之属，然具体此人之生平行藏及于沦陷时期北平文坛所处之
位置，却是众说纷纭。有称谢人堡乃"云南武定人"者，[④] 亦有称其为
钟理和"由台湾前去北京的同乡"[⑤]。然据笔者考证，谢人堡实乃山东
济南人士，笔名"谢园"，于 1942 年华北作家协会成立之初，即已名
列会员之林。[⑥] 其为跻身文坛，表现相当积极。就目前所见，则自 1941
年起，如《艺术与生活》《国民杂志》《中国文艺》《中国文学》等在
当时颇有威望之纯文艺期刊或大型综合杂志上，除有其文学作品发表
外，编辑部门亦随时更新其最新动态，是颇为活跃的文艺界人物。其作
品虽以小说为主，但亦偶有翻译，同时曾兼任《三六九画报》编辑，

① 钟理和日记中多有记载与林南英夫妇谈及出版事业事。洽商由资本家"刘先生"出资，且有钟理和往访之记录。参钟理和 1945 年 9 月 15 日与 1945 年 9 月 23 日《日记》，收《新版钟理和全集六·钟理和日记》，第 10 页、第 15 页。
② 蓝明谷，高雄冈山人，本名蓝益远，1919 年生，曾前往中国就读于北平东亚经济学院，后因志趣不合，转至"北京大学"读文学，曾将鲁迅《故乡》译作日文，署名蓝青。1942 年在北平与钟理和相识后即为知己。返台后曾任职于台湾省教育会编辑组，未久死难于"二二八"事件。参陈芳明：《蓝明谷与五〇年代的台湾》，《明报月刊》1996 年第 7 期；蓝博洲：《从福马林池捞起来的诗人蓝明谷》，收《消失在历史迷雾中的作家身影》，台北：《联合文学出版社，2001 年。
③ 钟理和 1945 年 9 月 13 日与 1945 年 9 月 15 日日记，有连续两天往访谢人堡之记录。收《新版钟理和全集六·钟理和日记》，第 9 页、第 11 页。
④ 参见马旷源书话《幽闲鼓吹·灼笔》。
⑤ 张清文：《钟理和文学里的"鲁迅"》，台湾政治大学中文系 94 年度博士论文，2006年 7 月，第 73 页。
⑥ 参见《华北作家协会会员录》，《华北作家月报》第 3 期，1942 年 12 月 15 日，第 13页。按，华北作家协会会员录乃按会员入会先后为序，谢人堡派名 17。名列其前者，皆为彼时于文坛名噪一时的"新兴作家"，如公孙狐、梅娘、袁犀、萧艾、马骥等。

而与耿小的、王泰来被时人誉为"文坛三杰"。[1]

据钟理和《北平日记》所载,谢人堡曾有邀请钟理和找股东承接《新中华日报》的意向。其时钟理和虽有与友人开展出版事业的谋划,对谢之邀约却表现得颇为犹豫:

> 林英南夫妻至。林君谈及出版事业,云此事量可成就。前日彼已商之于刘先生,即资本家,并已获得对方的谅解了云。甚喜。

> 至和平门里旧帘子胡同"新中华日报社"见人堡兄。人堡兄甚忙,待小许,始见面。他邀我找股东承接《新中华》,但我意未决。我想此项事业于我静的工作不甚适合。其最大的目的与其求真正奉仕或贡献社会,无宁说是在争名逐利。且自历史大转变以来,报纸如雨后春笋,纷纷竞出,此后当有大多数逃不出淘汰之列。

吾人于此固无从推知谢人堡与钟理和交情的深度,然至少就日记本文观之,钟理和对此一文艺界的积极分子汲汲营营的态度似无甚好感,同时亦流露出其对文学乃名山俎豆之业坚定的认识与信念。即不论此,就谢人堡曾为钟理和1945年由马德增书店出版之作品集《夹竹桃》写过短评[2],虽是以新手之姿,则将谢人堡或视作钟理和与北平文艺界联通的一扇窗户,也许亦不为过。

---

① 据1941年9月11日出版之《艺术与生活》载:"《三六九》自革新后,虽增加一角,销路不减,内容热闹非凡,素有文坛三杰之耿小的,王泰来及谢人堡等氏各任一版而活跃中。"未久,于1941年12月20日第24期之《艺术与生活》,又有"谢人堡已辞《三六九画报》编辑之职,闻有入武德报为担任翻译职务之讯。其所作十万字长篇小说,需五百元出卖云"的消息。此外,如其长篇小说《黄花长恨记》与《逐流之歌》,曾分别于《电影画报》及《中国文艺》自1942年第7卷第3期至1943年第9卷第2期长期连载;其他还有《葡萄园》《春满园》《住店》等小说问世,可见其多产。另,于《国民杂志》第2卷第5、6期特地开辟之《关于色情的文学》的"聚谈",除耿小的、阿剪、而已、楚天阔、麦静、刘针、杨亚岚、陈逸飞、公孙嬫、王朱外,谢人堡也列席其间,分别对关于"色情文学"的10个问题,发表了个人看法。

② 江湖:《乡之魂:钟理和人生和文学之路》,《台湾作家研究丛书》第5卷。谢人堡对《夹竹桃》之短评出自何处,尚待查证。

况以钟理和暇时着意于整理旧报，"参之以发展于此旧报之后世界新情势"①，在留意文艺发展外，对社论、时事均颇有的评。则尽管是记录于北平复员以后，其对新刊纯文艺杂志《创作》的阅读感想，亦可视为钟氏作为"参与者"，对沦陷时期北平文坛文学进程观感与质疑之延伸：

> 读新刊纯文艺杂志《创作》，多是前此所不认识的作家。
>
> 由这里我看出并且感觉到，此后新文艺的趋向所归，它将走怎样一条不同的路子。它于艺术的观点及价值如何虽不可知，但它将代表现时代的国民的意识与理念，而向新世纪的洪流奔去。国民的意识形态将在这些文学中指出，而且固定了此后应走的路向。
>
> 它是宣传文学呢？亦或报国文学？②

盖钟理和旅平时期之创作，除已收录于 1945 年北平马德增书店出版之单行本《夹竹桃》内之《夹竹桃》《新生》《游丝》《薄芒》四篇中短篇小说外，尚有《泰东旅馆》（未完成）、《地球之霉》（未完成）、《生与死》《逝》《门》《秋》《第四日》《供米》（未完成）等小说及散文多篇，绝大多数均未见发表。就作品题材观之，则如《泰东旅馆》《地球之霉》与《门》，乃以作家奉天时期真实生活经验为本事；《逝》《秋》与《第四日》，乃针砭社会痼习与有感于时事而发外，包括小说集《夹竹桃》系列四篇作品在内之取材以及结构故事的手法，大体皆呈现出如大陆学者张泉在总结华北沦陷区小说创作发展时所指出之共同的时代特色："小说随笔化"，作品杂芜枝蔓，失却结构与人物；作者文学修养不足，缺乏必要的知识储备；题材上落入中国新文学初期

---

① 钟理和 1945 年 9 月 23 日日记，收《新版钟理和全集六·钟理和日记》，第 15 页。钟理和阅报数量可观，即就其日记所载，就有《平津晚报》《正报》《华北日报》《东亚新报》《世界日报》《大公报》等六种，夹杂中文与日文报刊。

② 钟理和 1945 年 9 月 19 日日记，收《新版钟理和全集六·钟理和日记》，第 13 页。

"恋爱型"作品的窠臼，不是写婚姻不自由，就是写无法解脱的多角恋爱，主题观念化，人物公式化，主人公大多为作者本人或身边熟悉的人物，缺乏广阔的社会联系与社会意义。[①]

即就钟氏旅陆时期最高的文学成就——于终战前问世之作品集《夹竹桃》而论：《游丝》借女主角"朱锦芝"最终挣脱家庭桎梏，争取恋爱自由，以抨击传统婚姻观念之功利与固陋；《新生》叙述男主角"存直"原本一帆风顺的人生，因失业濒临崩溃边缘所尝受到之人情冷暖，叹息惟"地位与尊严"乃维系婚姻及家庭"幸福"之不二法门的冷酷现实；《薄芒》则以故乡高雄美浓竹头庄为背景，借善良的姑娘"英妹"为成全"家庭"而牺牲个人幸福追求的爱情悲剧，批判以"孝顺"为核心之传统价值观"吃人"与伪善的一面。三篇故事均不脱描写在传统伦理价值教条及包办婚俗的桎梏下，心灵苦闷的当事人婚恋的悲剧，与对自由爱情的追寻等套式，从而颇具"五四"时期知识分子张扬个性与自由之价值、思想启蒙的况味；故事本事且可证诸作者因迫于与妻子钟台妹的同姓之婚无以见容于当时客家社会保守闭塞的风气与壁垒森严之宗族观念，乃决意远遁他乡，于异域寻求自决自主婚姻的真实人生。

此种习以个人生命经验与近身人事为结构故事蓝本的手法，固如论者所讥，现实感贫乏且不见社会批判深度与广度。然即如谢人堡评《夹竹桃》时所言：

> 在这一个短篇小说集中，第一我们可以看出原作者对于生活立场所抱的观点，第二我们更可以发现江流先生在文艺间所显示的个性。此书虽然仅仅含纳几个短篇，却写尽了南北民间许许多多的生活。他不但暴露了中国的强韧的民族性格，并且把青年爱情的心境和伦理，写得栩栩如生。

---

① 张泉：《沦陷时期北京文学八年》，北京：中国和平出版社，1994年10月，第21页。

则若就其时颇具影响力之"乡土文学"运动，所鼓吹之"批判的现实主义"思潮——不仅为素描的"写实"或单纯的暴露，而有更积极期待于作家者，为作家之艺术的良心的政治的浸透——观之①，则钟理和于沦陷时期北平特殊政治气候下之"非常贴近他的真实的人生行程"②的文学"习作"③，尽管亦有如上官筝在评价新进作家刘莫之中篇小说《良田》时所指出的种种不足之处：

作者是个现实主义者，所以我们可以在她的作品里见到"真实"，然而作者又围于观念的限制，所以她也只能写给我们"真实"的一面，而不能刻画出"真实"的全体。因之她能作到一个写实主义者（不是 realism 的意思，是实的写的意思），而不能成为一个完全的现实主义（realism）者。她只能为我们写出两性兴趣不调和的痛苦，婚姻的不自由，家庭的束缚，礼教的压迫等诸苦恼而不能更进一步说这些苦恼的致因，和指示我们用什么方法才能够消除这些苦恼。④

然其所叙写之"南北民间许许多多的生活"及所"暴露"之"中国的强韧的民族性格"，却因此而带有响应"以笔为战"之"暴露真实"、消极抵抗的意义。⑤

---

① 上官筝：《刘莫（雷妍）论》，《中国文艺》，1943 年 9 月 5 日第 9 卷第 1 期，第 9 页。
② 钟铁民：《编者序》，收钟铁民编：《钟理和全集》，第 7 页，台北：客委会，2003 年。
③ 钟理和与林海音信 1959 年 9 月 22 日，收《新版钟理和全集七·钟理和书简》，第 175 页。
④ 上官筝：《刘莫（雷妍）论》，第 10 页。
⑤ 据张泉发表于 2007 年之《也说"南玲北梅"——兼谈如何看待"口述历史"》，辨析陈放《一个女作家的一生》："1942 年，北平的马德增书店和上海的宇宙风书店，联合发起了'读者喜爱的女作家调查'，调查结果，南方的张爱玲和北方的梅娘，是读者对喜爱的两位年轻的女作家。从此，文坛上出现了'南玲北梅'"之说。指出，"一般以为是民办书店的马德增书店，很可能为具有官方背景，至少在 1944 年下半年官办出版机构如华北文化书局（武德报社）等解散之后。当时仅存的官办周刊《中华周报》曾刊登启事称：'本报直接订阅现均由华北出版配给回北京支部（王府井大街 64 号马德增书店）直接办理……（1945 年 3 月 25 日）。'"

王万睿在其论文《殖民统治与差异认同——张文环与钟理和乡土主体的承继》中,即指出钟理和于中篇小说《薄芒》,借细腻地描述台湾植被特殊的样态,以标识台湾异于北方风土之差异地理位置,使作家所欲揭示之家长制传统的反动与僵化的价值观对人性之桎梏,由是而获得之批判力度;并认为钟理和此作,实是受到关永吉(上官箪)所倡导之"乡土文学"的影响。[①] 即如《艺术与生活》杂志总编辑袁歚星所言:

> "乡土文学"不是乡村文学,乡者故乡,土者风土,易言之即故乡风土的文学,所以故乡不一定是农村,而在于作者本身的处出了。[②]

重视文学作品惟透过地方的特殊环境与现实真像,始能更进于"真实"的作用;[③] 是以《薄芒》乃钟理和在陆时期所有文学创作中,唯一以故乡台湾为背景的农村小说之特殊性而立论。

然亦如上官箪等等为推广"乡土文学",而普泛化"乡土"概念之意涵,使关乎"我乡我土"之论述,得以兼蓄诸如"民族""国民""现实""时代"等更为庞杂的内容。综观钟理和在陆时期作品之设境,则除《薄芒》一篇以外,可谓皆乃钟氏当下生命历程具现之实记录——"无论是顺着生命的轨迹去找他的文学出处,或循着他的文学去逆溯钟理和这个人,都能够得到相互印证。"[④] 由是观之,则吾人亦可将钟氏此际之创作,视若"乡土文学"倡议者们借以指代"生长教养我们作

---

① 参见王万睿:《殖民统治与差异认同——张文环与钟理和乡土主体的承继》,2005 年 8 月台湾成功大学台湾文学研究所硕士论文,第 71 页、第 79 页。

② 1943 年 3 月 25 日本刊同人主办:《乡土文学座谈会(下)》,《艺术与生活》,1943 年 6 月 15 日第 35、36 期合刊号,第 23 页。

③ 上官箪:《刘尊(雷妍)论》,第 6 页。

④ 彭瑞金:《艰困时代的文学见证人——钟理和》,《联合文学》,1995 年第 11 卷第 12 期,第 100 页。

家的整个社会而言，所以也就是要求作家在创作过程中忠实于他的生活。而如此达于并完成现实主义"之"我乡我土"论述的文学实践。①

易言之，是时进入台籍作家钟理和文学视野中的"乡土"，与其说是殖民地既成事实的故乡台湾，不若说是救拯尚处沦亡边缘、日寇铁蹄下之祖国。而据实呈现此"国家""独自的国土（地理环境），独自的语言，习俗，历史和独立的社会制度""生活发展的具象"，以形成抗击"今日混乱、稚弱、贫乏、空虚的文艺现状"与对"有意做作"的"国民文学"及"民族文学"之有力的反驳，由是乃亦成为亟欲"以中文立身"的钟理和，俾成"中国的作家"，暗忖于心之"文艺工作者"的使命。

在此视野关照下，具有总结钟理和北平经验意义之中篇小说《夹竹桃》②，虽有如学者张重岗于《原乡体验与钟理和的北平叙事》一文中，所分析之作品布局与人物塑造等缺陷的存在：

> 这篇聚焦于北平一大杂院的小说，以圆熟的写作技巧和激愤的人生理念著称于世。整部作品，建立在一种准批判现实主义风格的基调之上。作为小说的典型场景，大杂院中隐藏着作者的宏大意图，传达着他对整个北平的真切感受："这所院子证实了研究北京人的生活风景的各种文献。也即是说，这所院子典型地代表着北京城的全部院落。"在钟理和的批判性视野中，这个大杂院丧失了人性的尊严和温暖："这里漾溢着在人类社会上，一切用丑恶与悲哀

---

① 钟理和 1945 年 10 月 5 日日记中载："汉奸名单中有柳雨生、陶亢德等文化人。此外尚有在汉口当《大楚报》总编辑的关永吉。"乃今所见钟理和对关永吉的唯一记录。收《新版钟理和全集六·钟理和日记》，第 20 页。

② 学界舆论者咸以《夹竹桃》为其中最能代表作家钟理和北平时期创作的成果的作品，即作者本人，亦曾在 1949 年 4 月 3 日与文友钟肇政的通信中，表达"我在写习作《夹竹桃》时亦曾有过此种经验，后来这篇作品虽不能算是成功之作，却是自爱最深的一篇"，足见该小说实为其当时鼎力之作。

的言语所可表现出来的罪恶与悲惨。"人与人之间的猜忌和倾轧凸显着人性的丑恶,幽黯的氛围映现着北平小人物的惨淡人生。

小说的标题"夹竹桃"隐喻着这一切。夹竹桃又名柳叶桃,叶子如柳,花朵似桃,枝叶繁茂而含毒性。在钟理和的小说里,夹竹桃和菖蒲以它们的旺盛生命力取代了石榴和金鱼,置换了北平人庭院生活的三大理想(天棚、鱼缸和石榴树)。随之,昔日的和乐与闲雅亦为现下的不宁与不义所代替。

在这所前后共三进的院落中,居住着那些为生存而挣扎的底层小人物:迟钝而不洁的老人、吝啬自私又好事的女人、虚伪猥琐暴躁的男人和孤苦无助的孩子……他们缺吃少穿,住处昏暗而肮脏,与邻里相投却又争吵不断,为不足道的小事就能大打出手,甚至窃贼也潜入了本应和睦的院子。而这一切,在在呈现出一个"堕落的北平"的景况。

不过,这似乎更应视为钟理和编织的一个北平寓言。他以批判性思想作为驱动力,勾勒了一幅北平大杂院的素描。其中的人物和事件,乃是其观念的注脚。对人物的描摹虽然细微,但他们因缺乏自主性,故而总体上显得面目不清。对故事的有声有色的讲述,同样不能掩盖其零乱和匆促的弱点。大体上,人和事的登场,仿佛只是为了印证作者的某些想法而已。作者也过分地强调了这些小人物身上的劣根性。这使得他们精神上的病症成为事件的主因,而被不断地渲染,最终把小人物推向了悲剧的深渊。[1]

然作家借着主人公曾思勉之眼,对生活在都市中的小市民、"小市民的知识分子",及其"爬行的虫子"式的生活方式,进行解剖与鞭

---

[1] 张重岗:《原乡体验和钟理和的北平叙事》,收胡星亮主编《中国现代文学论丛》,第2卷第2期,2008年1月1日。

答；并对隐含着现实政治力量的剧变对于读书生活形成挤压和扭曲后所造成之非常态的"都市文明"，使"人类返退到猴子和畜牲的状态"，"要光明却又不敢看光明，象耗子一样，整天躲在黑暗的洞里"的生存状态，保持严厉的批判，最终并将之归着于对社会动荡造成的"人性"变异的揭示。则在显示作家钟理和所关注之在"中国"、在"中华民族"这片广袤的"地域/文化"的"乡土""纯正"的"中国灵魂"，其凋敝处与兴盛处，痼疾与生机，无望与希望，赢弱与力量……以外①，其尚未把"南方"文化心态充分稀释瓦解②之台湾知识分子所具之"异乡人"视角，由是乃更添其对"我乡我土"的叙写以多重强烈的现实批判色彩。

台湾学者应凤凰即指出："我们回顾台湾文学史历来的小说作品，《夹竹桃》可说是极少数，由台湾作家在战前写北平社会，仔细观察北平市井生活的小说。"③ 而即使曾严厉批判钟理和于该小说中表现出"对自己的民族完全地失去了信心"，民族认同"发生了深刻的危机"的陈映真，也承认："……在这大杂院里充满着不堪的贫困和道德的颓败——吸毒、自私、偷窃、幸灾乐祸、卖淫和懒惰。如果这就是大杂院；就是当时的北京城；就是当时的中国，没有人应该对它的现实性有丝毫的怀疑。"④ 则如张重岗氏所评述之，作家钟理和以批判性思想为驱动，使小说中人物和事件的勾画与构架成为其观念之注脚，以致角色因缺乏自主性而显得面目模糊，情节零乱琐碎、结构散漫等诸多不足之处，尤其是对钟理和"北平写作"中，尚未克服的"对原乡理解和期

---

① 范智红：《关永吉论》，第 120—121 页。

② 张重岗：《原乡体验和钟理和的北平叙事》，

③ 应凤凰：《钟理和文学发展史（代序）》，收应凤凰编著《钟理和论述 1960—2000》，高雄市：春晖出版社，2004 年，第 13 页。

④ 陈映真：《原乡的失落——试评〈夹竹桃〉》，收《孤儿的历史，历史的孤儿》，台北：远景出版社，1984 年，第 57 页。

待的障碍"的指出，则从此一对生存状态"现实"的暴露的角度观之，却反恰恰成为台籍作家钟理和文学创作中最富个人色彩且兼具时代意味的形式特征。

所谓横亘于作家与大杂院小人物之间的鸿沟，正是钟理和"南来"的背景，与"日籍汉人"暧昧而尴尬的身份，所造就之"身在曹营，心在汉"的生命经历与"客居异乡"生存状态之"现实"的反映。易言之，恰是台籍作家钟理和离徙于"家乡"台湾与"原乡"大陆，寻求生命的自由与"民族"的解放，并"自觉"与"自决"地诉诸"乡土"之写作的经验与实践，乃成就其笔下对身处日军暴虐与威压下的庶民人生及人性的残毁变异，最诚实的反映和控诉。同时，亦是其于此一既响应"我乡我土"书写范式的思想主流，却又于实践过程中流露出无法掩饰之"异域感"，及透过居处空间涉设的隔膜定义下之人际，所体现出之无法规避之认同的困惑，使身处日本"大东亚共荣圈"民族共同体建构下沦陷区北平文坛"新国民"形象之塑造与"乡土"概念的重构运动之夹缝间，钟理和"台湾籍民"身份时代性的吊诡，得借由其文学实践中所显露出之对于"原乡"的想象与失落，而获得充分的表述。

至于此一关乎"国民"与"民族"建构与解构过程下，"台湾籍民"通过其自身的历史实践，所展现出之摆荡于文化选择与身份认同间形塑与毁弃的历程，笔者则将于下文再行讨论。

三、"台湾籍民"的"原乡"想象

战争末期包括日本内地、殖民地、占领区，如满洲、桦太皆以全力动员方式来奥援战争。"太平洋战争"在日本的总力战政策下被神化为"大东亚圣战"，是为了整个东亚共荣以及亚洲的终极和平所发起的圣战，意即日本想营造一个以日本为主的新东亚共同体。日本之所以提出

"东亚"这个名词，主要是从其主张的"八纮一宇"观念而来，想以"地域"的概念来取代"国家"概念，以整个亚洲地域作为一个整体，如此一来，日本人与蒙古人、中国人、朝鲜人，甚至和菲律宾人、缅甸人，都有可能被想象成具有渊源的亲族关系，根据这个"地域"的概念来构筑共同体的观念的话，日本也能够透过大东亚新体制的建立，想象出一个包含复杂文化、社会、民族的大东亚帝国，建造新的亚洲想象共同体，这个想法比起建立更多殖民地容易得到东亚其他国家之认同。此外，更希望借由大东亚共荣的提出，对抗以英、美为主的西方势力，建立一个以日本为主的东亚自主势力。①

受到大政翼赞运动的影响，随着政治方面建设新东亚秩序的提倡，文学方面也提出"大东亚文学共荣"，透过日本势力范围内的各区域，全力推行共荣圈文学的实践，以合理化日本的东亚共荣之言论。"华北满洲文艺交换"之行事，即作为翼赞日本"大东亚共荣圈"东亚民族共同体文学想象之一环，于 1942 年由"满洲文艺家协会"与华北作家协会携手完成。

据新京《大同报》载，伪满洲国总理张景惠在接见为庆祝伪满建国十周年暨联络"华满作家交换"视察而至之柳龙光时，特致恳切之辞并寄语华北民众曰：

> "满华本似一家，今日热意前来，深表谢意，当次大东亚战争之下固已收到赫赫战果，满华虽未直接参战，而枪后的责任则极为重大，试观亲邦日本，举国上下，男女老幼一举一动，一行，无处不是表示决战的意识，协力国家，所以满洲方面的社会和家庭也应如此，目下是非常时，还讲究什么吃喝穿，一切当以国家为前提，

---

① 李文卿：《八纮一宇到大东亚共荣圈——台湾决战总动员》，收张锦忠、黄锦树编《重写台湾文学史》，台北市：麦田出版：家庭传媒城邦分公司发行，2006 年，第 249—250 页。

忍小苦处,求大幸福,华北与满洲有唇齿的关系,北京为历代国都,生活排场习惯极深,故今后亦须积极的顺应时代,并痛改以往旧习最好。"①

说明此"足征华北、满洲之文学青年已行紧密的握手而相互契洽",且象征今后"大陆文坛,群策群力,向大东亚新秩序迈进"之文学交流,所展示出在此"民族"共同体之"地域化"叙事下所具之"国际"性格。

尤在 1942 年第一次大东亚文学者大会于大阪举行过后,日本文学者如林房雄、河上澈太郎等,在日本文学报国会的组织下,以指导者之姿于占领地和殖民地进行战争精神总动员宣传而陆续访华,正昭示着中国沦陷区方面文艺翼赞体制的逐渐成形。使"一面促进大东亚战争之完遂,一面力谋中国文化之再建与发展及东亚文化之融合与创造,进而贡献于新秩序之世界文化",乃成为此后如"民族文学""国民文学"等,诸文学文化运动所鼓吹之"中心思想"。②

以上官筝为首之有识之士,对此中日"文化提携"政策下文学运动之作用与实情即颇表疑义,除抨击部分中国"文化人"之蝇营狗苟与态度之首鼠两端,对日本文学者欲"染指"中国文学发展进程,使纳入翼赞"大东亚文学共荣"文艺体制之意图,亦多有讥诮。以日本文学者于中国新文学的研究,必得具有"在地域上或历史上更为广阔的视野",暗讽日本方面割裂中国领土外,尚欲以"地域化"方式合理化、合法化其帝国主义式"民族"构建论述之虚无:

> 有许多外国人把中国看成为许多部分,例如华中、华北、蒙疆之类,这次到日本去开大东亚决战文学者代表大会的中国代表,也

---

① 《会务动态》"对华北文化界代表柳龙光谈",《华北作家月报》创刊号,第 17 页。
② 余子道、曹振威、石源华、张云著:《汪伪政权全史》(下卷),上海:上海人民出版社,2006 年,第 953—958 页。

是以这一的地域区分出处的。站在中国国民的立场，每一个中国人都对此反对，中国应该有中国的代表，而不是华北、华中、华南和蒙疆的代表；同样，北京、上海、南京、广州也只是中国许多都市中的几号都市，在这个都市之外，中国还有许多别的都市，所以研究中国新文学的人，不能只以这几个都市的成绩来代表全中国。①

由上官筝领衔之中国文化人，以"暴露真实"为目的，标举最为吾国吾民所熟悉之"我乡我土"景物的书写，由是乃具有为保存中国"国家"及"中华民族"等概念与意识的完整性，以抗击此一帝国主义共同体想象"全体主义"大叙述之意味；从而使因与伪满洲方面文艺交换"奉公翼赞"之协作，反倒具有"奉公异声"的结果。而文学者对此"乡土文学"运动之响应与实践，由是亦成为其指认并形构国族身份的一种形式与仪式：

> 向那些对中国已经保有悲观——无论站在怎样的立场——或者对于自己还是不是中国人有这样的怀疑的诸君，也要给他们一点自信，让他们知道，中国人没有法子可以否认他自己的国籍，他生长在这个地域上，受了这个地域的历史的和自然的影响，他就是一个十足的中国人，不是英国人或美国人，也不是印度人。

> 这两个问题并在一块，就是对"现实"的认识和把握的问题；认识了现实和把握了现实，自然他就成为"现实"中的一员了。作者有批判、解剖和暴露这现实的义务，如果我们认定一个作家是国民精神的指导者，而他自己也以这样的伟大的使命自任的时候，他就应当负有这样的任务。②

"中国的作家"钟理和其时虽亦透过自身之文学实践，呼应了叙写

---

① 上官筝：《所望于日本文学代表者——应东亚新报社问》，《中国公论》，1943年第10卷第3期，第61页。

② 上官筝：《关于乡土文学诸问题》，第70页。

"乡土"的时代思潮,确证其文化认同之所趋,然诚如笔者于上节所述,其对所"认识和把握"之"现实"的批判与剖析,却恰恰使其"国籍"与"认同"间所存在之"现实"的矛盾,暴露无遗。而即或出于一种对时势的敏感与对历史的体察,① 钟氏对届时显现于中方抑或日方,两造所借以再现"民族"——此一"本质上有限的(limited),同时也享有主权"之"想象的政治共同体"时依凭之技术与手段——"小说与报纸"——的掌握,以及"由时钟与日历所测量的","同质的、空洞的时间"观念的更迭②敏锐之捕捉,皆使其在沦陷时期北平特殊的历史语境下,对关于"台湾籍民"之"民族属性(nation-ness)"(就安德森所言,此一本应超验于"时代的政治生活","最具普遍合法性的价值"③),益显悬念重重的言说,④ 表现出清醒的自觉与认识。

如钟氏以任职"奉天交通株式会社"时期真实经历为蓝本而创作之《地球之霉》,透过主角崔志信之眼,以深夜麇集于司机休息室内,自五湖四海而来、各型各色之汽车司机成员的构成,试图呈现伪满洲国治下,多元民族并存之移民与殖民社会的实相:

> 配车室外面的司机休息室,六十烛的灯光明晃晃地,但却温柔
> 地照着,六七个穿着同样草色制服的司机,这里有着日本人、中国

---

① 钟理和于 1945 年 8 月 26 日日记中载:"七七事变后日本来到华北硬把北平改做'北京',此外把时间改快了一个小时。于是中国人也跟着用起'北京',并且把时钟拨快一小时。日本投降。祖国光复了'北京',于是又把'北京'改回原来的北平,把时间拨快一小时。"类似的叙述重复出现在钟氏日记中,且往往伴随着对时势的点评。更为关键的是,钟氏日记中的纪年具有一个明显的变化,从 1945 年 9 月 9 日至 10 月 2 日,皆使用日式历法"月火水木金土日",但 10 月 2 日以后即转换为以西式的"星期"纪年,则益说明深植于钟理和身份形塑过程中之殖民地经验与殖民想象。收《新版钟理和全集六·钟理和日记》,第 17 页。

② 〔美〕本尼迪克特·安德森(Anderson, B.)著:《想象的共同体:民族主义的起源与散布》,吴叡人译,上海:上海人民出版社,2003 年,第 5 页、第 23—24 页。

③ 同上注,第 2 页。

④ 参见张特林:《东亚联盟的民族基础》,《东亚联盟月刊》,1943 年 1 月 1 日第 5 卷第 1 期。该文将台湾人归入"日本民族",说明"台湾人民族上合法的政治属性乃从属于日本,非是中国"。

人、朝鲜人、远在南太平洋海岛中的人，坐在暗红色的，沾满了油垢、尘土、虱子的沙发上，围着一枱长方形、颜色不分明的桌子，四个在搓着扑克牌，余下的便都在傍观看。①

或于小说《泰东旅馆》，借由携妻自满洲南迁之主人公沈若彰滞留逆旅时之亲历，描述其与"泰东旅馆"内之住客，由最初照面印象之误植所造成之隔膜与敌意的转化：

"喂，喂，你瞧，搬进日本人来啦！"

"是高丽棒子（对朝鲜人的恶称，棒子是流氓的意思）吧，日本人他住这样的旅馆？"

男人嗫嚅着说。

使他们得到如此印象的，大概是妻的拖在后边的朝鲜妇人型的圆髻，和我们的姿式，以及我们那不近中国话（北京语系语言），又不近日本话的言语。

因为我们并非如他们所猜想的那可憎的高丽棒子，因为我们同样都是泰东旅馆的住客——即我们都是同伴，更因为我们同样负着那可咒诅的，悲哀的同一运命——殖民地的人，因为这些，很快的使我们亲近起来。更特别是因为后者的关系，甚至使我们发生了同情的、感伤的，类似友谊的微妙的感情。②

作家所拟设之场景，或可视为身处日本"大东亚共荣圈"殖民体制下，伪满洲国内被"地域化"之各民族间"亲族"关系张力之影射；而隐含于人物民族设置间存在之阶级性，则为对此一伴随日本帝国主义扩张之政治共同体辖下庶民生活实质的揭露。

---

① 《地球之霉》，1944 年写于北平，未完稿。收《新版钟理和全集五·散文与未完稿卷》，第 248 页。

② 《泰东旅馆》，1941 年钟理和甫抵北平时所作，未完稿。收《新版钟理和全集五·散文与未完稿卷》，第 148—149 页、第 155 页。

通过主角崔志信对其职业讽刺性的譬喻：因"伺候老爷"而为"同路人"的"司机"和"妓女",[1] 作者对笔下来自"远在南太平洋海岛"的主角崔志信殖民地生人的身份进行了追认。而对进驻泰东旅馆之夫妻衣饰、样貌、言语、姿态的描摹,则说明了来自台湾的沈氏夫妇,有别于当地住民之文化与社会背景的生活的轨迹。

作者虽借叙事者沈若彰之口,表述了因同负被殖民之命运,而与满洲住民产生同病相怜的"同伴"意识的认知;然透过泰东旅馆住客揣测估量的视域,作者笔下所展示出的,却反倒是备受"同胞"冷淡、猜忌与质疑的情绪:

> 台湾人——祖国说。并且它常是和朝鲜人什么的被排在一起。朝鲜人怎么样,台湾人又怎么样,——报纸上常常登着。这样的话,我们已经听得太多了。我们能由这里感到少许的亲热吗?从前,我们的支配者也同样叫我们——台湾人!这里,我们读到了很多的意味:差别、轻视、侮辱,等等。然而我们能够说什么呢?祖国——它是那么伟大的。它不但包括一切善,并且它包括一切恶。它要求我们的代价。[2]

此种"客居"情怀,在作家以旅居东北沈阳时生活经历为本事所创作之日记体中篇小说《门》[3] 中表现尤深。灰暗阴翳的气氛与惶惑、怨愤、挫败夹杂的低抑情绪乃为该文基调,而以主人公袁寿田之眼,记录其与妻蜗居之奉天市大北边门外一所呈日字型的大院内的居民生活与

---

① 《地球之霉》,第 249 页。

② 《白薯的悲哀》,收《新版钟理和全集五·散文与未完稿卷》,第 21 页。

③ 《门》原题《绝望》,颇富象征性地概括了作者彼时既疲于生计而又窘于"出路"困顿的遭遇和心境。如彭瑞金即谓,钟理和"因家庭关系破裂而出走,得不到任何经济的奥援,加之为谋生、维生而求职、工作时,内心的屈辱便萌生了,这样的体悟、思考,固然可以回流到文学上,成为一种养分,但在现实里,恐怕只有增添他的懊恼、挫败、气愤、怨怒。"(《钟理和文学的生后经验和生命体验》,1994 年 7 月 16 日《民众日报》)。

人情之百态。院内盖以房东夫妇、少佐、大尉与某机关课长四户处于人口结构之最上层，余者则为如失业的主人公袁寿田般之社会底层人物，即袁之所谓"最末流、最下层、最不洁、而最为世人所不齿的人们；菜贩子、柴贩子、皮鞋匠、洋车夫、织工、摆摊子的……"①。袁之叙事乃聚焦于好家长里短、势利的房东太太及诸住客之麻木淡漠与贪嗔愚顽，以极讽刺的口吻、犀利的笔触，描绘大院内"有如由里腐败的果物"生存的实相；又以"是的，只要一天地球还在转动，则这所院子便一天有事情，并且，不管其事件的形象，有二种方式——是贱民的、是贵民的，但其所构成的内容，则不外是吝啬、欺诈、愚昧、嫉妒、卑怯、狭量、猜疑、角逐、鲁莽"②憎厌式的感叹，表达虽与诸邻共处同一居住空间，却显非同类之心理距离。

虽然，奉天生活曾经亦使袁寿田为之目眩神迷——那是扰攘而生机蓬勃的，冒险者的天堂：

> "满洲"，对于日本来说，是块新天地，这新天地以地广人稀所造成的真空，大量吸引着日本帝国的臣民，想发大财和做大官的野心家，都想到那里去显显身手。移民的怒潮透过那条联结着日本、朝鲜，和南满铁路的大动脉，以排山倒海之势直向那里猛扑。每班船和每班火车，都堆积得几无立锥之地。③

但四年后的如今，移居奉天初始的憧憬与欢欣、惊异与征服之感受，却为隔膜和禁锢所雾翳，竟至成为袁寿田/钟理和视界中，蹲伏于银紫色之下、残酷的食血兽样存在，坚冰般冷酷的大都会。④ 叙事者既战栗于将若为奉天所吞噬消灭之臆想，⑤ 同时亦将自身命运的惨淡归咎

---

① 《门》，第 141 页。
② 《门》，第 144—145 页。
③ 《奔逃》，收《新版钟理和全集二·短篇小说卷（下）》，第 29 页。
④ 《门》，第 139 页、第 143 页。
⑤ 《门》，第 155 页。

于“从生活比较能安心的日本站，搬到满人街来”迁移的不智。“日本站”与“满人街”于是或如同隐语，为作者用以指代其自日据下的台湾至满洲飘零而来的身世，从而颇有失落、悔恨、悲愤、幻灭与针砭所见所感的意味。尤以当作者述及此乃为不可抗拒之“力量”、“诱惑”／“信仰”、“爱”驱使下之移动，并借“他们”指称“满人街”之住民——“卑鄙与肮脏，与失掉流动的热情和理智所代表的堪诅咒的这民族”——以示区别时，实即以亲历无所自适、格格不入之体验，诘问此间“仿佛一条强韧的麻绳”般链结的真实。①

在“北平寓言”《夹竹桃》中，作家更借“富有热烈的社会感情，而且生长在南方那种有淳厚而亲昵的乡人爱的环境里的曾思勉”，表述其“由南方的故乡，来到北京”②，“原乡”体验最真实而直观的感受：

> 有时，他几乎为他自己和他们的关系，而抱起绝大的疑惑。他常狐疑他们果是发祥于渭水盆地的，即是否和他流着同样的血、负着同样的生活习惯，文化传统，历史，与运命的人种。

> 他自发现了和他有着那么截然不同的思考方法，与生活观念，并且发现了他们那差不多丧失了道德的判断力，与人性的美丽和光明以来，他一变其向来的信仰与见解。他对他们深恶而痛绝。③

学者古添洪于《关怀小说：杨逵与钟理和——爱本能与异化的积极扬弃》一文中即认为，作家实乃借小说人物曾思勉表达自身的“社群理念”，这样的社群理念正是从北平的疏离生活中产生的，既影响他写《笠山农场》，使它增添了乌托邦色彩，也决定了《夹竹桃》在内容与形式上的走向：

> 这社群理念是他在客家社群里，在笠山农场垦拓的经验中孕育

---

① 《门》，第140页。
② 《夹竹桃》，收《新版钟理和全集三·中篇小说卷》，第86页。
③ 《夹竹桃》，第84页。

而稍微加以乌托邦化的产物。这乌托邦化的心理过程，可以从《笠山农场》写作的时空距离来解释：钟理和在生活书里的北京时期曾草稿了四章，我们不妨认为他那时已有整个腹稿，而正式写作时的一九五五年，美浓笠山农场已经不复了。这"疏离"与"怀旧"，为"笠山农场"披上乌托邦的色彩。钟理和的《夹竹桃》与《笠山农场》应两两对读，让他们对话，才能充分获得欣赏。[①]

古添洪更进一步指出，《笠山农场》是钟理和社群理念的具体表达，"在其中刻画了群的欢娱，劳动的乐，人际间亲昵的关系（包括男女间、女子间、主仆间），坚毅与自力更生"。不啻与北平大杂院住民之冷漠自私、缺乏公德心和邻人爱、吝啬、懒怠、虚荣心、好面子与无理由的叫嚣等，"俯拾即是，辗转于街头巷尾的，平凡不过的现象"，形成强烈的对比。即以此段文字为例：

> 说他们居住，其实不如说他们是像蝙蝠似的匍匐在那里头。他们在这里转着，滚转着，没有目的的滚转着。然而他们住得很和气，很相得，而且时或彼此照顾，虽然他们多半是那么谁也不管谁。他们有如偶然的机会，而聚集在一许的，彼此陌生的破难船的旅客。他们既不可抗拒的负着这种运命，则他们须就这样子渡过他们的世纪的风波，人生的航程。因为邵太太说的，关着院门，他们便是一家子。[②]

叙事者于两百字内即使用了十次第三人称"他们"以指代大杂院内之住民，以超然与置身事外之旁观者的视角，意图无疑乃在划清"人""我"间分明之壁垒，暗示"我"之与"他们"宛如无涉之干系：作家极力描绘大杂院内住民好似牲畜般可怖、可怜、可叹亦可悲之

[①] 古添洪：《关怀小说：杨逵与钟理和——爱本能与异化的积极扬弃》，收《认同、情欲与语言》，彭小妍主编，台北："中央研究院"中国文哲研究所，1996 年。
[②] 《夹竹桃》，第 75 页。

生存状态与"非人"之生活方式："像野猪，住在他们那已昏暗，又肮脏，又潮湿的窝巢之中""像蝙蝠似的匍匐在那里头。他们在这里转着，滚转着，没有目的的滚转着"。诸如牝鸡、猫、牝虎、猪、野兽、豺狼、蛇、牝羊、牝熊、交尾期中的草鸡等等，俱为作家用以形容大杂院中住户之千貌万状，好似为着"祛魅"，证明己身与"他们"不过"有如偶然的机会，而聚集在一许的，彼此陌生的破难船的旅客"，或者并非"和他流着同样的血、负着同样的生活习惯，文化传统，历史，与运命的人种"？作家的北平体验至此仿若再度陷入一个关于"我是谁？我自何处来？"迷途的回圈。惘然又见《原乡人》中，在童年时期，为着证实"原乡人""杀狗者"与"我"的祖辈间之等式是否成立，缠着祖母答疑的作家。只是，此次的困惑，却乃胶着于"他们"——台湾人——"虽然逃出了台湾，但是否真正回到了祖国，这一点他们却好像不知道似的"惶惑与失落。①

日本学者泽井律之在《台湾作家钟理和的民族意识》②中，将钟理和此种为突破封建婚俗桎梏、寻求自我的强烈愿望，并致远逃大陆旅程的行动，总结为受抵抗日本统治，并心向中国寻求认同的民族意识，所激发出来的积极行为。更引用作家写于1956年，备受后世论者阐述辩证之自传体小说《原乡人》中之名句："我不是爱国主义者，但是原乡人的血，必须流返原乡，才会停止沸腾！"③以资佐证。然必须在此指出的是，无论是反抗礼教、寻求自我，抑或是服膺体内深处隐隐民族自觉的召唤，不可否认的，却是青年钟理和行动与思维模式依凭着共同的想象性成分。

---

① 《祖国归来》，收《新版钟理和全集五·散文与未完稿卷》，第268页。
② 〔日〕泽井律之著：《台湾作家钟理和的民族意识》，涂翠花译，收《台湾文学研究在日本》，第22—41页。
③ 《原乡人》，收《新版钟理和全集二·短篇小说卷（下）》，第47页。

作家钟理和在《原乡人》中，构建了一套形塑"原乡"与关于"原乡人"的知识谱系，可上溯至宛如人种学起源神话式的，模棱而半虚半实的传说的情节①；或下延至家族间口耳相传的讲授系统与殖民地教育体制下有意识的形象建构。此一知识谱系所提供之时间的维度、空间的向度，与知情者的父执辈夹杂其间之复杂的情愫："在叙述从前显赫而今没落的舅舅家，带了二分嘲笑，三分尊敬，五分叹息"。"有不满，有骄傲，有伤感"②，使其从此往后自觉与自决地对"原乡"一再的重述，乃成为其对一己文化身份定位历程的渊源与资源：

> 待我年事渐长，我自父亲的谈话中得知原乡本叫做"中国"，原乡人叫做"中国人"；中国有十八省，我们便是由中国广东省嘉应州迁来的。后来，我又查出嘉应州是清制，如今已叫做梅县了。

> 到了公学校（如今的国民学校）五六年级，开始上地理课，这时我又发觉中国又变成了"支那"，中国人变成了"支那人"。在地图上，中国和台湾一衣带水，它隔着条海峡向台湾划着一条半月形弧线，自西南角一直划到东北角。

> 日本老师时常把"支那"的事情说给我们听。他一说及支那时总是津津有味，精神也格外好。两年之间，我们的耳朵便已装满了支那，支那人，支那兵各种名词和故事。这些名词都有它所代表的意义；支那代表衰老破败；支那人代表阿片鬼，卑鄙肮脏的人种；支那兵代表怯懦怕死，不负责，等等。③

然驱使作家最终决意回应体内沸腾澎湃已久之"原乡人"的热血，并正式离开家乡台湾，而踏上"原乡"之旅的至为关键的人物，却是作家钟理和之"三哥"：

---

① 《原乡人》，第33页。
② 《原乡人》，第40页。
③ 《原乡人》，第38—39页。

　　真正启发我对中国发生思想和感情的人，便是我这位三哥。他少时有一种可说是与生俱来的强烈倾向——倾慕祖国大陆。在高雄中学时，曾为"思想不稳"——反抗日本老师，及阅读"不良书籍"——"三民主义"，他自己受到两次记过处分，并累及父亲被召到学校去接受严重警告。[1]

"三哥"在作家笔下，乃叙事者内心深为崇拜的对象，是扬狂的青春、敢于叛逆不合理压迫与殖民统治，敢作敢为、气质果断的偶像型人物。叙事者固因父亲的反对，而使效法"三哥"前赴大陆学习的愿望受到挫折，然而"三哥"畅游神州后携回之纪念品，如苏州西湖等名胜古迹的照片与"原乡的"音乐，"那低回激荡缠绵悱恻的情调"以及"赏心悦目的名胜风景"，则"大大地触发了我的想象，加深了我对海峡对岸的向往。"易言之，在叙事者脑中原本对于"原乡"粗略的概括式的印象，因着"三哥"个人的"原乡经验"与其旅游之副产品之刺激，而渐趋丰美华赡，甚至使原本对"原乡"及"原乡人"半信半疑的叙事者，亦在"原乡的音乐与风光"——"三哥"引渡而入之"异国情调的记忆"（Exotic Memories）诱使下，渐生欲一窥"原乡"风光的浮想联翩，更成为"启发我对中国发生思想和感情"的契机。[2]

此一杂糅了"低回激荡缠绵悱恻的情调"以及"赏心悦目的名胜风景"的"原乡"，乃犹如幻化之梦土，与象征约束与捆缚的"台湾"形成对比，寄托着作家对挣脱桎梏、以文立身的愿望。"只想离开台湾"冲动——遂与"原乡人的血必须流返原乡，才会停止沸腾"的信念，成就抑郁苦闷催迫下"不是爱国主义者"的作家"到大陆去！"亡命天涯的浪漫行动的初衷。然此一对"原乡"及"原乡"行动的浪漫

① 《原乡人》，第41页。
② 《原乡人》，第42页。

想象，却在"抵达"原乡的瞬间，方始明了不是预期中平等的"回归"，反是遭遇"民族"内部处处的隔膜。

即如钟理和1945年10月9日日记所载，署名新约卞先生的台湾素描，将台湾描述为一——"温度总在九十五度以上，而且地震之频'使一般土人在定期会时常说：我在上午地震后必去看你'"，且有大批自大陆而来，"以吃人肉为快事的""无什么成绩"的"客家"游牧民族栖居其上的怪诞岛屿，①杂糅道听途说与臆测揣度的记述，实际揭示祖国游人对台岛在人类学式的兴趣以外，自"异域"之方感知、期待并观视台湾的角度。于此，台人身份的缺省与政治位置的游弋所衍生之溯源追根的焦虑，将在"回归母国"的一刹得获消解之设想，反倒为更深切的茫然与彷徨所颠覆，是即使紧紧攀附历史的藤蔓也依然故我的无依——"白薯站在地球的一边！只见历史像游牧民族，在辽旷的大草原上彷徨着。祖国——但一阵西伯利亚吹来，什么都不见了，都没有了。"②

> 白薯在故都，不——在祖国的脏腑走着！
>
> 他们由各个角落里走出来，向各个角落里走去！
>
> 他们有年轻的、年老的、胖的、瘦的、有健全的、有患着神经衰弱症的——
>
> 他们如流浪汉，混杂在人群里，徘徊于大街、小巷、东城、西城、王府井、天桥、贫民窟、城根。他们徘徊着，观察着。他们像古城的乞丐，在翻着，与寻找着偏僻的胡同，和肮脏的垃圾堆。③

既深居祖国腹地却又好似无根飘萍，应血性的召唤而至，却又大惑或大悟于本非分属此地，亦无法糅合于本土的异质性，台人位置之尴尬

---

① 收《新版钟理和全集六·钟理和日记》，第24页。
② 《白薯的悲哀》，第19页。
③ 《白薯的悲哀》，第22页。

及与祖国间难分舍的关系，恰与齐默尔（Georg Simmel）在《异乡人》一文中关乎"异乡人"之界义符合若节："异乡人"虽固着于某团体，并为该团体之有机组成部分，然毕竟为其潜在的漂泊性所囿，有其无可本土化的特质，而天然地外在于该团体——"异乡人与贫穷以及其他各色各样团体的'内在敌人'一样——都是一个团体的要素，这些成员既外于该团体，该团体却又不得不面对他们。"① 空间关系在此不仅为齐默尔用以指代人际，同时亦成为表征此类关系的符码。"异乡人"之"异乡性"由是可阐释为任何人类关系均无法回避之互动的特定形式，一种纠结于亲近与疏离间的关系，从而亦如"白薯"，于诠释台民异化于祖国之状态时，足具一重隐喻的意味。

如钟理和写于1947年返台后未竟之《祖国归来》一文起首所表述：

在平津两地间有一句暗号流行于台湾人之间即"白薯"。这是一个意味台湾与台湾人的代名词。台湾人进入大陆大体是北由日本入山海关或由黄海，南则由台湾海峡。而其动机则不管如何，只要他一踏到大陆，便有一种感觉使他们高兴。即回到了祖国的感觉。离开被压迫着的台湾来到祖国的他们，第一个希望着的是充分的休息。但是否真正的回到了祖国，这一点他们却好像不知道似的。然而这是不在他们计划之内的。他们头一个愿望是脱离台湾，其次的愿望是踏入祖国的土地。此外如果尚有要求他们走前一步的话，那已非他们的事了。而生活的牵连与环境的累赘便将他们系于伪政权之下。也就这样子，无论他们愿意也好不愿意也好，即成为了白薯的成员之一。②

---

① 齐默尔（Georg Simmel）：《异乡人》，陆先恒、马家辉译，《当代》，1993年11月第91期，第94—95页。
② 收《新版钟理和全集五·散文与未完稿卷》，第268页。

钟氏固为阐明台湾人彷徨于生存的焦虑、现实的压迫，投奔祖国却终致异化的失落、惶惑与转折，亦在关乎实生活与台民对于中国人身份民族主义化的想象与期待认知上的差距以外，叙写了一"台湾人进入大陆大体是北由日本入山海关或由黄海，南则由台湾海峡"位移的历程。此一"进入"动线的指出，虽即成台湾及台湾人之于祖国与祖国人民，自"异域"而来、具有潜在的漂泊性与难以本土化之"异乡人"属性的标识；然亦是此一既非本土、非从众，似远实近、若疏离实又涉入其中，但存于"异乡人"之"客观"而抽离的姿态与关系结构，① 使自"异域"而来的台人得有参与、了解、评判祖国文化乃至意识形态诸层面别具只眼的可能。

---

① 齐默尔（Georg Simmel）：《异乡人》，陆先恒、马家辉译，《当代》，1993 年 11 月第 91 期，第 96 页。

"再政治化"的文学实践

——读陈映真小说《铃铛花》

吴宝林

（北京大学中文系）

陈映真的文学世界与台湾历史社会，甚至与第三世界的政治语境和困境密切相关。对于身处大陆尤其是所谓"后革命"语境中的读者而言，阅读陈映真的小说一开始就必须面对这样一个问题：通过阅读陈映真而深入到台湾历史社会，这对处在大陆现实情境中的读者来说意义何在？是想通过文学"联结"历史吗？或者换一种问法，是否意图通过陈映真的小说获得某种"历史错位"的真实经验？换句话说，读者"站在何处"才是合适的？观察的视角如何"锚定"历史深处的"情感结构"[1]？这些问题在阅读中不断浮现，且必须追问，而陈映真的文学世界提供了上述思考的基石。

一

陈映真的存在是特殊的历史状况造成的。不过这种说法对推进我们的想象并无增益。需要进一步追问的是，在两岸分断体制下[2]，陈映真的存在给我们带来了哪些新鲜元素？与大陆左翼文学创作相比，陈映真的文学写作有什么独特性？"左翼"的陈映真在进行文学书写时并没有把"左翼"的思想与政治内容作为一种素材/主题来对待，而是通过一种媒介化的形式重组了内容，所以他的文学不会被前置定语"左翼"

所框定[3]。这也是为何陈映真小说的美学形式存在着一种紧张感。这当然也可以从具体的历史语境里寻找到解释，即逼仄、压抑、政治禁忌笼罩下的时代大背景对陈映真的小说创作的投射[4]，而在另一种意义上，这种历史语境反倒使陈映真形成了自己独特的小说力学。

陈映真的文学创作不仅关乎左翼文学与思想在当代中国的地域延展，而且可以说勾连着台湾整个当代历史，从日本殖民、20 世纪 50 年代的白色恐怖再到 20 世纪 60 年代的历史肃杀，这一历史脉络在陈映真的小说中都能得到或隐或现的呈现。近年来台湾本土知识分子不断重读陈映真，其背后的内在动力就是试图通过陈映真的文学世界通达中国的当代史，甚至是东亚的近代史①。

正因为陈映真能诚实、真诚地面对自己以及面对自己所"正面相撞的历史"，因此才会有如下一些表述，如"思想渴求实践的压力"却遭遇现实的厄运，"写作竟是唯一的抵抗与自卫"[5]。从这些表达里可以看出真正左翼的思维特征：力求思想与实践的统一与相互作用。进一步说，文学写作实际上是陈映真的实践形式之一，这就可以解释其小说的时间模式和叙事结构，即记忆的叙事结构与现实时间之间的交错叠合。

陈映真总是试图在此时此刻的时间节点上通过小说人物的"记忆"而牵出缠绕在一起的被隐蔽的历史线索。而所谓"风景"不仅指自然景物本身（这实际上也在陈映真小说中起到某种功能），也指由小说人物所"看"到的历史记忆与现实的遗迹。这两者之间不是对立的。所以需要探求的不仅是人物看到了什么风景，更是处在何种阶级地位的人

---

① 如陈光兴、赵刚等"台社"知识分子近年来对陈映真的阅读与阐发，以及与大陆知识界的互动，陈映真的文学世界实际上成了桥梁，构成了两岸知识分子重新认识当代历史的一种契机。本文的写作动力源自于台湾交通大学陈光兴老师在上海大学开设的"陈映真文学与思想"的课程，受益匪浅，在此特别感谢参与讨论的老师与同学。

物（能）看到什么样的风景，以及这背后的原因。毕竟，阅读陈映真的小说受到很大触动，不单纯是因为其政治性，而是因为这种政治性是在特定的美学形式下才产生的。

按照陈映真在《后街》里的说法，《铃铛花》是以 20 世纪 50 年代反共肃清历史为题材。小说的写作时间是 1983 年 3 月，现实的政治状况出现了松动的迹象，与这一现实状况密切相关的并不仅仅是历史的"遗留"问题没有得到清理，而是这一历史问题直接导致了现实的政治状况及其走向。

因此，陈映真才要去处理当年入狱之后与 50 年代的历史以及与那一代人相遇时的心情[6]。陈映真似乎感觉到历史所赋予的道义和责任，要去探索那一代人的"精神史"[7]。在以后的岁月里，他不断地倾听到这种来自历史深处的召唤。所以在《后街》里，他会用极具浪漫色彩的词语和句子来描写他当时的震撼：

> 他直接会见了少小的时候大人们在恐怖中噤声耳语所及的人们和他们的时代。他看见他在青年时代更深入静窃读破旧的禁书时，在书上留下了眉批，在扉页上写下自己的名字，签上购买日期，端正地盖上印章的那一代人。在押房里，在放风的日日夜夜，他带着无言的激动和喟叹，不知餍足地听取那被暴力、强权和最放胆的谎言所抹杀、歪曲和污蔑的一整段历史云烟。穿越时光的烟尘，他噙着热泪去瞻望一世代激越的青春，以灵魂的战栗谛听那逝去一代的风火雷电……他会见了早已为故乡腐败的经济成长所遗忘的一整个世代的人，并且经由这些幸存于荒陬、孤独的流放之岛的人们、经由那于当时已仆死刑场二十年的人们的生史，他会见了被暴力和谎言所欲湮灭的历史。[5]

历史的"债务"和"论题"难以完全抹去，因为历史不是僵死物，它总会以某种实体的或心灵的遗迹影响后来的实践。也就是说它一直是

"活的"，在陈映真的笔下，这种"活的"遗迹是行动与思考的起点。下面将通过具体分析《铃铛花》这篇小说，努力沟通其美学形式与政治，力图揭示出它们之间的有机结构与生产性。

二

从小说的叙事结构上看，《铃铛花》主要以两个小男孩的视角隐微地描写了 20 世纪 50 年代被捕杀的一位左翼乡村老师高东茂，衬托出当时的"白色恐怖"政治给人们留下的伤口。通过两个小孩曾益顺和庄源助在乡间的见闻，又间接地勾勒了外省人、本地人与国民党体制内部的权力交易。从曾益顺与阿助的口中和眼中，读者可以得知上述"政治风景"混杂在不断涌现的"自然风景"之中。复杂之处在于，这一切都是建立在"记忆"这一机制之上的——这一机制在陈映真绝大多数小说中都占据了核心位置，如《将军族》中记忆与现实的交叉，《我的弟弟康雄》中通过叙事者"她"的记忆构建"康雄"，《赵南栋》中那位弥留之际回忆起往事的理想主义者等等。

《铃铛花》以第一人称"我"——"三十多年"后的庄源助——回忆童年时与玩伴曾益顺的友情为起点，而叙事动力则直到结尾处才有所交代①：

> 一直到近年来，偶尔在报章杂志上读到一些反共宣传文章，才在连自己都不甚了然的情怀中，重又想起了高东茂老师来。[8]

鉴于实际的政治语境，小说的大部分篇幅并没有直接描写高东茂老师，仅仅通过侧面来写他，包括"我"的记忆与曾益顺的口述。虽然小说只是用很少的篇幅描写了高东茂老师，但叙事的中心却一直在他身

---

① 此段引文在不同版本中略有差异，如人间出版社的《陈映真作品集》（5）的原文为："一直到近年来，偶尔在报章杂志上读到一些诸如王希哲、刘宾雁的文章，才在连自己都不甚了然的情怀中，重又想起了高东茂老师来。"参见《陈映真作品集》（5），人间出版社，1988 年。

上。这一中心指的是小说叙事的趋向，这一趋向决定了小说其他部分的结构功能。

因此这篇小说就像是"我"与曾益顺在乡间玩耍探险，一路上遇到不同的地点，看到不同的"风景"，最终以看似偶然的机缘到达目的地：高东茂藏身的山洞。小说的前半部分是曾益顺以独具优越感的课本之外的生活经验（阿顺说，"真不知道你们升学考的是什么玩意"。）带着我在乡间玩耍，后半部分则是"我"带着阿顺在乡间游玩，尽管阿顺经常不相信"我"也知道很多课本之外的"知识"（如毒蛇、山洞），他的口头禅是"为什么，咿呀，为什么？"但最终还是"我"带阿顺到"私有"的番石榴树下，才偶然发现了高东茂老师。这是小说叙事结构的另一个特点。由此逆向思考"我"和曾益顺在路上所看到与从各自的口中听到的"故事"，这种结构安排也可谓匠心独运。

小说开头第一句话（单独成段）就点明了时间点："一九五〇年。"顺次读下去直到结尾处才出现另一个时间点："三十多年来……。"这中间发生的一切，小说仅以一段"莺镇的事故也特别多"的文字压缩了。小说以"记忆"的机制将这两个时间点并置在一起，也就将历史与现实并置在了一起，历史是被湮灭的历史，而现实则是湮灭历史之后的现实，因此必然是有缺损的，是丧失了"左眼"的现实[9]。陈映真实际上是通过放大 1950 年的时间点，将那些灵光片羽的历史碎片或"无告的青春痛苦"呈现给了当代人，从"后街"走到了前台。

在这里，最容易忽视的一点是叙述者"我"的身份。从文本中我们可以得知，自从"我"和曾益顺在"铃铛花下一别"后，就考取了台北市某中学，后来又考取了某大学工科，而"我"的全家也跟着都搬到台北了。与曾益顺在铃铛花下分别后，"我"就再也没有遇见过他。读者也就无从得知阿顺此后的命运。但可以相对照的是，阿顺离开学校与高东茂被迫离开学校是连在一起的，阿顺这一条线其实是为了牵出高东茂的思想倾向，而"我"此后又进学校读书受教育，与阿顺的人生又形成了对照，教育的阶级鸿沟也越拉越大。

陈映真如此安排这一对照，不仅为了寻找那个消失的"左眼"，为了告白那一段喑哑的历史、那一整个世代的精神，同时也是要表明，这段历史的缺失与这个"左眼"的缺损会给现实造成何等程度的伤害，尤其在教育上给儿童的内心造成的伤痕，以及在整个社会上造成的阶级分化。就连"我"当年对按照经济和所谓"智力"分班的举措也感到不可理解——"在我的幼小的心中，常常涌起自己无从解说的悲伤"。而高东茂老师的主动道歉，恢复了"我"和阿顺的友情，"再也没有松动过"。同样，到了20世纪80年代，报章杂志上依然是反共的宣传文章，而"我"想起高东茂老师也是在一种自己都不甚了然的情怀中。虽然想不起高老师的面容，但"唯独高东茂老师的那一双仓皇的、忧愁的眼睛，倒确乎是历历如在眼前……"

这其实就是历史的伤口。而推动"我"去记忆的，构成了小说叙事动力的则是处在20世纪80年代的现实政治状况。因此，作者刻意安排这样一个似乎旁观20世纪50年代历史的叙述者，而没有从正面直接叙述，也没有安置一个亲身参与这段历史的人（其后代或受害者）——这样的叙述者则要从《山路》《赵南栋》里才可以找到。所以，"我"的叙述者身份使小说在结构上有一种从容的节奏。这种节奏的获得当然也与儿童视角有关。那种来自乡村生活的经验在学校体制内往往处于劣势，也就是农民式的乡土经验与学校知识上的对立，背后所表征的则是乡村与城市的关系。

因此，在小说中，阿顺所代表的乡土生活经验有着很大的吸引力，让"我"这个不是放牛班的学生也愿意逃学跟着他一起玩耍。阿顺的爸爸执意不要他读书，理由则是宿命论的。由于高东茂老师当了班级主任，阿顺才开始觉得"庄里人，并不就是没路用的人"，因为在高东茂老师的眼里,阿顺的那些乡土"经验"是有价值的,是不被歧视的。从机能的角度看,小说如此大篇幅写乡土经验,恰恰是与高东茂老师的思想倾向是联系在一起的,因此在文本里,这些经验不断推动两位主人公去"记忆"与高东茂老师有关的事情。

<h2 style="text-align:center">三</h2>

《铃铛花》的开场有一段风景描写,事实上为全篇定下了基调,不仅是心理、情绪上的,同时也是美学上的,这段描写也特别见出作者的功力:

> 我一个人蹲在崁顶上一座废弃的砖窑旁边,看着早上九、十点钟的太阳,透过十月的莺镇晴朗的天空,照在崁子下一篇橙黄色的稻田。崁子上面的这废窑,隔着约略四十公尺斜削的险坡,和崁子下一排林投树林相接。这一整个斜坡,数十年来,一直是这附近一带的陶窑丢弃它们烧坏了的陶器的场所。一大片或橙黑、或焦褐、或破损、或变形的陶器的尸体,在越发明亮起来的阳光里,越发散发出一片橘红色的微光,恍惚一看,竟把离乱地生在斜坡上的野草,也烘托成橙黄的颜色了。斜坡的很远的一端,正有几个穷人的孩子,带着一只黑色的土狗,捡拾着可用的盘、碗、小瓷之类。有一个男孩轻轻地滑下斜坡,响起一阵轻脆的陶物相挤碰到声音,连同的小孩的哗笑和狗的吠声,传了过来。[8]

如果把叙述者在描写莺镇的自然景物时所用到的词汇和描写工厂所用到的词语对照的话,就可以很明显区分出作者的态度。前者包括"晴朗的天空""橙黄色的稻田""明亮起来的阳光"等亮色调,后者则是一些暗淡的色彩或状态:橙黑、焦褐、破损、尸体,甚至这些陶器的尸体在阳光下使绿色的野草也显出橙黄的颜色。我们既可以说这是一种写实的笔法,但读者也可以自己发挥想象力,将这一幕景象与现实、历史的交错做象征性的解读。不过这种解读并非是将其当作寓言，这是需要特别注意的。

联想到后文，我们就可以知道上文描写的废窑其实是战争的遗迹。这些穷人家的小孩实际是在战争的废墟之上活动的。而"我"听到陶物相撞的声音和狗的吠声，内心里没有泛起什么波动，这些声音也是"风景"之一。只有到突然从远处的学校传来一阵读书声，"我的心中，慕然泛起了一阵寂寞"。也就是说，开场的这段风景，并非是在"我"心中寂寞的状态下才发现的，而"我"发现这一风景也并非是为了印证自己的内心状态。恰恰相反，是因为"我"对周遭的环境充满了好奇和探索的心情——这当然与作者设计的儿童视角有关。正因此，才反过来可以回答前文提出的问题：什么样的人看到什么样的风景以及如何看待——探索和质问的对象并非自己的内心世界，而是外部世界。

正因为对外部的世界和人没有表示出冷淡的态度，所以才能更进一步拷问人物的精神世界。也正因为对外部的世界和人始终抱有理想的企望，才能更深入地进入他们的世界。这才是陈映真小说现实主义的核心之处：他的小说世界的"现实性"体现在与理想或乌托邦的持续关联性上，处在两者之间断断续续的链条上，始终扎根在理想世界。

陈映真的工作方式就是将文学作为方法去弥合现实与理想断裂的罅隙。在《铃铛花》中，高东茂老师教的那些歌谣[①]代表了一个理想的时代，而"我"和阿顺则生活在本应充满希望但现实却到处弥漫恐怖气氛的时代，"存在"与"应然"的差异和对立，使得小说在美学形式上构成了一种张力。因此小说的整体趋向是建立在"我"的记忆机制上，将"我"和阿顺的友情和童年时代特有的生活状况以及各自不同的命

---

① 这些歌谣包括《台湾光复纪念歌》（陈波作词、陈泗治作曲）、《保家乡》（塞克作词、冼星海作曲）、《救国军歌》（贺绿汀词曲）等等。感谢厦门大学王莹同学提供歌谣原文。

运作为媒介物，让以高东茂老师为缩影的那一整个时代与世代发出声音。从现实的角度看，陈映真是突破政治禁忌描写了一段被封存的历史，从更远的视野回看，这个过程有着另一面：通过这一媒介为现实政治和社会增添批判性的社会意象。

小说中有一种对（自然）生命力的赞扬——与之对比，作者把陶器的碎片称之为"尸体"——无论是阿顺养的小蛇，还是小蛇的食物青蛙，还有深深吸引小孩子们的笋龟，还是狗、白头翁等等，甚至"铃铛花"也仿佛在风中发出"叮铃，叮铃"的声音，就像有生命似的。小说将"铃铛花"作为标题，确实是一种隐喻的手法。小说中，描写"铃铛花"的笔墨并不多，但都是作为一种美好的象征物来写的，并且都是在转折性的地方出现，因此起了一种叙事功能。比如第一次看见铃铛花，就引出了一个"风景"、一个故事——"客人仔番薯"。而最后"我"和阿顺也是在"铃铛花下"分别的。

小说中处处可见的自然风景与20世纪50年代的现实形成了鲜明对照。因此在这篇小说中，阅读的行为是在两种空间之中穿插进行的。难怪后来侯孝贤导演要根据这篇小说拍电影。可见《铃铛花》是一篇很见功力的小说，即使拍成电影，也不减小说的艺术魅力。因为与其说这篇小说在表层触及了敏感的主题——"白色恐怖"时期对左派青年的捕杀，还不如说其艺术底色恰恰在于描写了暗淡岁月里乡村生活中那种呼之欲出、一股暗流涌动式的生命张力——"我"在看到阿顺成熟的身体后说，"我只感觉到一种于当时为无由言宣的，对于自然的敬畏罢了"。通过自然力的彰显，其实间接讥讽了知识等级的观念。自然风景的描写占据小说的大部分篇幅。作者通过"我"的视角（同样是回忆式的倒叙结构），在首善之都回忆30多年前的童年往事，刻画了一个深受左派青年高东茂影响的男孩阿顺，通过这一描写，又连带地拉出教育的阶级视野、省籍问题等等历史债务。

细读文本，我们能更加感受到作者的精微之处，也就是将上述自然风景与历史纵深感融合在了一起。当"我"带着阿顺到"后壁山"上一个当初日本人拉警报的亭子时：

> 在这个亭下，我们可以看见绝大部分的莺镇东区所有人家的、陈旧的瓦屋顶。升着青天白日旗的地方，就是派出所了。现在看来，非但看不出轰炸的一点点痕迹，即连日本人经营过的院子里的一些花木，还茂盛地长高过派出所的屋顶。[8]

历史如草木一般无情，并非是历史本身的原因，而是今天的认识主体和行动主体的缘故。因此在下文，叙述者会写到外省来的有权势的金先生与房东余义德的故事。这之间的勾连，其实透出一种深层次的悲哀感。从小说本身的美学形式上看，这样的描写含蓄中透出一种特殊的力道和韵味，反倒能超越表面的政治性而直达历史深层。此外，小说所涉及的乡村自然景物，不是浪漫主义式的描写，也并非是单纯的抒情。越是把乡村自然描写的美丽，现实对人们的压抑就越是沉重。所以"乡土"在此并非只是一种背景。

结　语

王德威先生曾在一篇论陈映真的文章中写道："陈映真在八〇年代中发表的《山路》三部曲《山路》、《铃珰花》、《赵南栋》——是他创作的另一高峰。这三篇作品追述五〇年代白色恐怖时期，一辈左翼革命者的血泪遭遇。隔着海峡，他（她）们遥奉社会主义正朔，终以生命见证理想。陈映真铭刻这些人的牺牲奉献，几乎有"圣徒列传"式的况味，但悼亡伤逝的感触，在在挥之不去。时移事往，当年的激情怎就逐渐被腐蚀磨灭？陈映真信仰历史的真理，但历史经由时间所付诸的实践方式及条件，却往往成为他最大的盲点或难题。[10]"从前文的分析中不难看出，《铃铛花》并非是因"悼亡伤逝的感触"而写作，问题也根本不在于"时移事往，当年的激情怎就逐渐被腐蚀磨灭"。与之相反，恰是因为现实的政治出现了新变化，各种力量出现新的分化和重组，此刻触摸这一段历史并非是作家个人心理的原因。因此说"陈映真铭刻这些人的牺牲奉献，几乎有'圣徒列传'式的况味"可能恰恰把这背后真实的历史状况与当代政治（实践）孤立起来了，而赋予他们的社会主义信仰以"宗教"的品质反倒削弱了其历史实践的张力。

所以，后文所说的陈映真的"盲点或难题"不啻是这些历史与现实的行动者的起点。那一整个世代的所有情感与中心都在那一段历史里，如果没有清理这一段历史，没有把"过去"纳入到今天的视野里，这整整一个世代的苦难与奋斗岂不是徒然、枉然了吗？更重要的是，他们的后代（以及幸存者）又生活在完全另一个世界里，这中间的鸿沟不仅是年龄上的，更是现实的分断与历史的"断裂"——"历史的时间，与个人的时间的差距"[11]。从这个意义上，陈映真其实是在处理自己内心的东西，但这个内心的东西是不单独属于他自己的，而是那一个历史时空下的人们的共同物。

实际上，陈映真对时代政治语境变迁的感觉是相当敏锐的。他确实不是通常意义上的以虚构为生的作家，而是投身历史与当下双重境地的始终带着问题的作家。"虚构"不是目的，而是以与现实的交叉、与历史的相遇为志向。他似乎总想在纷杂的现实政治面前，寄望通过对历史的清理和回顾来层层展现现实，将纠缠在一起的问题的面向分清层次，抽丝剥茧，然后一一对应它们的历史根据与起源，再找到某种解决和解释的方式。

"铃铛花下一别"就是30多年，"我"的"记忆"和其中的"风景"都是具体的历史化的。"走过的历史巷道"，陈映真与"五〇年代残酷肃清的大狱中一段激烈、暗哑、压抑着一代青春和风雷的历史"正面相撞，其实际面对的却是现实政治的未来走向，只有把这个维度同时纳入到思考之中，才会真正理解"记忆"的机制，也才可能在陈映真小说的美学形式之中去把握他的"政治"，把握他的"再政治化"的文学实践及其身处的历史语境。

参考文献

［1］Williams R. , *Marxism and Literature* ［M］. New York：Oxford University Press，1977.

［2］白乐晴：《分断体制·民族文学》［M］，台北：联经出版事业股份有限公司，2010。

［3］陈光兴：《陈映真的第三世界——狂人/疯子/精神病》［A］，《热风学术（第5辑）》［C］，上海：上海人民出版社，2011。

［4］郑鸿生：《陈映真与台湾的"六十年代"——试论台湾战后新生代的自我实现》［A］，《热风学术（第5辑）》［C］，上海：上海人民出版社，2011。

［5］陈映真：《后街——陈映真的创作历程》［A］，《父亲：陈映真散文集1》［M］，台北：洪范书店，2004。

［6］赵刚：《颉颃于星空与大地之间》［A］，《热风学术（第5辑）》［C］，上海：上海人民出版社，2011。

［7］陈明忠：《无悔——陈明忠回忆录》［M］，北京：三联书店，2016。

［8］陈映真：《铃铛花》［A］，《陈映真小说集5》［M］，台北：洪范书店，2001。

［9］赵刚：《左眼台湾：重读陈映真》［M］，北京：北京大学出版社，2016。

［10］王德威：《陈映真的〈归乡〉及其他》［A］，《如此繁华》［M］，上海：上海书店出版社，2006。

［11］陈映真：《陈映真自选集》［M］，北京：三联书店，2007。

历史史观的差异

——从陈芳明《台湾新文学史》引发的争论

王婉如

（四川大学文学与新闻学院）

2011 年 10 月份陈芳明《台湾新文学史》问世后，台湾文学仿若像浮冰下的冰山再次浮上台面。作为台湾重要的"台独"分子，陈芳明鲜明的政治立场使他对于《台湾新文学史》的写作立场与诠释角度，有意识的导向其自我构建的"后殖民史观"。陈芳明的"台湾新文学史"，使用三个不同的时间段——起点的日据时期（1921—1945 年）、国民党政权接收台湾的战后时期（1945—1987 年）及解严后时期（1987—至今），作为文学史的纵向脉络。横向则依据不同时期的重点，分别探讨了赖和、杨逵、吕赫若、龙瑛宗等几位"被殖民"作家的创作背景，主要以各时空中作家的创作心情和语境作为收录的选择和判断，重点选择带有"反抗意识"的叙述文本，表述不同时期皆反抗"当权政府"的心态，突显陈芳明所建构的"台湾文学史是一部被殖民的文学史"理论。以此说明台湾作为"殖民"土地载体发展出的"殖民地文学"及为台湾文学"正名"的挣扎史。历史事件的演变左右着文学的发展脉络，文学史从中如何书写？如何架构？除了依附在这历史的基础环节下，作者个人主观意识与喜好的取舍，也反应出文学史的走向。由此，关于文学史的丛书或涉及文学史的论述，不断地被推翻与重新建构。在多重殖民的背景因素下，台湾文学史所呈现的是一个多元而复杂的面向。在这其中，日据时期殖民统治的皇民文学论述，最容易显露出台湾与日本学者间对立的观点与差异性。

日本学者藤井省三在《台湾文学这一百年（台湾文学この百年）》试图以泰瑞·伊格尔顿（Terry Eagleton）的"杂草"观点，淡化论调冲突以社会性脉络及文化议题，以文本之间的关联性构成三者的体系建构，也就是"受历史变化的影响"与"社会意识形态密切关联"的价值判断，成为问题的关键。① 由此来看待大东亚战争下的皇民文学，加上安德森民族主义、出版主义间的论述及李妍淑"国语"与国家主义的理论，淡化国家"边界"概念和台湾对于日本的主权意识形态。企图论将述引向日本所谓的"国语"，是明治时期的日本，于自我形成国民国家后，在往殖民地帝国发展时，为维持国家的自我认同性，以担负其不可或缺的作用，而被创造出来的产物。② 这种看似相同的"共同体"命运论点为何与陈芳明《台湾新文学史》一书同遭陈映真的严厉批判？也正是本文所要探讨的问题。

一、第二轮"皇民文学"？

首先在 2003 年 11 月 3 日，陈映真发表《警戒第二轮台湾"皇民文学"的第二轮图谋——读藤井省三〈百年来的台湾文学：批评的笔记（一）〉》指出藤井省三："明目张胆地为台湾皇民文学涂脂抹粉，把当时为日本侵略战争服务的台湾'皇民文学'说成'爱台湾'、向慕'日本的现代性'的文学，而不是彰久明甚的汉奸文学。"③ 认为其做法延续着台湾学界特定的风气，充满了力图把台湾文学从中国文学分裂出去

① 藤井省三著，张季琳译：《序——何为台湾文学》，《台湾文学这一百年（台湾文学この百年）》，台北：麦田出版社，2004 年 8 月，第 20 页。
② 同注 1，第 23 页。
③ 陈映真：《警戒第二轮台湾"皇民文学"的第二轮图谋——读藤井省三〈百年来的台湾文学〉：批评的笔记（一）》，《人间思想与创作丛刊》，台北：人间出版社，2003 年冬季号。

的证据。远在日本的藤井省三直到读到 2004 年 3 月陈映真接受香港《文学世纪》杂志专访的《左翼人生：文学与宗教——陈映真先生访谈录》被陈映真认定为日本侵略史中的后期右派学者后，才决定将自己认为被误解的部分写成《陈映真对拙著〈台湾文学百年〉之诽谤中伤》一文回应陈映真的多篇"攻击"文字，在这一篇文章中藤井省三指责陈映真穿凿附会地误会自己，其先后于 2004 年 6 月发表于香港《作家》杂志①、台湾《联合文学》②。又于同年 7 月将同一文章《陳映真氏、ヒ反駁、ケ、ё拙著——拙著"台湾文学、ウ、ホ、百年"、リホ誹謗中傷、兒、テ》③再度以母语发表在日本《东方杂志》上，最终该文收录在藤井省三《台湾文学这一百年（台湾文学、ウ、ホ百年)》的附录中。

藤井省三在回应陈映真的文章里解释说将他定义为过气的作家，因此在刚开始完全不以为意，而后因为陈映真接受香港杂志的采访，以及《人间思想与创作丛刊》是大陆等高校图书馆会订阅的杂志，为了避免进一步被误会因此撰文解释，指出陈映真多次指责的"金钱丑闻"完全是陈映真自己歪曲出来的，真正的事实则是：

> 我确实曾以共同编辑者的身份参与《苏醒的台湾文学——日本统治时期的作家与作品》和《台湾的"大东亚战争"——文学、媒体、文化》二书的编辑出版，这两本书是得到"台湾行政院文化建设委员会"辅助金的出版品。不过这两本书是日、台、美等

---

① 藤井省三著，黄英哲译：《回应陈映真对拙著〈台湾文学这一百年〉之诽谤中伤》，《香港作家》，香港：香港作家杂志社，2004 年 6 月，第 24 期。
② 藤井省三著，黄英哲译：《回应陈映真〈台湾文学百年〉之诽谤中伤》，《联合文学》，台北：联合文学出版社，2004 年 6 月，第 236 期。
③ 原文标点作《陳映真氏、ヒ反駁、ケ、ё拙著——拙著"台湾文学、ウ、ホ、百年"、リホ诽謗中傷、□兒、テ》，为符合大陆标点符号习惯将"台湾文学、ウ、ホ、百年"改为"台湾文学、ウ、ホ、百年"，日本《东方杂志》281 号，东京：东方书店，2004 年 7 月，第 8—12 页。

各国十多名到二十多名研究者的共同著作。①

对于自己接受台湾当局的补助，藤井省三认为接受台湾人民的补助感到很光荣，并且除了这两本书以外《台湾文学这一百年》则纯粹是商业出版，本人并未拿一分当局的钱；认为陈映真说自己开研讨会、出论文集都是官方经费这点是非常失礼的谣言。对于陈映真的不实指控，藤井省三感到非常愤怒，除了关于"金钱丑闻的谣言"还写到陈映真误读扭曲《大东亚时期的台湾皇民文学》，以及陈映真是遗忘鲁迅精神的"伪左翼"作家，文章末尾则提到："陈氏称呼我为'右派学者'。事实上，他不但默认在东亚所发生的言论镇压，并且又根据谣言侵犯学问自由，他根本遗忘了鲁迅精神，他才是一位道道地地的'丧家的乏走狗'伪左翼作家。"②

陈映真对藤井省三这篇文章进行反驳，撰写了《避重就轻的遁辞：对于藤井省三〈驳陈映真：以其对于其拙著《台湾文学这一百年》的诽谤中伤为中心〉的驳论》分别发表在《爪痕与文学》③《INK 印刻文学生活志》④ 及《香港文学》上，指出藤井省三对于问题避重就轻并用具体的历史事实反驳；并且强调说明自己很重视与外来学者的讨论机会，在写这篇回应藤井省三的文字之前，还继续详加阅读了尾崎秀树的《旧殖民文学的研究》。在陈映真眼里研究了两到三年的尾崎秀树想法比起藤井省三更让人觉得重视：

---

① 藤井省三著，张季琳译：《回应陈映真对拙著〈台湾文学这一百年〉之诽谤中伤》，《台湾文学这一百年（台湾文学、ウ、ホ、百年）》，台北：麦田出版社，2004 年 8 月，第297 页。

② 藤井省三著，黄英哲译：《回应陈映真〈台湾文学百年〉之诽谤中伤》，《联合文学》，台北：联合文学出版社，2004 年 6 月，第 236 期，第 305 页。

③ 陈映真：《爪痕与文学》，《人间思想与创作丛刊》系列，台北：人间出版社，2004年 10 月。

④ 陈映真：《对于藤井省三〈驳陈映真：以其对于其拙著《台湾文学这一百年》的诽谤中伤为中心〉的驳论》，《INK 印刻文学生活志》，台北：INK 文学杂志出版社，2004 年 9 月。

尾崎先生回到他和他的家人在战时横遭日本法西斯压迫，从而启发他在战后深刻反省和控诉日本军国主义强加于台湾、朝鲜、伪满的亲日文学的伤痕，至今触动几代人的良心的研究事业的原点——台湾，远远比性急地批驳藤井的文章更为重要。[1]

以尾崎秀树的说法，指出藤井省三妄图颠覆尾崎秀树对于日本帝国当初蹂躏其"旧殖民地"的文学与心灵之批判和反省的学术体系，从而为日本帝国在其"旧殖民地"肆意摧残被其压迫的诸民族的语文、文学和心灵的沉重罪责免罪和翻案。因此，陈映真希望赶快完成书稿的第二次校读，将尾崎秀树的思想能在台湾公刊，早日让广大的台湾读者阅读；并抢先在汉译出版的藤井省三《台湾文学这一百年》之前出版，希冀在读者自己的比较之下，自然能在其学术风骨下分辨高下。由于陈映真反复说的都是"社会意识形态"的条件以及"国语"的界定，以及思考台湾文学究竟是什么的"薄弱"性反驳，存在着相对矛盾的地方。没有办法全然解释清楚究竟殖民地的罪恶与伤痕在哪里？战斗力略显不足。因此旋及松永正义发表了《对日本而言台湾的意义——给藤井省三氏的异议》[2]，强调皇民文学只有在加上与中国这一层的连带血缘关系后，将台湾放入历史语境中才能真正看得出来意义所在。藤井省三在翌年（日本《东方杂志》2005 年 2 月号）重提自己的看法，表示自己只是提供一个观点给读者去进行阅读。

松永正义主要是根据藤井省三文章中的三点来提出自我的看法，第一是日语共同理论正确吗？第二是"日语读书市场的成熟情况"为何？

---

① 《避重就轻的遁辞：〈对于藤井省三〈驳陈映真：以其对于其拙著《台湾文学这一百年》的诽谤中伤为中心〉的驳论〉》（上）、（下），《香港文学》，香港：香港文学出版社，2005 年 3 月 1 日，第 243 期。

② 松永正义：《对日本而言台湾的意义——给藤井省三氏的异议》，《东方杂志》，东京：东京书店，2004 年 11 月，翻译收录台湾文学年鉴 2004 年《台湾文学在日本》，第 149 页。

第三有关台湾"国族主义日本起源论"的问题。关于第一点松永正义认为不能忽视文字共同语言的关系，因为台湾人的近代文学起源于"五四"；若一味只强调上层构造的话则将忽略了广大的台湾闽南语世界，从而忽略台湾闽南语文学与古典教育。同时认为应该讲台湾闽南语文学圈和日语文学圈分开对待，区别出在1937年后因语言断裂而无法发声的作家群。第三点关于台湾"民族主义"，拥有与中国民族主义相左的部分；但最终没有与中国民族主义对立，是在战后的冷战构造中才形成中国民族主义绝对性的对立，因此民族主义的思考应该从战前战后一起思考。松永正义的观点平实，从文化的角度出发，为陈映真的"生硬"增添了一些暖色；同时松永正义与藤井省三也反映了日本学界两者迥异的风格，亦即历史文学方法论和意识形态的分析研究路数不同，形成了对民族国家看法的分歧。

大体而言，在日本学者藤井省三和台湾作家陈映真之间，以及后来卷入事件的日本台湾文学研究者松永正义与藤井省三之间，这场有关台湾民族意识的兴起与日据时代"国语"（殖民地宗主国日语）关系的论争。三方的论争不仅涉及如何在东亚复杂的格局中认识台湾的历史与文学，如何对近200年来殖民主义体制做出价值判断这一核心问题，而且与20世纪90年代东西冷战结束后国际上后殖民主义语境下的理论发展及日本台湾研究界学术趣向的变化密切相关。在研究台湾文学进程中，值得费笔墨去描述。

二、"意识形态与科学知识的灾难"？

同样值得关注的还有陈芳明与陈映真之间的论战，早在2000年陈芳明在这场论战中就以《台湾新文学史》里的"殖民与被殖民"观点，遭受陈映真相同的文笔讨伐；陈映真以《以意识形态代替科学知识的灾难——评陈芳明先生的〈台湾新文学史〉的建构与分期》① 长达三万字的专门论述对陈芳明的台湾文学史中的社会性质、资本主义问题、殖民地的革命及政治问题提出了严厉批评。陈芳明则以《马克思主义有那么严重吗？——回答陈映真的科学发明与知识创建》认为自己预计提出的《台湾新文学史》中的"架构与分期"并无不妥，陈映真则是借由他的文章宣泄自己的民族主义观点，陈芳明对陈映真提出的批判深感不满，认为陈映真的历史知识在其记忆之中总是流于印象式、抽象式、幻想式的阶段，经不起实际的推敲：

> （陈映真）旨在强调他的科学、理性、客观的讨论态度，而对意识形态表示了不胜贬抑或鄙夷。对于他显露的庄严姿态，我抱持相当强烈的期待。然而，他的通篇文字所谓的科学知识，只不过在几个地方引用马克思主义的理论，其余都在渲泄他的中国民族主义情绪。把马克思主义当作科学知识，然后以这样的科学知识作为面具，来巧饰他中国民族主义的统派意识形态。近十余年来，陈映真酷嗜以科学的假面虚掩其统派立场，我是非常习惯的。偏离中国民族主义的思考，他的马克思主义就立刻经不起分析。他的伪科学身段，很难让人找到对话的基础。②

陈芳明的这个做法激起了陈映真的意见，陈映真再度撰写《关于台湾社会性质的进一步讨论——答陈芳明先生》一文，以陈芳明曾提出的观点反驳陈芳明，认为陈芳明没有办法解释清楚台湾社会性质，武断地进行"殖民地社会""再殖民地社会""后殖民社会"的粗暴分类。认为陈芳明不曾彻底懂得社会生产方式论，即社会性质的形态构成

---

① 详可参看，陈映真：《以意识形态代替科学知识的灾难——评陈芳明先生的〈台湾新文学史〉的建构与分期》》，《联合文学》，台北：联合文学出版社，2000 年 7 月，第 189 期。

② 陈芳明：《马克思主义有那么严重吗？——回答陈映真的科学发明与知识创建》，《联合文学》，台北：联合文学出版社，2000 年 8 月，第 190 期。

体，只是一知半解地说研究文学"不能只是停留在文学作品的美学分析"；一知半解地说研究文学要"注意到作家、作品在每个历史阶段与其所处的时代社会之间的互动关系"就一定会不旋踵而要别人"就文学论文学"、要别人不把"文学史的讨论引导到社会性质史论的检讨上"。①

陈映真引用马克思主义的观点提出了"亚细亚生产方式"论，认为台湾离开殖民地化后土著社会的具体的社会经济内容，单独的"殖民地"概念不能以一种社会生产方式（社会形态、性质）而存在。陈芳明则认为殖民地社会的存在，是一个客观的事实，为什么必须根据马克思主义来定义？陈芳明此问，陈映真认为犹如问："太阳明明每天自东方升起、西方下沉，太阳绕着地球转'是一个客观的事实'，为什么必须根据'天文学'的知识，说地球绕着太阳转？"说明了陈芳明社会形态理论上是个全然的外行人。随后陈芳明对此说法提出强烈的意见，在《当台湾文学戴上马克思面具——再答陈映真的科学发明与知识创见》中，认为陈映真的看法是"历史的孤儿"是历史过程中所遗留下来的列宁与马克思观点一直在陈映真的体内没有消退，没有随着时代进化。

当年，我也迷信过陈映真在现阶段所奉为神明的陈腔滥调语言："不同的生产方式，因其相应的、不同的社会生产关系，形成不同的经济基础，从而有相应的、不同的上层建筑，也就是包括文学艺术在内的意识形态体系。"这种教条的、僵化的思考方式，早已偏离了唯物的轨道，而带有浓厚的唯心倾向。陈映真照搬这些老掉牙的、落伍的马克思语言，无怪乎他回到中国去演讲时，被他笔

---

① 陈映真：《关于台湾"社会性质"的进一步探讨——答陈芳明先生》，《联合文学》，台北：联合文学出版社，2000 年 9 月号，第 191 期。

下形容的"我国"的大学生讥讽为"比老干部还老干部"。①

这样的说法无疑展现了陈映真在台湾的孤寂感，陈映真继承了马克思主义传统。但社会在和平演变，马克思主义得到了进一步淬炼并加入了社会主义的色彩。在詹明信（Fredric Jameson），以及再之前的马库塞（Herbert Marcuse）及其法兰克福学派，和更早的西方马克思主义者，已对机械反映论的马克思进行了革命性的修正与扩充。陈映真死死抱住的马克思主义，与其说是马克思主义的忠诚信徒，不如说是"马克思乌托邦"式的幻想；陈映真理想的左派主义，即使是在今日的大陆也很难实现。单纯拥抱"功能学派"的观点，在历史的演变里淹没在时代的洪流中，因此陈芳明对陈映真"历史的孤儿"这个注解，不能说是全然批评，相反还带出了陈映真在现实社会中的孤寂感，是其自我理想中拒绝成长的一个剪影。

三、马克思主义还是马克思"乌托邦"主义？

陈映真在读了《当台湾文学戴上马克思面具——再答陈映真的科学发明与知识创见》一文后认为论争焦点已失焦，陈芳明多次撰文均未回答"社会性质"主要问题上；认为陈芳明在闲散的空气下观点迅速向政治圈靠拢，舍弃了自我在 70 年代时仍认同的"中国"观点。并无法解释 1947—1949《台湾新生报》副刊《桥》上关于欧阳明、杨逵、林曙光、田兵以及后来走向"独"派的叶石涛，都强调新文学的课题，和建设新文学课题的相关联；强调台湾文学始终是"中国文学的战斗的分支"，台湾文学工作者是中国新文学战斗者的"一个战斗队伍"。②而后回了一篇《陈芳明历史三阶段论和台湾新文学史论可以休矣!》再

---

① 陈芳明：《当台湾文学戴上马克思面具——再答陈映真的科学发明与知识创见》，《联合文学》，台北：联合文学出版社，2000 年 10 月号，第 192 期。

② 台湾"文化部"：《台湾大百科全书》——戒严后"台湾文学"的统"独"论争。

度以马克思主义的观点"教育"陈芳明：

> 自从人类进入阶级社会，一切国家政权就成了社会经济的统治阶级、即政治上的统治阶级进行阶级压迫、阶级专政的工具；统治阶级的思想、意识形态也必然成为那个社会的统治思想和意识形态，形成文化、思想和意识形态的"霸权"，透过教育、宣传体制进行对于广泛被统治各阶级精神与思想的支配。①

描述陈芳明的历史观是不堪一击，反对陈芳明所叙述的单一殖民地所造成政治和社会压迫和对"民族思想教育""戒严体制""对本土意识的歧视与排斥""历史记忆的扭曲与擦拭"作为国民党自 1945 年至 1987 年在台湾"殖民"的证据。陈映真反对陈芳明的装聋作哑态度以及对马克思主义的不理解，认为陈芳明存在与意识的关系问题上将自己装点成为"前左派"说人的心理结构，人本身是自己的历史的创造者这个观点，是"老掉牙"的"唯心观点"并重提自己当年与彭歌的论战，强调自己始终践行马克思主义的"存在与意识三原则"立论不变。

陈映真还在台湾现代主义上再次狠狠批判了陈芳明。对于现代主义的估价，认为陈芳明最好要讲一点实事求是，讲"一分为二"。从西方现代主义文学艺术看，从其较好、较重要的作家和作品看，的确深刻、生动地反映了西方现代人在高度发达而非人化的资本主义下所遭受的心灵的创伤与怆痛，也确实表现出西方人在垄断阶段的资本主义下非人化、物化和异化，表现了现代生活中深在的矛盾。在一定意义下，现代主义对于发展创作技巧、形式，开拓和表现新的感觉和感性，有一定限度上的贡献。

但是，我们也要同时看到现代主义遮掩生活中的矛盾、误导现代生

---

① 陈映真：《陈芳明历史三阶段论和台湾新文学史论可以休矣!》，《联合文学》，台北：联合文学出版社，2000 年 12 月号，第 194 期。

活带来痛苦的社会本质，将矛盾与痛苦抽象化、绝对化为人宿命的、本质的伤痛、绝望、沉湎其中；现代主义放纵极端的个人主义、自我中心、悲观和虚无，耽溺在疯狂、倒错的肉欲，现代主义的极端化，往往达到了反文化、反创造，内含着虚无主义的破坏与毁灭性。除了毕加索、聂鲁达、阿拉买、托勒等以现代主义形式表现了对资本主义法西斯的批判，表现了对于解放改造的憧憬，现代主义文艺一般地以逃避、自渎、虚无去回答垄断资本主义对人类社会的压迫与伤害。这篇文章刊登在《联合文学》后，陈芳明因埋首于《台湾新文学史》的出版进度，直到八个月后才以《有这种统派，谁还需要马克思？》[①] 一文回应陈映真的说法。

陈芳明强调了台湾《文学杂志》对战斗文艺表现出强烈的批判意味，认为来到台湾的自由主义者受国民党压抑、不被宽容，使得当时知识分子要求内心的解放，陈映真所不认同的现代主义则刚好提供了出口。在国民党的教育之下，台湾的文学传统面临双重断裂的命运。台湾的现代主义文学作品，产生于自由主义的杂志其来有自，同意胡适所倡的"人的文学"即是对"自由"的创作文艺有所联结，从历史的角度来看，胡适重新介绍五四时期的文学思想，正好可以说明《自由中国》与《文学杂志》在抗拒官方文艺政策之际也契合了自由主义的精神。但同时再次说明是因为西方的作品表现出了心灵的创伤与悲痛，知识分子只是借自由主义的机会"避开敏感的政治话题"致力于内心的经营。并强烈不满陈映真化身为"马克思的代言人"且"曲解马克思的观点"。认为有这样"冥顽不灵"的陈映真存在，其余的马克思理论家也可以将不被需要，文字之间不无嘲讽。至此，陈映真不再回应，与陈芳

---

① 陈芳明：《有这种统派，谁还需要马克思？》，《联合文学》，台北：联合文学出版社，2001年8月号，第202期。

明的论战终于暂时告一段落。

四、为何如此冲突？

陈映真在与陈芳明、藤井省三的论述过程中始终坚持以"在台湾的中国文学""在台湾的中国作家"来定义台湾文学及其作家，通过一系列主动出击的论战和批判，与分离主义展开严峻斗争，显示其任何情况下都矢志不移的"中国人"认同观点与鲜明的统派立场在学界中引起不小的争议。除与陈芳明的论战，陈映真之前论战还包括：在乡土文学论战时就叶石涛文章中的"台湾立场""台湾意识"等概念的暧昧不清以及可能性的问题，以及与彭歌关于"皇民化"的论争。陈映真自认继承了马克思主义，以"被殖民者现代性"对抗殖民现代性，对资本主义生产关系、民族矛盾方面，无不以马克思主义观加以批判，在台湾学界中可谓"独树一帜"。每每在论战中浮出历史台面的"皇民化"在《台湾文学问答》中杨逵对皇民化郑家的问题，即有着清楚的认识。《郑一家》是日本殖民统治时期中率先追求日本化、学习日语、遵循日本风俗的台湾富豪一家的故事。杨逵则企图追从"皇民化"的悲剧进行了尖锐的冲击：

> ……这郑家三代共通的东西，不是什么正义感或者诚实，而是看风使舵的奴性，观察主人的眼色，竭尽谄媚之能事。而一旦渡过了财产或名誉上的危难，谁都可能会将小得可以托在手掌上的灯笼捐献出去。郑一家三代卑躬屈膝的奴性，发展到了令人哭笑不得的、不着边际的荒谬。如果说皇民运动能够制造出这样的人物就完成了任务，应该就是极大的误算。没有正义感和城市感，能算什么皇民，又算什么新体制。这不仅是文学的问题，就政治而言，也是个重大课题。我希望当事者应该注意到这一点。①

---

① 杨逵：《台湾文学问答》，《台湾文学》，第 2 卷第 3 期。

尾崎秀树在《殖民地遣返派的发言——与历史的伤痕相纠结的作家们》的一段文字恰可形容杨逵对日本对台湾殖民时企图"改造"台湾为宗主国（日本）服务的"皇民化"运动其背后隐藏的作家心理要素。尾崎秀树认为在作家身上有一种叫作"原体验"的东西。它有时是政治上的挫折，有时是与死亡的抗争，有时也许是军营体验，这种所谓"原体验"是直接显现和不直接显现两种情况。换一种说法，即是有从"原体验"出发和从远处胆战心惊地向此回归的区别。[①] 而这种原初的心理也可以从日本殖民台湾时所遭遇的"反叛"略窥一二。诸如反对台湾割让，建立台湾民主国，攘扰日本征讨军的传统，即使有"六三法"的制定、"匪徒刑罚令"以及实施保甲制度、招降（转向）政策都未能使反抗日本殖民统治的势力彻底根绝。据细川嘉六的报告，从 1897 年（日本明治 30 年）到 1901 年（日本明治 34 年）间，共捕获抗日斗士 8030 人，其中处死 3473 人，在 1902 年（明治 35 年）的大讨伐（指南部抗日斗士林少猫一派）中又有 539 人被处以死刑，4043人被以其他手段杀戮。[②]

一边是高压统治，一边则是安抚。日本对台湾殖民的 50 年，企图通过精神方面的"一视同仁""日台同化"来掩饰经济上和社会上的不平等，铲除抵抗力量、笼络、培养顺从"皇民"的历史。但台湾人民深处始终进行着不屈不挠的抗争。尽管，从社会表层看来，这一切已被清除干净。无论是否喜欢"皇民化"，已被强制带进日常生活和强制使台湾人接受，《台湾新民报》编辑总务竹内清这样写道：

"皇民化"运动并不是从今天才开始的，而是始于 43 年前。

但自上次支那事变爆发以来，这一运发展到今天这种热烈的程度，

---

① 尾崎秀树著，路平舟、間ふさ子译：《殖民地遣返派的发言——与历史的伤痕相纠结的作家们》，《旧殖民台湾文学的研究》，台北：人间出版社，2004 年 11 月，第 317 页。

② 细川嘉六：《殖民史》，《现代日本文明史》，第 10 卷，第 115 页。

好像是占领台湾第一次。……所谓"皇民化"就是"日本人化"，但是，本岛人在 43 年前就已经是日本人了，所以单说日本人是不充分的，应该是"做一个好的日本人"。①

事实上，日本统治方式从歧视政策向同化政策转化以来的一种"七七事变"后的"实战动员计划"。如果同化政策意味着成为日本人，那么"皇民化"就是要"成为一个好的日本人"，日本统治者对于"皇民化"的期待上并不是希望台湾人要"作为日本人而活"，而是"要作为日本人而死"的方向。"皇民"炼成、生活改善、改姓以及志愿兵制度，这些"皇民"的组成内容，除了吸引了想要改善家计的台湾中下阶层民众和轻信"大和魂"是可以"祈祷与实践"的人民。也有被迫当地保正所迫害的无辜居民，写下血书后踏入战场一去不复返的。对日本人精神谱系而言，只有纯粹的血统才能代表日本人。"皇民化"运动不过是日本统治和战争局势的需要。陈映真认为尾崎秀树的《旧殖民文学的研究》启发了他，理解日本的"现代化"亦即以日本殖民为牺牲的结果。（陈映真）特别指的是"日清战争以降"日本以台湾之殖民化为日本"现代化"过程中最初的牺牲者。1930 到 1945 年日本 15 年侵略战争，是"明治以降"日本现代化的归结。指出尾崎先生正是在这充满深刻反省的意识下，凝视台湾文学史，特别是"战时下"的台湾文学。② 这个看法出自陈映真赞同其心灵和精神的伤痕论述。认为尾崎秀树经历了军国主义日本"非国民"的罪责，从而得以敏锐地凝视日本殖民主义到法西斯主义下中国台湾、伪满和朝鲜的深刻伤害。

回到陈映真自身，李黎在《半生书缘——寻访世纪文学心灵》里提到陈映真时是这么说的："我错过了《文季》时代的陈映真。十五年

---

① 竹内清：《事变与台湾人》，《台湾新民报》，1939 年 12 月刊。
② 陈映真在尾崎秀树《旧殖民地文学的研究》中《出版的话》，台北：人间出版社，2004 年 11 月，第 1 页。

后回到台湾，正逢 1985 年 11 月《人间》杂志创刊。台湾从未有那样的刊物：强悍美丽的黑白写实照片，对贫困、下层和弱势者人道关怀的故事；社会良知人权正义等等不再是空洞的文辞，每一幅胜过千言万语的图像震撼着我们的眼睛。"① 《人间》发刊词是："因为我们相信，我们希望，我们爱……" 李黎认为陈映真的《人间》杂志反映了关怀的可能、前行的可能、改变的可能、人性高贵的可能，不再有政治恐怖的可能。这样的看法折射出了陈映真 "乌托邦" 式的追求，显露出文字底下的人道主义观念和不被谅解的国族理想的实践。对于 2000 年论争中及 2004 年前后相关论述的所有人，詹明信在《政治无意识》中恰好有一段文字可作为注解：

> 文学作品是阶级无意识的象征式表达，若要全面的理解或诠释文学作品，必须放大我们的眼界到人类活动的空间与时间中。其他在语言、形式、心理、文化、传记的分析，都只着眼于一个狭窄的视野；仅从一个片面、狭窄的视野，所做的诠释即使有某种程度的正确性，这正确性也是有局限的，总是见树不见林的。②

这除了能给论争当事人一个警醒之外，同时也是给所有学界以至于读者一个警钟，提醒研究学术、阅读学术的同时，著作者本人也应该超脱 "视野" 本身，为学术做出更大的贡献。同样的计璧瑞也对台湾内部曾有的声音进行探讨，认为在殖民地台湾，具有汉民族身份的中文作家对台湾的想象必然与民族的自我想象相重合。这方面中文作家不再像日本想象那样将对象视为绝对的异己力量加以外化，而是反观自身，将想象之光投射到民族内部，检视民族传统与社会现实的关系以及民族内

---

① 李黎：《陈映真》，《半生书缘——寻访世纪文学心灵》，北京：三联书店，2013 年 8 月，第 267 页。

② 何春蕤：《当代马克思主义文学批评的双璧——詹明信与依格尔顿》，《海峡》，1987 年 8 月第 3 期，第 55 页。

部的压迫和纷争。① 计璧瑞这段看法，深刻反映了在历史想象虚幻性下台湾文学开始进行的文学变异，殖民地底下的作家开始关注人性探讨；进而从被压抑的人物中，提炼出明朗、健康的形象为文学注入了积极性因素。

另外，"文学体制"及"文学场域"结构的改变，与政治上的改朝换代、关键性政策的实施之间，关系远非是一成不变的。② 台湾的文学场域也在动荡的政治环境中，不断寻找符合自身的文学价值。大东亚战争的引爆，台湾作家在威权体制下，被迫卷入一场侵夺的纷争中，文学的写作方向也随着转变，为了证明自己效忠天皇的决心，开始提出所谓"皇民文学"作品。在战后，"皇民文学"产生非常大的争议性，又带有一个模糊的中间地带，民族的忠诚度总是随着评论者的政治立场与意识形态而不停地改变，因牵涉到日本殖民统治评价的问题，所以获取论述主导权。③ 即能重新改写历史评价，这也是为何日本学者特别关注"皇民文学"的主因。同时也是研究者及阅读者所应该考虑的因素，唯有全面理解各个因素在时代、语境中产生的作用，才有可能为此得出一个较为理性的判断。也较能理解论证中所有人以及埋藏在论争底下的意义。

参考文献

一、报纸及杂志期刊

《新民报》

《人间思想与创作丛刊》

———————————

① 计璧瑞：《被殖民者的精神印记》，厦门：厦门大学出版社，2010 年 11 月，第 72 页。
② 张诵圣：《"文学体制"与现、当代中国/台湾文学：一个方法学的初步审思》，《书写台湾：文学史、后殖民与后现代》，台北：麦田出版社，2000 年 7 月，第 35 页。
③ 曾健民：《从皇民文学问题谈陈映真与藤井省三的论战》，《批判与再造》15 期，台北：人间出版社，2005 年 1 月，第 49 页。

《联合文学》

《东方杂志》

《INK 印刻文学生活志》

《批判与再造》

《作家》

《香港文学》

《海峡》

二、专著

［1］陈映真：《爪痕与文学》，《人间思想与创作丛刊》系列，台北：人间出版社，2004 年。

［2］尾崎秀树：《旧殖民地文学的研究》，台北：人间出版社，2004 年。

［3］藤井省三著、张季琳译：《台湾文学这一百年（台湾文学この百年)》，台北：麦田出版社，2004 年。

［4］尾崎秀树：《旧殖民地文学的研究》，台北：人间出版社，2004 年。

［5］李黎：《半生书缘——寻访世纪文学心灵》，北京：三联书店，2013 年。

［6］计璧瑞：《被殖民者的精神印记》，厦门：厦门大学出版社，2010 年。

［7］张诵圣：《书写台湾：文学史、后殖民与后现代》，台北：麦田出版社，2000 年。

谢雪红的两岸差异书写浅析

王昱敏

（厦门大学台湾研究院文学所博士生）

前　言

自 80 年代以来，时代的禁忌被突破，谢雪红这位神秘的女性革命领导者，开始被各种类型的文字描述唤醒。无论是自己的回忆录、他人的评传与回忆录、虚实参半的小说、电影剧本、舞台剧或是以纪念为目的报道，都证明了一点——这位处在时代漩涡中的女性拥有怎样复杂传奇的人生经历。正因如此，她生命历程有多丰富，个人形象就能以多大维度被解读被阐释被建构。台湾学者陈芳明选择谢雪红的政治生涯为主题来写《谢雪红评传》"乃是为了建立长久以来我所企图追求的台湾史观"。[①] 陈芳明的《谢雪红评传》一出，引起了两岸书写谢雪红的连锁反应。李昂的《自传の小说》便是"读了陈芳明先生写的《谢云红评传》，那种不能自已的被吸引"以及"该算灵敏的政治嗅觉中，感到写政治小说的时机"下产生的。[②] 但小说明显展现的是，一双具有强烈女性意识的眼睛观察与虚构出的世界。《啊！谢雪红》是在前述著作与众多史料的基础上完成的电影剧本，由居留大陆的台湾彰化人张克辉所著，也是应老台胞的建议将围绕谢雪红的纷争"纠偏以正，复史以

---

① 陈芳明：《〈谢雪红评传〉后记》，《谢雪红评传——落土不凋的雨夜花》，台北：前卫出版社，1991 年，第 711 页。

② 李昂：《自传の小说》，台北：皇冠文化出版有限公司，1999 年，第 7 页。

实",更有以批判角度书写的《谢雪红的真面目》,以及从一个女性的角度出发演绎谢雪红的舞台剧,如汪其楣的独角戏《谢雪红》,詹俊杰导演的《逆旅》以剧本望进谢雪红生命最幽微的角落。虚虚实实的文字中,可见历史事件的细节分歧,与身处岛屿的作家精神深处的世界,以及书写背后的建构力量。许淑真的硕士论文《政治与传记书写:谢雪红形象的变迁撰》以谢雪红形象的变迁探讨传记文学背后的意识形态,对比解严前后两岸对于谢雪红书写的变化,分析传记文本的建构性质。另一篇吕姿颖的论文《"谢雪红"书写中的形象转化与性别论述:以〈我的半生记〉、〈谢雪红评传〉与〈自传の小说〉为分析对象》研究三部传记式书写中的父权、历史、权力结构与意识形态,并以性别论述为主要视角。先后两篇硕士论文都关注到"传记"这一体裁的特殊性,并关注到了其背后的意识形态与性别意识。传记其特殊在于真实性,然而除谢雪红自传《我的半生记》是完全的一手回忆外,其他的作品皆在史料中夹杂着评论与想象。既有"评"如何可能客观,文字无不在表达一种立场,又何止传记。《谢雪红评传》《自传の小说》《啊!谢雪红》三种不同体裁,在事件内容上却有互文性,虽各自本着从某处还原真相的态度写作,展现出不同视野中的谢雪红。但两岸对于谢雪红的差异书写是明显的,在人物评价与形象定位上,在历史真相与细节的把握上,在关照生命的视角上。差异的呈现的背后不容忽视的是作者个人知识接受背景,时代环境的变化与意识形态的对立。

一、谢雪红之差异书写

谢雪红在台湾左翼阵营中无疑是一个重要角色,如何书写与评价其传奇的一生是作品需要处理的主要问题。谢雪红的人生轨迹基本是无争议的,1901 年出生于彰化贫苦家庭,1917 年随张树敏赴日,三年后返台。1925 年在上海参加五卅运动,后入莫斯科东方大学。1928 年在上海参与台共的创建。1931 年因台共组织受到破坏而被捕。1947 年台湾"二二八"起义中，为台中地区的起义领袖，起义失败后，与杨克煌转赴上海、香港，重新加入中国共产党。1947 年 11 月参与发起组建台湾民主自治同盟，任主席。1949 年后，历任中国妇女联合会执委、政协委员等职。1957 年"反右运动"及其后的"文化大革命"中受到批斗，直至 1970 年病逝，1986 年得以平反。但将谢雪红置于何种立场、历史评价、事件细节叙述上，作者有各自的演绎。只有将人物还给她所处的时代，才能客观而公正的评价。

（一）"台独之母"？"共产主义斗士"！

《谢雪红评传》是一部所谓"站在台湾人的立场来建构台湾人的历史解释"的书，始终定位在台湾意识、台湾立场乃至"台独"立场来书写事件及事件中的人物。作者在评传结尾给予这样一个推断："在民族革命方面，她自始至终都认为，只有台湾人才能拯救台湾的命运。她在日据时期就已高举'台湾独立'的旗帜，在国民党时期与中共时期，她也主张台湾必须实行'高度自治'。"① 纵观全书，作者不是从历史细节中得出该结论而是观念先行以事件为之附会。特别是书中关于台共建立、起草提纲与"二二八事件"等的书写，正是围绕着所谓的"台湾独立"意识展开。但这能够理解为 90 年代或当今所谓的"台湾独立"言论吗？研究不仅需要大胆地猜想，也需要切实的证据与严谨地推断。

关于台湾共产党建党之初的纲领中提出的"台湾民族独立"，历史背景是当时共产国际指示，殖民地母国的共产党应该负担起殖民地无产阶级革命运动，并为殖民地的解放斗争提供无条件的支持，1927 年的日共纲领"二七大纲"就已提出"殖民地完全独立"②。并且指出渡边

---

① 陈芳明：《谢雪红评传——落土不凋的雨夜花》，台北：前卫出版社，1991 年，第 707 页。
② 石堂清伦、山边健太郎编：《コミンテルン・日本にかんするテーゼ集》，东京·青木书店，1961 年，第 44 页。转引自若林正丈：《台湾抗日运动史研究》，台北：播种者出版，2007 年，第 318 页。

政之辅根据某位台湾来的同志提供的资料撰成政治纲领草案。陈芳明认为日共领导者对于台共纲领的起草有决定性作用。① 谢雪红的《我的半生记》也提到此事但表述却略有不同，"我和林木顺开始参考中共和台共文件，起草台共的总纲领及救援会、工人运动、农民运动、青年运动、妇女运动的提纲。这些文件写成后，交给日共中央审查、修改。"② 但由于日本普选，日共中央将台共成立大会委托给中共中央领导。而纲领中出现的"台湾民族独立"是没有被提出异议的。因此当时语境下的"台湾民族独立"指的是台湾从日本殖民统治中独立。其内涵与 90 年代陈芳明著书时的"台湾独立"根本不同。许淑真的论文中也提到台共纲领中的"台湾独立"的主张属于一种共产国际下的战略政策，而非属于"国家认同"层次上的主张。

在《谢雪红评传》激荡出的谢雪红书写中，《啊！谢雪红》可以说是一部回应之作。与陈芳明一样，张克辉对谢雪红充满尊重与同情，"剧本写作的过程中，我也了解到谢雪红由于青少年时期的悲惨生涯，形成独断独行的工作作风、听不得别人不同意见的个性缺陷，极易造成与他人之间的误解、矛盾甚至怨恨。尽管如此，谢雪红革命的一生，战斗的一生，坎坷的一生实难磨灭，我仍十分同情钦佩谢雪红，一个台湾贫苦家庭出身又没有上过多少学的女人，从'男人为主'的封建社会至时局动荡的年代走过复杂坎坷的六十九年人生，实在不容易呀！"③ 不同的是叙述角度和理解方式的差异，如对台共建立、"二二八事件"、"反右派"斗争等的真相再演绎。因此有新闻评论说这是一部为谢雪红

---

① 陈芳明：《谢雪红评传——落土不凋的雨夜花》，台北：前卫出版社，1991 年，第 84 页。而陈芳明此处的叙述来源于《台湾人四百年史》中史明对杨克煌、若林正丈观点的评述，以及 1930 年佐野学的招供。《佐野學予審訊問调书》，山边健太郎编：《社會主義運動（七）》（现代史资料加），第 253 页。

② 谢雪红口述，杨克煌笔录：《我的半生记》，第 236 页

③ 张克辉：《啊！谢雪红》自序，台北：爱乡出版社，2007 年。

平反之作。当然，作为电影剧本，不能像评传一样陈述事件进行评判，而要通过对场景与对话的描写展现故事情节，并突出人物性格与事件发展之间的关联，或表现作者理解的真相。

对于台共成立时的中共接管与提纲中的"台湾独立"等内容，尽管对话显得十分刻意，但作者让人物自己讲述历史背景下做此选择的原因，且对话的内容是符合前文分析的历史资料和时代条件的。

翁泽生："在读书会里有的同志对'台湾独立'的提法有保留意见，认为台湾是中国的领土，我们是中国人，怎么能说'独立'呢？"

雪红："这与我进东方大学时编入日本班一样，台湾现在是日本帝国主义的殖民地，等我们打倒了日本统治者，就不用'独立'了。"

翁泽生："我们的革命是要把台湾从日本统治下'独立'出来，而不是从中国、中华民族中'独立'出来。雪红同志是在'五四运动'中第一个喊出'收复台湾'口号的战士，为什么不向日共中央提出把'台湾归还中国'列入日共台湾民族支部的党纲呢？"

雪红："我和木顺提出过这个意见，日共中央认为'台湾独立'和'收复台湾'事实上是同一个奋斗目标，就是推翻日本帝国主义对台湾的统治，把台湾交还给中国人民。日本帝国主义的覆灭，必然导致'马关条约'的废除，'马关条约'一旦失效，台湾就必然归还于中国。所以，'台湾独立'运动只是革命斗争手段，结果只能是中国人民'收复台湾'，而不可能是'台湾独立'。"

泽生："我同意日共中央的意见。台湾的'民族独立运动'，是'中华民族独立运动'的一部分，目的都是为了推翻日本帝国主义，实现中华民族复兴和台湾的收复。"①

剧本中的多处细节回应或反驳了陈芳明的"台独之母"说，比如"五四运动"时谢雪红第一个提出"收复台湾"的主张，杭州日报刊登了林木顺的署名文章《不要忘了"收复台湾"》，又如剧本中谢雪红关于"二二八事件"的发言，突出"民主自治"所指向的是陈仪政府。

陈芳明在书中多次提到谢雪红对自治的坚持，特别是关于"二二八事件"的表述。书中列举谢雪红 1947 年在新加坡发表的《台湾事变女英雄谢雪红告同胞书》，其结尾"向为民主政治而斗争的烈士及其家属致敬！向在民主自治斗争中受伤和残废的荣誉人民致敬！"② 随后作者便提出断章取义式的解读"对于'民主自治'的论点，谢雪红也特别强调。在文字里，她不断呼吁必须与全中国、全世界人民联合起来：当她提出这样的呼吁，并没有指出台湾必须属于任何一个政权。对她而言，台湾自治的意义就在于'台人治台'。"这更像是在玩文字游戏。评传的另一处也对谢雪红的"自治"主张进行推测，"谢雪红参加二七部队之后，会企图建立'人民政府'。这个构想，自然是为了使台湾自治的政治主张真正实现……谢雪红成立'人民协会'的目的，显然是要确立自治政府的基础。"③ 其实《台湾事变女英雄谢雪红告同胞书》的开篇就提到"这次起义因被独裁者撕毁镇压，表面上似乎失败了，可是这次所获得的成就决不少，这次起义实质上是配合着国内人民的争民主、反饥饿的斗争，而牵制了蒋军两个整师，使其不得向国内的人民追攻。"可见在当时逃亡新加坡的谢雪红的观念中"国内"正是指中国，尽管台湾的起义失败，但能为祖国人民的斗争事业做出一点贡献也是值得，

---

① 张克辉：《啊！谢雪红》自序，台北：爱乡出版社，2007 年。第 71—72 页。
② 谢雪红：《台湾事变女英雄谢雪红告同胞书》，《南侨日报》，新加坡：1947 年 8 月 25 日第一版。转引自陈芳明《谢雪红评传》。
③ 陈芳明：《谢雪红评传——落土不凋的雨夜花》，台北：前卫出版社，1991 年，第 332 页。

这种归属感和认同感已经溢于言表。正因台湾和祖国本就是一体的观念深入认知，因此她当然不必特意指出"台湾必须属于任何一个政权"。

1955 年 2 月 26 日，谢雪红写下《纪念台湾"二·二八起义八周年"》一诗，语言质朴但高度概括了她在日本殖民和国民党残酷统治下提出"独立""自治"的必要性。诗作开篇对宝岛台湾的美丽丰饶如数家珍，表达了抗日胜利后与回归祖国的喜悦。"抗日胜利人民多欢喜／台湾又回到祖国怀抱里。我们盼望和奋斗了半个世界呀／就是为了要和祖国人民在一起！"随后笔锋一转，又满是对蒋介石与美国将台湾田地山野侵占的愤慨"不！不！台湾人民绝不甘心／台湾人民永不愿做奴隶！'二·二八'这光荣的日子／人民高举反蒋反美的大旗。""但凶恶的敌人那时还强大……人民的斗争只能又转入地下。啊，十年时间过去了／台湾人民的灾难说也说不完""从古以来太阳同时照在台湾海峡两岸／哪又有什么能阻拦毛泽东的光辉？……'二·二八'的旗子将要重新高举／当解放军的军号响到了台湾……台湾海峡将是往来的大航船／让祖国——母亲把台湾紧紧地紧紧地拥抱！"① 这首纪念"二·二八"事件的长诗至少可以解读出谢雪红所谓的"独立"与"自治"发生的时代环境与内涵。谢雪红热爱台湾，更热爱祖国，因其骨子里不愿做奴隶的抗争意识，所以她反抗日本殖民统治，反抗国民党奴役行径，而摆脱被殖民与被奴役的目标恰恰与认同共产党领导的解放运动是一致的。

《谢雪红评传》中陈芳明提出"要获得一个较为可靠的论断，不但需要全面讨论她不同时期的主张与实践，而且也必须把她的行动与台湾现实结合起来观察。"（作者欠缺的似乎正是严谨客观的论断）但值得一提的是，谢雪红虽然是台湾的革命者，但她的视野与理想，绝不仅仅

---

① 谢雪红：《纪念台湾"二·二八起义八周年"》，作家出版社编辑部编：《解放台湾诗选》，1955 年，第 1—6 页。

是解放台湾，还有共产主义的祖国。因此仅与台湾现实结合是远远不够的，还要与更大范围的时代环境结合，毕竟纵观她的生命活动空间，横跨了中国台湾与大陆、日本、俄国。"评价一个历史人物，首先要把人物还原给历史，在这个前提下再来对这个人物的功与过做客观的分析和评价，然后在历史的长河中加以恰如其分的科学定位。"① 如陈芳明所说，谢雪红的一生追求人的解放，追求妇女解放与台湾解放，其实她同样也追求中华民族的解放。如果将谢雪红一生的经历与呐喊，简单归纳成"台湾是台湾人的台湾"的政治理念，那是将谢雪红狭隘化了，抹杀了谢雪红的社会主义理想与她对两岸关注。

（二）女性与政治

谢雪红之所以值得被书写，生命的意义值得被再诠释，不仅因为她表现出台湾人坚韧不屈的精神、为民族解放事业做出的贡献、更在于底层女性挣脱封建与殖民的双重桎梏并领导反抗运动所树立的典范作用。在台湾，女性创造的谢雪红尤为引人注目，那种具有女性意识的书写与演绎，是大台湾所特有的。这些创造者或书写女性与政治的？或者远离政治，转而关注作为女性的谢雪红而非作为革命家的谢雪红。

李昂一直致力于寻找有别于编年史和事件陈述方式的政治小说写作，"并试图探讨女性与权力、政治的书写关系"。本来写起来倍感吃力的小说，在《北港香炉人人插——戴贞操带的魔鬼系列》引起轩然大波后，反而促进了这部小说的写作，因为李昂"亲身体验了女性政客可以对政治、权力、媒体的操控"。② 实际上作者意图使《自传の小说》与另一本游记《漂流之旅》结合阅读，形成一种互文的可能。但由于本节探讨谢雪红在小说中的塑造，因此聚焦于《自传の小说》。

① 周青：《评〈谢雪红评传〉——别有用心的歪曲》，《台湾研究》，1994 年第 1 期。
② 李昂：《谁的自传谁的小说》，《自传の小说》，台北：皇冠文化出版有限公司，1999 年，第 8 页。

《自传の小说》的叙事手法在当时是较为前卫的。作者李昂以一个女性、一个台湾人的立场来写小说，而小说的叙事者通过回忆与内心独白再现三伯父口中的谢雪红，而第三人称全知视角展现的谢雪红的人生轨迹也与叙事者"我"的叙事按时间顺序平行发展。在阅读的过程中，我们意识到的不是人称的区分，而是这些不同人称相互作用中产生的效果。① 在嵌套的叙事中，小说不只是一个故事，最内层是谢雪红的历史事迹，作者运用第三人称，用当下的时间直接叙述过去的事件，并引用史料来试图尽量靠近历史真实（但实际上，李昂在小说中对历史材料的运用，有着鲜明的立场与态度）；第二个层次是三伯父口中的谢雪红，运用回忆的方式再现三伯父曾经所讲的故事；最外围的层次则是现在正在思考和讲述的"我"的情感体验和观点态度。这个"我"掌握着全部叙事的观点和态度，几乎就是作者的代言。三重叙事的张力下，作者的态度并未隐身，而是通过"我"完全表现出来。

三伯父对于谢雪红的讲述串联着整部小说，三伯父是一个有些滑稽古板的形象，也是无数"为卫道"的化身，明显表现了封建传统中男尊女卑的观念。他对"三从四德"等礼教规范之外的女性的难以容忍，称她们为"狐狸精""神魔仔"，并怀着刻薄的诅咒。他痛恨的不是美艳妖娆，而是对于女性自主意识觉醒的恐惧，特别是像谢雪红这样有实力与才华并敢于拼搏的女性领导者。"我"在接受三伯父所讲的狐妖鬼魅与谢雪红的传说时，心中并不排斥，而是满怀好奇与期待，这种反差正是对口若悬河的三伯父的讽刺，也是作者对这类封建礼教下的顽固派的否定。

这样重叠的叙事方式，使"我"与谢雪红之间尽管有时间、空间上的距离，但内心却有同样作为女性压抑和痛苦的感应。所以小说用无

---

① 〔美〕马丁：《当代叙事学》，伍晓明译，北京：北京大学出版社，1990 年，第 183 页。

尽的呼唤作结"谢雪红我要找寻的,又岂只是你的一生。谢雪红,你的一生、我的一生……我们女人的一生。"① 在李昂与李敖的《女人与政治》的对谈中李敖说:"我看你的书,我觉得你写的不是谢雪红,而是理想中的谢雪红。"她说"我写的是100年来女性如果走过如此辛酸路程,真正达到的就是谢雪红。"② 所以李昂笔下的"我"并不是个别,而是百年来受压迫的女性的化身,所以叙事者"我"并没有讲述自己的名字,因为她指称的是千千万万和她一样的无名的女性。谢雪红是从这群无名的"她者"中拼搏出来的个例,然而最初的"谢氏阿女""媳妇仔"也经历过无名的焦虑,这些所谓的称号都是只性别指称而并不是一个独立的人的名字,但是最后她为自己取的"谢雪红"称为独一无二的标志。尽管如此,革命与政治中的谢雪红依然摆脱不了性别间的永恒差别。

她会问过自己这样的问题:如若他们的关系破裂,甚且到水火不容的地步,必须有一个人自党离开,日共及其他共事的台湾人,会选择留下谁?

自然是他而不是她。

她明白他的身分开始不同,他不仅是小她两岁、不如她果决、阅历不如她的小情人,他是将来台共的书记长。

她知道不管自己的能力如何,甚且她所属的"革命"圈子,在其时,仍容不下一个张牙舞爪的女人。她就算再有能力(事实上她尚难以全然确认),也只能藏身在他背后。(151页)

排定的职位是:

林木顺中常委书记长、组织部

---

① 李昂:《自传の小说》,台北:皇冠文化出版有限公司,1999年,第347页。
② 李敖与李昂对谈:《女人与政治》http://blog.sina.com.cn/s/blog_3f2b5f610102vmvp.html。

谢云红候补中委驻东京联络日共

她从实质的政治运作学习到的第一件事是排位置。

位置有两个层次，一是党内的地位，一是实质的工作分配。她不会进入代表核心地位的中央委员，只得到候补的位置。（158 页）

李昂以同为女性的敏锐直觉，描绘了台共建党大会前后谢雪红的心理过程，她意识到女性总在政治的边缘，这里的"他"与"她"并不仅是人称代词，作者更深的用意在于暗示政治关系中性别之间的不平等。作为一个女性想要在男性建立的游戏中获得地位，那必须要懂得容忍。许多历史研究者对于这样的排序不可思议，牵扯勾连出各种因素，但李昂知道，谢雪红也知道，这是性别与政治的必然。但她不得不自我解嘲，这种状况已经好过无数女性，她成为台共中央唯一的女性候补委员，负责与东京联络。然而这时如前文所述的，日共已经将台共的建立移交中共接管，于是她成立一个并没有实际权力与工作的人员。但随后的日子里，她懂得了"水涨船高"的道理，终于在 26 岁的年纪，成为女性书记长。

李昂笔下的谢雪红对于中共的接管，内心是无可奈何与悲哀。甚至将女性经验移情于台湾历史。她想到了自己一再被转卖的经历，也在内心叩问"我们是否一再的被弃绝与转让？不管我们是否愿意？我们自始至终都毫无自主的权利"。这就是李昂在小说里要表述的另一点——台湾意识，这与陈芳明笔下的谢雪红有相似之处。以现在的台湾意识来揣度时人的心态，谢雪红的问题也许就是作者心中苦闷的疑问。然而割裂历史的联系与脉络，缺少一种对历史同情的理解，是无法获得全面的历史认知，无奈与苦难的又何止是台湾而已。颇有意味的是李昂的小说中，谢雪红死前私下留言给杨克煌"你们必须坚持战斗下去，最后胜利是属于台湾人的"。① 而张克辉的剧本中，谢雪红最后说的却是"你们要斗争下去，祖国一定要统一。"② 后文将粗浅地探讨何以产生这些差别。

二、书写差异之溯源

对于同一议题，不同作家会孕育出不同作品。书写的差异，与作家的个体经历和知识背景密不可分，然而社会政治文化的时代环境对于作家的影响也是潜移默化的。就两岸关于谢雪红书写上看，都表现了对其作为一个女性革命领导者的敬佩与惋惜。然而陈芳明笔下的"台独之母"、李昂笔下的"台湾人"明显与张克辉所描写的"台湾共产党人"是不一样的，体现在史观与认同的差异上。而作为女性的李昂、汪其楣，她们塑造的谢雪红是不同于男性作者的另一番景象。那边是以女性的视角书写谢雪红，展现的是她作为女性的内心世界，作为殖民地的女性的内心世界。"她"（作品人物）是虚构的"谢雪红"，而"谢雪红"却是真实的"她"（广大女性）。女性作家为我们提供了解读谢雪红的另一种视角。

（一）台湾意识的建构

本文之所以将讨论的重点放在《谢雪红评传》，因为陈芳明确实用脚丈量了谢雪红的革命轨迹，收集史料以成书，并且引起广泛的争议与回应。为他作序的张富美就断言"他最有价值的著作应该是谢氏的传记。将来人家讨论谢雪红，一定会想起陈芳明；想起陈芳明，也一定会联想到谢雪红。"③ 陈芳明的逻辑认为谢雪红若是获得正面评价，则这

---

① 李昂：《自传の小说》，台北：皇冠文化出版有限公司，1999年，第340页。
② 张克辉：《啊！谢雪红》自序，台北：爱乡出版社，2007年。第275页。
③ 张富美：《落土不凋的雨夜花——序陈芳明的〈谢雪红评传〉》，陈芳明：《谢雪红评传——落土不凋的雨夜花》，台北：前卫出版社，1991年，第39页。

册评传就不应受到负面的回应，因为此评传是对谢雪红的正面重塑与赞颂。然而，此书之所以引起负面评价，并非因为对谢雪红的判断而在于他去历史脉络化地定位谢雪红，片面选取史料而仅仅从"台湾意识"来书写谢雪红，这就掩盖了另一种话语的可能性。

而传记与文学虽然有所联系，但毕竟是两种文学体裁。文学体裁对创作方式有所规约，传记文学介于史学与文学之间，而评传又是传记的一个支流，以史料为基础叙述人物的历史，同时评论作者对人物的见解；而文学艺术创作却是特别需要想象力创造力以及独特的敏锐视角。因此一个作者选择用某种体裁来书写，那就意味着书写在承载着作者的立意与期待的同时，也受到特定规范的约束。梁启超重视写史与作传的真实性，"务持鉴空衡平之态度，极忠实以搜集史料，极忠实以叙论之，使恰如其本来。"① 然而王明珂在《谁的历史：五十年来在台出版的自传、当代人物传记与口述历史》中认为传记作者不只是陈述事实，而是选择某些事实对于过去加以隐喻、修辞，赋予人物新的时代意义，传记作者所描述的是符合自己社会历史记忆与显示经验的人物与时代。② 那么陈芳明在这部传记中体现的历史记忆与历史观是如何建构的？其中影响其最深的便是史明，他在后记中提到"台湾史启蒙者史明先生，是最早引导我去认识谢雪红的。他提供了我最初的素材，也指示我去了解共产国际运动史。我在台湾史研究上若有任何开窍之处，史明先生无疑是我思考上的启锁者。"③ 史明为人所熟知的《台湾人四百年史》透过历史的书写，表现出台湾人反殖民统治的历史。而同时期的杜正胜提出的"同心圆史观"也为"台湾认同"推波助澜，割裂了

① 梁启超：《中国历史研究法》，北京：中华书局，2009，第41页。
② 王明珂：《谁的历史：五十年来在台出版的自传、当代人物传记与口述历史》，《新史学》。
③ 陈芳明：《谢雪红评传——落土不凋的雨夜花》，台北：前卫出版社，1991年，第718页。

长久的被殖民历史中大陆与台湾的共存亡与联系。

2009 年版《谢雪红评传》中，陈芳明提到成书于 1991 年的评传"如果还具有时代意义的话，应该可以视为那段历史经验的一个缩影。"① 在台湾历史上 20 世纪 80、90 年代是台湾政治与文化"本土化""台湾化"的关键时期。就文化的转变而言，这 20 年左右的时间，是台湾民族主义在文化界传播发展的高峰。② 赫洛奇（Miroslav Hroch）将民族主义运动分为三个阶段，第一阶段是知识分子的宣扬，其次是小部分活跃分子运动，第三阶段则是较具规模的群众运动。显然陈芳明的书写在 20 世纪 90 年代初期还处于知识分子传播宣扬观念的阶段。而所谓的"台湾文化民族主义"，最初采取的就是文化政治（cultural politics）的方式，而被改变最为显著的领域就是文学、语言、历史，③ 这三者实际上构成文化最重要的内在动力。因此我们可以看到 90 年代具有台湾意识的作品遍地开花，无论从历史考证、文学艺术创作上都自然地将台湾意识、本土语言融入其中。叙事与认同有着密不可分的关系，而叙事能重构集体记忆与集体认同，而《谢雪红评传》与《自传の小说》试图在从历史与文学的叙述中来重建记忆。

之所以选择谢雪红作为书写的主题，还是因为人物经历、身份、时代的特殊性。她经历了日据时期、光复初期、共产党建国初期等重要历史阶段。特别是"二二八事件是台湾民族主义的重要源头"④，更是台湾悲情发酵的一个重要环节。而"美丽岛事件"的发生让反对者用挑

① 陈芳明：《谢雪红评传》，台北：麦田，城邦文化出版，2009 年，第 3 页。
② 萧阿勤：《重构台湾——当代民族主义的文化政治》，台北：联经出版事业股份有限公司，2012 年，第 3 页。
③ 萧阿勤：《1980 年代以来台湾文化民族主义的发展：以"台湾（民族）文学"为主的分析》，《台湾社会学研究》，1999 年第 3 期。
④ 萧阿勤：《重构台湾——当代民族主义的文化政治》，台北：联经出版事业股份有限公司，2012 年，第 37 页。书中页提到若林正丈的说法，日据时期台湾汉人之间产生联系与认同感，是台湾想象共同体的产生初期。

战中国民族主义的意识形态来解决问题，从而发展"台湾民族主义"论述。所以仅从光复后一段来看，就可以发现台湾意识叙述与建构的脉络，而更何况我们同仇敌忾地反抗日本殖民压迫的时期。90 年代的论述在今天实际上有巨大的影响力，年轻世代如果不深究历史，只关乎台湾人的台湾，台湾人自己的历史，那么即使不从认同的角度来考虑，仅从民族记忆和对客观历史的理解上来说，他将失去更多元的视角来看待历史，而流于愤慨与悲情。两岸再各自的历史叙事中建构历史，而形成了对同一人物、事件的不同认知，与创作成果的书写差异。

（二）女性主义与后殖民主义

在台湾建构"文化民族主义"的 90 年代，也是后殖民主义传入兴起的时期。若说台湾悲情是由本土的历史经验而凝聚，那么成为学者作家重构台湾的理论资源的后殖民主义便是舶来品。后殖民主义是兴起于 20 世纪西方的批评思潮，一批身处帝国而边缘化的民族学者融合独特的自身经历，特殊的生命体验与批评眼光，兴起了全世界范围内对帝国主义殖民历史的反思，直至今日帝国殖民的新形态与抵抗仍在发生，后殖民主义批评正是针对这种多元文化政治理论和批评方法的集合性话语实践。"'后殖民主义'一方面在批判'后殖民'（after colonization）重新包装的殖民主义，一方面则批判'殖民论述'（colonial discourse），通过对'殖民论述的解构'（deconstruction of colonial discourse），寻求民族主体性的重建以及民族文化的重新发音。"① 后殖民主义在全球引起骚动式和焦虑性讨论，也激起大陆与台湾知识分子对于文化的焦虑与重新定位，最关键是"文化的自我形塑"。

中国台湾作为一个受到荷兰、日本殖民统治的区域，骨子里的悲情

---

① 宋国诚：《后殖民理论在中国—理论旅行及其中国化》，《中国大陆研究》，43 卷 10 期，2000 年 10 月

与抗争意识，注定了关于殖民问题的讨论将是持久而复杂的。尾崎秀树在考察杨逵、吕赫若、龙瑛宗等用日文写作的台湾作家后，提出了一个具有后殖民批评的视角："无论在台湾还是在朝鲜的殖民地文学中，都承载着对殖民地统治从抵抗到屈从的姿身。而且，不是用自己的语言而是用殖民统治国的语言才能表达——或者被强制如此——的状况中，蕴含着殖民地文学的重大问题。"① 即萨义德提到的殖民与反抗必定在一个交叠的历史空间中发生，而被殖民的反抗话语却也不得不受到殖民文化的影响或限制。20 世纪 70 年代，台湾就已经兴起对"新殖民主义"的批判，以陈映真为代表的乡土派作家"对战后台湾依附以美帝为代表的跨国资本世界体系所建立的畸形政经结构"② 有着深刻认识。80 年代末陈芳明接触东方主义后，便致力于"台湾人与中国人对立的强调，可能正好落入了后殖民理论所批评的狭隘本土主义。"③ 90 年代前后，后殖民理论在引入台湾，邱贵芬、廖朝阳等学者在《中外文学》等刊物上组织过多场论争，廖炳惠在《回顾现代：后现代与后殖民论文集》中"以回顾和反省的方式整理后现代与后殖民话语的文化意涵，"并对殖民、新殖民、后殖民与现代的关系进行思考。单德兴于 1993 年翻译萨义德《东方主义》后，这一理论在台湾被更广泛地接受。90 年代的台湾对于后殖民主义的研究运用掀起了一股热潮，对于作家来说是使作品思想内涵向深度开掘的有力武器。台湾女作家施叔青的作品带有自觉地后殖民批判意识，《维多利亚俱乐部》讽刺了殖民地人民为物质而扭曲的丑陋卑下的人格，《遍山洋紫荆》将性别关系作为殖民与被殖民的隐喻，"殖民者的统治会改变被殖民者的文化，同时被殖民者对殖民者

---

① 赵京华：《殖民历史的叙述与文化政治》，《读书》，2007 年，第 8 期。
② 朱双一：《从新殖民主义的批判到后殖民论述的崛起——1970 年代以来台湾社会文化思潮发展的一条脉络》，《台湾研究集刊》，2001 年 4 期，第 1—9 页。
③ 赵稀方：《后殖民理论在台湾的演绎》，《文艺研究》，2009 年 2 期，第 23—31 页。

的模仿也对后者的控制进行着不知不觉的颠覆。"①

　　与后殖民主义相比，女性主义在台湾觉醒得更早，几乎与 70 年代台湾社会的经济起飞和社会转型同步。70 年代初，台湾便在西方女性主义的感召下，要求自由民主，从而开启台湾现代妇女运动崭新的一页。陈芳明在新版《谢雪红评传》中说，因为写这本书，他学习了女性主义、马克思主义、后殖民主义理论，而李昂更是以《杀夫》为代表作的女性主义作家，"对于父权宰制下女性处境的讨论，向是女性主义甚感兴趣的一环。"② 李昂的《自传の小说》通过三伯父与"我"之口，揭露出女性在封建社会的束缚与"她者"地位，无论何种女性，只要不是为了男性而生存，不依男权主义的法则生存的，都将受到批判并走向灭亡。

　　女性主义自阐发之初就带有鲜明的性别批判与解构色彩，而这两种理论的汇流是第三世界妇女学者感知双重压迫下的必然选择。种族的、性别的压迫，两个维度的交叉组合，形成了后殖民女性主义理论的多元化状态。90 年代后殖民主义传入中国后，大陆和台湾都根据自己身处的社会与历史，做出了自己的解读与创造。无论从世界或是地区来看，后殖民女性主义从批判第三世界妇女在西方女性主义下的失语开始，再到对殖民地妇女自我建设的呼唤，或是殖民地男性对女性的压迫，还是殖民地宗主国对于殖民地的性别式隐喻，抑或是殖民地与宗主国暧昧不清的复杂关系，种种后殖民话语都在女作家们的作品或者理论建构中浮现出来。特别是以加亚特里·查克拉沃尔蒂·斯皮瓦克（Gayatri Chakravorty Spivak）为代表的后殖民与女性主义的结合，为第三世界妇

---

　　① 朱双一：《从新殖民主义的批判到后殖民论述的崛起——1970 年代以来台湾社会文化思潮发展的一条脉络》，《台湾研究集刊》，2001 年 4 期，第 1—9 页。

　　② 张惠娟：《直道相思了无益》，郑明娳主编：《当代台湾女性文学论》，台北：时报文化出版企业有限公司，1993 年，第 39 页。

女发声，不仅是对后殖民批评新领地的发现，也是对前代西方女性主义理论的多面向开掘。第三世界妇女，特别是女性作家对于种族和性别的双重压迫有着强烈而敏锐的直觉，往往形诸笔端。在后殖民女性主义话语下，无论是殖民地的性别式隐喻，或是殖民地男性对女性的压迫，或是殖民地妇女失语与抗争，都在女作家们的作品或者理论建构中浮现出来。而更深入一层，便是《自传の小说》暗含殖民地的性别隐喻，看到了女性主义与后殖民主义的结合。李昂将"台共"创立过程中日共与中共的交接，台湾被割让被殖民的历史，和谢雪红（一个女性）作为商品或者附属品被变卖的经历形成互喻。因此在本土的悲情与外来的理论共同作用下，加之 90 年代文化民族主义的建构浪潮中，他们的谢雪红书写也自愿地被这浪潮携裹着。

三、结语

为什么选择书写谢雪红很大程度上决定了如何书写谢雪红，每位创作者产生灵感的时代契机不同，试图表达的立意不同，必定会导致谢雪红以不同面貌呈现。谢雪红是心怀抱负的政治家、革命家、女性的楷模。但意识形态差异下的书写，使谢雪红的每一次重现都带着创作者的寄托。但需指出的是，意识形态在写作中是隐身但永恒在场的，尽管两岸在内战—冷战体制下，有文化与政治上的落差，但历史事实的叙述应是客观的。谢雪红值得书写，而重新书写的意义每个人看来都是不同的，既然谢雪红成为关于其差异书写的源头，自然真实的谢雪红也可能成为达成理解的契机。她从"谢氏阿女"蜕变为"谢雪红"，她实现个人的人生价值的渴望与台湾在苦难中的拼搏精神是一致的，她对世界被压迫的民族，被压迫的妇女有着深刻的同情，因此她所做的正是拯救流亡祖国之外的台湾与台湾人民。台湾作为中国门户的锁钥之地，作为灾难深重的中华民族的一部分，却有着不为人所理解的失落、孤独与苦难。两岸在不同制度下社会文化的变迁与发展，有些信仰、民俗、人物在两岸的流动演变以及与其相关的差异书写，交织了两岸文化的纽带。而研究两岸差异书写的意义，也许就在于寻找我们书写的共同母题，探究差异而寻求文化的沟通与理解。

甘耀明《杀鬼》的后殖民反思与本土认同

张 帆[*]

（福建社会科学院 台湾文献信息中心）

甘耀明是台湾"新十年作家"之一，也是台湾后乡土小说的代表人物之一，他的作品大多是以台湾乡土为题材，充满了地方特色与魔幻现实主义色彩，甘耀明在 2005 年提及乡土时谈到，"黄春明在 60、70 年代时的乡土，主要是描写人物悲伤，从乡土生活现实中取材，我的小说较偏向乡土文学传奇，故事是杜撰的、不可能发生。"[①] 甘耀明将对历史和原乡的想象融入一个个乡土传奇之中，其中 2009 年出版的小说《杀鬼》将视野回归至日据时期至国民党收复台湾初期的历史，通过既有史实与想象的糅合，将台湾的移民、抗日、族群斗争的宏大线性历史，浓缩在充满魔幻色彩的台湾小村庄关牛窝之上，没有对日本侵略者义愤填膺的控诉，也没有刻意描写血腥和动荡，小说以孩童的视角，塑造出充满神奇和瑰丽色彩的台湾乡土世界，并以此展现了台湾人民所具有的坚韧与独立的民族精神。相对于侵略者的坚兵炮弹，对土地的认同和传统的继承，才是抵御侵略者最强大的力量，小说通过主人公的成长，展现了台湾人经历殖民之后，对自我身份与历史的艰难追寻。书名

---

  * 张帆，女，福建福清人，福建社会科学院台湾文献信息中心副研究员。
  ① 陈雅莉：《取材原乡表现手法多元客籍作家甘耀明宛如千面写手》，《客家文化季刊》，2005 年第 5 期，第 48 页。

为《杀鬼》，既是杀那些邪恶残暴的侵略者，也是指驱除殖民统治在意识形态层次形成的宰制和压迫，重建主体性，这部小说开辟了台湾反殖民/后殖民文学新的美学风格、艺术形式、文化视角，将之放置在台湾反殖民/后殖民文学的历史脉络中考察，可以看到台湾社会对殖民历史反思的变化。

一、身份的摆荡

早期台湾的反殖民文学往往采用写实主义的手法，描述弱小民族反抗帝国主义，或者台湾地区底层人民受到日本帝国主义迫害的残酷现实，来控诉、讽刺日本的殖民统治，殖民者与被殖民者在文本中往往是处于二元对立的情况，文本中呈现的时代精神图像往往是分裂的，作家一方面质疑日本殖民统治的正当性，另一方面，又对穷苦、落后的台湾感到失望和羞耻，同时也对日本所代表的富有、先进的现代化文明怀抱着深刻的希祈之情，作品中充斥着沉重的悔恨与反省、自我与他者之间精神分裂性的断隔，以及深沉的匮缺或失落意识。而甘耀明在后殖民思潮以及本土化运动的影响下所创作的后殖民文本，对日本殖民历史做出了新的阐释，作家不仅看到了被殖民者的被侮辱与损害，更试图寻求被殖民抗拒/扭转殖民势力的策略，以后殖民观点来观察在地文化对殖民文化的挪用与翻转，以殖民学舌的方式将殖民者的语言文字或观念转化为杂种文本，从而颠覆殖民话语的霸权；通过置换的、质疑的底层叙述与非理性的狂想，来颠覆现代性话语的优越性；透过拟仿和阳奉阴违的方式，挑战了文化身份的同一性，建构他者的主体性。相对于经济政治上的殖民控制，作家更关注被殖民者文化主体性的丧失，希冀在自我与他者混杂的过程中建构新的认同主体，在文化交汇中寻求文化抵抗策略，并解构殖民者的文化侵略，在第三空间中寻求解构殖民的途径。乡土成为殖民者和本土文化混杂的第三空间，具有更大的创造性和包容性，促使殖民地混杂文化从边缘走向中心，产生新质。

甘耀明曾经提到《杀鬼》"如果可以找到一个主轴的话，其实就是在身份间的一个摆荡。"① 小说中的主人公帕就是一个在复杂身份中并不断寻求自我认同的一个角色，他是一个孤儿，由祖父刘金福抚养长大，刘金福娶了两个汉人、一个泰雅人为妻，因此帕也具有了汉人以及泰雅族的"混杂"血统，帕的超人力量来自于泰雅人的圣山，之后帕被鬼中佐收为义子，被命名为"鹿野千拔"——鬼中佐"对帕不断复诵'鹿野千拔'，不疾不缓。帕先是捏拳抗拒，不久捣上耳朵，但来不及了。那名字在脑海放大，如雷浇灌，如海销蚀，要驱逐它不如接受了，于是帕张嘴放逐那些心音，说：'鹿野千拔。'"② 鬼中佐对帕命名的过程就是台湾被殖民化的过程，日本人引入日本的语言和符码，来对台湾进行阐释和命名，从而确立日本对于台湾地区的主宰权和控制权。而帕对命名先是抗拒，最后不得不接受，并在鬼中佐的命令下杀死了恩主公，成为一个被诅咒的弑神者，自此帕割裂了自己的原有身份，接受了日本身份，并自动加入皇军，为"天皇"效力。帕拥有的三个名字：刘兴帕、Pa－pak－Wa－qa、鹿野千拔，指向了他具有的三个身份：汉人、少数民族和日本人，他徘徊在复杂的族群（汉、番）与国族（中国台湾、中国、日本）之间，成为一个没有身份的"他者"。他在殖民者的收编之下（收为义子），对能够成为一个日本人而感到极度自豪，却在放走逃跑的学徒兵之后，被鬼中佐以清国奴、支那猪呵斥而产生质疑，"多桑，我那么努力当个日本人，努力当你的儿子。好的时候就是好，可是，为什么做错事，我就变成清国奴，就是支那猪。难道再努力，我在你骨子里还是永远成不了日本人？"③ 帕意识到所谓的父子关

---

① 舒怀纬：《论甘耀明杀鬼的后乡土书写》，静宜大学硕士论文，2013 年 7 月，第 3 页。
② 甘耀明著：《杀鬼》，台北市：宝瓶文化事业有限公司，2009 年，第 27—28 页。
③ 甘耀明著：《杀鬼》，台北市：宝瓶文化事业有限公司，2009 年，第 113 页。

系其实是殖民统治下的主从关系，无论自己如何努力想要成为一个日本人，在殖民者的眼里，还是一个卑下低等的种族。

帕觉醒的过程就是逐渐认同母土的过程，在前往追击美军的时候，帕与学徒兵在山中迷路，被日军研制出的提升战斗力的药迷失了心智，将山中的鹿群和山羌看成美军，差点要引爆炸弹同归于尽，这时"圣山启动了，风卷来，天顶的浓云瞬间排空，月亮好亮，世界好白，视野打开了，现出鬼畜的真面目……他一身血肉残败，高举两手，终于卸下心中盘旋不去的死意，痛哭失声……大喊：'对不起，差点就全毁了大家。'"① 泰雅圣山如同大地之母，破解了日本帝国主义者编织的心魔，拯救了自己的子民，也让帕认识到自己的身份和归属，放弃为殖民者献身的念头，回归家乡关牛窝。可见在甘耀明笔下，殖民地并非一个任人宰割的弱者，正相反，台湾土地隐藏的强大的生命力和包容力，足以杀鬼除魅重建主体性。

二、重新书写历史

"后殖民理论认为，'无史'或'历史消迹'是所有被殖民社会的共同经验。在殖民者发现一块'新大陆'的历史时刻里，'新大陆'同时也发现自己化为一张白纸，它原有的历史、文化从此消迹，取而代之的将是殖民者所记载的历史。这种历史的失落也就是'失忆'，被殖民者的另一典型遭遇就是被迫'消音'。"② 鬼中佐一到关牛窝就要"让寺庙升天，择日把支那神烧了，要大家改拜供奉在神社的天照大神，他的地位等同是玉皇大帝。恩主公成了囚神……把裸身的恩主公搬出，放在

---

① 甘耀明著：《杀鬼》，台北市：宝瓶文化事业有限公司，2009 年，第 256 页。

② 朱双一著：《从新殖民主义的批判到后殖民主义的崛起——1970 年代以来台湾社会文化思潮发展的一条脉络》，《台湾研究集刊》，2001 年第 4 期。

车站前示众，等待火车辗出他的神魄。"① 通过对台湾本土文化与信仰的摧毁，日本侵略者得以重新诠释中国台湾的历史与文化。

因此重新书写历史，就是重新掌握自我的政治命运、反抗殖民主义的最重要途径，民族记忆、民族语言、口头传说、民间风俗和信仰等都成为弥合断裂历史、重构本土文化认同、反抗殖民主义的珍贵要素，个体记忆、家族历史成为集体记忆的投射，作家在本土文化中寻求归属和认同，企图将那些支离破碎的记忆重新整合成一个统一体，寻找到新的历史开端。早期台湾作家主要描写个体或家族的孤儿遭遇，表现殖民者造成的生离死别的痛苦，行至新世纪，甘耀明的历史视域中并没有太多这些亲历者的殖民经验，历史成为长者流传下来的传奇故事，削弱了个体的情感介入，殖民历史成为充满幻想、戏谑、嘲讽的寓言故事，虚构与真实交融的特点颠覆了传统历史叙述的模式，不仅批判了殖民主义的种种恶行，更从根本上质疑了殖民主义所建立起来的一整套纯粹的再现系统，卸掉了台湾文学长期背负的历史悲情，文本中涵括了更广阔的文化和历史空间，具有极大的哲学张力。

《杀鬼》里呈现了几条不同的历史线索，通过黑水沟从广东渡台而来的刘氏三兄弟，老三刘道明在关牛窝定居，成为当地汉人的祖先，并将广东带过去的房梁种下，培育成一片壮观的龙眼园，从此在台湾落叶生根，他乡做故乡，隐喻了台湾的移民历史。鬼王吴汤兴带领着三千名将士抗击日寇英勇阵亡，死后化为鬼魂，依旧想要抗敌报国，代表着台湾早期的民间抗日历史，这些历史线索都是对台湾本土历史的一种溯源和解读，小说放弃了编年史式的大历史书写，从边缘、含混的角度来书写台湾历史，同时也打破了线性时间的发展，体现了台湾在殖民统治下被破碎的历史，以及在殖民时间之外，寻求本土时间的开端和对历史与

---

① 甘耀明著：《杀鬼》，台北市：宝瓶文化事业有限公司，2009 年，第 27 页。

自我的控制。

　　小说中有一段对迎神庙会的描写，昔日神圣热闹的宗教活动，如今为了避开日本人的巡查，只能偷偷摸摸地在黑夜的河谷举行，小说先是嬉笑怒骂的描绘了扮神的游行队伍落魄猥琐的样子：伯公"沦为地头蛇，走路头懒懒，好像走狗。中间的大神将以前叫妈祖婆，现在是女海贼仔，穿的破烂，旁边是千里眼、顺风耳等一干鲈鳗。之后的恩主公不拿青龙偃月刀，是拿菜刀，不骑赤兔马，打赤脚走，怎么看，都像梅毒上身的罗汉脚。殿后的是狼狈的城隍爷，印堂发黑，眼袋积满眼屎，倒是他的打手七爷、八爷像吃了鸦片一样疯狂摇头。"[①] 昔日受人崇拜的神邸在殖民者的阉割之下失去了神性，其不堪的模样象征着被殖民者被驱逐、压迫和禁锢的状态，但是外表的狼狈却无法掩盖他们"坚持前行的毅力，就像关牛窝溪不分年月溯溪前行的小毛蟹和鳅苗，如此动人，再强悍的溪水都扑不倒。"[②] 台湾民众自发举行的迎神会，是被殖民地人民对于本土文化与历史的自觉继承与维护，也是殖民者强权无法扑灭的星火。

三、本土文化的"殖民拟仿"

　　殖民者借由现代知识与生活文化的传播，与被殖民者形成优/劣、上/下的二元对立，被殖民者在殖民现代性的压抑下，形构出对自我种族和文化的自卑情感，"除非借由寻找殖民者修辞中有关道德低劣与肤色描述的部分，将这些支配的语言和权力论述关系加以翻转，否则殖民论述是无法被彻底瓦解的。"[③] 因此，"巴巴挪用拉冈的观念，提出"殖民拟仿"（colonial mimicry）的理论，来讨论被殖民者如何透过阳奉阴

---

　　① 甘耀明著：《杀鬼》，台北市：宝瓶文化事业有限公司，2009 年，第 49—50 页。
　　② 甘耀明著：《杀鬼》，台北市：宝瓶文化事业有限公司，2009 年，50—51 页。
　　③ 廖炳惠著：《关键词 200：文学与批评研究的关键词汇编》，台北市：麦田出版社，2007 年，第 45 页。

违的"似是而非"（almost white but not quite），使西方的知识权力成为自己的筹码，如何利用复制和学舌来介入殖民支配的模糊空间，并在这个不稳定且高度含混的间隙间，找寻帝国主义的弱点和死穴。透过交混合翻译的机会，被殖民者将殖民者的行为风尚和价值观念加以挪用复制，使殖民权威的内部就隐含某种内爆的可能性，以颠覆殖民者所主导的现代性计划。"①

本土文化成为破解既有殖民论述的符码，本土不再仅仅是一个空间概念，而具有更强烈的自我意识，它在长期的殖民统治之下依然存在和活跃，成为区别于现代制式文化的另一股神秘的、不可捉摸的文化脉络，作家用本土的精神传统来修正被殖民者所改编的语言、历史再现，一方面集中力量来保存、重现本土文化，另一方面又不断把本土与侵略者的文化创造性地编织成一体，使之成为一部保存本土神秘文化，同时又实行文化妥协共存的寓言，这一时期小说的后殖民性质在于，通过"打破传统'殖民'／'被殖民'、'主人'／'奴隶'之二元稳定性架构，不强调'本土'文化如何被打压，而强调杂种文化如何透过其生产创造方式，颠覆种族纯净性与文化优先权，并同时突显殖民主体之正统合法性与权威感如何在权力运作中被替代转化、扭曲变形。"②

甘耀明的《杀鬼》呈现了神秘乡土与殖民现代性的暧昧矛盾，既批判了殖民现代性，也承认了殖民现代性的持续影响。日本殖民者强调民族国家（日本帝国）、资本主义、现代医疗、现代科技、军事现代化，而将台湾的传统信仰都视为落后愚昧的迷信，关牛窝村民却利用这些扭转了被殖民的劣势。相对于精致高雅的殖民现代性，这些粗俗本真

---

① 廖炳惠著：《关键词200：文学与批评研究的关键词汇编》，台北市：麦田出版社，2007年版，第168页。

② 张小虹著：《杂种猴子：解／构族裔本源与文化传承》，单德兴与何文敬主编：《文化属性与华裔美国文学》，台北："中央研究院"欧美研究所出版，1995年，第5页。

的关牛村民间文化，既代表了台湾的民族精神，也是台湾抵抗殖民的力量源泉。日本的现代化成为被嘲笑和愚弄的对象，小说中随处可见台湾人对日本的殖民拟仿。"学生每日面向东升旗后，要转向东北朝内地的皇宫鞠躬，代表对天皇、皇后的敬意。可是离学生最近的，只有马匹吐气。它们向学生们嘶嘴皮。士兵连忙把马拉过去，学生这下看到更精彩的马屁股开阖，一坨粪直落地，冒热气。"① 小说把日本天皇至高无上的权威和肮脏低贱的马屁股联系在一起，被殖民者在对殖民者权威臣服的同时，也通过似是而非的复制来颠覆其神圣性和正统性。美国的轰炸机被击落后，机身上喷涂的穿泳衣的爱丽丝被农民认为是观世音娘娘的化身，手比的 ok 手势也被误认为莲花指，农民不仅脱衣服给她穿，还对她顶礼膜拜，"穿泳衣的爱丽丝被当成战俘搬回驿站，用油漆画上比体重还重的和服，午夜前会有老人跑去祭拜，留下一堆香炷脚，午夜后只剩寂寞的男人跑去抠开她的衣服，留下指痕和精液亮痕。"② 在这里，现代化的殖民者成了被想象和改造的女性形象，甚至成为被殖民者猥亵的对象，在这一系列看似滑稽荒诞行为的背后，充满着对殖民帝国权威的嘲讽。而泳衣、和服、观音娘娘种种文化符号的交织，象征着不同种族与阶级异文化之间的混杂交错，被殖民者的阳奉阴违与想象再创造，打破了殖民者所塑造的高等文化形象，破除了现代性的文化霸权与政治压迫。

四、魔幻神奇时空的展演

日本殖民者将台湾认定为肮脏、落后的野蛮之地，这从日据时期的台湾文学可见一斑，这些文本往往都将台湾经验视同于落后之源而大加

---

① 甘耀明著：《杀鬼》，台北市：宝瓶文化事业有限公司，2009 年，第 25 页。
② 甘耀明著：《杀鬼》，台北市：宝瓶文化事业有限公司，2009 年，第 87 页。

挞伐，龙瑛宗《植有木瓜的小镇》里，主角陈有三对自己的同胞的各种劣根性怀着深刻的厌恶；朱点人的《岛都》也批判了台湾民间大操大办祭祀活动的陋习。甘耀明采取魔幻现实主义的手法，将本土语言、民间传说、家族史、传统习俗等台湾经验的特殊意象，融合了原始、自然、神话等种种魔幻效果，塑造出一个超自然神奇空间，原先粗鄙的殖民地历史与文化，结合了底层文化和非理性狂想，反而具有了超越现代化殖民者的神圣性。

在这个空间里，时间是非线性发展的，过去未来与现在可以交错并置；人鬼神也是交流无碍，鬼魂并不是阴间的厉鬼，而是人类的灵魂的投射，也是本土历史的代言人，代表着被殖民系统排斥的异端与边缘；小说人物往往具有超现实的能力，不断创造出惊奇的效果；生与死的界限也被打破，死亡不代表着终结，可能意味着另一种生命状态的开始。这些魔幻写实的策略，将台湾乡土重新诠释为一个虚构和现实的神话，富有幻想色彩的人物、与不可思议的事件彼此交织，"证明了本土文化的丰富蕴藏，证明了它也有一套早于殖民者，而且殖民者也根本无法读解把握的认识体系。"① 使殖民地的一切真实充满了一种殖民者不能企及的神奇，并质疑了殖民者现代理性世界的线性逻辑与纯粹的再现方式，对殖民者做出严厉的批判。

《杀鬼》就塑造了一个充满魔幻色彩的乡土空间——关牛窝。小说将民间信仰、民间宗教、民间风俗的神秘力量，视为抵抗殖民现代性、寻求主体认同的本土力量，在这里，被殖民现代性所排除或压抑的精神传统再度以舞蹈、仪式、鬼魂、传说等魔魅形式出现，小说充满了狂欢化的色彩，人、神、鬼在传统的乡土空间上交汇无碍，有天生神力，被

---

① 艾勒克·博埃默著，盛宁、韩敏中译：《殖民与后殖民文学》，沈阳：沈阳教育出版社，1998 年版，第 214 页。

驻守关牛窝的日本将领鬼中佐收为义子并封为军曹的男孩帕；有抗日失败后躲入深山自立小国，继续和日本人消极抗衡的前清遗民刘金福；有死不瞑目成为鬼王，时时欲寻接收台湾的日军统帅报仇，晚清台湾民间抗击日寇的义军领袖吴汤兴；有死命用双脚夹住父亲、坚拒父亲为日本参战，将两人困在火车厢里，久而久之连为一体的少数民族女孩拉娃；有背上背着家族墓碑，以为天皇献身为荣耀的白虎队青年；有被美国的燃烧弹击中，慢慢碳化的萤火虫人。作者描写了一个神奇魔幻的乡土，都是取材于台湾的本土历史与神话传说，这些看上去荒诞不经的东西，实际上恰恰是台湾的现实特征，也是台湾的民族文化核心所在。

故事中的人物虽然也是一群乡土小人物，但是他们却不再是面对命运卑微、无力，被权力无情摆弄、无法抗争的小人物，相反，《杀鬼》中的小人物充满了无穷的生命力与创造力，他们看似无知无畏，却总是能在这种质朴中寻求到正面的力量，他们所熟悉的民间信仰、民间宗教、民间风俗，在他们无意识的传承下，都成为化解、颠覆日本殖民统治的坚韧力量，现代化的武器和逻辑在他们顽强的生命力面前束手无策，其中的代表人物就是主人公帕，他无父无母，继承了泰雅族圣山的神力，胃口也大的惊人，"帕是小学生，甚高将近六尺，力量大，跑得快而没有影子渣，光是这两项就可称为超弩级人，意思是能力超强者，照现今说法就是超人。"[1] 他有三个心脏，被认定是家神三太子转世，具备"神人鬼"的特质，可以自由地伸缩身体，可以改变时间的轨道，可以和鬼沟通，帕刚出场，就试图拦下日本人的火车，帕的这种大与强象征着对人性伟大力量的宣扬，表现出对独立和自由精神的向往。

魔幻现实主义手法也被用来关照传统文化与殖民现代之间的冲突，来颠覆殖民者的霸权，翻转被殖民者无能抗争的境地，日据时期朱点人

---

① 甘耀明著：《杀鬼》，台北市：宝瓶文化事业有限公司，2009 年版，第 20 页。

的小说《秋信》就借一个躲避在偏远乡间的斗文先生参观博览会被现代都市震慑的过程，来哀叹殖民现代化的沛然莫之能御，而斗文先生也只能继续抱残守缺，无所作为。甘耀明的小说却渲染了传统文化面对殖民者侵犯时的韧性与神性，殖民者所自以为是的启蒙者、主导者的地位，却在这种力量面前溃败。《杀鬼》就塑造了一个虽然顽固不化，却又坚贞不屈的前清遗民的形象——帕的祖父刘金福抗击日寇失败以后躲入深山自立小国，但他被日军强迫做奉公的时候誓死不从，自受鞭刑，把自己打的双脚站不稳，就用石块把脚板刮烂，"用鲜血和烂肉当做强力的浆糊，把脚板粘死在路上"，① 打完后，他就地画了一个血牢，自囚于关牛窝的土地上，他的血根往下长，脚板在地上生了根，谁也拉不起来，鬼中佐为了逼刘金福踏出血牢，召来火车撞他，为了救刘金福，帕先去拦火车，又找来鬼王，塞夏勇士也带来巫婆出谋献策，村民们帮助帕掘地挖出刘金福的血根，最后帕在火车撞上的一刹那，把刘金福扔向空中，又落回地牢，躲过了火车的袭击，又没有踏出血牢半步，成功的保全了刘金福的生命和气节，刘金福也由原先被嘲讽的"古锥伯"变成了令乡人敬佩的"九鳘头"，这一系列的描写，把台湾人对日本殖民者的反抗斗争夸张化、神奇化，把台湾民众的硬颈个性表现得淋漓尽致，日本人现代化的军事力量也在这伟大的人性面前折服。

小说开创了死亡的力量，帕被赋予英雄的特质，但他却无法左右自己的命运，他的力量被各种势力觊觎，日本殖民统治者、国党统治者都试图将他收编为己有，刘金福为了救帕，去台北开伪造的死亡证明，"唯有死亡，帕才真正自由，不受任何政权与权势的左右。他可以回关牛窝深山，永永远远不再下山了。"② 帕最终成为一个没有官方认证身

① 甘耀明著：《杀鬼》，台北市：宝瓶文化事业有限公司，2009年版，第56页。
② 甘耀明著：《杀鬼》，台北市：宝瓶文化事业有限公司，2009年版，第418页。

份的"台湾鬼"，他告别了刘金福的鬼魂，毁掉了鬼王的墓碑和魂魄，卸掉了过往的家族、历史的重负，在黑夜中沉潜，象征着未来的开创，而他无穷无尽的破坏力与开创性，以及多舛的命运，则象征着台湾的本土力量——蒙昧、神秘，帕最后打死亡证明以及寻找自我的过程，则是象征着作者试图逃离既有的命名体制，向台湾土地寻求自我认同的一个洗礼和仪式。

鬼魂也是小说中死亡的一种形式，"跨越肉身及时空的界限"，鬼魂带来"消逝的记忆及破毁的人间关系，提醒我们历史的裂变创伤，"[①]因此，小说中鬼魅流窜，鬼王吴汤兴是晚清台湾民间抗击日寇的义军领袖，在一次抗日战斗中英勇牺牲，日本的火车开进关牛窝的时候，沉睡地下的鬼王被唤醒，鬼王所葬的坟场被日本人嘲笑羞辱，象征着台湾尘封的历史记忆也被殖民者所开启，而鬼王的出场，也代表了台湾历史传承下来的抗日精神和民族气节。鬼王无法投胎转世，凭着一股对日寇的怨恨一直飘荡在关牛窝的坟场中，最后只能自毁寻求解脱，象征着旧的历史的逝去与新时代的开始。

五、结论

艾勒克·博埃默在《殖民与后殖民文学》中谈到，"后殖民文学不是帝国之后才出现的，而是对殖民关系做批判性考察的文字。非殖民化的过程不仅是政权的变更，也是一种象征的改制，对各种主宰意义的重铸。后殖民文学正是这一改制重铸过程的一部分。后殖民作家为表现殖民地一方对所受殖民统治的感受，便从主题到形式对所有支持殖民化的话语——关于权力的神话，种族的等级划分，关于服从的意象等统统来

---

① 王德威：《历史与怪兽：历史"暴力"叙事》，台北：麦田出版社，2004 年版，第230 页。

一个釜底抽薪。"①

甘耀明挪用后殖民理论来积极地介入台湾的本土文化、身份认同、殖民历史、语言问题，产生了不同于以往的风格鲜明的作品，在思考台湾日据殖民历史的时候，既看到了中国台湾与日本殖民者之间的对立和冲突，也注意到二者之间不可避免的文化宰制与混杂现象，一方面强调了本土化、在地化的传承性，一方面也塑造了一种神奇夸张的魔幻写实风格，让本土文化充满了想象空间，在殖民统治已然结束的台湾，重新反思台湾与旧殖民主之间的关系，以及如何从殖民霸权话语体系中重新界定本土文化的主体性，具有重要的意义，由此可以观察台湾新世代作家与早期殖民文学的回应和对话，以及对当代后殖民思潮与本土化浪潮的或认同或抵制的姿态。

---

① 艾勒克·博埃默著，盛宁、韩敏中译：《殖民与后殖民文学》，沈阳：沈阳教育出版社，1998年版，第3页。

后　记

　　由福建师范大学两岸文化发展研究中心、福建师范大学闽台区域研究中心、两岸关系和平发展协同创新中心主办，《台港文学选刊》杂志社协办的"着眼未来：两岸青年文化教育交流合作"学术研讨会于2016年11月12日在福建师范大学举行。来自海峡两岸包括中国社会科学院、北京大学、清华大学、厦门大学、福建社会科学院、台湾大学、台湾师范大学、台湾艺术大学、台南大学等30多所高校和研究机构的60多位青年专家学者参加了会议。在与会研讨中，各位专家学者就两岸青年文学经验、两岸青年历史书写、两岸民间文化交流、两岸教育领域未来合作以及传统文化与维护两岸关系和平发展的社会途径等议题，发表了诸多卓见，取得了较为丰硕的成果。

　　为了保存本次研讨会的成果，我们特将论文编辑成册出版，以飨读者，期待着对这些问题研究的进一步关注和深入。

编　者

2017 年 4 月 8 日